KB251037

Inheritocracy — Eliza Filby

It's Time to Talk About the Bank of Mum and Dad

Inheritocracy — Eliza Filby

It's Time to Talk About the Bank of Mum and Dad

Inheritocracy — Eliza Filby

It's Time to Talk About the Bank of Mum and Dad

Inheritocracy — Eliza Filby

It's Time to Talk About the Bank of Mum and Dad

Inheritocracy
: It's Time to Talk About the Bank of Mum and Dad

First published in Great Britain in 2024 by Biteback Publishing Ltd, London
Copyright © Eliza Filby 2024

All Rights Reserved.
No part of this publication may be used or reproduced in any form or by any means
without written permission except in the case of brief quotations embodied in critical
articles or reviews.

Korean Edition Copyright © 2026 by Dolbegae Publishers
The Korean translation rights arranged through Rightol Media(Email: copyright@rightol.
com) and BC Agency, Seoul.

이 책의 한국어판 저작권은 BC에이전시를 통해 저작권자와 독점 계약한 돌베개에 있습니다.
저작권법에 의해 보호를 받는 저작물이므로 무단 전재와 복제를 금합니다.

상속계급사회

부모 찬스는 어떻게 계급이 되는가

일라이자 필비 지음 | 방진이 옮김

2026년 4월 20일 초판 1쇄 발행

펴낸이 한철희 | 펴낸곳 돌베개 | 등록 1979년 8월 25일 제406-2003-000018호
주소 (10881) 경기도 파주시 회동길 77-20 (문발동)
전화 (031) 955-5020 | 팩스 (031) 955-5050
홈페이지 www.dolbegae.co.kr | 전자우편 book@dolbegae.co.kr
블로그 blog.naver.com/imdol79 | 트위터 @Dolbegae79 | 페이스북 /dolbegae

편집 김진구
표지디자인 김민해 | 본문디자인 이은정·이연경
마케팅 고운성·김영수·정지연 | 제작·관리 윤국중·이수민·한누리
인쇄·제본 상지사 P&B

ISBN 979-11-94442-90-5 (03300)

• 책값은 뒤표지에 있습니다.
• 이 책의 내용 전체 또는 일부를 재사용하려면 출판사의 허가를 받아야 합니다.

부모 찬스는 어떻게 계급이 되는가

일라이자 필비 지음/ 방진이 옮김

상속 계급 사회

돌베개

모범이라는 최고의 유산을 물려준
어머니께,

이 모든 것에 의미를 부여해주는
크리스천, 채플린, 아마릴리스에게

시간과 가족은
실제로는 같은 것의 일부다.
인류가 실제로 살아가는 시간의 단위는
세대이다.

제임스 미크 James Meek

차
례

일러두기

- 'inheritocracy'는 본문에서 '상속주의' 또는 문맥에 따라 '상속주의 사회'로 옮겼으며, 책 제목에서는 '상속계급사회'라고 그 의미를 강조하여 적었다.
- 원서에서 이탤릭체로 구별한 부분은 한국어판에서는 볼드체로 굵게 표시했다.
- 페이지 하단의 각주는 보충 설명을 위해 옮긴이가 단 것이다.

상속주의 사회

: 가계도

우리는 아버지가 아버지의 부모에게 물려받은 집 거실에 자리를 잡았다. 아직 쿠션감이 조금이나마 남아 있는 유일한 안락의자에 앉은 아버지는 벽난로 앞에 놓인 방석 위에 두 다리를 올렸다.

"녹음 버튼을 누르렴. 시작하자." 아버지가 말했다. 나는 아버지의 둘째 딸이었고 역사학 박사였다. 그 두 가지가 필비 가家의 가족사가 사라지기 전에 기록으로 남기는 긴박한 업무에 내가 투입된 이유였다. 선해에 아버지가 암 진단을 처음 받았을 때 나는 아버지의 인생 인터뷰를 하겠다고 약속했다. 그러나 병원을 들락거리느라 우리 부녀는 점점 지쳐서 (당시 내 뱃속에는 첫째 아이가 있었다) 그 약속은 우리가 하고 있기보다는 언젠가 꼭 해야 하는 숙제로 미뤄졌다. 그러다 어느 순간 지금 당장 하지 않으면 영영 못 하는 일이 되어버렸다.

그래서 아버지와 나는 함께 앉아서 가계도를 거슬러 올라갈 준비를 했다. 아버지의 목소리는 희미했고 때로는 완전히 소거되기도 했다. 통증에 휩싸인 아버지가 갑자기 비명을 내지를 때도 있었다. "위스키." 아버지가 중얼거렸다. "위스키 가져와. 그거 아니? 시나트라는 중요한 무대에 서기 전에는 **항상** 위스키 한 병을 해치웠어." 아버지가 히죽거렸다. 나는 손가락 한 마디 정도 되게 따른 잔을 아버지에게 건넸고, 아버지는 훌쩍거리면서 내 증조부가 대공황이 닥쳤을 때 마차에 식료품을 싣고 팔러 다녔던 시절로 돌아갔다. 말 이야기가 대부분을 차지했지만.

두 번의 세계대전에 거의 영향을 받지 않았고, (같은 런던 안에 있는 버몬지에서 투팅으로 이사간 것을 제외하면) 이주할 일도 없었던 필비 가족은 200년 동안 런던 템스강 이남에서 살았고, 80년을 같은 집에서 살았다. 아마도 이것이 필비 가의 가장 고유한 특징인지도 모른다. **한결같음**. 우리 가족은 런던에서는 보기 드문 토박이였다.

아버지의 음성 녹음 기록은, 아버지의 말을 빌리자면 '필비 가의 역사가 나와 함께 사라지지 않도록' 꼭 해야만 하는 일이었다. (6년이 지난 지금도 나는 그 녹음 파일을 차마 들을 수가 없지만.) 그런데 아버지가 들려준 이야기에는 어린 시절의 회상, 가문의 전설에 응당 수반되어야 하는 즉흥성, 열정, 즐거움이 빠져 있었다. 나 또한 당시에 그 자리에 온전히 있지 못했다. 내 신경은 아기 침대에서 한시도 가만히 있지 않고 돌아다니는 돌쟁이 아들과, 외할아버지를 알지 못하는 아들에게 할아버지에 대한 이야기를 들려줄 날이 곧 닥칠 것이라는 끔찍한 시나리오가 계속 돌아가는 내 머릿속을 오가느라 분주했다.

나는 예전에는 죽음을 앞두면 과거에서 자유로워질 것이라고 생각했다. 그러나 아버지는 완전히 반대였다. 아버지는 자신의 유년기에 집착했고, 평생 산 집에 있는 물건들의 목록을 만드는 일에 매진했다. 의미가 담긴 물건, 계속 가지고 있을 만한 가치가 있는 물건, '그 경매 사이트에 내던져도' 되는 물건을 선별했다. 그런데 자신의 이야기를 들려주고 필비 가 역사의 여러 줄기들을 펼쳐 내는 아버지는 특정 목적을 염두에 두고 있었다. 그것은 아주 오래전에 지나간 기억들을 보존하는 것이 아니었다. 아버지는 그 연대기에 자신을 끼워 넣는 작업을 하고 있었다. 유산을 남기는 것이 중요했다. 그리고 아버지의 이야기들은, 여느 가계도와 마찬가지로 유구한 역사 안에 복잡하게 얽히고설킨 뿌리를 내리고 있었다. 간단히 말해 그 작업은 일종의 상속이었다.

*

우리는 상속 경제를 살아가고 있다. 당신이 45세 미만이라면 당신 삶의 운과 기회가 점점 더 엄빠 은행˙에 의해 결정되고 있다. 그런 운과 기회는 더 이상 당신의 소득이나 학력에 의해 좌우되지 않는다. 우리는 노력이 보상받는 능력주의 사회가 아니라 가족의 부가 성공의 촉매제가 되는 **상속주의 사회**에서 살고 있다.

엄빠 은행은 우리의 경제 시스템, 그중에서도 특히 부동산 시장을 지배하고 있다. 따라서 부모의 지원에 의지할 수 있는 이들에게 가장 유리한 시스템이다. 이전과는 달리 가족의 부는 점점 더 기회를 얻기 위한 필수조건이 되고 있다. 이것이 무엇을 의미하는지는 주위만 둘러봐도 알 수 있다. 학자금 대출을 한 번도 받지 않은 친구. 월세를 지원받았거나 갑자기 아파트 매매 계약금이 생긴 친구. 이십대와 삼십대에 사치스러운 휴가를 즐긴 친구. 부

˙ the Bank of Mum and Dad.
자녀에게 유무형의 경제적 혜택을 지원하는 부모의 안전망을 의미한다.

모 돈으로 삼대가 함께 가족 여행을 다녀온 친구. 이십대 중반에 닥친 위기를 부모 집이라는 안전망에 머물며 저축을 하거나 학위를 취득해 몸값을 높여서 넘긴 친구. 그런데 이런 건 그나마 눈에 보이는 것들이다. 이보다 감지하기 어려운 또 다른 차원의 특권도 있다. 학자금 대출금을 상환하거나 월세를 내야 하거나 주택 매매 계약금 또는 육아 비용을 모아야 하는 등 큰돈이 들어가는 인생의 중대사에 대한 걱정 없이 일정 수준의 가처분 소득을 누리는 친구도 있다. 그들은 소소한 일상적인 사치를 부리면서 현대 삶의 스트레스를 해소할 수 있는 여유가 있다. 더 자주 택시를 타고, 더 깨끗한 집에 살고, 망설임 없이 외식을 한다. 이런 편의들은 아무리 사소해 보여도 쌓이면 더 효율적이고, 더 느긋하고, 더 성과가 큰 삶으로 이어진다. 그래서 큰돈이 드는 삶의 중대사를 치르는 비용을 마련할 방도를 고민하는 이들보다 자유 시간도 더 많아진다.

　가족의 부야말로 21세기 경제의 **진짜** 이야기다. 물론 상속은 늘 행해졌다. 그러나 현재 청년들처럼 상속에 그렇게까지 깊이 의존하는 것은 비교적 최근 들어 생긴 현상이다. 이런 현상에 관여하는 요인들은 구조적인 것이어서 상속 경제가 수그러드는 기미는 전혀 보이지 않으며, 오히려 강화되고 있다. 부의 격차, 젠더 불평등 심화, 부동산 가격 및 주거비 상승, 유보된 성인기와 같은 주제의 이면에서는 늘 상속이 관여하고 있다. 학력과 대졸자 인턴십 경력은 여전히 필수적으로 갖춰야 하는 자격 요건이지만 (그리고 아마도 그 어느 때보다도 더 중요한 자격 요건이겠지만) 우리가 약속받았던 것과는 달리 자동적으로 보상이 뒤따르지 않는다. 대신 부의 낙수 효과, 부모의 시간과 지원이야말로 전통적인 의미에서 성공하거나 현대 사회에서 재정적 안정을 확보하기 위해서,

더 나아가 성인기의 기본 과업들을 수행하기 위해서도 꼭 갖춰야 하는 필수조건이 되었다. 상속은 과거와 현재에도 중요한 요인이 었지만 앞으로 다가올 우리의 미래에는 더 깊이 관여하게 될 것이다. 고령화 사회에서 부모를 돌보는 일부터 우리 세대의 일과 은퇴 준비에 이르기까지, 우리의 자녀, 더 나아가 우리의 손주가 살아갈 사회의 분열 심화 등 모든 것에 영향을 미칠 것이다.

좀처럼 다뤄지지 않는 이 이야기를 이제부터 깊이 파헤쳐 보고자 한다. 다만 이 책은 상속 경제의 피상속인보다는 상속인을 염두에 두고서 썼다는 점을 미리 밝혀둔다. 즉 부모 세대인 베이비붐 세대(1942~1965년 출생)나 X세대(1966~1980년 출생)가 아니라 자녀 세대인 밀레니얼 세대(1981~1996년 출생)와 Z세대(1997~2010년 출생)가 주인공인 이야기다. 45세 미만 인구집단은 이 상속 시대에서 나고 자랐으며, 상속이 그들의 생애주기, 문화 및 경제 환경을 결정하는 요인으로 작용했다. 밀레니얼 세대와 Z세대는 부모 ATM기를 사용할 수 있는 집단과 그런 ATM기를 사용할 수 없는 집단으로 나뉜다. 우리 세대의 이야기는 세대에서 세대로 대물림되는 부에 점점 더 크게 의존하는 경제를 배경으로 삼고 있기 때문이다.

지금까지는 논쟁의 대부분이 베이비붐 세대가 얼마나 운이 좋았는지, 밀레니얼 세대가 얼마나 운이 나빴는지를 중심으로 진행되었고, 부모 세대와 자녀 세대를 적대적인 관계로 규정할 때가 많았다. 2008년 금융 위기 이후 세대 간 불공정성을 강조하는 익숙한 클리셰인 베이비붐 세대와 밀레니얼 세대 간 세대 전쟁이 공적 토론을 장악했다. 그런 논쟁은 별로 도움이 되지 않을 뿐 아니라 이제는 진실과 점점 더 멀어지고 있다. 세대 간 충돌은 세대 **내**

불공정성이라는 더 뿌리 깊은 문제를 덮어버린다. 그런데 부모의 코트 자락에 올라탄 밀레니얼은 그런 특권을 누리지 못하는 밀레니얼보다 훨씬 더 잘산다. 이런 차이로 인해 밀레니얼 세대는 성인기에 들어선 순간부터 계층화되었으며, 이런 현상은 중년이 되어 부모가 세상을 떠나기 시작한 시점부터 더 두드러지면서 해결이 시급한 문제가 되고 있다. 요컨대 이제는 단순히 어떤 한 세대의 부에 초점을 맞추기보다는 가족 단위의 부를 논의의 대상으로 삼을 때가 되었다. 우리 부모 세대의 부는 부동산에 묶여 있는 경우가 너무나 많고, 부동산 가격의 장기적인 상승은 아직까지는 오로지 우리 부모 세대에서만 일어난 현상, 영국에서는 대처 정부의 유산이기 때문이다. 여기서 핵심은 많은 가족의 부가 부모가 죽은 뒤에야 비로소 실현될 것이라는 점이다.

이 책에서는 밀레니얼인 나 자신의 이야기를 통해 상속주의의 기원, 전개과정, 결과를 살펴볼 것이다. 우리 가족은 아버지가 돌아가신 후 상속과 관련된 문제들에 직면했다. 그러나 밀레니얼 세대를 대표하는 전형으로서 내 이야기를 제시하는 것은 아니다. 내 이야기의 무대는 런던이고, 내 이야기는 명백하게 특권층인 백인 여성의 부를 다루기 때문이다. 다만 지금보다는 더 구체적이고 세밀한 논의가 필요하다는 것을 알 수 있다. 오늘날 가족의 부는 단순히 글로벌 상위 1퍼센트 부유층, 전문직 중상층만의 전유물이 아니기 때문이다. 우리 가족도 그랬지만, 엄빠 은행은 가족들의 계층 상향 이동에 관여한다. 2017년 영국의 65세 이상 인구의 74퍼센트가 대출 없이 자가소유를 하고 있었다.[1] 2023년에는 65세 이상 인구의 부동산 순자산이 2.5조 파운드에 달하는 것으로 추정되었다.[2] 이론적으로는 상속될 돈이 부동산에 많이 쌓여 있으므로 밀레니얼 세대의 80퍼센트가 자신이 살아 있는 동안 어떤 형태로든 상속을 받으리라고 예상하는 것이 당연하다.[3] 상속은 부유한 몇몇에게만 영향을 미치는 소수 집단만의 문제가 아니다. 이 책에서 다루는 상속과 관련된 복잡한 문제와 사회적 상호작용은 우리가 인지하거나 인정하는 것보다 훨씬 더 많은 가족에게 영향을 미친다.

*

그래서 내 이야기는 무엇인가? 상속 경제에 나는 어떤 식으로 편입되어 있는가? 임종이 임박한 아버지와 그렇게 음성 녹음 기록을 하는 동안 아버지가 내게 물려준 유산은 무엇이었는가?

　아버지는 영국 노동자계급 출신 남자아이가 나름 괜찮은 삶을 산 케이스였다. 시작은 순탄치 않았다. 초등교육과정을 마친 뒤에 치르는 11-플러스 초등 학력평가 시험*에서 탈락하고 실업계 중등학교에 진학했다. 아버지 세대에서는 11-플러스 초등 학력평가 시험이 교육 기회를 결정하는 중요한 시험이었다. 그런데 이 실패로 인해 아버지가 큰 타격을 입지 않은 주된 이유는 젊은이들이 문화 혁신을 선도하면서 기존 관습으로부터 일탈을 꾀한 자유분방한 60년대의 런던에서 아버지가 성인이 되었기 때문이다. 계급이 무너지고 사회적 족쇄가 풀리면서 아버지와 같은 남자들에게 세상의 문이 활짝 열렸다. 예술학교는 아버지에게 강렬

　• 11-plus common entrance examination.
중등학교에 진학하기 전 11세 이상 학생들이 치르는 시험.

한 경험을 제공했지만, 불성실한 태도와 행실 불량으로 곧 제적당했다. 그 후 아버지는 남은 이십대를 아마추어 영화감독으로 활동하면서 자유롭게 살았다. 삼십대에 결혼을 해 가정을 꾸렸고 아이 셋이 생긴 뒤로는 그보다는 더 전형적인 삶을 살았다. 다만 **그렇게까지** 전형적이지는 않았다. 아버지는 전업주부였고(1980년대에는 매우 혁신적이었다), 부업으로 페인트 작업이나 인테리어 작업을 했다.

그 덕분에 백화점과 슈퍼마켓 체인을 계열사로 거느린 존 루이스 파트너십의 인테리어 디자이너였던 어머니는 가장으로서 자신의 커리어에 집중할 수 있었다. 점점 능력주의가 득세하는 시대에도 내 부모에게 자유를 선사한 것은 교육 시스템이 아니었다. 1960년대의 사회적 자유주의와 그 뒤를 이은, 엄혹했지만 많은 이에게는 행운으로 작용한 대처 집권기의 상황들이 두 사람에게 자유를 선사했다. 내 부모의 삶은 그들의 부모 세대(제2차 세계대전 세대)에게는 주어지지 않았던 기회들로 가득했던 반면, 그런 기회들이 그들의 자녀 세대(밀레니얼 세대)에서는 끊겼다고 말할 수 있다. 요컨대 내 부모의 인생 이야기는 그들이 30년 전에 태어났다면 완전히 달랐을 것이다. 그런데 그들이 30년 후에 태어났어도 그런 인생을 살기는 힘들었으리라는 것 또한 분명하다.

이 이야기에서 가장 중요한 점은 사후에야 운이 좋았다는 생각이 든다는 것이다. 어머니와 아버지는 1980년대에 자신들의 운을 바꿨지만, 당시에는 그 사실을 내 부모도, 나와 자매들도 전혀 알지 못했다. 내 부모만큼 여피 문화와 거리가 먼 사람들도 없었다. 골동품을 수집하는 체제전복적인 자유로운 영혼이었지만, 노동자계급 가정에서 자란 내 부모는 '신분에 어울리지 않는 주제 넘은 생각'이라는 관념을 완벽하게 털어내지 못했다.

내 부모도 런던 남부 출신이었다. 투팅은 예전에는 주거 환경이 불량한 동네였지만, 지금은 중산층 대졸자들이 선호하는 거주지다. 젠트리피케이션이 일종의 성장 과정이라면 현재 런던 남부의 핵심 거점인 투팅 브로드웨이가 내 어린 시절에는 영아기에 머물러 있었다. 낡은 집들에 뜨내기 세입자들만 가득하고 좀도둑들이 들끓는 곳. 외동아들이었던 아버지는 도박에 중독된 할아버지가 내기로 딴 집에서 자랐다. 현명하게도 할아버지는 곧장 집의 소유권을 할머니 명의로 이전했다. 그 집을 딴 것만큼이나 쉽게 그 집을 잃는 일이 생기지 않도록. 이 사건은 '필비 가 역사'에서 가장 결정적인 장면이다.

내 유년기 집은 기묘하고 독특했다. 집 자체는 언제 무너져도 이상하지 않을 상태였다. 1960년대 벽지가 발라져 있었고, 중앙난방이 제한적으로만 공급되었다. 내 부모는 '부동산 소유 민수주의'property-owning democracy라는 대처의 비전에 감화되어 처음에는 친척들과, 그다음에는 친구들과 함께 부동산 투자에 뛰어들어 투팅에 집을 두 채 더 마련했다. 여기서 중요한 건 그 부동산을 꼭 쥐고 있었다는 점이다. 1980년대 부동산 폭락장을 거쳐 1990년대 초 주택차압 급증기에도 애면글면 버텼기 때문에 2000년대로 들어선 뒤로는 매년 약 13퍼센트씩 가치가 상승하는 부동산 포트폴리오를 깔고 앉을 수 있게 되었다. 어머니는 여자가 단독 명의로 주택담보 대출을 신청할 수 있게 하는 1975년 성차별금지법이 통과된 지 6년째가 되는 해에 첫 주택담보 대출 계약서에 서명을 했다. 당시 어머니가 받은 대출금은 어머니 연봉의 4배에 불과했다. 이와 달리 오늘날 런던 주택 대부분의 가격은 일반 임금노동자 연

봉의 거의 15배에 달한다.[4]

2000년대 초에 투팅 브로드웨이가 마침내 바뀌기 시작했다. 젠트리피케이션 청소년기에 들어선 것이다. 카페 메뉴에 카푸치노가 등장하고, 크롬 도금을 한 스툴 의자를 갖춘 와인바가 생겼다. 한때는 스트립쇼로 악명이 높았던 한 펍은 생맥주 축제를 주최하기 시작했다. 1980년대에는 무장 단체 아일랜드공화국군IRA을 위한 '마지막 주문' 모금함을 두었던 한 술집은 정기적으로 **제임스 본드** 테마파티를 열기 시작했다. 부동산 가격이 꾸준히 오르고 있었지만, 우리 세 자매는 2008년 금융 위기를 겪은 뒤에야 우리의 경제적 능력으로는 우리가 자란 동네에서 살 수 없다는 사실을 깨닫게 되었다. 게다가 부유한 대학 동창들이 우리 동네 아파트를 선호하는 터무니없는 일까지 생겼다.

내 부모의 자산이 계속 늘어났다고는 해도 내 유년기를 규정한 것은 부가 아니라 결핍이었다. 우리 가족이 가난했던 건 아니다. 어쨌거나 자가 거주자였으니까. 그러나 내가 열세 살이 되는 해에 처음으로 가족 휴가 여행을 다녀왔고, 모든 지출은 꼼꼼한 계획 아래 이뤄졌다. 내 부모는 당시 사적 부와 자산이 상당히 증가한 베이비부머 세대를 대상으로 서비스를 확장한 자산관리업계와는 접점이 전혀 없었다. 두 사람 주위에는 개인 투자나 사적 연금에 관한 조언을 구할 사람은 고사하고 금융 지식이 있는 사람조차 없었다. 아버지는 은행을 불신했다. 말 그대로 계단 밑에 현금을 숨기는 쪽을 선호했다. 그럼에도 불구하고 글로벌 금융 위기가 닥칠 무렵, 그리고 내가 경제적으로 자립해야 한다고 기대되는 나이가 되었을 즈음(나는 스물일곱 살이었고, 경제적으로 자립하지 못한 상태였다) 내 부모는 서류상 백만장자가 되어 있었다.

이런 중대한 전환점에서조차도 두 사람은 자신들이 30년간 축적한 자산에 대한 이해가 거의 없었다. 그 자산의 가치가 얼마나 되는지, 그 자산을 어떻게 관리해야 하는지, 심지어는 그 자산을 어떻게 해야 쓸 수 있는지도 알지 못했다.

그러나 아버지가 암 진단을 받으면서 우리 가족은 이 유산과 이 유산에 수반되는 변화들을 대면해야 했다.

*

그런데, 잠시 멈추고 돌아보자. 이것이 **정말로** 이 이야기의 진실일까? 아니면 지금까지 나는 그냥 '우연히 백만장자가 된 노동자 계급' 이야기를 들려준 것일까? 이것은 엄빠 은행의 수혜자인 밀레니얼 중 한 명인 내가 자신이 누린 엄청난 특권적 지위를 정당화하려는 시도에 불과한 것은 아닐까? 솔직히 말하자면, 그렇다. 그런데 나만 그러는 건 아니다. 가족에게 자금 지원을 받아 런던에서 생애 첫 내 집 마련에 성공한 사람 몇 명을 인터뷰한 한 연구에서는 그 수혜자들에게서 익숙한 내러티브를 발견했다. 그들은 그런 경제적 횡재를 자신이 개인적으로 받은 혜택이 아니라, 부모의 근면성실함과 계층 상향 이동의 증거로 설명하는 경향이 있었다.

요컨대, 나를 비롯해 나와 같은 많은 밀레니얼이 엄빠 은행 이용권을 정당화하기 위해 **자신의** 순탄한 삶보다는 **부모의** 고군분투에 대해 이야기한다. 이것은 한때 부모가 자녀의 기회와 성취를 통해 대리만족을 느꼈던 과거로부터의 전환을 보여준다. 이제는 자녀가 종종 부모의 고난을 자신의 정체성으로 삼곤 한다. 오늘날 정체성 정치가 득세하면서 원하든 원하지 않든 특권을 누리는 중산층에게는 그런 특권이 자의식 과잉, 더 나아가 수치심까지 불러일으킬 수 있다. 앞서 언급한 연구를 수행한 리즈 무어Liz Moor와 샘 프리드먼Sam Friedman은 이로 인해 나와 같은 사람들이 상속이나 엄빠 은행의 경제적 지원에 대해 이야기할 때 '대개 특권층인 자신의 출신 배경보다는 위로 거슬러 올라가서 더 미천한, 여러 세대에 걸쳐 노동자계급이었던 선대의 가족사'를 끄집어낼 가능성이 더 높다고 말한다.[5]

예컨대 내가 고향에서 계속 살 수 있는 이유는 오로지 엄빠 은행에 기댈 수 있었기 때문이다. 그래서 우리는 오히려 더 부모에게 받는 경제적 지원은 가족 내에서 일어나는 정당한 부의 흐름이라는 관점을 고수하는 경향이 강하다. 부모에게 받는 그런 지원이 실제로는 우리 경제를 재편하고 우리 사회와 우리 사회의 공정성과 평등 관념을 형성하는 강력한 힘이라고는 보지 않으려 한다. 상속(그리고 솔직히 말해 모든 형태의 가족 지원)은 청년층과 노년층 모두가 당연한 권리로 여긴다. 이것이 상속이 정치 쟁점이 되기 어려운 주된 이유다. 자신의 기억들을 녹음하라고 내게 요청했을 때 아버지가 이미 알고 있었듯이 상속은 차갑고 냉정한 경제 논리가 관계, 감정, 인연이라는 인간 삶의 요소들과 얽히는 지극히 개인적인 경험이다.

최근 들어 우리 사회는 당연하고도 자연스럽게 특권의 실상을 파헤치고 특권에 대한 대화를 확장하려고 노력하고 있다. 그런데 45세 미만 영국인이 경험한 가장 명백한 혜택 중 하나인 부모 안전망에 대해서는 과연 얼마나 철저하게 조사하고 있을까? 앞으로 살펴보겠지만, 가족을 통해 얻는 특권이 계급, 인종, 학력, 성적 취향, 그리고 방식은 다르지만 젠더와 교차한다는 점에는 논란의 여지가 없다. 다만 왜 그토록 많은 밀레니얼이 자신의 부모라는 발판을 감추거나 왜곡되게 전달하는 걸까? 우리는 부유한 유명 인사의 '정실인사 아이들'*을 재미 삼아 조롱하면서도 정작 우리가 (비록 정도의 차이는 있겠지만) 그들과 같다는 사실을 외면한다.

20세기에는 교육을 성공 공식의 핵심 요소로 꼽는 것이 일반적이었다. 나 또한 예외는 아니었다. 우리 가문에서는 내가 최초로 대학 졸업장을 받았다. 그러나 이 사실은 21세기에 내가 차지하는 지위와 계급에 대해 완전히 잘못된 인상을 준다. 문화적으로 나는 노동자계급 가정에서 자랐다. 내 고모할머니는 런던 노동자계급을 대표하는 마스코트라 할 수 있는 '펄리 퀸'**이었고, 실제로 우리는 피아노를 가운데 두고 둘러서서 〈그건 아마도 내가 런던 사람이기 때문이겠지〉***를 목청껏 부르기도 했다. 그러나 나는 또한 인상주의 미술 삭품을 감상하고 고급 식료품점 웨이트로즈의 음식을 먹고 우리 가족 소유의 집에서 자랐다. 나는 많은 이들이 절대로 경험하지 못하는 일정 수준의 자유와 안전을 누렸다.

일부 중산층 무리에서는 엄빠 은행에 관한 어떤 이야기든 당연한 것이 되어서 부모의 재정 지원을 받을 수 있느냐 없느냐가 아니라 그 시기와 규모가 주요 쟁점이 되었다. 이것은 경제적 혜

---

* nepo babies. 유명한 부모 덕분에 성공 기회를 더 많이 얻는 사람들.
** Pearly Queen. 19세기부터 내려온,
런던 자치구마다 존재하는 노동자계급의 자선 모금 전통 조직으로,
남자는 '펄리 킹' 여자는 '펄리 퀸'이라고 불렀다. 진주 장식을 단 의복을 입고
자선 활동에 참여하며 '펄리' 칭호는 왕족의 관례를 적용해 세습되기도 한다.
*** 〈Maybe It's Because I'm a Londoner〉. 영국 출신 가수 데이비드 존스가
1965년에 발표한 곡으로 런던에 대한 애정, 그리움, 자부심을 담았다.

택 문제에 대해서 우리 사회가 다소 무심하다는 것을 보여준다고 말할 수 있지 않을까? 솔직히 그렇다고 말할 수밖에 없다. 상속과 엄빠 은행은 우리의 정서적·사회적·경제적 삶의 중심에 있다. 그러나 대다수 사람은 이에 대해 이야기하지 않는다. 나는 이 책을 통해 상속과 엄빠 은행에 관한 대화를 이끌어내고자 한다.

*

지난 20년간 상속과 엄빠 은행의 작용으로 밀레니얼 세대에서 부의 격차가 생겨났고, 앞으로 밀레니얼 세대의 부모 세대가 사망하는 20년간 그 격차는 계속 더 벌어질 예정이다. 영국에서는 약 5.5조 파운드의 가족 부가 밀레니얼 세대에게 상속될 것이다.[6] 미국에서는 그 규모가 약 15조에서 84조 달러 사이일 것이라고 추정된다.[7] 우리는 인류사에서 유례가 없는 최대 규모의 부의 이동을 목격하고 있고, 밀레니얼 세대는 역사상 가장 부유한 세대가 될 것이라는 말을 듣고 있다. 이런 수치는 계산하기 힘들고 당연히 다툴 여지가 있다. 그러나 더 넓은 관점에서 보면 상속은 소수의 전유물이 아니며 단순히 노인들이 자신의 신변을 정리할 때만 고려해야 하는 사안이 아니다. 실제로 가족 부의 상속은 피상속인보다는 상속인에게 더 큰 영향을 미친다. 요컨대 이것은 밀레니얼 세대의 이야기이며 우리는 상속자 세대다.

프랑스 경제학자 토마 피케티가 2013년에 펴낸 『21세기 자본』은 금융 위기를 겪은 좌파 정치를 위한 일종의 선언문이 되었다. 이 책에서는 밀레니얼 세대에서 상속 경제가 확장하는 현상을 19세기 '세습 경제'patrimonial economy의 반향으로 봤다. "발자크의 『고리오 영감』 시대에 상속된 부가 결정적인 역할을 했듯이 21세기 초에도 상속된 부는 그에 못지않게 결정적인 역할을 하고 있다."[8] 피케티는 19세기 소설에서 상속이 내러티브의 중심축이었다는 점을 지적한다. 실제로 분열된 가족, 마지막 유언과 유서는 『황폐한 집』, 『미들마치』, 『오만과 편견』의 핵심 플롯 장치다. 괴팍한 베이비부머 갑부 로건 로이가 자립하지 못한 절박한 자녀들을 꼭두각시처럼 조종하는 HBO의 드라마 시리즈 《석세션》 *Succession*은 우리 시대의 왕조 이야기를 19세기 소설과 동일한 방식으로 들려준다. 이 드라마 시리즈가 인기를 끈 이유는 당연히 우리가 슈퍼리치의 삶을 엿보는 것을 좋아하고, 로건 손녀딸의 '조용한 사치' 패션 아이템들을 탐닉하기 때문이라고들 생각한다. 그런데 이런 상속 막장 드라마가 의외로 보통 사람에게도 낯설지 않기 때문일 수도 있다. 21세기에 부동산, 연금, 투자를 통해 개인의 부가 조용히 기록적인 수준으로 축적되는 가운데 엄빠 은행이 경제의 주요 동력이 되었다. 그 결과 가족의 재정과 구성원 간 관계를 재편하고, 부의 불평등을 심화하고, **일부 사람들에게** 소리소문 없이 기회를 제공한다. 모두가 가족 특권을 누리는 것은 아니지만, 모두가 그로 인해 영향을 받는다.

*

내 이야기는 이 책에서 살펴볼 밀레니얼 세대의 수많은 삶 중 한 사람의 이야기에 불과하다. 앞으로 아주 다양한 사람들의 목소리를 듣게 될 것이다. 그들은 모두 각기 다른 방식으로 상속의 관계망에 붙들려 있다. 그들과의 인터뷰를 통해 풍성하고 다채로운 인생 이야기가 펼쳐지며, 현재 영국의 엄빠 은행에서 나오는 기회와 비용이 얼마나 크고 다양한지 알 수 있다. 나는 그 이야기들이 자기성찰의 계기가 되기를 바란다. 그리고 그런 성찰이 단순히 당신의 가족과 상황에 머물지 않고 엄빠 은행이라는 거대한 경제적 힘이 당신의 삶과 당신 친구들의 삶에 영향을 미치는 (그리고 앞으로 미치게 될) 사회적 경로들로 확장되기를 바란다. 엄빠 은행은 그것을 이용할 수 있는 사람뿐 아니라 이용할 수 없는 사람에게도 영향을 미친다는 사실 또한 간과해서는 안 된다.

이 책은 단순히 가족과 돈에 관한 것이 아니다. 21세기에 어린 시절을 보내고 어른이 되는 과정을 포착하고 이해하려고 쓴 것이기도 하다. 왜냐하면 이것은 모든 측면을 돌아보고 전체적으로 조망해야 하는 이야기이기 때문이다. 앞으로 우리는 다음과 같은 것들에 대해 알아볼 것이다. 밀레니얼 세대가 왜, 어떻게 능력주의 교육 신화를 믿게 되었는지. 밀레니얼 세대의 연애사가 상속 경제와 어떤 식으로 연결되는지. 밀레니얼 세대의 성인기 진입 지연 및 밀레니얼 여성의 이정표 문화는 엄빠 은행과 어떻게 상호작용하는지. 오늘날 계급이 왜 개인의 소득이 아닌 가족의 부에 의해 결정되는지. 이혼과 '혼합가족'•이 어떤 복잡한 문제들을 야기하는지. 밀레니얼 세대가 부모를 부양하게 되었을 때 어떤 일이 벌어지는지. 그리고 무엇보다 '밀레니얼 세대는 역사상 가장 부유한 세대가 될 것인가?'라는 결정적 질문에 답해볼 것이고, 이를 위해 정치인, 자산관리사, 개인 재무 컨설턴트뿐 아니라 문화평론가,

---

• blended families. 재혼한 부부와 전 배우자 사이에서
태어난 자녀들이 함께 구성하는 가족 형태.

작가, 경제학자들의 의견을 들어볼 것이다. 또한 나는 자체적으로 유거브YouGov에 설문조사를 의뢰해 우리 밀레니얼 세대가 부모의 경제적 지원, 상속, 가족 부 및 특권에 대해 실제로 어떻게 **느끼는지** 그 속내를 알아봤다. 지금까지는 관련 설문조사들이 꽤 압도적인 지지를 받고 있는 것으로 보이는 상속받을 권리 또는 상속세의 구체적인 내용 등 대상 주제를 좁게 설정했으므로 상속이 관여하는 사적인 영역은 깊이 다뤄지지 않았다.

나는 부동산 정책의 정치적인 측면이나 부동산 시장의 경제적인 면에 천착하지 않는다. 그런 것들도 중요하지만 내 전문 분야가 아니기 때문이다. 여기서 다루는 내용은 결코 포괄적이지 않다. 계산을 하고, 정책과 해결책을 기획하고, 자산과 부를 관리하는 일은 다른 사람들이 해도 된다. 나는 내가 답을 안다고 주장하지 않는다. 내 관심사는 사람이다. 가족과 개인, 더 나아가 사회다. 궁극적으로 나는 세대의 부가 가족을 하나로 묶는 방시, 그리고 다른 한편으로는 사회를 분열시키는 방식에 관심이 있다.

이 책은 21세기 상속의 최종저이고 왼전한 역사를 다루지 않는다. 그보다는 우리 밀레니얼 세대 안에서, 우리의 가족 안에서, 우리 사회에서 대화의 마중물이 되기를 바란다. 이 책의 목표는 상속 경험을 단순히 **세대 현상**으로 치부하기보다는 그 경험을 계급, 인종, 문화, 금융 문해력, 환경, 가족, 지역, 경제가 관여하고 순전히 운에 의해 좌우될 수도 있는 현상이라는 사실을 생생하게 전달하는 것이다. 우리 밀레니얼 세대와 Z세대가 그동안 경제적으로는 배경에 머물고 있다고 느꼈는지 모르지만, 머지않은 미래에 우리 부모 세대가 나이 들고 권력 구도가 바뀌면 무대 중앙에 던져질 것이다. X세대는 이미 그런 상황에 놓였고, 마치 샌드위치처럼 어린 자녀를 양육할 의무와 나이 든 부모를 봉양할 의무 사이에 끼어 있다. 밀레니얼 세대 또한 X세대의 전례를 따르게 되겠지만, 개인의 자산은 더 적을 것이고 상속에 더 크게 의존하게 될 것이다.

　당신이 이 모든 것을 행운으로 보든, 완벽하게 정당한 것으로 보든, 아니면 터무니없이 불공정한 것으로 보든 우리가 함께 어울려 살아가는 상속주의 사회라는 편물을 엮어낸 수많은 실을 풀어내야 한다. 그러니 무엇보다 먼저 우리가 어떻게 여기까지 오게 되었는지를 이해해야 한다. 그 이야기의 시작은 2008년 금융 위기도 아니고, 1980년대의 공공 주택 매입권 제도도 아니다. 1940년대 런던 남서부의 풀럼으로 가서 아주 멋진 한 소녀를 만나보자.

배경 이야기
: 베이비붐 세대의 등장과 상속주의의 기원

2

내 어머니는 열세 살이 되는 해에 유소년 공산당 연맹에 가입했다. 더플코트와 검은색 폴로셔츠로 구성된 유니폼을 입었고, 한쪽 주머니에는 손때가 묻은 『공산당 선언』이 꽂혀 있었다. 딸이 부끄러웠던 할머니는 밖에서 딸을 보면 반대편 길로 건너가 마주치는 걸 피했다. 열네 살이 된 어머니는 풀럼 집 방 창문을 열고 나가서 밤새 소호에 있는 커피숍에서 시간을 보냈다. 열다섯 살에는 영국의 핵무기 폐기 운동이 시작된 올더마스턴으로 가 '핵폭탄을 금지하라' 시위에 참가해 트라팔가 광장까지 행진하면서 핵 확산 위협에 맞섰다. 주말 동안 시위에 참가하면서 교회에서 잤고, 평화주의자 동지들을 사귀고, '소호는 반대한다'•라는 푯말을 들었다. 열여섯 살에는 당시 청년이었던 록 가수 로드 스튜어트와 함께 거리 공연을 다녔다. 어머니는 가수는 아니었지만, 공연을 보려고 인파가 모여들면 모자를 손에 들고 그 사이를 돌면서 돈을 받았다. 열일곱 살에는 1960년대를 대표하는 모델 장 슈림프턴과 나란히 루

• Soho says Noho. 직역하면 '소호는 노호라고 말한다'이다.
No와 Noho의 발음이 비슷한 것을 이용한 일종의 언어유희다.

시 클레이턴 모델 학교에 다니면서 쇼룸 판매원으로 취업했다. 이십대에 아버지를 만났고 두 사람은 자유로운 영혼으로 살았다. 결혼하지 않고 동거하면서 수시로 파티를 열고 예술가, 음악가, 작가들과 어울렸다. 두 사람 다 전통적인 의미에서는 결코 성공한 삶을 살았다고 할 수 없지만, 과거 세대의 제약에서 벗어나 자신이 선택한 삶을 살았다는 점에서는 성공한 삶을 살았다. 삼십대의 어머니는 펑크족이었다. 닥터 마틴 부츠를 신고 안전핀으로 여민 옷을 입고 아버지와 어깨동무를 하고 펑크 밴드 클래시의 음악에 맞춰 몸을 꼿꼿하게 편 채로 껑충껑충 뛰는 포고 춤을 췄다.

이것은 내가 모르는 어머니의 삶이다. 흑백 사진 속에 박제된 어머니는 늘 멋졌고, 아름다웠고, 영원히 젊었다.

어머니는 이루 말할 수 없이 멋졌다. (그리고 지금도 꽤 멋지다.) 그러나 나만 그런 멋진 어머니를 둔 것이 아니다. 1970년대 아프가니스탄을 도보 횡단한 어머니를 둔 친구도 있다. 친구 한 명의 어머니는 자메이카에서 이민을 와서 인종차별과 계급차별이라는 장벽을 뚫고 공무원이 되었다. 다른 한 명의 어머니는 천주교 신자이지만 전통을 깨고 개신교 신자와 결혼했다. 록밴드 벨벳 언더그라운드의 백업 댄서였다가 언론사 편집자가 된 어머니를 둔 친구도 있다. 미니스커트부터 결혼할 상대 선택(그리고 이혼 결정)에 이르기까지 그들이 한 모든 행동은 의식적이든 무의식적이든 보수적인 전통 유지에 대한 저항이었다. 우리 어머니 세대는 그 영향력이 크든 작든 하나같이 여성 선구자였다. 그들의 저항은 대중문화에도 박제되었다. 모든 어머니가 글로리아 스타이넘*은 아니었지만, 우리(그리고 우리 어머니들)는 페미니즘의 연대기 안에서 자신의 삶을 규정할 수밖에 없다.

이 모든 것이 내게 유독 더 중요하게 여겨지는 이유는 지금의 내가, 어머니에 대한 내 최초의 기억들 속 어머니와 같은 나이가 되었기 때문인지도 모른다. 나는 어머니의 마흔 살 생일파티를 기억한다. 현재 내가 살고 있는 집에서 파티를 했다. 이때는 어머니가 세상에 맞서 싸우는 걸 멈추고 주택담보 대출을 받았던 시기다. 그런데도 내가 마흔 살이 되었을 때를 돌아보면 개인적으로는 그다지 기억에 남는 장면이 없다. 부모 세대의 인생 이야기와 비교하면 (그 이야기가 아무리 꾸미고 포장된 것이라 해도) 우리 세대의 삶은 솔직히 단조롭고 지루하게 느껴진다. 전 세계가 코로나로 인해 봉쇄되었던 기간에 넷플릭스에 푹 빠져 살았던 것? 그런 경험담으로는 로드 스튜어트와 거리 공연을 다녔다는 경험담 같은 감탄을 자아낼 수 없다. 끊임없이 이어지는 시험, 악착같이 노력해야 하는 문화, 열정 페이 인턴십, 끝이 보이지 않는 커리어 사다리, 링크드인 같은 소셜미디어를 통한 인맥 쌓기, 심지어 도심 바캉스조차도 지루하게 느껴진다. 우리는 비행기를 타는 반면, 우리 어머니들은 히치하이킹을 했다. 내 어머니노 나와 같은 견해다. 툭 하면 어머니는 섹스부터 흡연에 이르기까지 무엇을 하든 '너희 세대는 죽도록 지루하다'고 말한다. 그러나 우리 세대는 우리 부모가 초안 작성에 참여한 시나리오에 갇혀 있는 건 아닐까?

우리 밀레니얼들의 자기 이해는 어떤 식으로든 기본적으로 부모 세대의 역사 안에서 만들어졌다. 그것이 부모의 유산이 일반적으로 작동하는 방식이기는 하지만, 또한 지난 70년의 역사가

• Gloria Steinem. 미국의 저널리스트이자 사회운동가로, 1960년대와 1970년대 페미니즘의 기수이자 대변자로 널리 알려져 있다.

베이비부머의 관점에서 규정되었다는 사실 또한 부정할 수 없다. 대충 정리해보자면 1950년대는 보수적이지만 건전한 시대였고, 1960년대는 이상주의적이지만 파괴적인 시대였고, 1970년대는 환멸에 빠진 방탕한 시대였고, 1980년대는 히피족이 여피족이 된 시대였다. 역사가들은 이렇게 단순화한 주류 서사에 열심히 반론을 제기했지만, 이런 시대 꼬리표가 현대인의 역사 인식에 놀라울 정도로 큰 영향을 미치고 있어서 베이비부머만이 아니라 그들의 자녀 세대의 머릿속에도 각인되어 있다.

1958년 『라이프』 표지에는 10여 명의 아기들이 등장해 '아이들: 경기침체 치료제 탑재—한 해에 400만 명씩 늘어나는 아기들은 어떻게 수십억 달러짜리 사업이 되는가'라고 쓰인 푯말을 들고 있었다. 이것은 미국의 이야기로, 미국에서는 '베이비붐'이라는 세대 명칭이 그 세대의 등장과 함께 따라온 경제적 횡재도 포함하는 말이 되었다. 그러나 영국에서는 '붐'이 일시적인 급증기가 몇 차례 관찰되는 형태로 나타났다. 특히 제2차 세계대전 직후 출생아가 급증했고, 1960년대 초에 다시 한 번 출생아 수가 급격히 치솟았지만, 그런 출생 급증 직후에 즉각적인 경제 급성장이 뒤따르지는 않았다. 그러나 어찌 되었든 베이비부머는 이후 80년간 이 세상을 재편했다. 요컨대, (서구 사회에서는) 그런 세대가 다시 등장하는 것을 보기는 쉽지 않을 것이다.

베이비부머는 그들을 구별 짓는 특징, 즉 그 수를 반영하는 명칭이 붙은 유일한 세대다. 베이비부머 다음 세대인 X세대는 한때는 '베이비 버스터', 즉 아기 퇴치사로 불렸다. 그 시기에 출생률이 떨어졌고, 아마도 그 결과 세력도 훨씬 약했기 때문일 것이다. 베이비부머는 십대 시절에 청년기로 가는 탄탄대로가 열렸다. 부가 점점 더 축적되고 가처분 소득이 늘어나면서 베이비부머 청소년들은 경제적 세력을 형성했고 그 지배력은 단 한 번도 흔들린 적이 없다. 젊은 시절에 베이비부머는 문화와 정치가 자신들의 리듬에 맞춰 움직이는 것을 경험했다. 베이비부머가 성인기에 진입한 후에는 대처주의가 베이비부머의 경제적 이해관계에 유리하게 작동했다(그렇지 않은 베이비부머도 많았지만). 2000년대에 베이비부머가 은퇴 연령에 들어서자 베이비부머의 엄청난 수만으로도 (그리고 그들의 높은 투표율로 인해) 정치적 우선순위들이 다시 한 번 그들에게 유리하게 재편되었다. 인구학자들은 베이비부머 집단의 영향력을 비단뱀이 삼켜서 소화 중인 돼지에 비유하곤 한다. 베이비부머가 사회를 서서히 관통하면서 나아가는 동안 우리 사회는 이를 감당하기 위해 이리저리 몸을 비튼다.

잠깐 눈을 감고 '베이비부머'라고 말해보라. 아마도 교외에 사는 부유한 백인 남성 또는 여성의 이미지가 떠오를 것이다. 그 사람은 대출이 없는, 빈방이 여럿인 주택을 소유하고 있을 것이다. 그리고 그것이 현실이기도 하다. 영국에서 베이비부머는 부, 문화, 가치관, 인종 구성이라는 측면에서 가장 동질적인 세대다. 단적인 예로 베이비부머의 92퍼센트가 자신을 백인으로 분류한다.[1] 그러나 그런 스테레오타입에도 한계가 있다. 이를테면 55세 이상 가장이 세대주인 약 90만 가구가 여전히 자가 거주자가 아닌 세입자로 산다.[2] 내 부모처럼 많은 이가 꽤 가난하게 자랐고 오랫동안 긴축정책을 경험했다. 또한 자산 가치 상승, 충분한 연금, 평생 동안 모은 예금을 보유한 이른바 '1세대 부자'에 해당하는 사람이 많다.

1세대 부자 가족의 대표적인 특징을 하나만 든다면 그것은 대체로 자녀가 그 부를 일군 부모의 그늘 속에서 산다는 것이다. 부모가 자신은 누리지 못한 온갖 기회를 자녀에게 제공하므로 자녀는 좀 더 순탄한 길을 걷는다. 그러나 또한 그 자녀는 부모의 생활 수준과 야망을 재연하거나 유지해야 한다는 압박감에 시달리고, 자립하는 데 어려움을 겪는다. 밀레니얼 세대라면 이것이 우리 세대의 주된 플롯처럼 느껴질 것이다.

이 장에서 다루듯이, 21세기 영국의 상속주의 사회로의 전환은 전후 시기에 시작되었고 베이비붐 세대의 서사에 속해 있다. 그 전환의 시작이 이 책에서 들려주는 이야기의 배경 이야기다. 엄빠 은행의 작동 원리와 영향력을 검토하기 위해서는 엄빠 은행이 어떻게 형성되었는지를 간략하게나마 이해할 필요가 있다. 엄빠 은행의 기원과 형성 과정은 방대하고 다층적인 이야기이지만, 우리가 다루고자 하는 주제에서 특히 중요한 부분은 세 가지다. 첫째, 사회적 가치관의 붕괴와 그것이 자녀 양육에 어떤 영향을 미쳤는지 살펴봐야 한다. 둘째, 교육의 붕괴를 살펴봐야 한다. 베이비부머가 경험한 교육 시스템만이 아니라 베이비부머가 자신들의 밀레니얼 자녀들의 교육을 어떤 식으로 접근했는지도 들여다봐야 한다. 마지막으로 가장 명백한 경제의 붕괴와 엄빠 은행의 토대가 된 베이비부머의 사적 부의 증가를 살펴봐야 한다.

첫 번째 붕괴: 가치관

세대는 완만한 흐름뿐 아니라 주요 사건들에 의해서도 규정되곤 한다. 그런 의미에서 전통에 반기를 든 60년대의 청년 문화를 상징하는 해가 있다면 단연코 1968년일 것이다. 1968년은 젊은 학생들이 거리로 뛰쳐나와 대규모 시위를 벌이면서 전쟁, 인종차별, 성차별 등에 반대한 해다. 사람들이 베이비붐 세대에 주목하면서 자신의 정체성을 구성하는 핵심 요소로 삼기 시작했고, 전 세계의 많은 정부가 베이비붐 세대의 목소리에 귀를 기울이면서 선거연령 기준을 21세에서 18세로 낮췄다. 베이비부머 청년들을 가리켜 사회학자들은 탈물질주의자post-materialist라고 부른다. 많은 사람이 '몸 뉠 곳과 일용할 양식을 걱정하지 않아도 되었으니 이제 무엇을 중요하게 여길 것인가?'라고 자문하는 사치를 부릴 수 있는 시대가 된 것이다. 그들도 영국의 전후 세대였으므로 식량 배급을 받았고 화장실이 집 밖에 있었고 공습으로 폐허가 된 공터에서 놀아야 했지만, 성인기에 들어선 뒤로는 긴축재정이 끝나면서 경제적인 여건이 나아졌다.

저널리스트 톰 울프Tom Wolfe는 유명한 1976년 기고문에서 1970년대를 '미'me(나) 시대로 규정히면서 '그들은 미국 역사상 가장 위대한 개인주의 시대를 탄생시켰다!'라고 주장했다. 그가 보기에는 '모든 규칙이 깨셨다!'[3] 이 문화적 단절의 핵심은 존중의 부재로, 이는 곧 베이비부머가 연령을 근거로 하는 비난의 희생양이 될 때가 많았다는 것을 의미한다. 그들은 자신밖에 모르는 게으르고 특권의식에 절은 세대라는 비판과 폄하에 자주 시달렸다. 당신이 밀레니얼 세대나 Z세대라면 어디서 많이 들어본 이야기 같지 않은가?

비틀스가 '예수보다 더 인기가 많다'는 존 레논의 악명 높은 발언이 그토록 강한 분노를 산 이유는 무엇보다 그것이 진실에 가까워지고 있었기 때문이다. 베이비부머, 특히 베이비부머 여성은 기독교 신앙을 중시하도록 교육받았지만, 기성 종교를 점차 거부하기 시작했으며, 이것은 영국의 주류 종교였던 기독교의 쇠락이라는 거스를 수 없는 흐름을 발동시켰다. 이것이 얼마나 혁명적인 변화였는지는 아무리 강조해도 지나치지 않다. 우리 밀레니얼 세대는 문화적으로는 기독교인으로 자랐다고 볼 수 있다. 예컨대 즉석에서 주기도문을 외우거나 찬송가 〈아름답고 찬란한 세상〉을 부를 수도 있을 것이다. 그러나 전통 기독교의 요구사항이 (특히 여성의 입장에서) 지극히 구태의연해 보이는 세상에서 자랐고, 여러 종교가 공존하는 새로운 현실을 순순히 받아들인다. 이를 비롯해 여러 면에서 베이비부머는 파괴자들이었고, 기성세대와 신세대 간 세대 문화 전쟁을 일으켰다. 그리고 그런 역학관계는 이후 반복해서 되풀이되고 있다. 베이비부머는 파괴자로서 자신의 시대를 열었다. 비록 지금은 자신이 그 시대의 피해자였다고 생각하지만.

현재 베이비부머는 대개 가족 내에서 최연장자이며, 자신보다 어린 가족구성원에게 제대로 하는 것이 하나도 없다면서 (아무리 예의를 갖춰 말한다 해도 실상은) 질책할 지위를 획득했을 가능성이 높다. 베이비부머의 훈계에는 흔히 왜곡된 향수가 양념처럼 더해진다. 그것이 연탄불이든, 형편없는 음식이든, 이자율이든, 직장 문화이든 과거에는 삶이 지금보다 훨씬 더 재밌었다고 말한다. 베이비부머는 그 전 세대가 그랬듯이 오늘날 가족, 문화, 기업에서 사회의 현자 역할을 맡고 있다. 그러나 이로 인해 베이비부머가 인습에 따라 노년기로 이행하는 것에 어려움을 겪고 있다는 명백한 사실이 묻힌다. 청춘을 발명한 베이비부머는 자신도 언젠가는 늙는다는 생각 자체를 해본 적이 없는 세대였다.

장기 1960년대 이전에는 청년문화라고 할 만한 것이 없었고 그 후로도 청년문화가 베이비부머의 청년문화만큼 큰 영향력을 행사하는 일은 없었다. 아주 오랫동안, 실제로는 지금까지도, 결혼식에서 연주되는 인기 팝송, 왕족 기념식에 참석하는 유명인이나 글래스톤베리 페스티벌의 메인 무대 피라미드 스테이지에 오르는 메인 가수는 베이비부머의 청년기에 유행했던 노래, 그 시대의 스타들이다. (현재는 명예 베이비부머인) 믹 재거는 청년 시절 "마흔다섯 살에 〈새티스팩션〉Satisfaction을 부르느니 차라리 죽겠다"[4]고 공언하기도 했다. 그런데 믹, 팔십대가 된 지금도 당신은 콘서트를 늘 매진시키고 있는데도 여전히 만족하지 못하는 것처럼 보여요.

원조 청년 세대는 나이가 들어감에 따라 자연스럽게 노년 세대도 재규정하고 있다. 베이비부머 여성들이 현대 패션에 열광하는 것만 봐도 알 수 있다. 78세인 내 어머니는 자라에서 옷을 산다. 내 어머니의 어머니는 1990년대에 칠십대가 되었을 때에도 1950년대 전업주부처럼 입었다. X세대는 모녀 커플룩 유행을 선도하면서 베이비부머의 뒤를 따르고 있다. 이렇듯 나이듦을 더 긍정적으로 바라보는 소비자, 특히 여성 소비자의 태도 변화는 충분히 환영할 만하지만, 한편으로는 의류 브랜드가 나이 든 여성을 더 많이 내세우고 추켜세우고 대변하는 것 또한 사업 전략이라는 사실을 잊어서는 안 된다. 현재 돈을 쥔 인구집단은 베이비붐 세대다. 베이비붐 세대와 X세대가 자녀들의 디지털 습관을 어떻게 흉내 내고 있는지 보라. 이를테면 그들은 페이스북을 점령해버렸다. 심지어 옥스퍼드 인터넷 연구소는 2070년이 되면 페이스북에 등록된 프로필의 주인이 산 사람인 경우보다 고인인 경우가 더 많을 것이라고 예측했다. 그만큼 나이 든 회원 수가 압도적으로 많다는 얘기다.[5] 마찬가지로 베이비부머는 골프장과 브리지 클럽이 전부였던 은퇴자의 활동 무대를 이국적인 여행지, 창업 등으로 적극적으로 확장하고 디지털 기술까지 습득하면서 은퇴자의 삶을 다시금 규정하고 있다. 베이비부머는 밀레니얼만큼이나 많은 시간을 스마트폰을 들여다보면서 보낸다. 넷플릭스 임원진들은 이제 시리즈 몰아보기에 익숙한 베이비부머를 주력 타깃층으로 삼고 있다. 에어비앤비의 호스트 그룹에서도 나이 든 여성의 비중이 압도적으로 높다.[6] 또한 데이터상 베이비붐 세대는 알코올 중독으로 인한 입원 환자 수가 가장 많이 늘어나고 있고, 성병 감염자 수도 가장 급격하게 늘고 있다. 이와 달리 절제를 추구하는 젊은 세대는 신금욕주의자로 부상하고 있다.[7]

문화적·정치적·사회적으로 베이비부머는 현대 세계를 창조했고 그 안에서 여전히 스스로를 재창조하고 있다. 베이비붐 세대가 현대의 보수 세력인지는 몰라도 진실은 그들이 언제나 자신의 부모 세대보다는 자녀 세대와 더 공통점이 많았다는 것이다. 그들은 제2차 세계대전에 참전했던 부모 세대에게는 분노를 집중적으로 쏟아냈다. 동성애에 대한 입장에서도 이런 부모 세대와 자녀 세대 간 관계 변화를 느낄 수 있다. 현재 영국인의 3분의 2가 동성인 두 성인이 성관계를 가지는 것에 대해 '전혀 잘못된 일이 아니다'라고 답한다.[8] 설문조사에 이 질문이 처음 등장한 1980년대 초와 비교하면 그렇게 응답한 사람의 수가 거의 50퍼센트나 증가했다. 이 모든 것이 중요한 이유는 오늘날 상속주의 사회에서는 부모와 자녀 간 가치관이 시너지 효과를 내면 더 유리해지기 때문이다. 핵심은 우리 밀레니얼 세대가 부모인 베이비부머 세대와 잘 지낸다는 것이다. 우리 대다수는 부모에게 반항하고 있지 않다. 적어도

베이비붐 세대가 자신들의 부모에게 했던 것처럼 그렇게 맞서지
는 않는다. 우리 대다수는 그럴 필요가 없기도 하지만, 무엇보다
우리는 그렇게 할 수 있는 처지도 아니다.

두 번째 붕괴: 교육

우리 부모님들의 이야기에서 결정적인 장면은 1960년대 대학 캠
퍼스의 격렬한 시위 현장이 아니라(그런 시위는 언제나 소수의
전유물이었다) 11-플러스 초등 학력평가 시험을 치르던 엄혹한
시대의 초등학교 시험장 풍경이다. 이 세대를 규정하는 법을 단
하나만 꼽으라면 그것은 1944년 교육법일 것이다. 이 법은 전후
시대의 이상을 중등교육의 보편화라는 형태로 펼쳐냈다. 전후 시
대의 이상은 영국의 국민보건서비스NHS도 탄생시켰다.

　11-플러스 초등 학력평가 시험 결과를 토대로 학생들은 일반
중등학교나 기술학교 또는 실업계 중등학교에 배정되었다. 그러
나 중앙 정부는 결국 기술학교를 충분히 설립할 예산을 확보하지
못했다. 이것은 곧 이 제도가 실질적으로는 중등교육 이원화 시스
템으로 운영되어서 초등 학력평가 시험을 통과하면 일반 중등학
교로, 탈락하면 실업계 중등학교로 진학했다는 것을 의미한다. 또
한 그 결과조차 지역에 따라 편차가 컸다. 일부 지역에서는 절반
가량의 초등학교 졸업생이 일반 중등학교에 진학한 반면 소수의
초등학교 졸업생만이 일반 중등학교에 진학하는 지역도 있었으
며, 이 제도는 특히 여학생들에게 불리하게 작용했다.

　1944년과 1976년 사이에 3000만 명의 초등학교 졸업반 학생
들이 이 시험을 치렀고, 그중 2000만 명 이상이 시험에 탈락한 것

으로 추산된다.[9] 지금이라면 정부가 그런 상황을 방치하는 것을 상상할 수 있겠는가? 내 어머니처럼 초등 학력평가 시험을 통과했든, 내 아버지처럼 탈락했든, 이 세대는 어릴 때부터 이상하고도 무자비한 능력주의 원칙에 따라 교육되었다. 이런 능력주의 교육 시스템은 공공지식인 리처드 호가트Richard Hoggart가 '두뇌 귀족'이라고 낙관적으로 부른 새로운 사회 집단도 만들어냈지만,[10] 또한 혼란을 야기하기도 했다. 개인이 학비를 부담하는 사립학교의 학업성취도가 압도적으로 뛰어났고 초등 학력평가 시험에 합격해서 일반 중등학교에 배정된 학생들은 주로 중산층 출신 학생들이었기 때문이다. 1950년대 말이 되면 이 제도의 결함이 명백해졌다. 사회적·지적 분리정책은 사회 분열을 심화했을 뿐 아니라 더 나아가 많은 학생, 특히 점점 더 부유해지는 노동자계급 출신 학생들이 방치되는 결과를 낳았다. 이 제도는 이중 특권을 지닌 집단, 즉 돈과 능력을 모두 지닌 집단에게 유리하다는 비판을 받았다. 앞으로 보겠지만, 이런 현상은 21세기에도 반복된다.

결국 노동당은 중등학교 통합 시스템을 도입하기로 했다. 그러나 이 시스템이 영국 전역에서 공통으로 시행된 것은 아니었다. 지방정부에 재량권이 주어졌으므로 영국 전역에 도입되기까지 오랜 시간이 걸렸고, 중등학교는 계속해서 중산층 진입 가능성의 가늠자 역할을 했다. 능력주의자 마거릿 대처가 정권을 잡게 된 원인을 제공했다고 볼 수도 있다. 대다수 X세대와 밀레니얼 세대가 정규 교육과정을 밟을 무렵에도 일부 지역에서는 초등 학력평가 제도가 여전히 실시되고 있었지만 베이비붐 세대처럼 한 세대를 규정하는 세대 공통 경험은 아니었다.

그런데 20세기 중반의 교육 시스템이 2020년대의 가족 부와 도대체 어떤 관계가 있는 걸까? 첫째, 초등 학력평가 시험을 통과하거나 탈락하는 경험은 아직 어렸던 우리 부모 세대의 뇌리에 깊이 각인되었다. 부모에게 물어보라. 노동자계급과 하위 중산층 출신 베이비부머의 상당수가 초등 학력평가 제도 덕분에 무상교육을 받고, 자산 형성 등 다양한 기회를 제공하는 고소득 직업군으로 진출할 수 있었다. 은퇴한 교사가 대표적인 예로 그들 중 다수는 오늘날 밀레니얼 교사들로서는 꿈도 꿀 수 없는 후한 연금을 받으면서 여유로운 은퇴자의 삶을 살고 있다. 또한 초등 학력평가 시스템으로 양성 평등이 실현되지는 않았지만, 그 시스템 덕분에 많은 여학생과 우수한 중산층 출신 학생들이 사립학교 출신 학생들과 경쟁해서 명문 대학교와 전문직 일자리에 진출할 수 있었다. 그러나 이보다 더 중요한 것은, 능력, 시험, 지적 능력에 대한 전통적인 신념을 반영한 초등 학력평가 시험 제도가 1980년대와 1990년대에 베이비붐 세대의 자녀 양육 문화와 교육 문화에 영향을 미쳤다는 사실이다. 20세기 말이 되면 대학교는 베이비부머 부모의 야심을 보여주는 핵심 지표가 된다.

물론 21세기에 고등교육이 확산될 수밖에 없었던 납득할 만한 다른 이유도 많이 있지만, 또한 베이비부머가 다른 어떤 세대보다도 정규 교육을 숭상하는 경향이 있는 것도 사실이다. 이것은 특히 인문학 전공에서 더 두드러진다. 영국에서는 최근까지도 인문학 전공이 STEM(과학, 기술, 공학, 수학) 전공보다 문화적으로 더 우월하다고 여겨졌다. 예를 들어 베이비부머, 더 나아가 일부 X세대 대졸자가 자신의 전공으로 정체성을 표현하는 일이 흔하다. 예컨대, '나는 고전학자입니다' 또는 '나는 역사학자입니다'라고 말할 때 이것은 그들이 수십 년 전에 대학교에서 전공한 과를 의미한다. 45세 미만인 대졸자는 절대로 그런 말을 하지 않는다. 대학원 학위가 있는 경우가 많기도 하고, 대학 학자금 대출을 여전히 갚고 있는 경우도 많다. 이런 인문학 숭상이 나쁘다는 것은 아니다. 오히려 그 반대다. 나는 대학교 강사 시절 학부 수업과 대학원 수업에서 많은 베이비부머 늦깎이 학생들을 가르쳤다. 대다수는 젊을 때 학문에 대한 열정을 펼칠 기회가 없었기 때문에 그 자리에 있었다. 초등 학력평가 시험에 탈락했던 사람이 많았고, 그들은 이것을 다시 주어진 소중한 기회로 여겼다. 그래서인지 특히 더 진지하고 성실했다.

베이비부머 사이에서는 엘리트 지성주의 문화가 여전히 공고하다. 대체로 중등학교 통합 시스템하에서 교육받고 손가락만 움직이면 지식을 검색할 수 있는 디지털 기술에 익숙한 젊은 세대와 다른 점이다. 우리 부모 세대에서는 제도화된 교육과 문화적 소양, 이 두 가지가 사회적 야망과 성숙한 시민의식의 지표다. 평일 점심시간에 갤러리, 영화관, 서점에 가면 현재 이런 문화산업과 기관을 먹여 살리는 것이 베이비부머임을 알 수 있다. 베이비부머가 단순히 돈과 시간이 많아서가 아니라, 교육이 곧 포부이자 성공인 세상에서 자란 세대이기 때문이다. 앞으로 보겠지만, 대졸자 과잉 배출, 높은 학비, 근로소득의 구매력 약화를 경험한 우리 밀레니얼 세대가 교육 및 학위와 맺고 있는 관계는 그보다 훨씬 더 복잡하다. 그러나 여기서 주목해야 하는 사실은 역사가 피터 맨들러Peter Mandler가 지적했듯이 '대다수 베이비부머'의 부모는 중등학교를 다니지 못했다는 점이다. 이와 대조적으로 베이비붐 세대는 모두 중등학교를 다녔고 **베이비부머** 자녀 세대는 거의 절반이 대학에 진학했다.[11] 3대를 거치는 동안 학력이라는 측면에서 엄청난 격차가 생긴 것이다. 베이비부머는 초등 학력평가 시험을 통과했든 탈락했든 교육에 근거한 능력주의가 자가소유만큼이나 가족의 꿈을 구체화하고 성공을 보장하는 중요한 요소라고 믿으면서 자랐다. 그리고 그들의 자녀 세대 또한 그런 믿음을 고스란히 흡수하면서 급기야는 거의 사실로 받아들이게 되었다.

세 번째 붕괴: 부

상속이라고 하면 우리는 곧장 영국의 역사적인 가문들, 즉 귀족 가문들을 떠올린다. 그리고 귀족 계급의 쇠락을 떠올린다. 영화 《솔트번》, 드라마 시리즈 《다운튼 애비》, 에벌린 워의 장편소설 『다시 찾은 브라이즈헤드』 등 예전부터 노후한 대저택을 무대로 재정 위기에 빠진 고장 난 가족을 다룬 이야기들이 많이 있었다. 지주 특권층의 이야기는 영국의 위대한 문화 산물 중 하니기 되었지만, 그런 이야기가 먹히는 이유는 오직 확정된 쇠락의 서사가 전제로 깔려 있기 때문이며, 그 쇠락의 서사는 다음과 같이 전개되었다. 영국 귀족 가문은 20세기에 두 번의 세계대전을 겪었고, 비싼 이혼소송, 재정 관리 실패, 정치 변화, 방탕한 생활이 종합적으로 작용해 가문의 힘이 점차 빠졌다. 가문의 부가 줄어들자 권력도 약해지면서 서서히 종말을 맞이했다. 대저택과 가문의 자산이 국고로 넘어갔고 시간이 지나면서 다양한 방식으로 영국 사회는 점차 능력주의를 앞세운 민주적 사회로 전환했다.

이런 쇠락 과정에서 주목할 만한 사회적 변화 하나는 상속 재산에 대한 세금 부과와 징수 강화였다. 1946년에는 200만 파운드가 넘는 상속 재산에 대해 75퍼센트의 세금이 부과되었다. 1910

년과 1950년 사이에 영국 국민소득의 700퍼센트에 달하던 민간 자본이 국민소득의 250퍼센트로 줄어들었다.[12]

오늘날 우리는 가족 입장료 50파운드를 내면 유아 친화적인 놀이동산과 친절한 노인 자원봉사자들과 지나치게 비싼 빅토리아 스폰지 케이크를 파는 카페로 채워진 국유지를 돌아볼 수 있다. 그때 조상 대대로 내려온 가문의 저택 별채에 마련된 주거 공간에서 살고 있는 눈에 띄지 않는 귀족들에 대해 잠깐이라도 생각해본 사람이 있을까? 아마도 없을 것이다.

그러나 그런 생각을 해봐야 하는지도 모른다. 최근에 사우스 뱅크 대학교의 줄리언 모턴Julien Morten과 매슈 본드Matthew Bond는 1858년과 2018년 사이에 수집된 귀족 가문 데이터를 분석했다. 두 사람은 놀라운 사실을 발견했다. 재정 파산 서사와는 다르게 상당수 귀족 가문이, 정확히는 600개의 가문이 최근 들어 부가 크게 늘었던 것이다. 세습 작위의 가치는 1980년대 이후 네 배 상승했고, 2009년과 2019년 사이, 즉 금융 위기 이후에 두 배 상승했다.[13] 영국에서 귀족 가문이 이렇듯 재기한 이유는 무엇이었을까? 무능한 조상들에게서 고삐를 넘겨받은 새로운 세대가 세련되고 활기차고 기업가 정신으로 무장한 덕분이었을까? 그건… 아니다.

모턴과 본드는 이런 국면 전환의 계기를 그런 곳에서 찾을 수 없다는 것을 밝혀냈다. 오히려 영국의 귀족들은 1980년대 이래 자산 주도 경제, 상속 주도 경제의 수혜자였다. '정부가 재산 축적과 상속에 더 우호적인 정책을 펼치자 부유한 귀족 가문 또한 더 잘살게 되었다'고 그들은 설명했다.

그런데 이들 귀족은 단순히 경제 혁명의 수혜자일 뿐이며, 그 경제 혁명은 소수의 특권층만이 아니라 특정 세대, 즉 베이비붐 세대에게 유리하게 작동했다. 따라서 우리가 살펴볼 세 번째 붕괴는 1980년대 대처 정권이 강력하게 추진한 개인의 부 축적과 관련이 있다.

광부 파업, 도심 시위, 국영 기업의 민영화, 자가소유 비율 상승, 동성애와 젠더 다양성 언급을 금지하는 1988년 지방정부법 제28조 등 대처주의의 주요 요소들에 대해 생각할 때면 우리는 자연스럽게 그 시대의 계급 전쟁, 문화 차이, 인종 갈등에 주목하는 경향이 있다. 그런데 인구 변화야말로 그 시대를 규정하는 핵심적인 특징이었다.

인구 구조는 늘 정치 논쟁이라는 대양에서 저류로 존재하면서 정부 재정 지출이 특정 방향으로 편성되도록 유도했다. 2020년대에 연금과 사회 돌봄에 투입된 비용만 봐도 알 수 있다. 1980년대에 마거릿 대처는 베이비부머가 막 가정을 꾸리고 가장 젊은 노동자로 노동시장에 합류하기 시작한 시기에 총리가 되었다. 같은 세대에서 일어나는 두 가지 큰 흐름으로 인해 영국 정부는 그 세대가 직면한 문제들을 해결해야 했다.

따라서 당시 정부는 최근의 정부와는 정반대로 노인이 아니라 청년을 돕는 정책을 강조했다. 노조를 해체하고 국영 기업을 민영화한 대처주의자들의 정책은 유독 중장년 남성들에게 더 치명적이었다. 이를테면 대규모 장기 실업 사태를 낳았고, 그 결과 많은 사람이 실업수당에 의지해야 했다. 그런데도 1981년과 1985년에 일어난 도심 시위는 청년 실업 문제만을 부각시켰고, 사회가 더 불안정해지는 것이 두려웠던 정부는 즉각적으로 청년 실업 문제 해결에 투입하는 비용을 급격히 늘렸다. 임금 대비 실질 연금 소득도 줄어들었는데, 이것 또한 현재와는 정반대의 현상이다.[14]

1980년대에는 연금 생활자의 빈곤도 늘었는데, 제2차 세계대전에 참전했거나 희생한 세대가 가장 큰 어려움을 겪었다.

베이비부머는 특히 다른 세대보다 주거에서 혜택을 많이 받았다. 대처 정부가 전기적인 1980년 주택법을 통과시켰을 때 베이비부머의 최고 연령은 서른다섯 살이었고, 이 법 덕분에 1980년대에 수백만 명이 자신이 거주하는 공공임대 주택을 매입했다. 우리는 공공임대 주택 매입권 제도가 장기적으로 어떤 결과를 낳았는지 안다. 공공임대 주택을 개인들에게 매도하는 한편 공공임대 주택을 추가로 공급하지 않았기 때문에 공공주택 공급이 줄어들면서 주택 가격이 상승했다.

그런데 공공임대 주택 매입권 제도는 문화적으로는 더 광범위한 영향을 미쳤다. 이 제도의 목적은 '부동산 소유 민주주의'의 구축이었고, 이는 특히 베이비부머에게 유리하게 작용했다. 1931년과 1935년 사이에 태어난 사람 중 4분의 3이 60세가 되었을 무렵에는 자가소유자였다. 대처 정권이 들어서기 훨씬 전부터 60세 이상 인구의 52퍼센트가 자가소유자였다는 사실을 몰랐다면 놀라운 수치이긴 했을 것이다. 이와 대조적으로 1956년과 1960년 사이에 태어난 베이비부머는 40세가 되었을 무렵 약 70퍼센트가 자가소유자였다.[15] 베이비붐 세대는 단순히 자신들의 자녀 세대보다 더 운이 좋은 것이 아니었다. 그들은 자신들의 부모 세대보다도 더 운이 좋았다. 대처 정부가 집권한 10년이 특정 인구 집단에게만 유독 횡재의 시기였다는 것을 깨달으면 왜 그다음 세대가 부모의 지원 없이 생활하기가 힘들어졌는지를 이해하는 데 도움이 된다.

이런 역사를 남들보다 더 잘 아는 사람이 바로 보수당 전 대표

이자 현재 레솔루션 재단 싱크탱크 소장인 데이비드 윌레츠David Willetts 경이다. 2006년 보수당 전당대회의 비공식 모임에서 윌레츠 경은 자신의 세대와는 다른 입장을 밝혔고, 그 발언은 매우 큰 논쟁을 불러일으켰다. 윌레츠 경은 베이비부머가 '오늘날 영국에서 가장 수가 많고, 강력하고, 부유한 인구집단'이라고 지적했다. 이어서 그는 이렇게 말했다.

> 우리 베이비부머들은 싼 가격에 내 집 마련을 했을 뿐 아니라 높은 인플레이션 덕분에 대출금도 빨리 갚았다. 그런 다음 우리는 그 사다리를 치워버렸다. (…) 젊은이들이 영국 경제와 정치 구조를 두고 베이비부머의 이익을 지켜주는 수단에 불과하다고 생각하더라도 이를 탓할 수만은 없다.[16]

윌레츠는 거기서 멈추지 않았다. 2010년 윌레츠 경은 『너 빈치: 베이비부머는 어떻게 자녀의 미래를 훔쳤는가—그리고 베이비부머는 왜 자녀에게 미래를 돌려줘야 하는가』를 썼다. 이 책의 출간으로 베이비부머는 왜 그토록 많은 혜택을 받았는지, 왜 그들의 밀레니얼 세대 자녀들은 같은 기회를 받지 못했는지를 둘러싼 논쟁을 주도하게 되었다.

나는 윌레츠와 이야기를 나눠보고 싶었다. 그가 제기한 세대 간 불공정성에 관한 이야기는 지난 15년간 우리 영국의 서사에 깊이 새겨져 그 누구도 이견이 없는 이야기가 되었고, 현재 밀레니얼 세대의 자기동일시의 공통분모이기 때문이다.

"베이비부머는 예외인 세대라고 말해도 될까요?" 나는 윌레츠에게 물었다.

"글쎄요, 일단 베이비부머는 오늘날 젊은이들에게는 잘 주어지지 않는 세 가지 혜택의 수혜자들이었죠. 첫째, 잘 알려져 있다시피 자가소유라는 혜택을 누렸어요."

1980년대에 주택의 평균 매매가는 4만 7,488파운드, 평균 계약금은 2,955파운드였고, 이런 계약금을 모으는 데 필요한 기간은 평균 3년 1개월에 불과했다.[17] 그 당시에는 주택 공급량이 워낙 많았으므로 부동산이 재건축 비용보다 더 낮은 가격에 팔렸다. 내 어머니가 구입한 투팅의 첫 집은 천정도, 화장실도 없을 정도로 건물 상태가 엉망이었는데도 어머니가 과감하게 그 집 구입을 결심한 이유 중 하나는 당시 지방 의회에서 새로 주택을 구입한 사람들에게 낡은 주택의 재건축 비용을 지원했기 때문이다. 또한 영국 정부는 주택담보 대출 이자 일부를 세액에서 감면함으로써 해당 가구의 대출 이자 부담을 덜어주는 제도를 통해 자가소유를 장려했다. 이 제도는 2000년에 폐지되었다.

"두 번째 혜택은 무엇이었나요?" 내가 묻자 "당연히 임금이 꾸준히 상승했다는 거예요"라고 윌레츠가 답했다. 베이비부머가 가장 활발하게 일하는 시기에 임금은 계속 올랐다. 다만 중공업 분야는 예외다. 그런데 밀레니얼이 가장 활발하게 일하는 시기가 되었을 때는 금융 위기가 터진 2008년 이후로 임금이 정체되었다. 그러다 팬데믹 이후 임금이 다시 상승했지만 정체기의 미상승분을 메울 만큼 상승하지는 않았고, 무엇보다 인플레이션이 점점 심화되고 생활비가 천정부지로 치솟는 상황에서는 임금이 상승해도 크게 티가 나지 않았다.

윌레츠는 이어서 말했다. "그런데 그게 전부가 아닙니다. 베이비부머는 최종 연봉 기준 연금 산정 제도를 아무런 제약 없이 누린 마지막 세대이기도 해요." 노인 은퇴자와 청년 노동자 간 연금 보상 격차 얘기를 하는 것이었고, 그런 변화는 오랜 기간에 걸쳐 일어났다. 1967년 민간 기업에 고용된 800만 명 이상의 노동자가 400만 명의 공무원과 더불어 최종 연봉 기준 연금을 제공받았다. 오늘날 공공 부문 종사자들은 여전히 그런 혜택을 누리지만 민간 부문에서 그런 기준으로 연금을 받는 노동자는 10만 명에 불과하다. 1980년대 말부터 기업들이 근로자에게 유리한 연금 프로그램을 폐기했는데, 베이비붐 세대는 아슬아슬하지만 그 문이 닫히기 전에 폐기되기 전 프로그램의 적용 대상자가 되었다.[18] 진짜 문제는 사람들의 수명이 늘어났다는 것이다. 연금 기금이 처음 마련되었을 때 연금 가입자들은 은퇴 후 평균 6~7년 더 살 것으로 예상되었지만, 오늘날에는 25~30년은 더 살 가능성이 높다.

최종 연봉 기준 연금 산정 프로그램이 점점 사라지면서 1980년대에 사람들이 저축하고 투자하는 방식이 총체적으로 바뀌어야 했고, 이런 전환의 일환으로 개인연금 가입이 권장되었다. 1984년에는 영국 국민 중 주주인 비율이 3.5퍼센트에 불과했지만, 1989년에는 3분의 1이었다. 데븐햄스 백화점에서 쇼핑을 하면서 주식도 살 수 있었다. 심지어 일간지 『데일리 미러』는 독자들이 자신이 투자한 주식의 가격이 올랐는지 떨어졌는지 확인할 수 있는 전담 상담전화도 운영했다. 이렇듯 주식 투자가 대중화되었지만, 역사가 에이미 에드워즈Amy Edwards는 겉으로 보이는 것만큼 민주적이지는 않았다고 지적했다. 1963년 주식 시장에서는 주주 자본이 54퍼센트를 차지한 반면, 1990년에는 그 비중이 20퍼센트로 떨어진다.[19] 주요 연금 기금의 투자 비중이 점점 더 커졌기 때문이다. 2006년에는 영국 국민의 46퍼센트가 연금 기금을 통해 간접적으로 주식을 소유하게 되었고, 주식 시장 투자 자본의 15퍼센트는 최상층의 직접 투자나 새로 등장한 재무상담사 및 자산관리사가 운영하는 민간 투자 기금이었다. 에드워즈는 이 과정을 '영국 투자 문화의 제도화'라고 부르는데, 이런 과정을 통해 상속주의 사회와 가족 부의 상속에 필요한 필수 기틀이 마련되었다.[20]

1987년 주식 시장 붕괴는 주식 시장의 내재적인 불확실성과 위험성을 환기시켰지만, 당시는 우리 부모들이 시간의 복리 효과로 부를 축적하는 것이 세계 8대 기적 중 하나라는 이야기를 듣던 시대였다. 연금 기금은 지난 30년간 상당히 불어나서 국가 소득의 여섯 배 수준이 되었고 이것은 베이비부머의 부동산 자산 가치와 거의 맞먹는 수준이다. 다만 연금 기금의 대부분, 특히 확정급여형 퇴직 연금은 부동산과 달리 자녀에게 물려줄 수 없다는 것이 두 자산 간 중요한 차이점이다.

베이비부머의 부동산 부에 대해 이야기할 때 우리는 베이비부머가 부동산을 구입하기가 얼마나 쉬웠는지에만 주목하는 경향이 있어서 베이비부머가 그 부동산을 붙들고 있기가 얼마나 힘들었는지에 대해서는 생각해보지 않는다. 그 부동산을 붙들고 있었던 사람들은 이득을 봤다. 그러나 많은 경우에 부동산을 붙들고 있기 위해 고군분투해야 했다. 1990년대 초, 주택 시장이 붕괴하면서 부동산 자산 가치의 34퍼센트가 한순간에 사라졌고, 많은 사람의 자산이 마이너스 상태에 빠졌다. 대출을 끼고 산 주택을 도로 파는 사람도 생겼다. 첫 내 집 마련을 한 소유주들의 경우 1990년에 대출 상환금이 총소득의 30퍼센트에 달했는데 주택 가격은 계속 떨어지기만 했다. 1995년에도 주택 가격은 1989년에 기록한 최고가에 비해 37퍼센트가 낮은 채로 유지되었다.[21] 우리 부모들의 경우 부동산 시장에 진입한 청년기의 경험은 호황, 거품 붕괴, 위험으로 규정되었다는 사실을 기억해야 한다. 21세기 초반이 되어서야 주택이 가족의 보금자리일 뿐 아니라 투자 자산으로 인식되기 시작했다는 사실에 주목할 필요가 있다.

나는 데이비드 윌레츠가 내 책의 가설이 설득력이 있다고 생각하는지 알고 싶어서 이 책의 주제를 그에게 설명했다. "당신은 베이비부머가 부를 축적하면서 자녀 세대의 미래를 훔쳤다고 썼습니다. 그런데 베이비부머의 부동산 자산 대부분은 다음 세대로 흘러들어간 뒤에야 그 수익이 실현될 거예요. 그러니 실제로는 점점 커지는 상속 격차에 대해 이야기해야 하는 게 아닐까요? 현재의 엄빠 은행은 또 어떻고요? 너무나 많은 부모가 자녀가 성인기에 들어선 뒤에도 부양하잖아요. 그러니 베이비부머와 밀레니얼 간 세대 격차가 아니라 밀레니얼 세대 내에서의 격차에 대해 이야기해야 하지 않을까요?"

나는 점잖게 묵살당할 각오를 했기 때문에 윌레츠의 답변에 안도했다. "네, 정말 그래요. 아주 정확한 지적입니다. 그래서 가족이 절대적으로 중요해지죠." 여기서 윌레츠가 사용한 언어에서 많은 것이 드러난다. 윌레츠는 이 책의 주제가 불공정한 출생 특권보다는 '가족'의 중요성을 다룬다고 합리적으로 규정했다.

윌레츠의 지적은 이 책의 핵심 질문을 정확하게 짚어준다. 본질적으로는 자애로운 사랑에서 나오는 재정 자원인 엄빠 은행은 과연 그 자체로 좋은 것인가 나쁜 것인가? 이 이야기는 기본적으로 정책과 경제를 다루지만, 상속은 궁극적으로 감정을 건드리는 문제이기 때문이다. 베이비부머가 누린 부동산 특권의 이면에는 의무와 유산에 대한 인식이 존재했고, 희생과 성실이 전제되어 있을 때가 많았다. 이런 계층 상향 이동 이야기의 이면에는 지위와 부의 격차에 대한 경계, 자신들이 감내했던 어려움을 자녀들은 겪지 않게 하겠다는 의지가 깔려 있다. 베이비붐 세대의 부의 이면에는 심지어 자신들이 부모로서 실패한 면면들에 대한 죄책감 또는 보상하고자 하는 심리가 깔려 있다. 어떤 가족에서는 상속이 자유만큼이나 재정적 통제를 의미할 수 있다. 그래서 자녀에게 특정 행동을 기대하거나 상속에 특정 조건을 덧붙이기도 한다. 달리 말하면 우리 밀레니얼 세대의 상속 이야기는 주택 시장 상황이나 상속세 부과 기준만큼이나 가족의 정서적 유대감과도 깊은 관련이 있다.

상속주의의 탄생

1997년만 해도 영국에서 주택 평균 가격이 상속세 부과 기준을 넘는 지역은 단 한 곳, 버킹엄셔의 제라즈 크로스였다. 2006년에 『데일리 메일』은 '상속세 덫'이라고 명명한 구간에 놓인 주택이 당시 수백만 가구에 이른다고 추산했다.[22] 이것은 부동산 가격이 급격히 치솟기 시작했다는 사실을 보여줬는데, 1997년과 2004년 사이에 부동산 가격은 130퍼센트 상승했고, 그 결과 상속세가 정치적 쟁점이 되었다. 당시 영국 총리였던 토니 블레어는 영국 중산층에게 부동산 자산이 점점 더 중요해지고 있다고 판단했기 때문에 상속세 폐지를 추진했다고 알려져 있다. 당시 재무장관이었던 고든 브라운은 상속세 폐지에 반대했지만, 블레어 정부는 상속세 부과 기준을 상향 조정했다. 당시 재무부 대변인은 이렇게 밝혔다. "역대 정권에서 상속세 부과 기준을 주택 기타 자산 가격의 단기적

변동에 연동시킨 경우는 단 한 번도 없었다."[23] 이것이 사실이라 하더라도 사실이 아니게 될 날이 머지않았다. 자산 가격이 상승하고 사람들이 가족의 부를 판단하는 중요한 기준이 되면서 이후 정부들은 가족 내에서 상속되는 주택에 세금을 부과했을 때 쏟아질 비난을 두려워하게 되었기 때문이다.

그러나 당연하게도 부동산 가치가 상승하면서 자가소유 비율이 하락하기 시작했다. 자가소유 비율은 2003년에 71퍼센트로 정점을 찍었다가 그 이후로는 하락 추세로 돌아섰다.[24] 2008년 금융위기가 터지기 전까지 베이비부머 내 첫 은퇴 주자들이 연금을 타기 시작했고, (다수에게) 이것은 베이비붐 세대가 임금 노동자 집단에서 자산 소유자 집단으로 전환했다는 것을 의미한다. 베이비부머의 이해관계는 2008년 이후 공고화된다. 보수당 정권이 청년이 대부분인 노동자에게는 치명적인 반면 은퇴자들의 부와 자산을 보호하는 정책을 점점 더 옹호하고 나섰기 때문이다.

주택 가격은 점진적으로 상승했는지 몰라도, 그리고 베이비부머는 자신들이 더 부유해졌다고 느꼈는지 몰라도, 새천년이 시작된 2000년대에 이를 반영한 명칭이 붙여진 우리 밀레니얼 세대에게는 다른 세레나데가 연주되었고, 그 노래의 후렴구는 온통 '교육, 교육, 교육'으로 채워져 있었다.

교육, 교육, 교육
: 능력주의라는 환상

3

나는 런던 시내에 있는 여자 통합중등학교에 다녔다. 라벨이란 것이 으레 그렇듯이 이런 설명은 오해를 낳기 마련이다. 런던 SW1 지구에 있는 세인트 제임스에 있는 그 학교는 무려 1698년에 개교했으며 원래 교회에서 운영한 일반계 중등학교로, 이웃한 웨스트민스터 사원에서 예배를 드렸다. 정치인 자녀들이 많이 다니는 공립학교였는데, 그 말인즉슨, 정부의 재정 지원을 받는다는 점을 제외하면 우리 학교에 '통합'적인 측면은 거의 없다시피 했다는 뜻이다.

나는 1990년대 말 초에 중등학교를 다녔는데, 여성 교육에 대한 문화적 관점이 한창 지각 변동을 겪고 있는 시기였다. 1970년에는 페미니스트들이 여학생 교육에 대한 투자가 부족하고, 여학생들이 학업성취도가 낮고 야망이 부족하다는 비난을 맹렬하게 쏟아냈다. 그러나 1980년대에 이르면 정책입안자들이 새로 도입된 중등 학력 인증시험General Certificate of Secondary Education (GCSE)에서 여학생이 남학생보다 더 좋은 성과를 낸다는 사실에 주목하기 시작했다. 결론은, 여학생이 남학생보다 학업능력이 결코 떨어지지 않았다는 것이다. 오히려 그 반대였다. 교육 시스템이 여학생에게 충분히 관심을 기울이지 않았고 여학생을 적극적으로 지원하지 않았던 것뿐이었다. 1990년대 말이 되면 가정, 가사, 자수 등의 수업이 폐지되었고 비서, 간호사, 전업주부와 같은 역할을 염두에 두고 여학생을 교육시키지 않게 되었다. 내가 입시를 치를 무렵에는 여성의 교육적 성취를 가로막는 것이 아무것도 없어 보였다. 매년 GCSE나 A-레벨* 결과가 발표되는 날에는 일간지에 올 A를 받고 기뻐서 폴짝폴짝 뛰는 여학생들의 사진이 실렸다. 그 여학생들은 대개 백인이었고 언제나 예뻤고 공립학교 학생인 경우가 많았다. 우연히도, 이때는 우파 언론과 토리당 정치인들이 십대 미혼모를 무책임하고 비윤리적이고 사회에 짐이 되는 존재들이라고 수시로 비난하던 시대였다. 나는 너무 어린 나이에 임신하는 것의 위험성을 강조하는 수업을 수도 없이 많이 들었다. 그런데 여기에 대안처럼 보이는, 성공을 향해 나아가는 폴짝폴짝 뛰는 십대 소녀들이 있었다. 교육이 곧 여학생의 야망이었다. 내가 대학에 진학한 2000년에는 이미 영국 대학 캠퍼스의 여학생 수가 남학생 수를 앞질렀다.

그러니 내 어머니는 비록 열여섯 살에 학교를 떠났고 내 언니는 A-레벨 과정을 마친 후 곧장 취직했지만, 내가 대학에 진학하는 것은 당연한 수순으로 여겨졌다. 1990년대 말이 되면 졸업생을 고등교육 기관에 입학시키는 것이 그 학교의 성과를 평가하는 기준이 되었다. 매년 시상식 날이 되면 학교에서는 졸업생 명단과 각 졸업생이 진학 예정인 대학교의 목록을 만들었다. 대학에 진학

• A-level. 대학교 진학 준비를 위해 전공 관련 과목의 심화 수업을 선택해 수강하는 것으로, 입학 자격 요건으로 요구하는 대학들이 많다.

하는 졸업생들 사이에서도 확연한 위계질서가 존재했다. 당연하게도 최상층에는 옥스퍼드대학교와 케임브리지대학교가 있었다. 두 대학교에 진학할 가능성이 있는 학생들을 학교에서 직접 선별했고, 상담을 통해 어떤 전공을 선택하는 것이 합격으로 가는 최선의 경로인지 조언했다. 그런 학생들에게는 맞춤 지도와 모의 인터뷰 기회도 제공되었다. 학교는 두 대학교에 인맥이 있는 이사진 중 한 명을 이 작업에 합류시키기도 했다. 내가 다닌 학교처럼 런던 중심가의 명문 학교에서도 옥스브리지* 진학은 불가능한 도약처럼 느껴졌다.

나는 열의는 넘치지만 특출 나지는 않은 학생으로 분류되었다. 그래서 내가 옥스브리지에 갈 만한 인재인지를 두고 선생님들 사이에서도 평가가 갈렸다. 한번은 역사 교사와 영어 교사를 앞에 두고서 내가 B학점이 아닌 A학점을 받을 가능성이 높은 학생이라는 의견을 제시해달라고 어렵게 설득하고 있었다. 그래야 옥스브리지에 지원할 수 있었기 때문이다. 나는 집에서도 압박을 받고 있었다. 아버지는 내가 옥스브리지에 지원해야 한다고 굳게 믿었다. 그 나이에는 그런 격려와 무시를 동시에 받으니 혼란스러웠다. 일단 면접 기회만 얻으면 합격할 수 있다고 나는 생각했다.

1998년 11월 말 케임브리지대학교로 갔다. 아버지가 내게 힘이 되어주겠다면서 따라 왔다. 혼자 면접실에 들어가서 여자 교수와 마주 앉았다. 나는 곧 그 교수가 수업 시간에 배운 19세기 빅토리아 시대 공화주의 사상을 다룬 책의 저자라는 사실을 깨달았다. 그 교수는 해리 포터 영화에서 매기 스미스가 연기한 맥고나걸 교

• 옥스퍼드대학교와 케임브리지대학교를 통칭하는 표현.

수를 연상시켰다. 이따금씩 못마땅한 표정을 지으면서 돋보기안경 너머로 독수리 같은 예리한 눈빛을 쏘면서 나를 뚫어져라 쳐다봤다. 교수는 내가 제출한 에세이를 읽었다. 첫 포문은 의문의 여지없이 적대적이었다. "학생은 이 에세이에서 자신이 빅토리아 여왕에 대한 공화주의의 위협을 잘못 서술했다고 생각하지 않나요?"

불편한 침묵. "질문을 좀 더 구체적으로 해주시겠어요?" 나는 천천히 답했다. 그것이 내가 떠올릴 수 있는 유일하게 논리적인 문장이었다. 압도당한 내 머릿속은 백지처럼 하얘졌다.

교수는 내 답에 감탄하지 않았다. "흠, 예컨대 학생은 벤저민 디즈레일리의 역할을 과대평가하고 있는 것 같은데요." 무심하게 페이지를 넘기면서 내 글을 위아래로 훑어봤다. 지금에 와서 돌아보면 교수의 전략은 명백했다. 교수는 결투를 원했다. 언쟁을 벌이고자 했다. 내 배짱을 시험하고 있었다. 내가 '케임브리지 감'인지를 보려는 것이었다. 그러나 나는 자기 확신과 자신감을 강하게 타고나거나 학습을 통해 그런 것들로 무장한 학생이 아니었으므로 곧장 항복하고 절뚝거리면서 경기장에서 내려올 수밖에 없었다. 그곳에서 나는 내가 아는 모든 것을 의심했고 내가 쓴 어떤 글도 방어할 수가 없었다. 잔뜩 움츠러들어서 더듬거리고 침묵하고 횡설수설하고 계속 사과했다. 나에 대한 학교 선생님들의 부정적인 평가가 옳았다는 생각밖에 들지 않았다.

고통스러운 면접은 그 뒤로도 20분간 계속되다가 마침내 교수가 나를 보내주었다. 교수는 내게 면접시험이 끝났다는 손짓을 했고, 나는 일어서서 감사 인사를 하고 교수의 책상 맞은편에 있는 문으로 나갔다. 그런데 그 문은 밖으로 나가는 문이 아니었다. 문을 열고 나가 등 뒤에서 문이 닫힌 뒤에야 나는 벽장에 들어왔다는 것을 깨달았다. 아무것도 보이지 않았다. 느껴지는 것은 오직 모직 코트와 학사 가운뿐이었다. 나는 쓸데없이 오래도록 그곳에 서서 어떻게 해야 하는지 고민했다. 내게 별다른 선택지가 있는 게 아니었는데도. 이 예기치 못한 은신처는 나니아로 가는 비밀 문이 아니었다. 나는 울면서 딸꾹질을 하기 시작했다. 공공장소에서 극심한 수치심에 휩싸였을 때에만 나오는 그런 울음 딸꾹질. 진정하려고 애썼지만 그럴수록 딸꾹질 소리는 점점 더 커지기만 했다. 내 내적 독백은 더 악랄해졌다. 면접실에서 밖으로 나가는 길조차 찾지 못하는 주제에 감히 이 대학교에 들어갈 수 있을 거라고 생각했니? 20분도 더 지난 것 같은 느낌이 들었을 때 나는 마침내 문을 열고 다시 면접실로 나갔다. 안경 너머로 매의 눈이 번뜩였다. 놀란 표정이었다. "이크" 나는 눈물을 삼키며 겨우 내뱉었다. 부끄러움에 어깨를 잔뜩 웅크렸다. 또 한 번 "죄송해요"라고 중얼거리면서 탈출로를 찾았다. 이번에는 밖으로 나가는 문을 제대로 찾았다.

아버지는 건물 밖 넓은 안뜰에서 기다리고 있었다. "어땠어?" 아버지는 기대에 찬 목소리로 물었다.

"그게, 합격은 못할 것 같아요, 아빠. 벽장으로 들어갔거든요."

내가 괴로워하고 있는 걸 느낀 아버지는 가볍게 말했다. 내게 필요한 말이었다. "애야, 신경 쓰지 마라. 최선을 다했잖니."

나는 불합격 소식을 금세 극복했다. 그 면접은 옥스브리지 첨탑에 대해 내가 가졌던 모든 낭만적인 기대를 무참히 짓밟았다. 그러나 그곳에 자신이 속한다고 굳게 확신한 나머지 3번이나 재도전한 사람도 알고 있다. 결국 들어가지 못했다. 또한 몇몇 친구는 옥스브리지에서 보낸 시간이 매우 특수한 치열함과 환희의 경험이었으며, 그 경험에서 결코 완전히 회복되지 못했다고 말했다. 한번은 결혼식에 갔는데, 신부 아버지가 신부와 신랑의 옥스브리지 졸업 성적표를 큰 소리로 발표했다. 두 사람의 성적표는 들러리, 플로리스트, 신부의 어머니가 받은 박수갈채를 모두 합친 것보다도 더 큰 박수갈채를 받았다.

이 모든 것은 옥스퍼드나 케임브리지에 합격하는 것이 당시에, 그리고 지금까지도 얼마나 대단한 교육 황금티켓인지를 보여준다. 내가 대입을 치른 1998년에 옥스브리지에 다니는 여학생의 수와 남학생의 수가 거의 같았다. 1970년대에는 옥스퍼드 학부생 중 여학생 비율이 단 20퍼센트였고, 케임브리지의 경우에는 12.9퍼센트에 불과했다는 점을 감안하면 이것은 비약적인 증가였다.[1] 이 두 대학교, 그리고 이 두 대학교를 통해 엘리트주의에 대한 접근성이 얼마나 용이해지는가가 영국의 능력주의를 시험하는 핵심 리트머스지 역할을 한다. 즉 옥스브리지의 위상은 영국에서 두뇌가 그 무엇보다도 중시되는 나라인지 아닌지를 보여주는 지표다. 이것이 옥스브리지의 대학 입시 정책과 두 대학교의 성과를 보도하는 일에 우리의 신문 지면과 방송 시간이 투입되는 이유다. 현재 공립학교 출신이 옥스브리지 대학생의 약 3분의 2를 차지한다. 그런데 이것은 여전히 3분의 1은 (영국 전체 고등학교 졸업생의 6퍼센트에 불과한) 사립학교 출신이라는 것을 의미한다. 그런 면에서는 아직 미완의 혁명일 수 있지만, 이런 변화가 교육이 곧 기회이며 가장 뛰어난 인재가 가장 높은 자리에 오를 수 있다는 우리 신념의 중심에 자리 잡고 있다. 앞으로 다루겠지만, 이것이 우리 부모 세대가 열렬히 믿은 신념이자 우리 세대는 점점 더 회의하게 된 신념이다. 우리 세대에서는 대학 졸업장이 야망이 아닌 필수재가 되었으며 그것도 점점 더 비싼 필수재가 되고 있다. 대학 졸업장은 경험이기도 하며, 그 경험은 점점 더 엄빠 은행 이용 가능성에 의해 결정되고 엄빠 은행의 지원에 의해 그 경험의 내용이 점점 더 달라지고 있다.

실은 내 선생님들의 예측 중 적어도 한 가지는 빗나갔다. 나는 A-레벨에서 선생님들이, 그리고 솔직히 말하면 내가 기대한 것보다 더 좋은 성적을 받았다. 여느 옥스브리지 탈락자들처럼 나는 더럼대학교에 진학했다. 1999년 9월 말 커다란 짐가방 두 개를 들고 기차를 탄 뒤 북쪽을 향해 여섯 시간을 달렸다. 신입생 오리엔테이션 기간에 내가 보드카 잔을 연거푸 꺾으면서 친구를 사귀려고 애쓰는 동안 당시 권력의 정점에 선, 20세기 말 낙관주의에 잔뜩 취한 영국 총리 토니 블레어가 해안 도시 본머스에서 열린 노동당 전당대회에서 지지자들을 향해 연설을 하고 있었다. 새천년이 밝아오는 가운데 블레어는 '21세기에 영국의 힘과 자신감을 부활'시키겠다고 약속했다. 그는 21세기는 능력주의 사회가 될 것이라고 말했다. 밀레니얼 세대는 손이 아닌 머리로 일하는 것을 우선순위에 두기만 하라고. 21세기의 국가가 필요로 하는 것이 무엇인지 우리는 알지 않는가. 바로 지식기반경제다. … 그렇다면 우리에게 주어진 과제는 '어떻게 지식기반경제로 나아갈 것인가'였고, 그 답은 바로 사람이었다. 해방시켜야 하는 인간의 잠재력에는 단순히 노동자로서의 잠재력만이 아니라 시민으로서의 잠재력도 포함되어 있었다. 인민에게 권력을 주는 것이 아니라 각 개인에게 권력을 줘서 그들 각자가 자신의 타고난 재능을 최대한 발휘할 수 있게 해야 한다. 모든 사람은 각자 재능을 타고나는데, 곳곳에 그 재능을 속박하는 족쇄가 있을 뿐이었다.

그래서 블레어는 이렇게 공언했다.

재능이 21세기의 부입니다. … 18세기에는 토지가 우리의 자원이었습니다. 19세기와 20세기에는 공장과 자본이 자원이었습니다. 오늘날에는 그 자원이 바로 사람입니다. … 그러니 오늘 저는 청년의 대학 진학률 50퍼센트를 다음 세기의 목표로 제시합니다.[2]

블레어의 말이 강당에서 우레와 같은 함성을 이끌어냈는지는 몰라도 이런 약속은 블레어가 내세운 것처럼 대단한 것은 아니었다. 1970년과 1988년 사이에 대학 진학률이 내내 약 15퍼센트에 머물다가 1990년대 초 기술전문학교가 일반 대학교로 전환되면서 대학 진학률이 30퍼센트로 급격히 치솟았다.[3] 어찌 되었든 50퍼센트는 상징적인 목표였고, 블레어 노동딩 2기 말까지 목표를 달성하겠다고 약속했다. 그러나 그 목표를 달성한 것은 20년 뒤인 2019년이었다.[4]

밀레니얼 세대는 '재능이 21세기의 부'라는 메시지를 주입받으며 자랐다. 우리 부모의 시대에는 일반계 중등학교에서 교육을 받는 것이 능력주의의 핵심이었다. 우리 세대에게는 대학교육이 그 핵심이 되었다. 그것이 기본 이념이었고 최대한 많은 사람을 대학교에 보내는 것이 목표였다. 당연한 얘기지만, 여기에서 낙오된 사람들을 위한 지원은 거의 없었다. 더 많은 고용주들이 대학 졸업장을 기본 자격 요건으로 여기게 되었고, 미국 작가 맬컴 해리스Malcolm Harris의 말을 빌리자면 밀레니얼 세대에게 학사 학위는 '황금티켓이 아닌 선결조건'이 되었다.[5] 이 장에서 앞으로 살펴보겠지만, 대학 졸업장의 가격이 상승한 반면 그 가치는 정체되었고 실질적으로는 하락했다. 우리는 기회가 단순히 재능에 의해 좌우되는 것이 아니라는 사실을 깨달았다. 기회는 우리의 재능뿐 아니라 우리의 부모가 그런 재능에 투자할 수 있는 역량에도 달려 있었다. 시간이 지날수록 능력과 부, 두 가지를 모두 지녀야만 진짜로 성공한 특권층이 될 수 있게 되었다. 물론, 이런 깨달음은 훨씬 더 뒤에야 찾아왔다. 아직은 낙관주의의 시간이었다. 당시 재무장관이었던 고든 브라운은 이렇게 블레어의 말을 재차 반복했다. "잠재력이 아닌 타고난 특권이 중요했던 옛 영국에 종지부를 찍어야 할 때가 왔다고 생각합니다. 오래된 장벽을 제거하고 대학교를 개방해서 모든 사람이 앞으로 나아갈 수 있게 해야 합니다."[6] 미래의 기회는 이미 다 준비되어 있는 것처럼 보였다. 우리는 그냥 열심히 노력하기만 하면 되었다. 그리고 우리는 정말이지 열심히 내달렸다.

보호받는 생산적인 아동기

당연한 얘기겠지만, 면접실 벽장에서 내가 울음 딸꾹질을 터뜨린 이유는 그 순간이 나의 학교생활(그리고 내 삶) 경험 전체의 최종 평가 자리처럼 느껴졌기 때문이었다. 그게 1998년의 일이었는데, 학업적 압박은 그 후로 점점 더 심해지기만 했다. 그런 압박의 기원을 찾으려면 1980년대와 1990년대, 우리 밀레니얼 세대와 X세대의 어린 시절로 되돌아가야 한다.

사회학자 킬리언 멀런Killian Mullan은 1975년과 2015년 사이의 시간 데이터를 검토하면서 그 기간 중에 아이들이 시간을 보내는 방식이 어떻게 달라졌는지 추적했다. 멀런의 연구를 보면 30년이라는 기간 동안 아동기의 모습이 얼마나 달라졌는지가 뚜렷하게 드러난다. 아이들은 점점 더 많은 시간을 집에서, 화면 앞에서 보내며 숙제를 하는 시간이 늘었다. 이것은 결국 아이들의 놀이 시간이 줄었다는 것을 의미하며, 특히 부모의 감독 없이 자유롭게 노는 시간이 줄었다. 집 밖에서 보내는 시간은 계획된 시간이고 유료 활동일 가능성이 높았다. 멀런은 성별로 차이가 있다는 사실도 발견했다. 여자아이들은 남자아이들에 비해 숙제를 하는 시간이 많았고, 남자아이들은 화면 앞에서 보내는 시간, 스포츠와 실외 놀이 시간이 더 많았다. 다만 여자아이들과 남자아이들 모두 취미 활동이 줄었다.[7] 샌드라 호퍼스Sandra L. Hofferth의 분석도 유사한 이야기를 들려준다. 호퍼스는 1981년과 2003년 사이 미국 아동의 시간 데이터를 수집하고 정리했는데, 놀이, 스포츠, 종교 활동 시간이 줄어든 반면, 학습과 독서 시간이 늘었다. 학습 시간과 독서 시간이 가장 크게 증가한 연령대는 6~8세였다. 2003년이 되면 6세 아동은 나이가 더 많은 아동과 거의 비슷한 시간을 학습과 독서에 쓰고 있었다.[8]

이것이 하나같이 얼마나 새로운 현상인지를 강조할 필요가 있다. 1970년대와 1980년대 초에는 이혼율과 일하는 엄마의 수가 증가했다. 이 시기에는 이른바 '현관문 열쇠 아이들'이 등장했다. 부모가 집에서 보내는 시간이 줄면서 현관문에는 자물쇠가 걸려 있거나 아이들이 혼자 집에 문을 열고 들어갈 수 있도록 아이에게도 집 열쇠가 주어졌다. 그런데 1980년대에 부모자녀 문화가 어딘가 달라지기 시작했고, 그렇게 변한 문화는 점점 더 강화되었다. 자녀의 안전에 대한 집착과 '위험한 낯선 사람'에 대한 경계가 교육을 통해 꿈을 이루겠다는 야망과 겹쳐지면서 아동기와 아동에 채운 목줄이 한층 더 팽팽해졌다. 길거리에서 노는 아이들이 사라졌다. 아이들은 실내에서 어른의 감독하에서 놀았다. 종래에는 안전한 실내 환경에서 '아동 발달'에 도움이 되는 유료 활동이 놀이를 대체했다. 시멘트가 깔린 놀이터가 사라지고, 그 대신 안전한 스펀지가 바닥에 깔렸다. 혼자 걸어서 집으로 가는 아이들이 사라지고, 아동 교통안전 수칙과 성교육이 도입되었다. 자유로운 놀이에서 감독받는 놀이로의 이행은 가족의 필요에 의한 것이기도 했다. 1990년과 2003년 사이에 맞벌이 가구의 수가 2배로 증가했다. 이것이 우리의 증조모들은 기이하다고 여겼을 그런 자녀 양육 방식으로 전환한 이유이고, 현재 많은 전문가들이 오늘날 청년층의 정신건강 위기의 원인으로 꼽는 요인 중 하나이다.

'헬리콥터 부모'라는 용어는 1980년대에 처음 사용되었지만, 그런 새로운 개입주의적 자녀 양육이 1990년대와 2000년대에 들어서서 주류 문화가 된 뒤에야 대중적인 용어가 되었다. 당시에 그 현상은 부모되기parenthood, 특히 엄마되기motherhood에 대한 기대를 둘러싼 더 광범위한 세대 간 대화의 한 단면을 보여준다. 이 주제로 할 수 있는 재밌는 게임이 있다. 바로 '나는 어릴 때 엄마가 딱히 못 하게 막지 않았지만, 지금 엄마들은 아이들이 하지 못하게 할 만한 것 말해보기.' 나는 열 살 때 매일 어른 없이 일곱 살짜리 여동생을 데리고 지하철을 타고서 런던 중심가에 있는 초등학교에 다녔다. 지금의 나는 내 일곱 살 아들이 그렇게 하도록 놔두기 쉽지 않을 것이다. 우리 자매가 그렇게 통학하면서 어떤 것들에 노출되었는지를 고려하면 더욱 그렇다. 그런데 당시에는 그게 특별한 게 아니었다. 비슷한 예로 내 친구의 어머니는 친구가 열네 살이었을 때 여름방학 기간 중 3주 동안 스위스 지인 집에 맡기면서 기차에 혼자 태워 보냈다. 워털루역에서 유로스타 기차에 태운 뒤에 친구 어머니는 기차 밖에서 손을 흔들며 배웅했고, 친구는 파리에 도착해서 혼자 파리 지하철을 잠시 타고 바젤로 가는 기차로 환승했다. 이것은 방치가 아니었다. 그냥 시대가 그랬다. 세대가 바뀔 때마다 아동 안전의 기준을 높여오지 않았던가? 1940년대에 우리 조모들은 전시 대피 프로그램의 일환으로 아이들을 낯선 사람에게 보내 살게 했다. GPS 추적이 가능한 오늘날 우리는 감시 육아를 해야 하는 전투적인 시대에 살고 있다. 다른 건 차치하더라도 지금은 누가 보더라도 진자 추가 반대쪽으로 쏠려 있다.

1980년대에 들어서면서 아동기가 더 구조화되었고, 그러다 보니 학교 교육이 점차 시험을 중심으로 돌아가기 시작했다. 미국 역사가 맬컴 해리스의 말을 빌리자면 밀레니얼 아이들은 '학력 군비 경쟁' 사회에서 자랐다. 우리 밀레니얼 세대는 아동기가 '이제는 실수를 하는 시간이 아니'며, 오히려 '잘못된 선택이 가장 큰 타격을 입히는' 시간이라는 말을 들었다.[9] 1980년대에는 학교의 경쟁 문화가 냉전의 지정학적 갈등과 같은 모습이기도 했지만 자본, 더 나아가 궁극적으로는 노동이 점점 더 글로벌화되는 현실이 반영된 것이기도 했다. 장소 불문하고 순위 매기기가 이루어졌다. 학생들의 수학과 독해 능력을 비교하는 국제 성취도 평가표가 공개되었고, 표준이라는 명목하에 영국의 학교 평가 기관인 오프스테드의 학교 평가가 적용된 학교 순위가 모든 교실에 배포되었다. 밀레니얼 세대와 Z세대는 어릴 때부터 소셜미디어의 좋아요, 구독, 순위를 위한 준비를 갖춘 셈이다.

성실한 고성취 여자아이들이 이 문화에 적응했는데, 실은 너무 잘 적응했는지도 모른다. 또한 이로 인해 교사들은 점점 더 남학생들인 경우가 많아진 순응하지 않는 학생들을 점점 더 방치하게 되었다. 밀레니얼 세대는 또한 1980년대의 문화전쟁 십자포화 한가운데에 갇혔다. 학교에서 '동성애 장려'를 법으로 금지한 지방정부법 제28조는 교실에서 가르치는 내용을 도덕적으로 규제하려는 보수 정권의 시도였다. 단 한 번도 기소의 근거가 된 적이 없는 이 동성애 혐오 조항은 문화적으로 엄청난 파장을 일으킨다. 성소수자 커뮤니티를 각성시켜서 그들이 행동에 나서게 했고 결국 블레어 정권은 그 조항을 폐지했다. 그러나 무엇을 가르치고 검증해야 하는지를 정리한 필수 점검표를 만든 1988년의 영국 국가 교육과정의 구축이야말로 어린 밀레니얼의 정신에 가장 중대한 영향을 미치게 된다. 16세(중등 학력 인증시험GCSE)와 18세(A-레벨)에 치르는 평가시험 외에 7세, 11세, 그리고 또다시 14세에도 평가시험이 추가로 편성되었다. 신노동당 정권하에서 교육부는 각 아동이 수행해야 하는 숙제의 양을 명기하기 시작했다.

이 '학력 군비 경쟁'에 기꺼이 참전한 플레이어들에게 대학 입시와 입학 지원 과정은 PC게임의 최종 보스전과도 같은 것이었다. 대학 입학 서비스 시스템인 UCAS(Universities and Colleges Admissions Service)의 지원서(500단어 내외로 쓰는 자기소개서)는 지원자가 자신이 17~18세까지 살면서 어떤 성취를 이루어냈는지를 정확하게 개요하도록 기획되었다. 마치 미인대회 무대에 오른 참가자처럼 이 지원서 위에서 자신의 모든 능력, 취미, 야망을 선보여야 했다. 그로부터 25년이 지나 어느 정도 나이를 먹은 지금 돌아보면 이 모든 것이 얼마나 말도 안 되는 것인지를 알 수 있다.

그 시점에 이르기까지, 특히 특정 계층 출신에 특정 성향을 지닌 지능이 높은 아이들은 그런 압박으로 인해 (교실 안팎에서) 자신이 하는 모든 일을 어떻게든 끼워맞추고 매만져서 양심적이고 성실한 (하지만 아마도 다소 지친) 육각형 고성취자임을 보여주는 지원서를 만들어냈다. 우리는 아주 어린 나이부터 이력서를 잘 빚어내도록 키워졌다. 사회, 교육 시스템, 부모는 우리에게 이렇게 말했다. 이것이 21세기 영국에서 성공으로 가는 길이라고. 그리고 어느 시점까지는 실제로 그랬다.

우리가 갈고닦고 UCAS 서류를 통해 우리가 팔아야 하는 것은 학업적 성취만이 아니었다. 과외활동의 중요성이 기하급수적으로 커지면서 어느새 더 이상 과외활동이 아닌 필수 활동이 되어버렸다. 내 경우를 보자면, 나는 내가 할 수 있는 것을 했고, 지원서에 그 활동을 기록하되 구체적인 내용은 인급하지 않았다. 나만 그렇게 한 것이 아니다. 최근 설문조사에 따르면 대학 지원자 4명 중 1명은 UCAS 자기소개서에 허위 사실을 적었다. 그런데 절망적이게도 우리가 투입하는 모든 노력 그리고 그런 활동 경험을 쌓느라 보낸 모든 세월이 들어가 있는 자기소개서가 읽히는 시간은 평균 2분에 불과하다고 알려져 있다.[10]

나는 에든버러 공작 브론즈상에 지원했다. 이 상을 받기 위해서는 12주간 '봉사활동'을 해야 한다고 공지되어 있었다. 나는 완즈워스의 한 맥주 양조장의 마굿간에서 삽으로 말똥을 치우는 일을 간신히 두 주간 해낸 뒤에 감독관에게 뇌물을 먹여서 확인서에 서명을 받았다. 나는 4년 동안 피아노를 배웠고, 이 활동은 서류상으로는 매우 좋아 보였다. 그러나 나는 끝끝내 피아노에 대한 열정이 생기지 않아서 성적이 나오는 수업을 듣지는 않았다. 상관

없었다. 나는 매우 중요한 '악기를 연주했다'는 항목에 체크했다. 내 주변에는 청소년기에 음악적으로 높은 성취를 이뤘지만 현재는 악기가 부모 집 다락방에서 먼지만 뒤집어쓰고 있는 친구들이 수도 없이 많다. 친구들에게 그 악기는 매섭게 몰아붙이던 선생님과 중압감 속에서 연주하던 안 좋은 기억만 떠올리게 한다. 내 자소서에는 또한 내가 학교 수영팀 멤버였으며, 지역 대회에서 런던 대표로 출전했다고 적혀 있었다. 이것은 엄밀히 말해 거짓말은 아니었지만 내 수영 선수 경력은 열네 살에 팀에서 탈락하면서 갑자기 끊겼다. 학기 중에 스포츠를 한다는 것은 피눈물 나는 생존 경쟁에 시달린다는 것을 의미했다. 실제로는 신체 건강을 위한 것이었어야 하는데도 말이다.

마흔에 접어들고부터는 악기를 배우고 규칙적으로 운동을 하는 등 오로지 재미를 위해서 그런 활동을 한다. 그래서 그렇게 어린 나이에 시간과 비용을 들이면서 과외활동을 하는 것이 과연 어떤 의미가 있는지 의문을 가지기 시작했다. 우리 밀레니얼 세대가 번아웃 세대라면, 이것이 그 이유다. 우리가 한때 부업에 진심인 #걸보스* 문화를 추종했다면 이것이 그 이유다. 우리가 항상 우리의 취미를 수익화하거나 전문화하려고 노력한다면 이것이 그 이유다. 만약 우리 중에 자신이 경제적 특권층이라는 사실, 요컨대 엄빠 은행에 기대면서도 그런 혜택을 부정하거나 감춘다면 이것이 그 이유다. 우리는 끝이 보이지 않는 경쟁 체제하에서 엄청나게 노력하도록 키워졌다.

• #girlboss. 다른 사람, 특히 남성 밑에서 일하기보다는 자신의 능력을 인정받을 수 있는 일을 하거나 자신의 브랜드를 구축해 성공을 추구하는 젊은 여성.

내가 거의 30년 전에 중등학교를 다녔다는 생각을 하면 오싹해진다. 나는 훨씬 더 젊은 밀레니얼 세대가 경험한 중등교육 시스템에 대해 듣고 싶었다. 다른 무엇보다도 학교 교육은 내가 그 과정을 졸업한 이후 경쟁이 계속 치열해지기만 했기 때문이다.

조는 이십대 중반이고 영국 남부 항구도시 사우스햄턴에서 태어났다. 어머니가 지방정부에서 꽤 높은 공무원이 된 뒤로 조의 가족은 이사를 자주 다녔다. 조의 아버지는 극심한 만성피로증후군으로 인해 49세의 나이에 조기 은퇴했다. 조의 가족은 조가 중등학교에 다닐 무렵 마침내 이스트 앵글리아에 정착했다.

"그래서 그 시절은 어땠어요?" 나는 묻는다.

"글쎄요, 그전까지 내 교육은 다소 산만했다고 해야겠죠. 그러다 교육에 진심인 명문 공립학교에 다니게 되었어요. 저는 우수한 학생이었고 즐겁게 다녔어요. 원하면 중등 학력평가 과목을 추가로 이수할 수 있었고, 보통 11과목을 듣는 것 같았는데, 저는 14과목을 이수했어요."

"14과목이요!" 나는 경악하면서 조의 말을 되뇌인다. "저는 9과목을 했는데도 너무 버겁다고 생각했는걸요."

"네, 꽤 바쁘기는 했어요." 조가 설명한다. "방과 후에 추가로 수업을 2시간 더 들었어요. 늘 그렇게 했어요. 제 친구들도 다 그렇게 했기 때문에 특별하다는 생각은 안 들었어요. 우리는 성적이 좋았으니까 더 많이, 더 잘하려고 노력했어요."

A-레벨 1단계에서 올A를 받았지만, 조는 친구들 대다수와는 달리 옥스브리지에 지원하지 않고 스코틀랜드에 있는 대학교에 진학했다. 그러나 곧 모든 것이 엉망이 되기 시작했다. "그곳에 가려고 얼마나 힘들게 노력했는데, 입학한 지 3개월 만에 그곳은 제

게 맞지 않다는 걸 깨달았어요." 조가 고백한다. "어느 날 밤 무작정 아빠에게 전화를 걸어서 '데리러 와주세요. 여기 못 있겠어요'라고 말했어요."

"그때 어떤 기분이 들었어요?" 내가 묻는다.

"내가 한 모든 선택이 나를 불행하게 만들었고 특히나 내가 특권을 위해 치른 비용을 생각하면 학교를 떠나기가 매우 힘들었어요. 학교생활을 잘하고 우수한 성적을 받는 것이 내 정체성에서 너무나 큰 부분을 차지하고 있었거든요. 그동안 억지로 눈가리개를 하고 버티고 있었던 거죠." 조가 인정한다.

조는 부모가 있는 집으로 돌아왔고 불안증 치료를 받았다. "학교 교육으로 인해 저는 열여덟 살에 번아웃증후군이 왔어요." 조가 담담하게 말한다. 조는 태어나서 처음으로 일터에 나갔다. "대학교에 가기 전까지 한 번도 돈을 벌어본 적이 없었어요. 부모님이 항상 이렇게 말씀하셨거든요. '공부를 해야지, 일을 하면 집중이 되겠니.'" 조는 블랙풀 플레저 비치 유원지에 취직했는데, 상당히 큰 문화 충격을 받았다. 그다음에는 술집에서 일했다. 그 이듬해 조는 대학교에 다시 지원했다. 다만 이번에는 경쟁률이 덜 치열한 대학교에 진학했고, 비록 코로나 사태로 학교가 폐쇄되기도 했지만, 조는 아주 즐겁게 대학생활을 했다. 조는 몇 년 전 취업을 했고 현재는 공무원으로 일한다. "연봉은 높지 않은데, 생활비는 많이 들어요." 조가 말한다.

"그래서, 지금 돌아보면 자신의 중등학교 시절이 어땠던 것 같아요?" 질문을 하면서도 답이 짐작된다.

"모든 것이 너무 경쟁이 치열했어요. 학교에서 하는 스포츠조차 그랬어요. 무조건 이겨야 했어요. 그래서 잘하면 학교 대표가 되었고, 정말 정말 잘하면 국가대표가 되는 거고요. 제 취미는 다 제가 잘하는 것들이에요. 그래서 힘든 점이 있어요. 제 정체성이 뭔가를 열심히 하고 잘하는 것과 긴밀하게 연결되어 있으니까요. 제가 하는 모든 것의 종착역이 이력서였고, 그러다 대학교에 간 이후로는 모든 것의 종착역이 취업이 되었어요. 제가 아이를 키울 때는 다르게 할 거예요." 조가 선언한다.

흥미롭게도 이렇게 생각하는 것은 조만이 아니다. 최근 설문 조사에 따르면 밀레니얼 세대에서 오직 12퍼센트만이 자녀가 대학교에 진학하기를 바랐다. 이것은 당연하게도 그들 자녀의 미래 전망보다는 밀레니얼 자신들의 경험과 더 큰 관련이 있다.

"어린 시절을 돌아보면 제 상태를 제대로 감지하지 못해서 제가 행복하지 않다는 걸 미처 알아차리지 못했다는 점이 후회스러워요. 누구를 원망할 수도 없는 게, 결국 제가 초래한 상황이었는걸요." 이것은 지나치게 가혹한 자기비판처럼 느껴지지만 조는 또한 부모를 만족시켜야 한다는 압박감도 한몫했다고 인정한다. "엄마는 그 학교에 저를 보내기 위해 그 지역으로 전임을 신청했어요. 그게 우리 가족에게 최선이라고 생각하셨겠죠. 엄마는 늘 일을 하느라 집에 없었고 아빠는 점점 더 건강이 나빠졌어요. 나는 그곳에 이사한 것이 그럴 만한 가치가 있었다고 엄마에게 입증해야 한다는 압박감을 느꼈어요. 엄마가 옳은 선택을 했다는 것을 증명해주고 싶었어요. 엄마가 죄책감을 느끼지 않기를 원했어요."

투자로서의 자녀 양육

『20 VS 80의 사회』*Dream Hoarders*의 저자 리처드 리브스Richard Reeves

의 말을 빌리자면 최근 양육parenting이 "명사에서 동사가 되었고, 우리는 단순히 부모로서 존재하는 것이 아니라 부모 노릇을 하고 있다."[11] 학력이라는 것이 조와 같은 자녀에게는 끝이 보이지 않는 과제였다면 부모에게는 점점 더 많은 시간과 돈을 투입해야 하는 장기 프로젝트가 되었다. 가족의 규모가 작아질수록 각 자녀의 성공에 할당되는 중요도와 투자 지분이 점점 더 커졌다. 이것을 보여주는 한 가지 명백한 지표는 가구 내 돈의 흐름이다. 예전에는 아이들이 용돈을 직접 벌어서 쓰고 심지어 가족구성원으로서 '생활비'도 보태는 것이 일반적이었다. 그러나 이런 관념은 점차 낡은 것이 되었다. 1997년에는 16~17세 학생 중 42퍼센트가 학업과 아르바이트를 병행했지만, 2014년에는 그 비율이 단 18퍼센트였다.[12] 점점 더 많은 부모가 자녀가 사회생활을 일찍 접하는 것보다 자녀가 숙제와 학업 관련 활동을 하는 것을 더 우선순위에 두게 되었다.

사립학교 부문에서는 학비가 쉬지 않고 급격히 상승하기 시작했고, 20년간 4배가 뛰었다. 돈이 드는 교육은 소수의 상류층만이 누릴 수 있게 되었다. 공립교육은 다른 모든 것들과 마찬가지로 주거지에 묶이게 되었다. 그래서 젠트리피케이션이 활성화되고 주택시장이 팽창했다. 중산층 부모는 자신의 자녀가 좋은 초등 및 중등학교에 들어가게 하기 위해 예전보다 더 많은 공을 들여야 했다. 학군지에 단기로 세를 얻어 이사를 가거나 심지어 종교를 가지기도 했다. 이것은 런던만의 현상이 아니었다. 2017년에는 영국에서 부모 4쌍 중 1쌍은 좋은 학교 근처로 이사를 갔다는 조사 결과가 있다.[13] 한때 더 높은 연봉을 받기 위해 가족이 이주를 했다면, 이제는 주된 이주 요인이 오프스테드 순위가 높은 학교의 유무였다. 더 적극적이고 더 부유한 부모는 공립교육을 출발선으로 보고 자녀에게 과외 선생님을 붙이는 것을 필수 추가 투자 항목으로 여겼다. 2005년에는 아동의 18퍼센트가 과외를 받았다. 현재는 학생 3명 중 1명이 과외를 받는다. 과외 시장 규모는 현재 20억 파운드에 이른다. 이런 시장에서는 그런 추가 지원이 공립교육으로 운동장을 평평하게 만들 수 있다는 관념을 웃음거리로 만든다.[14] 이렇듯 부모가 하는 모든 투자가 충분히 합리적으로 보이지만, 더 중요한 사실은 이것이 점점 더 정상적인 것이 되고, 더 보편화되고 있다는 사실이다. 양육에서 자녀에 '투자한다'와 같이 금융 언어를 사용하는 것이 흔한 일이 되었다. 부모는 자녀의 성공을 확보하기 위해 엄청나게 신경 쓴다. 예컨대 과외활동을 지원하거나, UCAS 서류 작성을 돕거나, 자녀의 스포츠 경기나 음악 공연을 참관하거나 부모 모임에 나가서 자녀를 위해 친목을 다지는 등 무엇이든 한다. 우리는 대개 엄빠 은행을 언급할 때 부동산을 떠올리지만, 알다시피 부모가 제공하는 경제적 혜택은 학교에서 시작된다. 2000년대가 되면 이 사실은 사교육 시스템뿐 아니라 공교육 시스템에서도 명백히 드러난다. 교육적 기량이 성공적인 양육의 실질적인 증거가 되었지만, 다른 한편으로는 교육이 그 어느 때보다도 더 경쟁이 치열하고, 비용이 높은 영역이 되었고, 그 결과 학업 성취도가 오직 능력에 의해서 결정되기보다는 점점 더 부에 의존하게 되었다. 그리고 베이비부머 세대(와 그다음 부모 세대인 X세대도)에게 동기는 흔히 개인적인 것이었다. 내 아버지의 경우를 보자면, 아버지는 자신이 숭상했지만 자신을 '배신'한 교육 시스템 안에서 자신의 딸들을 성공시키고 싶은 마음이 컸다.

그렇다고 해서 부모의 개입이 그 자체로 나쁘다는 말은 아니다. 부모의 개입은 자녀를 위해 가장 좋은 것이 무엇인지 고민하는 인간의 타고난 본능에서 나온 것이기 때문이다. 그러나 이런 과도한 개입 양육 문화의 동력은 무엇일까? 야망도 관여했지만, 두려움인 경우가 많았다. 특히 중산층에서 그랬다. 그건 계층 하향 이동에 대한 두려움이었다. 금융 위기 이후 교육비와 주거비 상승, 글로벌 경쟁에 의해 밀레니얼 세대와 Z세대 자녀들에게 모든 상황이 어려워지면서 이 두려움도 덩달아 커졌다. 부모들은 더 많은 것을 해줘야 한다는 강박에 시달렸다. 여기에 진정한 딜레마가 존재한다. '내 아이들이 어른이 되어서 자신이 태어났을 때부터 누린 생활방식을 유지할 수 없으면 어쩌나?' 이것이 많은 강압적인 부모의 동기다. 특히 전통적인 부호(2세대 부자이든 200년 부자이든)와 달리 1세대 부자는 더 집착할 수밖에 없다. 자수성가한 사람은 자신이 직접 겪은 가난했던 시절을 생생하게 떠올릴 수 있으며, 그 시절 계층 사다리를 올라가기 위해 악착같이 버텼다. 당연히 자신의 자녀가 그렇게 하지 않아도 되게 충분히 준비해두었기를 바라고 자녀가 사다리에서 떨어질지도 모른다는 두려움이 그만큼 더 크다. 리처드 리브스는 『20 VS 80의 사회』에서 미국의 성공한 중상층 부모들을 집중 탐구한다. 리브스의 말을 빌리자면 그들은 "자신의 자녀가 무조건 상류층 언저리에서 머물게 해야 한다는 결의가 더 확고해졌다." 리브스는 이것을 (유리 천장과 대조해) '유리 바닥'이라고 부르며, 이는 자녀가 "미끄럼틀을 미끄러져 내려가"지 않도록 예방하는 장치다. 문제는 리브스가 이해하듯이 이런 두려움과 강박을 자양분 삼아 "불평등과 부동성이 자기강화" 순환고리를 만든다.[15]

2010년대 초에 대학교에서 강사로 일했는데, 입학설명회에 참석하는 학부모 수가 해마다 점점 늘어났다. 한번은 학과장이 내게 1980년대 정치에 대해 강연을 해달라고 부탁했다. "아주 좋아할 거예요." 학과장이 힘주어 말했다.

"정말요?" 나는 물었다. 우리 학과의 홍보대사로 지목된 것에 놀라기도 했고 뿌듯하기도 했다. "하지만 대다수는 마거릿 대처가 정권을 내려놓을 때까지도 아직 태어나지 않았을 텐데요." 내가 확인하는 차원에서 말했다.

"학생들 말고요, 부모들이요!" 학과장이 내 인식을 바로잡았다. "우리가 감동시켜야 하는 건 부모들이거든요. **대학등록금을 내는 건** 부모들이니까요. 그분들이 대처 정부 시절을 살았잖아요. 아주 좋아할 겁니다."

학과장 말이 맞았다. 나는 매년 입학설명회에 가족들이 참석하는 것을 봤다. 마음을 못 정한 십대 자녀를 부모가 데려온 것이다. 관심과 열의가 넘치는 학생 역할을 부모가 대역했다. 손을 들고 질문을 하고 교수진과 대학교에 존중을 표했고, 자녀들은 배경에 머물렀다(자녀들은 그 무대가 자신들을 위한 것이 아님을 분명하게 느꼈을 것이다).

그러나 지금 하는 이런 이야기는 솔직히 말해 백인 중상층만 공감할 수 있는 이야기가 아닐까? 그렇다. 코미디언 니시 쿠마르 Nish Kumar는 인도 출신 부모 밑에서 자라는 것에 관한 문화적 고정 관념과 자녀가 받는 의사, 엔지니어, 회계사가 되어야 한다는 (그리고 절대로 스탠드업 코미디언이 돼서는 안 된다는) 압박을 개그 소재로 삼았다. 이런 고정관념의 이면에는 무엇이 자리하고 있을까? 바로 교육과 안정된 전문직을 선호할 수밖에 없는 이민자 공동체의 사정이 있는데, 이민을 하면 자동적으로 계층 하향 이동을 당하는 것을 되돌리고 싶은 열망과 다음 세대에게 더 나은 미래와 안정성을 확보해주고자 하는 자연스러운 결의를 품게 되기 때문이다. 여기에는 더 모호한 요인도 관여한다. '착한 이민자'라는 고정관념과 '모범적인 소수집단'이라는 신화에 부응해야 한다는 관념이다. 내가 인터뷰한 어떤 사람의 표현대로 "이민자의 후손으로서 우리가 사회에 가치 있는 구성원임을 '증명'해야 한다는 압박감을 기본적으로 늘 받고 있어요. 고등교육을 받고 존경받는 직업인이 되는 것이 그렇게 하는 지름길이자 확실한 길이죠." 그러나 모든 '이민자' 공동체를 하나의 상자에 넣는 것 또한 별다른 도움이 되지 않는다. 데이터상으로 보면 중국 출신과 인도 출신 이민가정 학생들이 카리브해, 아프리카, 파키스탄, 방글라데시 출신 이민가정 학생들보다 학업성취도가 더 높다. 학업성취도가 낮은 이민자 집단의 경우 경제적 불안정성과 주거 불안정성, 그리고 때로는 언어 장벽이 학업에 큰 장애물로 작용할 수 있다. 그러나 가장 중요한 요인은 가난이었다. 영국에서 전체 학생 중 약 24퍼센트는 무료급식 대상자인데, 소수민족 출신이 압도적인 다수를 차지한다. 15세에 무료급식 대상자였던 학생 중에 단 3분의 1만이 2021~2022학년도에 대학에 진학하는 데 성공했고 오직 5.3퍼센트만이 상위권 대학에 진학했다.[16]

작가 오테가 우와그바Otegha Uwagba는 베스트셀러 회고록 『우리는 돈에 대해 이야기해야 한다』*We Need to Talk About Money*에서 인종, 교육, 계급, 가정의 재정 상황이 교차하는 지점을 탐색한다. 오테가의 부모는 나이지리아 출신으로 오테가는 런던 남부의 시립 공공주택 단지에서 자랐고, 시티오브런던 여학교를 장학생으로 다녔고, 옥스퍼드대학교를 졸업했다. 나는 오테가와 줌으로 인터뷰를 했다. 돈과 밀레니얼 세대의 경험에 대해 폭넓게 글을 쓴 오테가가 우리 사회가 능력주의 사회라고 생각하는지 상속주의 사회라고 생각하는지 궁금했다.

오테가는 개인적인 차원에서 생기는 복잡한 문제들을 포착했다. "저는 사람들이 그 과정은 제대로 돌아보지 않으면서 자신이 뭔가를 성취했다고 믿고 싶어 한다고 생각해요. 자유주의자이고 진보주의자인데 부모로부터 상속이라는 지원을 받는 사람이라면, 그 사실이 그 사람이 개인적으로 믿는 가치관과는 당연히 여러모로 맞지 않겠죠."

그 말이 맞다. 상속주의 사회는 보수주의자보다는 진보주의자에게 더 큰 도덕적 딜레마를 안긴다.

나는 오테가에게 부모의 경제적 지원이라는 특권이 그녀의 또래집단에서는 어떤 식으로 작용했는지 묻는다. 오테가는 이십대였을 때에 비해 삼십대가 된 현재 그 특권이 더 깊이 관여하는 것 같다고 말한다. "여기서는 부의 축적 효과가 중요하다고 생각해요." 오테가가 설명한다. "돈이 돈을 낳으니까요. 이십대에 집을 살 수 있었던 친구들은 지금 여러 명의 자녀를 낳고 인생의 다음 단계로 나아가고 있어요. 반면에 경제적으로 어려운 친구들은 한 명이라도 자녀를 낳아서 제대로 키울 수 있다는 확신이 없어요."

"당신의 이야기에 비추어볼 때 사회 이동과 교육의 관계에 대해서는 어떻게 생각해요?" 내가 묻는다. 오테가는 자신의 삶을 단순히 교육을 통한 계층 상향 이동으로 요약할 수 없다고 생각하며, 영국에서 그런 식으로 사회 이동을 간단명료한 문제로 여기는 주류적인 관점에 동의하지 않는다. 무엇보다 인종과 계급 문제를 단순화해서 다루는 것을 경계한다. "제 부모님은 문화적으로는 확실하게 중산층이었어요. 두 분 다 대학교육을 받았고 전문직 종사자였으니까요. 실제로 제 경우는 많은 이민자가 처음 새로운 국가에 이주했을 때 경험하는 일종의 하향 이동 사례에 가까워요." 교육은 자신의 가정교육에서 핵심요소였다고 오테가는 말한다. 지역과 돈이라는 측면에서는 "노동자계급적인 요소도 있었지만" 오테가는 "저는 저 자신을 노동자계급 출신이라고는 결코 소개하지 않았을 거예요"라고 딱 잘라 말한다.

우리 세대의 경험과 우리 부모 세대의 경험이 다르게 전개된 주된 이유 중 하나는 우리 세대는 부의 글로벌화가 이루어진 세계에서 자랐다는 점이다. 최근 몇 년간 영국의 대학 캠퍼스는 국제적인 초부유층 자제들을 위한 신新교양교육 학교가 되었고, 그래서 독특한 문화적·경제적 환경이 만들어졌다. 대학들이 그 어느 때보다도 재정적으로 국제 학생에 크게 의존하게 되면서 영국 학부생들이 (한 세대 전에 육체노동자들이 그랬듯이) 이제 글로벌 시장에서 경쟁하고 있다는 사실이 한층 더 명백해졌다. 2000년에 OECD 회원국의 25~34세 인구의 27퍼센트가 고등교육을 이수했는데, 2021년에는 그 비율이 48퍼센트였다.[17] 나는 내가 가르친 대학교에서 이런 집단이 부상하는 것을 지켜봤다. 많은 학생이 엄빠 은행에 기대어 런던에서 1년짜리 석사 과정을 이수했다. 한 부유한 집안 출신 학생은 내 연구실에 디올 선글라스를 최소한 두 번 이상 두고 갔다. 나는 놀랐지만, 그 학생은 놀라지 않았다. 선글라스가 여러 개였기 때문에 자신이 선글라스를 두고 갔다는 사실 자체를 몰랐다.

글로벌 엘리트뿐 아니라 교육을 통해 꾸준히 배출된 승자는 누가 봐도 여자였다. 대학 캠퍼스에서 여학생 수가 남학생 수를 앞지른 지는 오래되었지만, 예전에는 여학생이 소수였던 전공에서조차 여학생 수가 남학생 수를 앞지르기 시작했다. 법학과, 치의학과, 의예과, 수의학과에서 여학생과 남학생의 비율은 2:1이 되었다.[18] 지난 5년간 여학생의 성공은 곧 남학생의 위기로 규정되기 시작했다. 전 UCAS 수장 메리 커녹 쿡Mary Curnock Cook은 현재 추세대로라면 "'오늘 태어난 여자아이는 또래 남자아이에 비해 대학교에 진학할 확률이 75퍼센트 더 높을 것"이라고 예측하면서 "여성과 남성 간 격차가 … 부자와 빈자의 격차보다 더 커질 것"이라고 덧붙였다.[19] 앞으로 살펴보겠지만, 상속주의 사회에서 젠더는 계급만큼이나 중요하다.

전반적인 학력 상승과 고등교육 확대는 우리 경제에 필요한 것이었을 뿐 아니라 우리 시대의 사회 대혁명 중 하나였다. 이는 사회를 근본적으로 변화시킨 혜택으로 특히 여성이 (그리고 특히 내가) 큰 수혜자였다. 우리 세대에서는 대학교육을 받는 것이 좋은 선택이라는 점에는 이견이 없었고, 다만 대학 졸업장이 약속되었던 것만큼 가치가 있었는가라는 의문이 제기되었다. 나탈리아에게는 분명히 그만한 가치가 있었다. 쉽지 않은 길이었고, 재정적 압박도 있었지만 말이다.

스물여덟 살인 나탈리아는 우크라이나의 한 농장에서 태어났다. 아주 어릴 때 아버지가 마피아에게 빚을 지는 바람에 체코공화국으로 나가 일을 해서 빚을 갚기로 했다. 나탈리아의 어머니도 아버지를 따라 체코공화국으로 떠났다. 그래서 갓 태어난 나탈리아는 다섯 살이 될 때까지 할머니 손에서 자랐다. 나탈리아의 부모는 여전히 체코에 머물고 있는데, 어머니는 빵집에서 일하고 아버지는 건설현장 감독관으로 일한다. 나탈리아는 어릴 때부터 영특했고 십대 시절 영국으로 유학을 가기로 마음먹었다. "영국의 교육문화가 더 마음에 들거든요. 덜 지시적이고 더 민주적이니까요." 나탈리아가 진지하게 말한다. 나탈리아는 영국 동북부의 한 대학교에 진학하기로 했고 1년에 9000파운드를 지불해야 했다. 입학 전 체코공화국에 머무는 동안 최대한 저축을 했고, 일단 대학에 진학한 뒤에는 뉴캐슬의 한 식당에서 웨이트리스로 일하고 기숙사 청소를 했다.

"방학 때도 고향에 가지 않았기 때문에 계속 일하면서 돈을 모을 수 있었어요." 나탈리아가 내게 말한다. 나탈리아에 비하면 내가 한 고생은 아무것도 아니었다. 나는 학위 과정을 밟는 동안 여름방학에만 일했고, 뭔가를 하기 위해 돈을 저축해본 기억은 없다.

나탈리아를 가장 애먹인 문제는 주거지 마련이었다. 영국에서 보증인이 되어줄 부모가 없는 외국 국적 학생이다 보니 방을 구할 때 차별을 당했다.

많은 학생처럼 코로나로 인해 나탈리아는 대학 사회를 경험할 기회를 빼앗겼을 뿐 아니라 중요한 배움의 기회도 놓쳤다. "코로나가 닥쳤을 때 저는 여러모로 운이 좋았어요. 일단 레스토랑 매니저가 냉장고에 있는 음식을 전부 우리에게 나눠줘서 그걸로 첫 달을 넘겼고, 이후 임시 해고되었죠. 힘든 시간이었어요. 마침내 출국이 허용되었을 때 체코에 있는 부모님 집으로 돌아갔어요. 대학교에서는 제가 수강한 과목이 전부 실험실 수업이라 온라인으로 수업을 진행할 수 없었는데도 등록금을 받았어요." 그럼에도 불구하고 나탈리아는 대학 졸업장이 그만한 가치가 있었다고 주장한다.

나탈리아는 현재 레딩에 거주하면서 IT 기업에서 일한다. 나탈리아는 마침내 재정적으로 숨통이 조금 트였다. "레딩은 생활비가 뉴캐슬보다 비싸지만, 지금은 3만 2천 파운드를 버니까요. (레스토랑에서 일할 때는 1만 6천 파운드를 벌었거든요.) 훨씬 더 사정이 나아요. 셰어하우스에서 살지만 방마다 화장실이 있어서 좋아요. 월세로 675파운드를 내요. 아주 비싸죠!" 나탈리아는 계속 공부를 하고 싶어서 분자 의학 석사 과정에 진학하기 위해 돈을 모으고 있다. 또한 어쩌다 보니 체코에 있는 가족과 우크라이나에 있는 할머니에게도 돈을 보내고 있다. 할머니는 현재 나라가 전쟁으로 황폐해진 터라 의료비와 공과금 보조가 필요한 처지다.

"당신은 자신이 돈에 대해 어떤 태도를 지니고 있다고 생각해요?" 나는 묻는다.

"제게 돈은 매우 중요해요. 하지만 전 필요하면 언제든 돈을 벌 수 있다는 것도 알아요. 호텔, 카페에서도 일해봤고, 비서일도 했고, 기숙사 청소도 했죠. 아마 저는 노농자계급에 속하겠지만, 제게는 큰 꿈이 있어요. 저는 늘 성장하고 싶고, 더 많은 걸 이루고 싶어요."

그러나 이 점에서 나탈리아는 가끔 영국인 남자친구와 충돌한다. 남자친구는 대학교 졸업반인데, 돈을 벌기 위해 일을 할 필요도 없고 대학등록금을 대주는 계부와 살고 있다. "전 돈을 신중하게 쓰고 모든 걸 미리 계획해둬야 해요. 남자친구는 그렇지 않아요. 제가 보기에 영국인들은 부모가 너무 많이 도와줘요. 자신의 전공에 몰입하고 배움을 즐길 수 있을 시간이 저보다 훨씬 더 많은데, 그걸 당연하다고까지 여기죠."

"그래서 억울한가요?" 나는 묻는다.

"아마도 조금은요." 나탈리아가 답한다.

평평한 운동장?

더럼대학교를 잘 모르는 사람도 있을 것이다. 더럼대학교는 노르만 시대에 세워진 위압적인 대성당이 유명한 한 중세 도시에 있다. 주변은 쇠락한 광산 마을들이다. '마을'과 '대학' 간 긴장이 팽팽하게 느껴진다. 옥스퍼드, 케임브리지, 브리스톨, 맨체스터, 엑스터 등 규모가 더 큰 대학 도시들에서는 그런 계층 분화가 분산되어 있지만, 도심의 사방 길이가 약 2킬로미터밖에 되지 않는 더럼이라는 도시에서는 쉽지 않은 일이다. 내가 더럼대학교를 다닐 때 토요일은 '지역민'의 밤이었다. 그래서 학부생은 캠퍼스 밖으로 나가지 않는 것이 암묵적인 룰이었다. 어쩌다 두 집단이 마주치는 일이 생기면 때로는 이상한 광경이 펼쳐졌다. 한번은 지역의 노동자들을 위한 클럽에서 나는 한 젊은 남부 출신 남학생이 전직 광부에게 마거릿 대처에 대한 자신의 정치적 평가를 늘어놓는 것을 엿듣게 되었다. "그 여자는 인간이 아니었어요. 제가 태어나기 전 일이지만 부모님이 기억하시죠. 그 여자가 이 나라를 겁탈하고 약탈했어요. 그 여자는 절대로 용서 못해요. 악마 같은 여자 같으니."

전직 광부는 자신이 실제로 경험한 역사에 대한 젊은이의 치기 어린 비난에 차분한 목소리로 완곡하게 답했다.

"아, 그렇구려, 대처라는 인물에 대해서는 호불호가 강하게 갈리지. 우리 마을에도 그때의 여파가 아직 남아 있고. 젊은이는 고향이 어디요?"

돌아온 답은 "윈저*요."

• Windsor. 런던에서 서남쪽으로 30킬로미터 정도 떨어진 작은 마을로

그러나 그런 계급 격차가 캠퍼스 밖에서만 드러난 것은 아니었다. 학생들이 모여 있는 기숙사에서도 확연히 드러났다. 엄밀히 말해 우리는 성적에 따라 입학했으므로 동등한 지위에 있었다. 1학년 때는 계급과 무관하게 무작위로 기숙사 배정을 받았으므로 모든 계급이 한데 섞여 있었다. 그리고 그때가 진정한 의미에서 내가 처음으로 계급과 직면한 때이기도 했는데, 다양한 계급이 뒤섞여 사는 런던 출신인 내가 이런 말을 하는 게 이상하기는 하다.

가장 눈에 띄는 계급은 영국의 명문 사립학교 출신인 천상계 '라'Rahs, 럭비를 즐기는 상류층 남학생 '러거 버거'rugger buggers, 파시미나를 두르고 다니는 상류층 여학생 '파시미나 걸'pashmina girls이었다. 이들은 다양한 형태로 존재했다. 스코틀랜드 출신이지만 잉글랜드 사립학교 말투를 쓰는 학생들이 있었다. '갭 야'gap yah •• 를 마치고 어전히 해외여행 중인 양 모래알이 잔뜩 묻은 슬리퍼를 신고 히피처럼 구슬목걸이를 치렁치렁 목에 두르고 온 학생들도 있었다. 그 학생들은 하루 2달러로 살아가는 사람들에게 500파운드짜리 집을 지어주려고 지구 반대편으로 날아가기 위해 1만 파운드를 모금하느라 바빴다며 뿌듯한 표정으로 자랑을 늘어놓았다. 또한 (공립학교 출신) '통학생들과 섹스'는 해도 (사립학교 출신) '기숙사생들만 사귄다'고 주장하는 학생들도 있었다. 더럼 지역의 여대에 처녀 대형마트Virgin Megastore라는 별칭을 붙였고, 그곳에는 작위를 지닌 누군가를 낚아챌 수 있다는 희망을 품은 케이트

• 영국 왕실의 공식 거주지 중 한 곳이다.
•• '갭 이어'gap year의 발음을 영국 상류층 특유의 억양으로 변형한 말로, 실제로는 부유한 집안의 자녀가 비싼 사립학교를 졸업한 뒤 여행이나 교환학생 등으로 장기간 해외를 경험하는 것을 비꼬는 용어이다.

미들턴 지망생이 아주 많았다. '라'는 자신들만의 고유한 패션 스타일이 있었고, 단골 술집과 단골 식당에만 갔으며, 심지어 계급 특정 전공도 있었다. 1999년에 공립학교 출신 학생이 예술사나 고전을 공부하는 경우는 많지 않았을 거라고 생각한다. 많은 학생이 이미 그동안 스키장이나 스포츠 경기장이나 킹스 로드 끄트머리에 있는 지저분하지만 비싼 상류층 술집에서 안면을 튼 상태로 대학에 왔다.

그런데 더럼대학교는 내가 대학생이었던 20년 전과 크게 달라지지 않았다. 실제로는 그동안 계급 분화가 더 심해졌다고 말할 수도 있다. 2020년에 더럼대학교 학생 로런 화이트는 더럼대학교의 부정적인 계급 문화를 개요한 보고서를 썼다. "처음에는 동기들이 내 억양을 흉내 내면서 놀려도 그냥 흘려들었고, 심지어 같이 웃을 때도 있었다. 그러다 어느새 나는 광산 농담의 단골 소재가 되었고, 지역민이라는 이유로 길고양이라고 불리기 시작할 때부터는 확실하게 악의가 느껴졌다." 화이트는 차별에 관한 글을 쓰면서 '북부 지방 학생의 더럼대학교 체험'에 관한 보고서를 작성했다. 한 기고자는 '똥밭에서 구르기' 현상에 대해 말했는데, 이는 상류층 학생이 북부 노동자계급 출신 사람과 자는 것을 의미하는 은어다. 더럼대학교는 가장 가난한 학생과 섹스를 한 사람을 승자로 뽑는 시합을 계획하고 있다는 제보를 받고 부유한 신입생들을 대상으로 조사를 벌이기도 했다.[20]

나는 20년 전에 더럼대학교에서 겪은 일들을 내 입장에서 과장해서 기억하고 있는 건 아닌지 동급생들을 통해 확인하고 싶었다. "대학 때 학교 분위기 기억하는 사람 있어?" 나는 대학 동기 왓츠앱 그룹에 메시지를 남겼다. "응, 남학생들이 한참 어린 동생이나 할 법한 행동을 하면서 또 자기 아버지 같은 패션을 선보였지."
데클란의 답변은 당시 유행한 코듀로이의 물결과 보터 구두를 염
두에 둔 것이었다. 북동부 출신인 레베카가 끼어들었다. "난 상류
층 남자애들이 내 억양을 꼬투리 잡아서 놀려댄 게 기억나는데."
그럼 그건 변하지 않았군, 하고 나는 생각했다. 나는 '라'를 콕 집
어 언급하지는 않았는데, 내 친구들은 곧장 그 집단을 입에 올렸
다. 그것 자체로 의미가 있었다. 계급을 규정할 때 우리가 아래를
내려다보기보다는 위를 올려다본다는 사실을 다시금 일깨워주기
때문이다.

내 친구 조시는 다른 관점을 제공했다. 조시는 드문 경우로,
일종의 계급 유동층이었다. 그리고 내게는 없는 뛰어난 사회적 지
능으로 여러 세계에 자연스럽게 머물렀다. 조시의 아버지는 런던
남부 페컴 출신으로 상당한 부를 쌓았고 조시를 명문 사립학교에
보냈다. 조시는 곧장 더럼대학교의 계급 다양성을 강조했다. "남
들보다 일찍 철든 학생들이 있었어. 걔들은 죽어라 공부하고 돈을
모아서 더럼대학교에 왔겠지. 더럼 지역 출신 학생들은 주거가 불
안정했고 아르바이트를 하느라 훨씬 더 고립되어 있었고." 조시
말이 옳았다. 동기들 중 꽤 많은 수가 레이더에 잡히지 않은 채로
학교생활을 했고, 공부하느라 아니면 돈을 버느라 대학가 술집에
거의 나타나지 않았다. 요컨대 그 학생들은 엄빠 은행을 이용할
수 없었다. 대학교육을 당연한 것으로 여긴 우리와 달리 그 동기
들은 대학교육을 당연한 것으로 여기지 않았다. 조시는 이렇게 덧
붙였다. "상류층 남학생들은 무심하고 태연하게 위험한 행동을 하
는 경향이 있었어. 든든한 안전망이 있으니까. 방학을 어떻게 보
내는지도 달랐어. 나 같은 중산층 학생들은 본가로 돌아갔고 주제

에 맞게 행동하려고 했지만, '라'들은 애초에 행동을 조심할 이유가 없었겠지." 그러자 레베카는 아주 중요한 차이점을 지적했다. "생각해보면 우리는 모두 1세대 부의 결과물이었어. 우리 부모님들은 비록 당신들은 가난했지만 자녀인 우리는 고생하는 일이 없게 하려고 최선을 다했으니까."

레베카의 지적은 정확했다. 우리는 사이에 낀 집단이었다. 대대로 부유한 집안 출신은 아니었지만, 엄빠 은행에 기댈 수 있었다. 물론 우리는 그 사실을 좀처럼 인정하려 들지 않았다. 우리는 가운데 낀 두루뭉술하고 커다란 덩어리에 속했다. 그 덩어리에는 교사와 의사의 아이들뿐 아니라 건설 노동자의 아이들도 있었다. 인문계 학교와 도심 통합학교, 즉 공립학교 출신이 소수정예 사립학교 출신과 섞여 있었다. 영국 북부의 대저택에서 자란 부유한 집안 출신과 현금은 없지만 영국 남동부에 값비싼 부동산을 소유한 집안 출신이 어깨를 나란히 했다. 요지는 우리가 우리 스스로를 특권층이라고 여긴 적이 단 한 번도 없었다는 사실이다. 특히나 전통적인 중상층 가문 출신 학생들이 눈앞에 있으니 더욱 그럴 일이 없었다. 데클란이 이 점을 구체적으로 설명했다. "대학교에서 어느 정도는 평평한 운동장이 만들어졌다고 생각해. 모든 학생이 지적 능력이 뛰어났고, 어떤 면에서는 공통점도 많았어. … 성공하고 싶은 마음은 같았지만, 그렇다고 같은 팀이라고는 말할 수 없었지. 같은 팀에서도 먼저 지명 받는 사람은 꼭 있으니까. 그게 핵심이야. 졸업하는 순간 평평하던 운동장이 갑자기 수렁 위에 놓인 사다리가 되었어."

20년 전 내 동기들 간 역학관계는 그러했다. 대학등록금이 고작 1000파운드이던 시절 얘기다. 그러나 등록금이 인상될 때마다 대학교가 '운동장을 평평하게 만든다'는 관념, 토니 블레어의 말을 빌리자면 '인간의 재능을 해방시킨다'는 관념은 그 어느 때보다 더 불확실해졌다. 대학등록금의 도입과 이후 점증적 인상으로 상한액이 9250파운드로 올라가자 이는 개개인이 청구서를 받는 것과 같은 효과를 낳았고 현재는 노동시장 진입 자격 요건을 갖추기 위해 진, 평생 갚아나가야 하는 빚이 되었다.[21]

　　대학등록금 시스템은 당연히 학생들에게 부담이 되었지만, 이것은 대다수 부모가 자녀를 대신해 초기 비용은 지불한다는 것을 전제로 했다. 학자금 대출은 실질적으로는 학위 세금처럼 작용한다. 따라서 대학등록금, 월세, 생활비가 인상되면서 부모의 지원이 그 어느 때보다도 더 중요한 요소가 되었다. 토니 블레어의 아들 유안 블레어가 바로 부모의 부가 한 학생의 대학 경험을 좌우한다는 것을 보여주는 대표적인 예다. 유안은 대학을 다니는 동안 그곳에 살라고 부모가 브리스톨에 25만 파운드짜리 부동산을 구매해준 행운아였다. 당시 이 거래는 큰 논란을 일으켰다. 왜냐하면 사기죄가 확정된 범인으로부터 해당 부동산을 싸게 산 것으로 알려졌기 때문이다. 그에 못지않게 논란이 된 것은 (블레어 부부는 강하게 부정했지만) 언론이 제기한, 블레어 부부가 부동산 취득세를 회피하려고 시도했다는 혐의였다. 그런데 지금 와서 돌아보면 더 충격적인 것은 그런 아파트를 구매했을 뿐 아니라 블레어 부부가 유안이 월세 수입을 얻을 수 있도록 아파트를 한 채 더 구매했다는 보도이다. 역설적이게도 현재 유안 블레어는 구글이 후원하는 교육 스타트업을 운영한다. 이 스타트업은 청년들에게 대학에 진학하는 대신 인턴십을 수행하도록 지원한다. 결과적으로 자신의 아버지가 총리 시절 도입한 핵심 정책 공약을 뒤집으려하고 있는 것이다.

그런데 부모로부터 최소한의 지원만 받을 수 있는 사람이 경험하는 대학생활은 어떤 모습일까?

스물여덟 살인 요크셔 출신 케일리는 현재 교수가 되겠다는 목표를 이루기 위해 영문학 박사 과정을 밟고 있다. "우리 가족은 꽤 평범해요." 케일리가 말문을 연다. "아빠는 대학을 나오지 않았어요. 늘 영업을 뛰거나 육체노동을 했어요. 엄마는 아주 가난한 집안에서 태어났지만, 대학을 나오고 변호사가 되었어요." 케일리는 대학교에 다니는 동안 사회적·경제적으로 어려움을 겪었다고 인정했다. "대학에 간 순간 뼛속까지 노동자계급이 된 것 같았어요. 주변에는 온통 부모에게 도움을 받는 애들뿐이었는데, 제게는 그런 선택지 자체가 없었거든요."

케일리는 운이 좋아서 생활비 대출을 받을 수 있었지만, 여전히 대학을 다니는 내내 일을 해야만 했다. "저는 돈 문제로 정말 고생했고, 일을 하느라 제대로 공부를 할 수 없을 때도 있었어요." 케일리가 고백한다. 그런데 대다수 동기생들은 그런 압박감에 시달리고 있지 않았기 때문에 케일리로서는 이 상황이 이중으로 힘들게 느껴졌다. "제 룸메이트 두 명 모두 부모님이 월세를 내줬는데, 그걸 당연하게 여겼어요. 한 명은 학자금 대출받은 돈을 고금리 예금 상품에 넣었어요. 나중에 주택담보 대출 계약금으로 사용할 계획이라고 했어요. 우리 세 사람 모두 자신이 무일푼이라고 한탄했지만, 그 두 사람은 주머니가 있었어요. 반면에 저는 정말로 아무것도 없는 무일푼이었고요."

케일리가 겪은 사회적 딜레마는 아주 특수한 상황은 아니다. 영국 대학생의 10퍼센트만이 부모가 대학등록금과 생활비를 직접 대줄 수 있는데, 이건 그 학생들이 학자금 대출 기관으로부터 청구서를 받을 일이 없다는 것을 의미한다. 싱크탱크 세대 교류 재단Intergenerational Foundation의 공동설립자 앵거스 핸턴Angus Hanton 의 말을 빌리자면 이 10퍼센트가 "현재의 [등록금] 시스템이 진보 적이라는 주장을 우습게 만든다. 왜냐하면 최상류층 자녀들은 이 시스템에 속해 있지도 않기 때문이다."[22]

　　케일리는 런던에서 석사학위를 할 때 운이 좋아서 장학금을 받았지만, 그 장학금도 등록금 정도의 액수였기 때문에 정부로부 터 학자금 대출을 받아야 했다. 케일리가 석사 과정을 밟는 동안 코로나 봉쇄조치가 내려졌으므로 케일리는 그 기간에 한 식품 배 달 업체의 '조리실'에서 일해야 했다. 석사 과정은 케일리가 기대 했던 지적인 경험을 충분히 제공하지 못했다. "석사 기간 내내 교 직원 중 한 명도 대면하지 못했고 모든 수업을 온라인으로 진행했 어요. 캠퍼스에는 도서관이 문을 열었을 때 잭을 빌리러 딱 두 번 갔어요." 케일리는 학자금 대출로 빚이 거의 8만 7천 파운드나 생 겼시만 학위가 그만한 가치가 있었다고 단언한다. "돈을 낭비했다 고 생각하지는 않아요. 교수가 되려면 반드시 써야 하는 돈이니까 요. … [빚에 대해서는] 생각하지 않아요. 여태껏 학자금 대출을 상환하기 시작해야 하는 최저 소득 수준을 넘은 적이 단 한 번도 없었어요. 터무니없을 정도로 많은 돈이니까 노동당 정부가 전액 탕감해주기를 바라고 있어요." 통화를 하는 동안 케일리는 학자 금 대출 기관에서 보낸 최신 청구서를 꺼내 금액을 확인해주었다. "그러니까, 대학교 때 생긴 빚이 7만 4692파운드이고, 7.8퍼센트 이율을 적용해 500파운드가 추가되었어요. 그리고 석사를 하면서 추가로 생긴 빚이 1만 3천 파운드예요. 이미 말했지만, 정말 말도 안 되게 큰돈이죠."

구매자의 후회

현재 고등교육에서 부모의 부가 핵심적인 역할을 한다는 증거가
더 필요하다면 부모가 학생인 자녀들을 대신해서 시위하는 현장
에 주목하라. 지금처럼 생활비가 높은 시대에 대학 노조 파업과
팬데믹 이후 온라인 수업 지속으로 인해 학생뿐 아니라 부모도 심
각한 구매자의 후회를 느끼고 있다. 2023년 대학 노조의 채점 거
부 파업 중에 (그래서 많은 대학생이 졸업을 하지 못했다) 이에 반
대하는 시위에 나선 것은 부모들이었다. 학부모인 엠마 머호니는
『타임스』와의 인터뷰에서 딸 밀리가 자신의 졸업 성적을 결정할
교수들을 비판하는 것을 두려워하기 때문에 엄마인 자신이 딸을
대신해 시위에 나서기로 결심했다고 밝혔다. 또한 대학등록금을
지불하는 소비자로서 시위 현장에 있을 권리가 있다고 생각한다
고도 말했다. "우리는 자녀의 교육에 큰 투자를 했어요. 그런데 이
제 그 자녀가 졸업을 못하고 있잖아요"라고 부연 설명을 했다.[23]

그렇다고 해서 청년들의 대학 진학 의사가 사그라들지는 않
았다. 오히려 그 반대다. 1990년대 중반 이후 대학 지원자 수는 매
년 꾸준히 증가했다. 다만 최근 2년간은 지원자 수가 급격히 줄었
다. 업종에 상관없이 대학 졸업장이 취업의 핵심 필수 자격으로
여겨지면서 대학 진학률이 높아졌지만, 다른 한편으로 비용이 증
가하면서 학생들의 선택에 영향을 미쳤고 이때 엄빠 은행이 그런
선택에 결정적인 요인으로 작용하게 되었다. 점점 더 많은 Z세대
학생들이 (이견은 있겠지만, 이것이 그런 대학교에 가는 주된 이

유임에도 불구하고) 대학교 기숙사 생활을 거부하고 집에서 통학하는 쪽을 선택하고 있다. 런던을 비롯해 브리스톨과 엑스터처럼 비싼 도시에 있는 대학들은 점차 부유한 부모를 둔 학생들로 채워지고 있다. 부모의 지원이라는 안정망이 없는 학생들에게는 기숙사비, 자퇴율, 심지어 노숙이 실질적인 문제가 되고 있다.

대학교육을 받기 위해 필요한 비용의 증가는 학생들의 전공 선택에도 영향을 미치고 있다. 예를 들어 STEM의 경우 대학 졸업장 프리미엄이 유지되고 있지만 인문학은 그렇지 않으며, 그것이 인문학 전공자가 줄어드는 이유일 것이다. 구체적으로 살펴보면 2012년과 2019년 사이에 영어영문학 또는 문예창작을 전공하는 학생의 수는 5분의 1이 줄었다.[24]

늘어난 것을 찾자면 인턴십 학위가 있다. 이런 학위 과정에는 '배우면서 돈을 번다'는 소득 혜택이 수반된다. 중등학교 교사의 64퍼센트가 우수한 학생에게는 인턴십 학위를 권하지 않겠다고 답했지만, 인턴십 학위 과정은 학비가 덜 들면서 취업은 더 쉬운 고등교육을 원하는 부모와 학생 모두에게 점점 더 인기를 얻고 있다. 2021년 영국 대학 총 입학 정원 50만 명 중에서 4만 300명이 이런 인턴십 학위 자리였고, 현재 통계 자료상으로는 옥스브리지보다 인턴십 학위 과정에 들어가기가 더 힘들다. 이런 새로운 학위가 영국의 사회 이동 용이성을 평가하는 새로운 방식이 될 수 있을까? 만약 그렇다면 그다지 좋은 소식은 아니다. 인턴십 학위 과정이 현재 영국 대학에서 제공되는 모든 학부 과정의 26퍼센트를 차지한다. 그러나 가난한 가정 출신 학생이 이런 기회를 잡는 비중은 줄어들고 있다.[25] 역사의 기이한 반전은 가난한 학생들이 현재 인턴십 학위 과정보다는 전통적인 대학 학부 과정을 밟는 경우가 더 많다는 것이다. 중산층 부모는 높은 고등교육 비용을 피하고자 인맥을 열심히 동원해 자녀를 이런 일하면서 배울 수 있는 프로그램에 집어넣으려고 애쓰고 있다.

이 책을 쓰면서 내가 인터뷰한 젊은 밀레니얼 대학 및 대학원 졸업자들 대다수는 자신의 학위에 투자할 만한 가치가 충분히 있었다고 말하면서도 그로 인해 진 빚을 결코 상환할 수 없을 거라고 확신했다. 노동당 정권이 어떤 식으로든 그 빚을 전액 탕감해주기를 바라는 경우가 많았다. 그런데 학자금 대출 상환이야말로 부모 지원 격차가 가장 선명하게 드러나는 영역이다.

부모의 지원을 받지 못해 더 많은 대출금을 받아야 했던 졸업자들은 대출금을 최소한만 받을 수 있었던 (또는 전혀 받지 않은) 졸업자들에 비해 같은 학위에 훨씬 더 많은 비용을 지불하는 효과가 나는 것이다.

이 모든 것이 얼마나 불공정한 것인지를 강조하지 않을 수가 없다. 학자금 대출금에 대한 이자는 현재 기록적인 수준으로, 2022년부터 2023년 사이에 23억 파운드에서 48억 파운드로 급격히 불어났다. 동시에 학자금 대출 조건도 변경되었다. 리시 수낙Rishi Sunak 정권이 도입한 플랜 5 상환 프로그램하에서 상환을 시작해야 하는 최저 소득 기준은 (2만 7천 파운드가 아닌) 2만 5천 파운드로 설립되었으며, 인플레이션을 반영하므로 앞으로 계속 높아질 것이다. 가장 마지막에 받은 대출금은 졸업 후 (30년이 아닌) 40년이 지나야만 탕감될 수 있다. TV 금융 프로그램 진행자 마틴 루이스Martin Lewis의 선언대로 학자금 대출은 빚이 아니라 학위 세금이다. 그리고 그 세금은 지난 20년간 그 어떤 자산에 대한 세금보다 급격히 상승했다. "졸업자 절반 이상이 은퇴 전까지 일하는 대부분의 기간을 학자금 대출을 갚으면서 보내게 될 것이다."[26] 또한 장기간 이자가 더해지므로 출산 및 육아를 하면서 일을 쉬는 여성이 남성에 비해 더 큰 교육비를 지불하는 결과를 낳는다. 부모의 지원으로 빚 없이 교육을 받은 10퍼센트의 특권층은 평생을 가는 중대한 혜택을 받는 셈이다.

그런데 한편으로는 이 모든 논의에서 대학 진학을 하지 않았고 안정적인 대안이 거의 주어지지 않은 약 50퍼센트는 배제될 위험이 있다. 그 50퍼센트 중 좋은 고용주를 만나거나 기술을 배우는 행운을 얻는 사람도 있기는 했을 것이다. 그러나 국가로부터 실질적인 지원을 충분히 받은 사람은 거의 없다. 지난 20년간 영국 정부는 중등학교 졸업자들을 대학에 진학시키는 데 과도하게 집중한 나머지 대학에 진학하지 않은 사람들을 지원하는 데 실패했다.

최근 들어 고졸자의 소득이 급상승했으나, 교육 문화는 11-플러스 초등 학력평가 시험을 치르던 시절과 크게 달라지지 않았다. 여전히 대학 졸업장이 현상에서 실질적으로 더 필요한 자격 요건이나 기술보다 더 중시된다. 많은 학생이 뒷전으로 밀리고 방치된 상황 또한 개선되지 않았다. 특정 직업은 대학 졸업장이 있어야만 취업 지원을 할 수 있어서 이런 장벽으로 인해 역량이 있든 없든 많은 사람이 아예 취업 기회를 차단당했다. 영국 정부는 오래전부터 비대졸자를 위한 인턴 제도에 대해 논의하고 있지만, 면세 혜택, 정부 투자, 지위 보장 부족으로 인해 인턴 제도가 대학교육의 매력적인 대안이 되지 못하고 있다. 인턴 프로그램 지원자의 47퍼센트가 과정이 끝나기 전에 그만두는 것이 놀랍지 않은 이유다.[27] 정권이 바뀌어도 대안 경로에 대한 제대로 된 투자는 이루어지지 않았고, 그 결과 22~29세 비대졸자 인구집단의 17퍼센트가 경제활동을 중단한 상태에 있다.[28] 현재 A-레벨과 동급 과정으로 병행해서 실시되는 새로운 'T-레벨'(기술) 자격이 이런 불균형을 바로잡을 수 있을지는 좀 더 지켜봐야 할 것이다. '비대졸자'non-graduates라는 용어 자체가 이들이 가지고 있지 못한 것이 무엇인지를 전달한다는 점이 시사하는 바가 크다.

*

영국 고등교육 부문의 글로벌 확장이 지난 30년간 가장 큰 성공 스토리라는 점을 부정할 사람은 거의 없을 것이다. 영국의 부모, 교사, 정치인 모두가 그 성공 스토리를 철석같이 믿었다. 지식기반 경제에서는 지식 노동자가 필요했다. 그러나 실험쥐가 된 세대의 평가는 상당히 다르다. 그들은 학력을 점점 커지는 압박, 극복할 수 없는 초기 및 장기 비용, 축소되는 보상, 능력이 아닌 출신이 결정하는 사회적·경제적 격차와 결부시킨다.

2023년에는 8년 전과 비교해 대졸자의 실질 소득이 3000파운드 줄어들었다는 계산 결과가 나왔다. 이것은 모든 부모의 '투자'와 노력의 수익이 감소하고 있다는 증거다.[29] 이 책을 위해 진행한 유거브YouGov 상속주의 사회 설문조사에 따르면, 45세 미만 응답자의 26퍼센트가 자신의 대학 졸업장이 그 졸업장을 따는 데 들어간 금전적 비용만큼의 가치가 없다고 생각하는 것으로 나타났다. 대학 졸업장이 중요하지 않다는 것이 아니며, 여전히 독보적으로 중요하고 필수적인 요소로 남아 있다. 그러나 줄리아가 설명하듯이 줄리아 세대는 교육을 바라보는 관점이 다르다.

"저는 100퍼센트 확실하게 말할 수 있어요. 제가 현재 하는 일을 하는 데 필요한 것은 전부 가게에서 일하면서 배웠다고요. 대학교에서 배운 건 그다지 쓸모가 없어요"라는 것이 줄리아의 주장이다. 줄리아는 스물일곱 살이다. 남아프리카공화국에서 태어나 런던 서부에서 자랐고, 현재 글로벌 컨설팅 회사에서 일한다. 줄리아의 부모는 단 한 번도 줄리아에게 대학교에 가야 한다고 압박한 적이 없었다. "아마도 부모님은 최고의 영재들만이 대학교에 가는 국가 출신이라서 제가 대학에 진학하는 것이 별로 좋은 선택이 아니라고 생각했던 것 같아요. 그 돈을 들일 만한 가치가 없다고 생각하신 거죠. 하지만 우리 세대는 학교에서 대학교에 반드시 가야 한다는 압박을 받았어요."

줄리아는 부모로부터 거의 지원을 받지 못했고, 쉬지 않고 일했다. 수업을 듣고 과제를 제출하면서도 가게에서 주당 35시간 이상 일하는 경우도 자주 있었다. 장기적으로 재정적 안정을 도모하기 위해 기꺼이 감당해야 하는 희생이었다. "남들보다 재밌는 시간은 덜 보냈는지는 몰라도, 덕분에 생활비 대출을 받지 않아도 되었어요. 대학을 졸업할 무렵 2만 7천 파운드의 빚이 생겼지만, 제 동기들에 비하면 훨씬 적은 금액이었어요."

"대학 졸업장이 당신에게 조금이라도 가치가 있나요?" 내가 묻는다.

"제 대학 졸업장으로는 취업에 필요한 자격 요건을 갖출 수가 없었어요." 줄리아는 어깨를 으쓱하며 큰 의미를 부여하지 않는다. 대학 졸업 후 줄리아는 인력관리 분야 석사학위 과정을 밟았고, 현재 그 분야에서 일한다.

"수시로 로그인을 해서 빚이 줄어들었는지 확인해요. 짜증 나는 것은 이자 때문에 빚이 계속 늘기만 한다는 거예요. 대학 졸업자 중에서도 저는 꽤 괜찮은 연봉을 받고 있다고 생각하거든요. 그런데도 여전히 이자만 겨우 갚아나가고 있어요. 연봉이 4만 6천 파운드지만, 학자금 대출을 매달 250파운드씩 갚고 있어요." 줄리아는 대학을 다니는 중에 코로나 사태를 겪은 비교적 젊은 밀레니얼과 비교적 나이가 많은 Z세대 대학 졸업자 중 한 명이다. 코로나 봉쇄조치 기간에도 그들은 1년치 등록금 9000파운드를 지불했고, 현재처럼 이자율이 높은 환경에서 그때 생긴 대출금을 갚고 있다. 줄리아는 인턴십 학위 과정을 밟지 않은 것을 후회한다고 내게 말한다. 내가 인터뷰한 사람들 중에 비교적 젊은 축에 속하는 사람들 다수가 그렇게 말했다. 나처럼 늙은 축에 속하는 밀레니얼 세대의 내러티브는 살짝 다르다. 우리 때는 대학등록금이 지금에 비하면 훨씬 더 쌌다. 그래서 학자금 대출보다는 2008년 금융 위기 직후에 졸업해서 겪은 어려움이 더 중대한 문제였고, 우리가 딴 대학 졸업장이 우리가 애초에 기대했던 그런 일자리를 보장하지 않는다는 것을 깨달으면서 환멸을 느꼈다. 우리 세대는 환상이 깨진 집단이다. 줄리아 세대는 시스템 자체에 의문을 품기 시작한 집단이다. 어느 한쪽이 다른 쪽보다 상황이 더 나았다고 할 수 없다.

현재 줄리아는 다음 생애주기로 넘어갔다. 런던 근교에 남자친구와 함께 구매한 아파트에서 동거하는 딩크족DINK(자녀가 없는 맞벌이 소득 가구)이다. 줄리아와 남자친구 둘 다 부모로부터 아무런 지원을 받지 못했다. 다만 줄리아는 일정 기간 부모 집에 살면서 주택담보 대출 계약금을 모을 수 있었다. "돈을 모으는 동안 부모 집에 잠시 빌붙어 사는 기회조차 없는 친구들 이야기도 알기 때문에 그런 것도 혜택이었다는 걸 알아요. 하지만 우리 부모님은 부유한 집 출신이 아니기 때문에 자신들이 한 번도 받지 못한 지원을 왜 자식들에게 해줘야 하는지 이해하지 못해요."

현재 줄리아는 이십대 후반이므로 나는 그 또래 사이에서는 엄빠 은행에 관한 논의가 어떤 식으로 진화하고 있는지 알고 싶었다. "제 친구 그룹에서 긴장 요소로 작용하죠. 아마도 더 단순하게 보자면 영국인들이 돈 얘기 하는 걸 불편해하기 때문인 것도 있다고 생각해요. 아파트를 샀다고 하면 친구들이 궁금해서 넌지시 물어보죠. '도움 좀 받았어?' 우리가 서로를 자신의 현재 상황을 가늠하는 기준점으로 삼기 때문인 것 같아요. 다들 자신이 뒤처지고 있는 건 아닌지, 뭔가 잘못하고 있는 건 아닌지 알고 싶어 하니까요." 그러나 줄리아는 한 가지 면에서는 자신이 운이 좋다고 생각한다. "제 친구 중에 어마어마하게 큰 부자는 없다는 점에서는 운이 좋아요. 제 친구들은 다 교사이거나 공무원이에요. 부모가 모든 걸 다 해결해주는 친구가 있었다면 좀 짜증이 났을 거예요."

키덜트의 등장

: 상속주의는 성인기를 어떻게 변질시켰는가

4

나는 내 이십대를 주의를 기울여 이렇게 규정한다. 나는 무일푼이었지만 결코 가난하지는 않았다고. 의식적으로 그 둘을 구별하는 것이지만 또한 그런 상태는 내가 의도적으로 선택한 것이기도 했다. 나는 이십대 내내 학생 신분이었다. 초반에는 석사 과정을 밟고 있었고, 이후에는 박사 과정을 밟고 있었다. 나는 가난하지 않았다. 왜냐하면 가난하다는 것은 주로 안전망이 없거나 거의 없는 상태를 말하기 때문이다. 나는 무일푼이었지만, 부모의 지원이 있었으므로 내가 추락할 수 있는 정도에는 한계가 있었다. 나는 대학 졸업 후에 부모 집으로 돌아갔다. 석사를 할 때는 허물어져가는 낡은 집이기는 했지만, 부모의 자가 외 소유 주택에서 살았다. 돈을 받고 임대할 수는 없는 집이었지만, 임대료를 내지 않는 나로서는 충분히 살 만했다. 처음에는 런던에서 밴드로 성공하겠다는 꿈을 꾸는 친구와 함께 살았다. 스물두 살 때부터는 DJ로 일하다가 암표상이 된, 오래 사귄 남자친구와 살았다. 우리 커플은 늘 무일푼이었고 경제적으로 불안정했다. 남자친구는 정기적으로 전당포에 가서 운동화나 오디오 장비를 맡겼다. 그 물건이 경매로 넘어가기 전에 매번 어떻게든 돈을 마련해 다시 찾아오기는 했다.

당연한 말이지만, 나는 런던에 무료로 거주할 수 있었다는 점에서 매우 운이 좋았다고 생각한다. 그러나 대학 졸업 후에 부모에게 의존한 것이 특별하게 느껴지지는 않았다. 내 또래 중에 재정적 탯줄을 완벽하게 끊어낸 사람은 거의 없었다. 내 친구 중에는 임금은 아주 낮지만 '열정을 쏟을 수 있는' 일을 하는 동안 부모로부터 매달 용돈을 받는 행운아도 있었다. 아예 부모 집으로 들어가 부모에게 전적으로 생계를 의지한 이들도 있었다. 대학 시절 사귄 연인과 곧장 살림을 합쳐 딩크족이 된 이들도 있었는데, 그들 역시 부모로부터 상당한 지원을 받았다.

반면에 그런 사치를 부릴 형편이 안 되고 부모의 도움을 받지 못한 친구들도 있었다. 그런 친구들은 하나같이 졸업 전에 번듯한 직장에 취업했다. 런던으로 오지 않은 친구도 있고, 부모의 지원을 받는 우리가 파티를 즐기는 동안 부업을 여러 개 뛴 친구도 있었다. 우리는 모두 어른인 척하면서 이십대를 허둥대면서 살아나갔고 시시때때로 같은 배를 타고 있다고 주장했으므로 그런 격차가 드러나는 일은 거의 없었다. 우리의 이십대를 어떻게든 한 문장으로 표현한다면 '하루 벌어 하루 살았다'고 할 수 있을 것이다. 놀러 나가기 전에 집에서 먼저 술을 마시고, 기차를 무임승차하고, 수도나 전기가 수시로 끊기고, 차에서 숙박을 해결하는 그런 삶. 그것이 근심걱정 없는 청춘의 핵심적인 부분이다. 적어도 나의 경우에는 그랬다. 다음 두 가지 사건이 내가 이십대에 느꼈던 끝없이 '부족한 재정 상태'를 보여주는 장면으로 내 뇌리에 박혀 있다. 특이하게도 두 사건 모두 기차와 관련이 있다.

영국에서 살면 기차에서 많은 시간을 보내게 된다. 2000년대에 학생이었던 사람은 기차 할인카드가 얼마나 소중했는지 기억할 것이다. 플라스틱 카드 한 장으로 영국 방방곡곡으로 나갈 수 있었으니까. 그 할인카드의 유효 기간이 끝나면 정액을 다 내야 하는 두려운 상황에 맞닥뜨린 기억도 있을 것이다.

첫 번째 기차 사건은 내가 친구의 처녀파티에 다녀오는 길에 일어났다(친구는 어른되기 경주에서 나보다 훨씬 더 앞서나간 상태였다). 나는 파티비용과 기차푯값을 모두 감당할 수 없었으므로 파티비용은 쓰고 요크에서 집으로 가는 기차표 없이 기차를 타서 내내 화장실에 숨어 있기로 했다. 덧붙이자면, 나는 이전에도 그런 전략을 써서 무임승차에 성공한 적이 여러 번 있었다. 문제는 이번에는 앞서 여러 편의 기차가 취소된 터라 기차가 승객으로 꽉 차는 바람에 사람들이 계속 화장실 문을 두드렸고 결국 화장실에서 쫓겨났다는 것이다. 어쩔 수 없지, 나는 생각했다. 그러나 검표원이 왔을 때 할 말이 없었다. 나는 기차푯값을 지불할 돈이 없었으므로 피터보로역에서 내려야 했고, 역무원의 감시하에 승차장을 나왔다. 기차역 역사에서 나는 빨간 베레모를 벗어 바닥에 뒤집어 놓은 다음 처녀파티에서 마신 술에 취한 상태로 〈저 무지개 너머 어딘가〉Somewhere Over the Rainbow를 부르면서 탭댄스를 추기 시작했다. 화장실에 숨은 채로 기차를 타고 갈 수 없다면 노래라도 불러서 기차표를 사야겠다고 생각한 것이다. 나를 불쌍히 여긴 몇 명이 내 모자에 동전 몇 닢을 넣었지만, 그보다는 큰 소리로 웃으면서 지나치는 사람들이 훨씬 더 많았다. 나는 가사를 더듬거리면서 풀이 죽기 시작했다. 그때 한 우아하고 다정한 중년 여성이 내 노래를 끊고 뭘 하는 건지 물었다. "집에 갈 기차표를 살 돈을 벌고 있어요." 그 여성은 손짓으로 나를 표 판매기로 데려가 킹스크로스역으로 가는 편도 기차표를 사줬다. 나는 남은 길은 합법적으로 기차를 타고 갈 수 있었고, 어쨌든 내 도로시 연기가 그 중년 여성을 '감동'시켰다고 확신했다.

두 번째 사건은 노샘프턴으로 조사를 위한 여행을 가는 중에 일어났다(그렇다, 나는 그런 일을 하면서 내 이십대를 보냈다). 유스턴역에서 기차표를 사려는데 아니나 다를까 걱정했던 대로 정액을 지불하려니 '거래 불능' 메시지가 떴다. 선택의 여지가 없었다. (이번에도) 기차 화장실에 숨어서 가거나 당시 유효기간이 만료된 학생 할인카드를 불법으로 사용해 더 싼 기차표를 사는 수밖에. 내 통장에는 학생 푯값은 가까스로 치를 수 있을 정도의 잔고는 남아 있었으므로 나는 후자가 더 나은 선택이라고 판단했다. 플라스틱 카드의 코팅지를 벗기고 유효기간의 연도에서 숫자 7을 9로 (적어도 내 생각에는) 감쪽같이 바꿔 2009년으로 보이게 했다. 런던으로 돌아오는 기차에서 목적지까지 절반쯤 왔을 때 검표원이 열차에 들어와 "표 검사하겠습니다!"라고 소리쳤다. 나는 표와 함께 학생 할인카드를 건넨 뒤 검표원이 검사하는 동안 순진무구한 표정으로 창밖을 바라봤다. "이 할인카드는 위조되었네요. 여기 유효기간을 바꾸셨잖아요. 이 카드는 유효기간이 만료되었습니다."

딱 걸렸다. "아니, 그럴 리가 없어요. 이리 주세요." 나는 대꾸하면서 범죄의 증거를 되돌려받으려고 강조하듯 고개를 세차게 흔들었다. 열차에 있는 모든 승객이 고개를 들어 이쪽을 바라보기 시작했다.

"안 됩니다. 이건 제가 가지고 있겠습니다." 권력의 목소리가 말했다. 이 검표원은 유독 권위적인 사람 같았다. 검표원 표식을 전부 착용하고 있었고, 살짝 군인용처럼 보이는 모자를 썼다. 검표원이 내 이름과 주소를 물었다. 나는 내가 별로 좋아하지 않는 사람의 이름과 내가 잘 모르는 가짜 주소를 댔다. 검표원은 확인 하러 갔다가 돌아왔다. "가짜 이름과 주소를 대셨네요." 나는 더 깊은 굴을 파버렸고, 검표원은 무임승차 적발이 확실시되는 상황을 지나치게 즐기고 있는 것 같았다. 검표원이 다시 한번 내 이름과 주소를 물었다. "협조하지 않으면 경찰을 부르겠습니다." 나는 범죄 드라마를 충분히 봤으므로 어떻게 해야 하는지 알았다. "할 말 없습니다." 나는 굴하지 않고 말했다.

"그렇다면 당신을 체포하는 수밖에 없습니다." 검표원은 이렇게 말하고는 명백하게 자신의 권한이 아닌데도 미란다 원칙을 읊기 시작했다. "당신은 묵비권을 행사할 수 있으며 … 당신이 한 발언은 모두 증거로 기록될 것입니다." 아주 기세가 등등했다.

"여기 혹시 변호사 없으세요?" 나는 다른 승객들을 향해 농담하듯 크게 외쳤다. 그러자 모두들 눈을 피했다. 검표원은 내게 계속 질문을 했다. "할 말 없습니다." 나는 팔짱을 끼고 고집스럽게 같은 답을 반복했다.

패딩턴역에 도착했을 때 열차 문밖에 경찰관이 기다리고 있었다. 나를 넘겨받은 사람은 근무시간 마감이 얼마 남지 않은 사람임이 분명했고, 그래서인지 곧장 내 사건에 공적 시간을 쓰는 것이 낭비라고 판단했다. "자, 우리 둘 다 그냥 집에 가고 싶잖아요. 진짜 이름과 주소를 알려주세요." 나는 순순히 답했다. 몇 주가 지난 뒤 우편으로 받은 기소 통지서에는 벌금 180파운드를 내면 사건이 종결된다고 안내되어 있었다. 나는 수표를 보냈지만, 예상대로 수표가 지급 거절되었다. 그래서 다시 한번 복잡한 절차를 밟아야 했고, 이번에는 부끄럽게도 부모에게 돈을 달라고 부탁해야 했다. 결국 나는 (즉 부모님이) 벌금을 냈고, 그렇게 사건이 종결되었다.

명확히 해두자면, 이런 사건들을 들으면 나에 대한 인상이 썩 좋지 않으리라는 것을 나도 안다. 이십대의 나는 생각이 없었고, 대책 없는 멍청이였다. 또한 이것은 사회적으로 위험 인물로 인식되지 않는 백인 여자만이 할 수 있는 불량한 행동이었다. 할인카드 위조 일화의 주인공이 흑인 청년이었다면 아주 다른 이야기가 되었을 것이다. 이십대의 나는 무일푼이긴 했어도 태연하게 법을 무시할 수 있었다. 그게 가능했던 이유는 오로지 확실한 부모 안전망이 있었기 때문이다. 물론, 이것은 벌링던 클럽* 같은 데 견줄 만한 일탈 행위는 아니었다. 그러나 여기서 핵심은 영국의 시사평론지 『뉴 스테이츠먼』에 기고한 글에서 존 엘레지Jonn Elledge가 지적하듯이 부모의 지원은 대개 "다른 많은 이들은 감수할 수 없는 위험을 감수할 수 있는" 환경을 제공한다는 것이다.[1] 나의 경우는 확실히 그랬다. 그리고 이 점은 내가 기차표를 두고 한 무모한 선택들에서도 드러나지만 내가 석사학위와 박사학위를 따기로 한 선택에도 깊이 관여했다. 엄빠 은행의 지원을 받는 많은 이들처럼 나는 계속 공부를 하는 사치를 부릴 수 있었다. 당장 취업해야 한다는 생각 없이 그냥 배움을 사랑할 수 있었다. 나는 성실하게 노력했지만, 굳이 미래에 대해 구체적으로 고민할 필요는 없었다.

미국의 문화비평지 『더 드리프트』*The Drift*의 공동편집장 키아라 배로Kiara Barrow는 기고문에서 무일푼이라고 말하지만 결코 가

• Bullingdon Club. 옥스퍼드대학의 최상류층 남학생 비밀 사교 모임으로, 사회적으로 물의를 일으킨 각종 일탈과 사건으로 악명이 높다.

난해본 적이 없는 밀레니얼이 은밀하게 누리는 특권을 해부한다. 그 특권은 부모의 지원을 받을 수 있을 때 작동하며, 지원 가능 범위에 따라 달라진다. 이 장에서는 2014년에 엄빠 은행이라고 불렸던 것의 부상과 엄빠 은행이 부유한 이십대 밀레니얼과 성인기 초입에 들어선 Z세대의 핵심 안전망으로 진화한 과정을 살펴볼 것이다. 또한 그런 지원을 받지 못하는 이들에게는 엄빠 은행이 무엇을 의미하는지에 대해서도 알아보고, 엄빠 은행의 부재가 점점 더 큰 장벽으로 작용하는 현실에 대해서도 생각해볼 것이다. 존 엘레지가 상기하듯이 "베이비부머에 대해 아무도 이야기하지 않는 것이 한 가지 있다면 그 세대가 아주 인심이 후하다는 점이다." 그리고 아마도 그것이 내가, 그리고 우리 밀레니얼 세대가 그토록 철이 없는 이유인지도 모른다.

세대 망신 주기

2014년 전후로 우리는 어른이 다 어디로 사라졌는지 의아해하기 시작했다. 또한 그 무렵 소셜미디어에는 새로운 해시태그 #어른되기(#adulting)가 등장했다. 이런 해시태그는 이른바 성숙한 어른이 되었다는 증거로 여겨지는 일상적인 성취들(예컨대 기한 내에 자동차세를 낸다, 매일 빼먹지 않고 피부 관리 루틴을 지킨다)을 공표하는 역설적인 현상이었다. 밀레니얼들이 성인기의 핵심 과제들을 성취하는 데 실패하고 있으니 오히려 그런 작은 승리를 자랑해야 하지 않겠는가? 어른되기라는 용어는 옥스퍼드 영영 사전에 등록되는 영광까지 누렸다. 밀레니얼의 윗세대들은 툭하면 밀레니얼의 기본적인 생활 기술 부족을 비웃었다. 그러나 그런 부족함은 오히려 21세기의 어른에게 요구되는 기술이 변했다는 사실을 시사하는 것이 아닐까? 우리는 지붕에 안테나를 설치할 줄은 모르지만, 자신의 디지털 TV 채널을 개설하는 이들이 있다. 젊은 남자들이 자동차 타이어를 갈 줄 몰라서 쩔쩔맬지언정 기저귀를 가는 남자의 비율은 그 어느 때보다도 더 높지 않은가. 우리가 사는 집이 반드시 우리 소유는 아니고 자동차가 컴퓨터에 더 가까워져서 애초에 분해하지 못하도록 설계되는 시대인데, 우리가 집안일을 태스크래빗에 외주를 주거나 한때는 당연한 상식이었던 지식을 유튜브에서 찾아보는 것이 당연하지 않을까? 그러나 #어른되기(#adulting)는 밀레니얼 세대의 정신세계 깊숙한 곳에 자리한 뭔가를 드러낸다. 바로 우리 부모 세대와 비교해 성인기의 전통적인 이정표들을 제때 도달해야 한다거나 놓치는 것에 대한 불안이다. 2018년 영국에서 실시된 한 설문조사에 따르면 18~24세 응답자의 거의 70퍼센트가 "엄밀히 말해 나는 성인이지만, 내가 성인이라는 생각은 들지 않는다"는 문장에 동의했다.[2]

또 다른 대표적인 현상은 '부메랑 키즈'라는 용어가 유행했다는 것이다. 이 용어는 이십대 후반, 때로는 삼십대에도 부모와 함께 사는 밀레니얼 세대가 증가하는 현실을 담아냈다. 이것은 결코 영국만의 문제는 아니고 전 세계적인 흐름이었다. 이탈리아에서는 유로존 위기의 여파로 청년 실업률이 계속 높은 수준을 유지했고, 그러다 보니 18~34세 남성의 절반이 부모와 함께 살고 있었다.[3] 이 청년들을 가리켜 맘모니mammoni('마마보이')라고 불렀다. 대한민국에서는 부모의 아기주머니에서 영영 나오지 않는다는 의미로 부메랑 키즈를 '캥거루족'이라고 불렀다. 2008년 이후 임금은 정체되고 자산 가격은 상승하면서 경제적 상황으로 인해 가족이 점점 더 단합할 수밖에 없었고, 젊은 성인은 본가에서 독립할 수가 없었다.

2020년, 임대료와 주택 가격이 상승하면서 이런 추세가 꾸준히 이어졌다. 런던에서는 적어도 4가구 중 1가구는 성인이 된 자녀가 부모와 함께 살고 있었는데, 2011년과 2021년 사이에 24.5퍼센트가 껑충 뛴 것이다(영국 전체 평균 증가율은 12.2퍼센트였다).[4] 한때는 예외로 여겨졌고, 당연히 놀림을 받아도 할 말이 없었던 상황이 완전히 정상화되고 일반적인 것이 되었다.

2010년대에 이런 논의는 성인기 진입 지연에 대한 지적 탐사로 확장되었다. 특히 미국에서 이에 대한 연구가 활발하게 이루어졌다. 우리 밀레니얼 세대가 게으르고, 특권의식에 빠진 나르키소스이며 토스트에 아보카도를 너무 많이 올려 먹는다는 그런 흔해빠진 고정관념을 넘어서는 21세기 성인 발달에 대한 심각한 우려가 깔려 있었다. 스탠퍼드대학교 학장을 지낸 줄리 리스콧-헤임스Julie Lythcott-Haims는 2015년 『헬리콥터 부모가 아이를 망친다』How to Raise an Adult라는 책을 냈다. 이 책에서 리스콧-헤임스는 위압적인 부모가 자녀를 유아화하면서 자녀의 삶을 통제하는 불행한 모습을 묘사했다. "나는 어찌 된 일인지 대학생 '아이들'이 아직 한 명의 온전한 인간이 되지 못한 것은 아닌지 걱정되기 시작했다. 그 아이들은 마치 부모를 찾아 운동장 벤치 쪽을 두리번거리는 것 같았다. 미완성. 실존적 불능상태."[5] 리스콧-헤임스는 밀레니얼 세대 중 확연히 구별되는 특정 집단을 묘사했다. 그러나 화제가 된 리스콧-헤임스의 테드 강연과 책에서 다룬 현상은 단연코 더 많은 사람을 불편하게 했다. 조너선 하이트Jonathan Haidt와 그레그 루키아노프Greg Lukianoff의 『나쁜 교육』The Coddling of the American

*Mind*도 이 주제를 다루면서 '안전제일주의' 문화와 갈등을 일으킬 수 있는 트리거에 대한 지나친 경계가 대학 캠퍼스를 장악하게 된 원인과 과정을 추적한다. 두 저자는 부모의 과도한 개입이 점점 더 당연시된 것이 '눈송이 문화'가 생겨난 주된 원인이라고 주장했다. '눈송이'snowflake는 2016년 올해의 단어로 선정되었으며, 호사가 피어스 모건Piers Morgan은 어김없이 여기에 숟가락을 얹었다. "아이 넷의 아버지로서 저는 우리가 우스꽝스러울 정도로 물렁해졌다고 생각합니다. … '눈송이 세대'는 물론 눈송이라고 부르면 질색하죠. 그 애들은 모든 걸 질색해요. 그리고 모든 것을 두려워하고, 모든 것에 상처를 받아요."[6]

당연히 밀레니얼 세대는 다르게 해석했다. 앤 헬렌 피터슨Anne Helen Petersen은 2019년 밀레니얼 세대의 (특히 페미니즘적인) 집단지성을 포착해 버즈피드BuzzFeed에 「밀레니얼 세대는 어쩌다 번아웃 세대가 되었는가」How Millennials Became the Burnout Generation라는 글을 썼고, 이 글은 큰 반향을 일으켰다. 이 글은 이후 『요즘 애들』이라는 제목의 책 출간으로 이어졌다.[7] 피터슨은 아주 단순한 딜레마에서 시작한다. 왜 나는 소포 부치는 게 그렇게까지 힘들었을까? 나는 피터슨의 글을 읽으면서 이런 생각을 했던 것이 기억난다. '내 얘기잖아. 왜 난 몇 주가 지나도록 세탁소에 맡긴 옷을 가지러 가지 않는 걸까? 왜 아직도 운전면허증 갱신을 안 했을까?' 피터슨은 우리의 '일상 업무 마비'의 원인을 '밀레니얼의 조건화'에서 찾는다. 요컨대 경제적 보상이나 안전이 담보되지 않더라도 우리는 '늘 일하고 있어야 한다'고 세뇌당했다는 것이다. 우리는 자격 요건 컨베이어 벨트에 실려서 끊임없이 등급을 부여받았는데도 결국 빚과 부동산 시장 버블을 떠안았고, 금융 위기 이후 직업 안정성, 적정한 임금, 사회복지가 사라진 노동시장에 떠밀려 들어갔다. "우리는 더 이상 책임에서 자유로운 십대가 아니다. 우리는 다 큰 어른이다. 우리가 직면한 도전과제들은 일시적인 것이 아니라 시스템적인 것이다." 피터슨은 감정을 담아 말한다.[8]

'청년들이 어른이 되지 못하고 있다'는 내러티브는 '우리 부모가 우리의 미래를 도둑질했다'는 내러티브와 평행선을 그렸다. 이들 내러티브를 말한 사람은 많지만 그중에서도 베이비부머 데이비드 윌레츠David Willetts가 가장 탁월하게 상술했다. MIT 경제학과 교수인 로런스 코틀리코프Laurence Kotlikoff는 이를 기후변화와 연결시키면서 확실하게 젊은 세대의 편에 섰다. 그는 "세대 간 불평등이 계속해서 우리 시대의 도덕적 쟁점이 되고 있다. … 다른 선진국처럼 영국도 재정적·교육적·건강적·환경적 아동 학대를 자행하고 있다"고 외쳤다.[9]

2010년대에 누구의 말을 믿었느냐에 따라 우리는 밀레니얼 세대에게 불리하게 배분된 경제적 패의 희생양이었거나 현실 세계에 적응하지 못하는 무책임하고 나약한 눈송이였다. 우리 부모는 한편으로는 우리를 과잉보호하면서 질식시키고 있었고, 다른 한편으로는 우리의 삶을 탈취하고 있었다. 상황과 맥락에 따라 이 모든 비난은 진실이었다.

싱크탱크가 생겨나고 데이터가 분석되었고 도표가 끊임없이 만들어졌지만, 유감스럽게도 보수 정권은 지속되는 청년들의 문제를 해결하기 위해 한 일이 거의 없었다. 특히 주거 문제는 방치되다시피 했다. 선거에서 보수당의 핵심 지지층은 자산이 많은 장년 및 노년 유권자들이었기 때문이다. 영국 사회에서 연령은 부나 기회만큼 계급을 완벽하게 대체하지는 못했지만, 주요 정치 지표가 되었다. 브렉시트가 가장 명백한 결과물이며, 더 나아가 주거 및 경제 정책, 그리고 점점 격렬해지는 문화 전쟁에도 깊이 스며들었다. 그런데 중산층의 관점에서 세대 간 불공정성 논쟁이 펼쳐지는 경향이 있다 보니 영국 남부 지역 주거비의 적정성, 지식 노동자를 위한 양질의 연금 프로그램 축소, 대학등록금 인상에 초점이 맞춰졌다. 이에 대해 『가디언』 기자 레이철 코널리Rachel Connolly는 "부유한 밀레니얼은 어떻게 세대 간 착취를 대표하는 목소리가 되었는가?"라는 타당한 의문을 제기했다.[10] 인턴제도, 공공주택, 생활임금의 현재 상황은 충분한 관심을 받지 못했다. 이런 것들은 철저히 '노동자계급의 문제'로 취급되었지만, 고유한 방식으로 연령과 연결되어 있었다.

진실을 말하자면 이런 논의들은 오히려 현실을 덮어버렸다. 세대 간 격차는 점점 더 심화되는 계급 격차를 은폐했다. 더 정확하게 말하면, 연령 문제였던 것이 점차 계급 문제로 탈바꿈했는데, 그렇게 된 이유는 단 하나였다. 가족. 공적 영역에서는 세대 간 갈등이 부각되었는지 몰라도 사적 영역에서는 세대들이 점점 더 경제적으로 긴밀하게 엮이고 있었다. 경제 부문에서는 낙수 효과가 일어나지 않았는지 몰라도 가족 내에서는 일어나고 있었다. 사회에서는 세대 간 계약이 깨졌는지 몰라도 저녁 테이블에서는 그 어느 때보다도 더 강력해졌다. 간단히 말해, 시장이 불능 상태에 빠지고 정부가 축소되는 시기에 가족, 그중에서도 특히 부모가 나서서 음식을 나눠주고 있다. 2008년 이후의 경제 환경이 낮은 이율, 돈의 가치 하락, 임금 정체, 양적 완화 등으로 인해 부모에게 유리했던 것은 사실이나, 많은 부모가 그렇게 받은 혜택을 자녀에게 시간, 돈, 공간을 내어줌으로써 넘겨주고 있었다.

"저는 이 과정을 '좋은 부모, 나쁜 시민'이라고 표현합니다."
경제학자 제임스 세프턴James Sefton이 코로나 봉쇄 시기에 런던 북부에 마련한 작업실에서 줌으로 나와 이야기를 나누고 있었다. 세프턴은 2010년대의 논쟁이 잘못된 방향으로 전개되었다는 내 진단이 옳다는 확신을 심어주었다.

"우리는 세대 간 부의 격차에 대해서는 덜 이야기하고 세대 내부의 격차에 대해서는 더 이야기해야 합니다. 확실합니다." 세프턴이 내 생각에 동의했다. 세프턴은 지난 몇 년간 가족 내에서, 그리고 공공 재정을 통해 세대에서 세대로 이동하는 돈의 양을 파악하려고 노력하고 있었다. "이 점을 더 정확하게 파악할 필요가 있습니다. 세대 간 불공정성이 존재하기 때문이죠. 가족 내를 들여다보면, 세대에서 세대로 공유되는 것이 많아요. 하지만 공공 부문을 들여다보면 정부가 노년층에게 더 유리한 정책을 펼친다는 걸 알 수 있습니다. 이를테면 연금의 3중 보장*이 그런 예에요. 게다가 여기에 공공 부문 연금의 적자까지 더하면 미래에 젊은 세대가 얼마나 큰 짐을 지게 될지 깨닫게 되죠."

"그렇다면 우리가 상속주의 사회에서 살고 있다는 주장에 동의하세요?" 내가 물었다.

"흠, 사회 이동에 대해 이야기하는 거라면, 그러니까 계층 사다리를 올라갈 수 있는 기회에 대해 이야기하는 거라면, 오늘날 부모의 부가 결정적으로 작용한다는 확실한 증거가 있고, 그래서 사회 이동이 줄어들고 있죠. 상속 경제가 주된 원인인데, 금융 위

---

* 공적 연금을 매년 인플레이션, 소득 상승률, 규정된 상승률 중 가장 높은 것에 맞춰 인상하는 정책을 말한다.

기 이후로는 내내 그랬어요."

나는 내 핵심 주장을 인정받은 것이 기뻤다. 상속은 늘 존재했고 부모는 늘 자녀를 도왔다. 그러나 2010년대부터 부모에서 자녀로 이전되고 있는 부의 총합은 그 어느 때보다도 더 크고, 사회적으로 그 대상 범위도 그 어느 때보다 더 넓어지고 있다. 여기서 내가 말하는 것은 증여라고도 말하는 조기 상속을 의미한다. 이런 조기 상속은 밀레니얼 세대가 주택 시장에 진입하는 데 결정적인 역할을 해왔다. 그러나 세프턴은 내게 중요한 차이점을 짚어주었다. "저는 상속에 의해 가장 심각한 영향을 받는 것이 사회 불평등(계층 간 격차)이 아니라 사회 이동(계층 이동)이라는 점을 인식해야 한다고 생각해요. 상속이 실제로 불평등을 심화하느냐고 묻는다면 저는 아니라고 답할 거예요. 상속은 거칠게 말하면 부를 가진 사람과 부를 덜 가진 사람 간 거래이니까요. 그래서 경제학자의 관점에서는 불평등을 완화하는 행위죠."

나는 마지막으로 이런 질문을 했다. "상속이라고 하면 우리는 오로지 소수의 최상류층만을 떠올리는 경향이 있는데, 정말 상속은 그들만의 문제일까요?"

세프턴은 이런 구체적인 설명으로 내 주장을 강화했다. "금융위기 이후 우리 사회는 상위 1퍼센트에 대해 많은 논의를 했어요. 그런데 이건 상위 1퍼센트만의 쟁점은 아니에요. 기성세대의 75퍼센트가 자가소유자이고, 그중 대다수가 대출도 없어요. 상속될 자산이라는 의미죠. 이것은 분명히 단순히 상위 1퍼센트나 영국 남부에 국한된 쟁점이 아니에요. 단순하게 부동산 쟁점이라고 말할 수도 없어요. 연금에 묶인 돈도 많거든요. 최근의 이자율 급하락과 임금 상승이 상속의 효과를 일부 상쇄할 수도 있겠지만, 정말 그렇게 될지는 아직 더 두고 봐야겠죠."

　제임스 세프턴이 경제라는 측면에서 이 문제의 배경을 설명
해준 것이 유용하기는 했지만, 나는 이십대 내내 부모에게 경제적
지원을 받는 것에 대한 개인의 경험과 입장에 대해 듣고 싶었다.
현재 해로게이트에 거주하는 정부 변호사인 스티브와 인터뷰를
했다. 43세인 그는 밀레니얼 세대에서도 나이 든 축에 속하지만,
이십대를 지나 20년을 더 산 현재 이십대의 자신을 준비시키는 데
부모가 얼마나 중대한 역할을 했는지 깨닫고 있다.

　"당신은 부유한 가정에서 자랐나요?" 내가 묻는다.

　"글쎄요, 다소 특수한 경우라고 해야겠죠. 가업인 건설회사가
20세기 내내 영국 북동부 지역 산업의 한 축을 차지할 정도였고,
그 지역에서 공공건물과 빌딩들을 세웠어요. 하지만 제가 대대손
손 부자인 집안 출신이라고는 말할 수 없을 것 같아요. 건설회사
가 중간중간 망해 여러 번 밑바닥에서 다시 시작하기도 했어요.
엄마는 교사였고 나중에 교장까지 되었어요. 물론 우리 집은 북동
부 지역의 대다수 사람들에 비하면 부유했지만, 영국의 다른 지역
에서는 그렇게까지 큰 부자로 여겨지지는 않았을 거예요. 우리 가
족이 산 집은 아버지가 국립공원 안에 있는 2에이커 정도 되는 땅
위에 직접 지었어요. 그런데 제가 열네 살 때 아버지 회사가 법정
관리에 들어갔어요." 스티브가 설명한다. 스티브의 아버지는 연금
을 해지하고 일시금으로 받아서 사업을 재건해야 할 정도로 형편
이 어려웠지만 스티브를 사립학교에 계속 다니게 했다.

　"졸업반이 되었을 때 대학교에 가지 않는다는 선택지는 없었
어요." 스티브가 내게 말한다. "실제로 제가 아는 한 우리 동기 중
에 대학교에 안 간 사람은 없어요. 다른 대안이 우리에게 제시된

적이 한 번도 없기도 했고요."

스티브의 부모가 대학등록금(당시에는 1000파운드에 불과했다)을 댔고, 비록 대출을 조금 받기는 했지만 셰필드에서 대학을 다니면서 돈을 벌기 위해 일한 기억은 없었다. 스티브는 대학을 졸업한 뒤 북동부로 돌아갔고, 부모가 월세를 내줬다. 스티브의 할아버지가 돌아가시자 스티브의 부모는 최소한의 임대료만 받고서 스티브와 그의 친구들이 할아버지의 낡은 집에서 1년간 살 수 있게 해줬다. 법학대학원에 진학했을 때에도 스티브의 부모가 등록금(약 1만 3천 파운드)과 월세를 댔다. 인턴으로 일할 때는 부족한 생활비를 가족이 보조했고, 더 나아가 (스티브의 처가와 함께) 스티브의 결혼식 비용도 보조했다. 그다음에는 주택 구매 비용 지원이 이어졌다. 스티브가 그 이야기를 들려준다. "우리는 모아둔 돈이 없었고, 2008년 경기 침체기 직후였어요. 계약금이 필요했는데, 부모님이 제가 할이비지께 상속받은 6만 파운드를 풀어줬어요. 다만 경기 침체가 왔을 때 아버지 사업이 아주 어려워져서 간단히 말하면 이십대 후반부터는 지원이 끊겼어요. 그래도 우리 부부는 집을 살 수 있었어요. 기반이 마련된 거죠." 그리고 이것이 핵심이다. 스티브는 이십대 후반 즈음에는 자립할 수 있었고, 이후 가정을 꾸리고 스스로 재정 안정성을 구축할 수 있었다. 이것이 바로 부모 안전망이 작동하는 방식이다.

"상속은요? 앞으로 상속을 받을 거라고 기대하나요? 상속에 대해 생각하세요?" 나는 궁금했다.

"그런 날이 온다면 좋겠죠. 하지만 우리 부부는 우리끼리 꾸려나갈 수 있을 정도로 재정 상태가 안정적이에요. 제게는 자수성가보다는 자급자족이 중요해요."

'자수성가보다는 자급자족'이라는 말이 중산층 밀레니얼 세대에게 꼭 맞는 구호처럼 느껴진다.

누구더러 키덜트라는 거예요?

21세기의 어른되기는 어디로 가는지도 모르는 채 구불구불한 길을 하염없이 걷는 것 같다고 느끼는 이가 많다. 밀레니얼 세대에서 18세부터 삼십대 중반까지 이어지는 새로운 생애주기, 즉 키덜트기가 고착화되었다. 예전에는 우리 사회에서 21세를 성숙한 어른으로 넘어가는 문턱으로 정해두었지만 현재 우리는 30세를 진정한 성인기로 넘어가는 경계선으로 생각하고 이 나이를 기념한다. 키덜트기의 생애주기 편입이 놀랄 일도 아니고, 이를 수치스럽게 생각할 필요도 없다. 역사적으로 생애주기는 시대마다 다르게 구성되었고, 아동기·성인기·노년기의 개념과 경계는 늘 유동적이었다.

'키덜트'라는 용어가 대중화된 것은 1990년대로, '발사에 실패'한 채로 나이 들어가는 X세대를 가리키는 말이었다. 대표적인 인물상은 전통적인 성인의 책임을 회피하는 (그러면서 대개 청소년이 할 법한 활동에 건강하지 못한 애착을 지닌) 남자였다(스케이트보드를 타는 중년 남성을 떠올려보라). 그러나 밀레니얼 키덜트는 몇 가지 중요한 측면에서 X세대 키덜트와 다르다. 현재는 키덜트기가 계층 및 성별을 막론하고 관찰되고, 키덜트기가 더 오래 지속되며, 이는 상속 경제와 긴밀한 관련이 있다.

20세기 후반에는 성인기의 다섯 가지 표준 표지자가 있었다고 말할 수 있을 것이다. 교육과정 마치기. 부모 집에서 독립하기.

부모로부터 재정적으로 자립하기. 결혼하기. 자녀 양육하기. 그런데 21세기 청년 대다수는 각각의 표지자를 유보하거나 복잡하게 꼬아버리거나 철저히 거부했다.

내 친구 그룹에서도 이런 예들을 심심치 않게 본다. 대학 시절 연인과 가정을 꾸린 친구는 아주 드물고, 대학 때 커플이었던 친구들 대부분이 이십대 후반에 헤어지고는 다른 사람과 짧은 동거 기간을 거친 뒤 결혼했다. 중년의 위기가 아니라 청년의 위기를 겪은 친구들도 있는데, 그런 친구들은 학교로 돌아갔다가 완전히 다른 커리어로 갈아탔다. 예를 들어 한 명은 방송계에 있다가 조산사가 되었고, 또 다른 한 명은 홍보회사를 다니다가 요가 강사가 되었다. 때로는 그에 앞서 이혼을 하거나 일종의 계시를 받거나 삶의 의미를 찾아나섰다. 대체로 이런 경우에는 학교로 돌아갔고, 그래서 부모 집으로 들어가 부모에게 생계를 의지할 수밖에 없었다. 나는 코로나 팬데믹이 터지기 전에 키덜트기를 겪었다는 점에서 운이 좋았다. 코로나 팬데믹은 많은 어린 밀레니얼과 Z세대에게서 이런 중요한 탐구와 경험의 시기를 앗아갔다.

왜 우리 밀레니얼은 윗세대보다 키덜트기를 환대하고 더 적극적으로 받아들였을까? 첫째, 경제적 환경이 우리가 철드는 것을 방해했다. 밀레니얼 세대가 성인기에 진입한 직후에 주거비(임대와 매매 모두), 교육비, 자녀양육비와 같은 것이 비싸졌다. 인생의 중대한 일을 치르는 비용이 상승한 반면 임금은 제자리걸음이었다. 그렇다면 우리가 성인기에 들어설 때 싸진 것도 있을까? 있다. 여행, 외식, 디지털기술. 이 세 가지는 밀레니얼 세대와 동의어로 취급될 정도로 밀레니얼 세대를 대변하는 것들이기도 하다. 우리는 '토스트에 아보카도를 너무 많이 올리기 때문에 집을 살 여력이 없는 것'이라는 내러티브가 대체로 터무니없다는 것을 안다. 우리로서는 담보 대출을 낀 주택 매매 계약금을 저축하기보다는 사워도우 빵 위에 '으깬 아보카도'를 발라 먹는 쪽이 더 가성비가 좋은 경제에서 살아간다는 것이 진실에 더 가깝다.

우리가 경험 중독 세대가 된 것은 자산을 축적하기가 점점 더 어려워졌기 때문이다. 또한 우리는 일과 휴식의 경계가 무너질 정도로 과로하는 노력파이고, 그 와중에 낮은 임금을 보충하기 위해 열심히 부업을 했다. 그러다 보니 많은 밀레니얼이 달성 불가능한 장기적인 목표보다는 즉각적인 만족과 당장의 위로에 집착하게 되었다. '스트레스를 받아서 주말에 에어비앤비에 500파운드를 쓰는 게 어때서?' 하고 정당화하게 된다. 비록 월요일에 출근하자마자 또다시 스트레스에 시달리겠지만.

키덜트의 등장에 경제만큼이나 중요한 역할을 한 또 다른 요인이 있다. 사실 우리 밀레니얼 세대는 이십대에 성인에게 지워지는 책임을 거부하는 경향이 있었고, 여자인 경우에 더 그랬다. 밀레니얼 여성은 윗세대에 비해 더 큰 자유, 더 많은 교육, 더 큰 재정 자립을 누리면서 자랐다. 이것은 아직 끝나지 않은 혁명일 수는 있다. 그러나 전 세계적으로 다른 문화와 국가에서 지난 20년간 속도는 달라도 같은 생각으로 여성에 대한 교육 기회가 확장되었고, 그 결과 여성의 결혼과 출산 시기가 늦춰졌다. 성인이 된다는 것에 지금처럼 많은 자유가 수반된 적도 없었지만, 앞으로 살펴보듯이 성인기에 들어선 이후에도 지금처럼 불확실성, 걱정 불안이 지속된 적도 없었다.

21세기에 성인기로 가는 길은 우리 어머니 세대 대다수의 경험과는 달리 얼음장 같이 차가운 책임의 연못으로 뛰어드는 충격

요법이 아니었다. 오히려 자기발견과 재발견이 반복되는 장기 여정이었다. 당신이 대학 졸업장, 여권, 전문직 부모가 있는 중산층 여성이라고 해보자. 당신은 경제적 역풍, 그리고 때로는 연애 시련을 겪겠지만, 성인기로 즐겁게 나아가다가 어느 지점에 도착하면 닻을 내리고 높은 확률로 부모의 도움을 받아 전통적인 성인기에 뛰어들 것이다. 만약 당신이 제대로 된 교육도 받지 못하고 부모의 지원도 기대할 수 없고 자격증도, 특출난 기술도 없는 남자라면 아주 다른 경험을 하게 될 것이다. 애초에 성인기로 가는 배에 오르지 못하고 간신히 뗏목에 매달린 당신은 식량은 점점 줄어드는데 잔잔한 바다로 나아갈 기회조차 잡을 수 없을 것이다.

만약 밀레니얼과 Z세대가 우리 부모 세대와 달리 성인기의 이정표 통과하기를 유보했다면, 다른 선택지가 없어서일 수도 있지만, 많은 경우에 그게 자신의 선택이었을 것이다. 나는 알리나와 이야기를 나눴다. 알리나는 38세이고 인도 뭄바이에서 태어났지만 현재 런던에 거주한다. 알리나는 스스로를 '중상층'으로 소개한다. 인도에서는 이것이 특정한 생활양식으로 규정된다.

"우리는 좋은 학교에 다니는 사치를 누렸고, 집에는 도우미들이 있었어요. 운전기사, 요리사 같은 사람들요. 그런 게 당연하다고 생각하면서 자랐어요. 제가 열다섯 살 정도 되었을 때 인도 경제가 개방되기 시작하더라고요. 진짜 부, 그러니까 명품 브랜드랑 핸드백 같은 것들을 접하게 되었어요."

알리나는 학교가 싫었다. 알리나는 인도 교육이 지나치게 고리타분하다고 생각했다. "수학이나 과학을 잘 못하면 그냥 인생 실패자로 낙인찍혔어요. 여자라면 의사 아니면 전업주부. 두 가지 선택지밖에 없었어요. 그건 수학의 대체재가 요리와 재봉이었다는 것을 의미했죠."

그러나 알리나의 부모는 그다지 엄격하지 않았다. "스물 살에 결혼한 친구들도 있지만, 우리 부모님은 그런 걸 강요하지 않았어요." 학교를 졸업한 후에 알리나의 부모는 알리나가 뉴욕에서 5년 동안 애니메이션을 공부하는 동안 학비와 생활비를 댔다. "태어나서 처음으로 자유롭다고 느꼈어요." 알리나가 회상한다. 2010년에 알리나는 지금의 남편을 만났고 2년간 연애를 했다. 두 사람은 인도에서 전통 혼례식을 올렸다. "아빠는 제가 세 살 때부터 제 교육비와 결혼 비용을 모았어요!" 알리나가 웃으면서 말했다. 알리나 부부는 알리나의 남편이 학창시절을 보낸 영국에 정착했고, 남편의 부모가 남편에게 런던의 부촌 마이다 베일에 아파트를 마련해줬다.

나는 알리나에게 부모자녀 관계에서 영국과 인도 간 문화적 차이가 크다고 생각하는지 물었다.

"인도에서는" 알리나가 답했다. "부모가 당연히 도와줄 거라고 생각해요. 다들 그렇게 하니까요. 자녀가 더 나은 삶을 살 수 있도록 돈을 벌고, 자녀는 부모에게 도움을 청하거나 부모의 도움이 필요하다는 사실을 전혀 부끄러워하지 않아요. 서양 문화와는 많이 다르죠. 뉴욕에서 대학 친구들이 이런 말을 하던 게 기억나요. '엄마에게 돈을 빌려서 다음 달에 갚아야 해.' 저는 이렇게 생각했죠. 엄마에게 돈을 갚아야 한다고? 헐. 인도에서는 결코 있을 수 없는 일이에요."

"하지만 부모가 늙고 자녀의 돌봄이 필요해지면 자녀가 자신이 받은 만큼 부모에게 잘할 거라는 기대도 당연히 있겠죠?" 내가 물었다.

알리나는 내 표현방식에 이의를 제기했다. "그런 의무감 자체를 느끼지 않아요. 부모잖아요. 부모를 돌보고 싶은 게 당연하죠. 현대인의 삶은 부모로부터의 독립과 양립하기 쉽지 않다는 게 제 생각이에요."

"물론 그렇죠." 내가 동의하면서 말했다. "그런데 부를 대하는 태도에서도 영국과 인도 간 크게 다르다고 느끼는 부분이 있을까요?"

알리나는 곧장 답했다. "영국은 인도보다 더 인도주의적이고 더 공정해요. 인도에서는 부가 비교적 새로운 것이고 부가 있다면 그걸 적극적으로 과시하죠! 현재 뭄바이에서는 커다란 빌딩을 세운 다음 딱 한 가구만 사는 게 유행이에요. 부를 보여주는 게 중요해요. 하지만 영국에서는 훨씬 더 조심스러워해요. 황금색 포르쉐도 없잖아요. 하지만 생각해보면 여기 영국에서는 사람들이 돈에 대해 이야기하는 것 자체를 아주 부끄럽게 여기니까요."

좋은 부모, 나쁜 시민

밀레니얼 세대의 성장 서사 코미디 시리즈 《걸스》*Girls*의 첫 장면은 21세기 초의 일하는 청년이 어떤 인물인지를 잘 보여준다. 레나 던햄Lena Dunham이 연기한 가엾은 해나는 뉴욕에 사는 딸을 찾아온 부모와 저녁 식사를 하고 있다. 대학을 졸업한 지 2년이 지난 해나는 무급 인턴으로 일하면서 회고록 대필 작가를 겸하고 있다. 때는 2012년으로 해나는 무일푼이지만 가난하지는 않다. 부모는 저녁 식사 자리에서 그동안 보내던 용돈을 끊겠다고 통보한다. 해나는 이를 받아들이지 못하고 저녁 식사 내내 부모에게 자신을 계속 지원해야 하는 이유를 설득한다. "저는 저라는 사람이 어떤 사람인지 찾고 있고, 그 사람이 되려고 애쓰고 있어요." 해나가 애원한다. 그 에피소드의 후반부에서는 용돈이 끊긴 해나가 어떻게든 돈을 벌 수 있는 일자리를 구하고자 노력한다. 해나라는 캐릭터는 부모의 지원 덕분에 자신이 열정적으로 헌신할 수 있는 일과 삶의 의미를 찾겠다고 고집을 부리는 특권의식에 절은 청년이라는 밀레니얼에 대한 고정관념을 고스란히 반영하고 있다. 그러나 해나는 또한 경제 시스템의 희생양이기도 하다. 예술학 학위로는 제대로 된 직장에 취업할 수 없다 보니 무급으로 일하면서 노동력을 착취당하고 있기 때문이다.[11]

부모는 늘 자녀가 삶에 잘 정착할 수 있도록 돕는 존재였다. 그것이 자연스러운 인간의 본능이다. 또한 그것은 슈퍼리치나 귀족이 이해하고 당연하다고 여기는 관계 역학이기도 하다. 그러나 최근 들어 이십대 자녀를 위해 부모가 지원을 하는 것이 점점 더 예외가 아닌 흔한 일이 되었고, 빈부 격차가 큰 사회일수록 그런 경향이 강해지고 있다.

역사적으로 보면 부모는 아마도 결혼식 비용은 응당 보태야 했을 수 있고, 현금 자산이 충분한 중산층이라면 신혼부부의 내 집 마련 비용을 보조했을 수도 있다. 그러나 최근에는 결혼식 비용을 지원하는 부모가 실은 **줄어들고 있다**는 증거가 있다. 2021년에 영국에서 실시된 설문조사에서는 부모들 중 단 36퍼센트만이 자녀의 결혼식 비용을 지원했다. 정작 부모들에게 그들은 자신의 부모로부터 결혼식 비용을 지원받았는지 물었을 때 42퍼센트가 지원을 받았다고 답했다.[12] 물론 아예 결혼을 하지 않는 밀레니얼이 점점 더 늘고 있기도 하지만, 현재 신혼부부의 3분의 1이 결혼식 비용을 스스로 마련한다. 나는 결혼할 때 내 신념에 따라 웨딩드레스만큼은 약혼자나 가족에게 전혀 도움을 받지 않고 오로지 내 돈으로 사고 싶었다. (그리고 실은 내가 고른 웨딩드레스의 가격을 공개하기가 부끄러웠다!) 이렇듯 부모의 자녀 결혼식 비용 지원이 감소하고 있는 진짜 이유를 솔직히 밝히면 청년들이 부모로부터 받는 현금을 자신들이 독립적으로 마련하기가 훨씬 더 힘들고 훨씬 더 중대한 과제, 즉 주택 매매 계약금에 투입되기를 원하기 때문이다.

21세기의 엄빠 은행은 더 현명하게 투자해야 한다. 자녀 양육은 30년짜리 금융 계약이 되었고, 자녀가 열여덟 살이 된 이후에 가장 많은 비용이 들어간다. 이것이 베이비부머, 심지어 X세대가 자신의 부모와 가졌던 관계와는 완전히 달라지는 지점이다. 두세 세대 만에 가족 내 금융 흐름이 뒤집어졌다. 16세 이후에도 부모 집에서 사는 자녀가 (내 어머니가 그랬듯이) 부모에게 생활비를 내는 관행이 사라졌다. 이제는 돈이 (전부는 아니지만) 대다수 가정의 가계도상 아래에서 위로가 아니라 위에서 아래로 흐른다.

'엄빠 은행'이라는 표현은 2014년 무렵에 등장했다(같은 해에 #어른되기[#adulting]가 등장한 것은 우연이 아니리라). 마침내 사회에 새롭게 등장한 의존 문화를 표현할 언어가 생겼다. 2016년에 유통업체 세인즈버리가 실시한 가정 경제에 관한 설문조사에서 부모들이 평균적으로 자녀가 29세가 될 때까지는 경제적 지원을 해야 할 것으로 예상한다는 사실이 드러났다. 이것은 부모가 그렇게 할 수 있는 재정적 여건이 되는지와 무관한 판단이었다. 또한 같은 설문조사에서 부모들이 성인이 된 자녀를 지원하기 위해 빚을 지고 있으며 미래 퇴직 연금에 넣는 것보다 두 배 더 많은 돈을 자녀의 생활비로 지급하고 있다는 점이 드러났다.[13] 우리 밀레니얼 세대는 모든 부모가 여유가 있어서 자녀에게 그렇게 후하게 지원을 하는 것이라고 단단히 오해한다.[14]

당연한 얘기지만 가정 안에서 돈이 늘 아래로 흐르는 것은 아니다. 많은 밀레니얼이 (한 조사에 따르면 49퍼센트로 추정되는 수가) 지금까지 최소한 한 번은 부모에게 재정 지원을 했다.[15] 또한 알리나의 인터뷰에서 알 수 있듯이 문화마다 세대 간 지원, 돌봄, 생활양식에 대한 기대가 확연히 다르다. 엄빠 은행이 얼마나 큰 힘을 발휘하는지는 수십 년에 걸쳐 축적된 부, 그중에서도 특히 부동산 소유권 유무에 달려 있다. 상속 경제에서는 1세대 이민자가 특히 불리할 수밖에 없다. 1세대 이민 가정의 자녀는 이미 언어 장벽, 계급 및 문화 차이를 극복해야 하는데, 여기에 추가 과제가 부과되기 때문이다. 내가 인터뷰한 사람 중 한 명의 말처럼 "부모에게 의지할 수 있는 또래와 비교하면 이민자 자녀 중에 일부는, 그리고 그중에서도 특히 유색 인종 여성은 자신이 마치 판돈이 두 배나 세 배가 걸린 도박을 하고 있다고 느낀다."

최근 들어 청년층은 팬데믹과 생활비 위기로 인해 발생한 위험을 주로 부모의 지원을 통해 관리하고 있다. 2020년 3월과 2021년 5월 사이에 베이비부머와 X세대는 가족을 지원하기 위해 약 82억 파운드를 건넸다. 이것은 정부의 역대급 휴직 보조금 프로그램에 재무부가 투입한 돈의 11퍼센트에 해당하는 액수다.[16] 부모에게 도움을 가장 많이 받는 연령대는 25~34세였다. 이것은 아마도 그 연령대의 청년이 여전히 부모 집에서 살고 있기 때문인 것으로 짐작된다. 35세 이상이라면 아마도 자신이 자립해야 하는 나이가 되었다고 생각할 것이다. 전반적으로 2008년 위기 이후의 상황이 2020년대에는 정상적인 것이 되어버려서 이제 성인이 된 자녀가 겪는 재정적 타격을 부모가 대신 흡수해야 하는 것처럼 여겨진다.

그러나 부유층에게 엄빠 은행은 비상용 현금인출기가 아니며, 실제로는 평생 투자 계좌에 훨씬 더 가깝다. 부유층은 일부 경제학자들이 '생전 상속'이라고 부르는 것의 수혜자들이다. 현재의 영국 상속법에 따르면 부를 물려주는 가장 효율적인 방법은 아직 건강하게 살아 있을 때 물려주는 것이다. 그리고 실제로 점점 더 많은 가족이 그렇게 하고 있다. 매년 부모 자녀 사이에서 약 140억 파운드 내지 170억 파운드가 비공식적으로 증여 또는 대출되고 있다. 영국 청년의 30퍼센트는 청년기 중 8년간 목돈을 증여받는다.[17] 다시 한번 강조하지만, 상속 사회에서 진정한 특권층은 부모가 아직 살아계실 때 (요컨대 상속을 받는 본인이 아직 비교적 젊을 때) 상속 재산의 일부를 증여받는 이들이다. 이것이 진+ 그룹 안에서, 더 크게는 사회 전체적으로 격차를 만들어내는 핵심적인 차이점이다. 목돈을 받는 이들은 주거 사다리에 올라갈 수 있고, 나중에 상속받거나 전혀 상속받을 일이 없는 사람들보다 훨씬 더 일찍부터 자신의 부를 축적하고 재정적 안정성을 확보할 수 있다. 부유층의 이런 발사대는 강화 효과가 있어서 결과적으로 자녀가 앞으로 더 좋은 집을 마련하고, 이후 받는 상속 재산을 추가하고, 더 큰 부를 축적하고, 연금을 충분히 준비하는 토대가 된다. 그래서 부유층의 자녀는 거의 대부분 본인이 자녀를 낳아서 키우는 데 필요한 비용을 걱정하지 않아도 된다. 이것이 성인기로 순항하는 사람들과 영원히 성인기 문턱 앞에서 주저앉는 사람들 간 차이다. 온라인 연금 관리 서비스업체 펜션비PensionBee의 홍보 부장인

베키 오코너Becky O'Connor가 이를 가장 명료하게 설명한다. "부모가 자녀의 성인기 문지기가 되었어요. 윗세대의 부의 수준이 자녀가 도달할 수 있는 이정표와 도달할 수 없는 이정표를 애초에 구별짓는 결정적인 요인이니까요."[18]

여기에는 지역이라는 아주 중요한 요소도 관여한다. 잉글랜드 서남부와 동남부의 부모는 잉글랜드 북서부, 북동부, 스코틀랜드의 부모보다 조기 상속을 할 가능성이 두 배 더 높다. 부모의 사회적·경제적 지위는 당신이 얼마나 증여받게 될지를 예측할 때 매우 유용한 지표다. 세입자인 부모를 둔 자녀가 내 집을 마련할 때 부모로부터 5000파운드 이상을 받는 일은 매우 드물다. 대졸자에 자가소유자인 부모를 둔 자녀가 내 집을 마련할 때는 평균적으로 부모에게 2만 6천 파운드를 지원받는다.[19] 데이비드 윌레츠와의 인터뷰에서 그가 한 말이 생각난다.

증여 액수를 볼 때 나는 그 증여 액수에 10을 곱한 액수로 봐야 한다고 생각합니다. 이런 걸 수치화해서 따지기는 정말 어려워요. 아주 큰돈이잖아요. 부모가 자녀를 지원할 수 있는 방법은 경제적인 것 외에도 많아요. … 우리는 현금만 떠올리지만, 때로는 시간이나 단순한 피난처일 수도 있어요. 자녀가 주택 매매 계약금을 모으는 동안 임시 거처를 제공하는 것도 그런 거죠. 손주를 돌봐주면 자녀가 어린이집 비용을 아낄 수 있고, 아예 손주의 사립학교 등록금을 대신 내줄 수도 있고요.

요컨대 현금의 직접 지급만이 유일한 혜택이 아니고, 주택 매매 계약금의 직접적인 지원이 전부가 아니다. 만약 당신 어머니가 근처에 살아서 일주일에 3일은 아이를 봐줄 수 있다면, 런던에 사는 부모가 당신이 돈을 모으는 동안 임대료를 받지 않고 그 집에 살게 해준다면, 그런 것들은 그 어떤 증여 못지않게 큰 가치가 있다.

그런데 여기에는 명백한 문제가 있다. 앞서 서술한 내용은 모두 전통적인 가족 구성을 전제로 하는데, 그런 전통적인 구성에서 벗어난 가족이 점점 더 늘고 있다. 베이비부머 세대에서 이혼율이 절정에 달했고, 현재 가족 구성 형태 중 혼합가족blended families이 가장 빠르게 증가하고 있어서 지난 10년간 66퍼센트가 늘었다.[20] 엄빠 은행과 관련된 대다수 데이터가 부모가 모두 살아 있고, 함께하는 가족을 전제로 한다는 점은 짚고 넘어갈 필요가 있다. 이런 데이터는 가족 단위가 진화하고 있는 현실을 고려하지 않는다. 혼합가족이 아무리 화목하다고 해도 복잡한 문제가 생길 수밖에 없고, 때로는 상속/증여 역학관계에서 경제적 불리함을 낳는다. 이는 어린 자녀가 있는 재혼 가정의 경우에 특히 두드러져서 각자 다른 생애주기를 지나가고 있는 재혼 가정 내 형제자매가 순위 경쟁을 벌이게 된다. 부모가 모두 살아 있고 헤어지지 않은 가정의 자녀가 엄빠 은행으로부터 최소한의 현금만 지원받을 수 있다 하더라도, 경제적으로 더 부유하지만 부모가 이혼한 뒤 각자 재혼한 가정의 또래 자녀에 비해 결과적으로 더 지원을 잘 받고 상속 가능성도 더 확정적일 수 있다.

나는 서리 출신인 31세 그레그와 이야기를 나눴다. 그레그는 한 부모 가정 출신으로 엄빠 은행을 이용할 수 없었다. 나는 이런 경제적 불리함이 그가 돈을 대하는 태도에 조금이라도 영향을 미쳤는지 알고 싶었다. 당연히 절대적인 영향을 미쳤다면서 그가 설명한 영향은 내 예상을 벗어난 것이었다.

"저는 서리에서 자랐고 형편없는 공립학교를 다녔어요. 오프스테드 학교평가에서 기준 미달 판정을 받아서 이사진이 전부 교체되기도 했고, 몇 번 살인 사건도 있었고. 아주 험난한 학교생활이었어요. 공립교육 시스템에서도 최악이었다고 말할 수 있어요." 그레그가 열다섯 살이 되었을 때 그레그의 엄마는 그레그를 앉혀놓고 자신이 해줄 수 있는 지원은 매우 제한적이라고 주지시켰다.

"엄마는 제 재정적 자유는 저 스스로 확보해야 한다고 말했어요. 그래서 열여섯 살 때부터 돈을 벌었어요. 영업 보조 사원으로 시작해 일을 쉰 적이 거의 없어요. 일반적으로 매년 최소 한 가지 일은 했고 부업을 병행할 때도 많았어요."

그레그는 런던의 한 명문대학교에 합격했고, 자신의 가족 중에서 최초로 대학을 졸업했다. 그는 이 점을 대단히 자랑스러워하고 자신이 그렇게 할 수 있었다는 사실에 감사한다. "매주 토요일마다 일을 해서 매달 380파운드를 벌었고, 성적 장학금과 학자금 대출금으로 보충하면 그럭저럭 살아남을 수 있었어요. 3학년이 되었을 때 엄마 집으로 다시 들어갔어요. 엄마는 경제적으로는 지원해주지 않으셨지만 어쨌거나 잠자리와 음식 같은 걸 제공해주신 거죠. 대학을 졸업할 무렵 빚이 2만 8천 파운드가 있었고, 그 빚은 스물여섯 살이 될 때까지 다 갚았어요."

그레그는 석사 과정 후 취업 프로그램을 통해 취업에 성공했지만, 그렇게 취업한 일자리는 임금이 낮아 부잣집 아이들의 개인 과외를 병행하면서 그 아이들의 부모에게 돈을 받아 보충했다. "그 사람들이 밉지는 않았나요?" 나는 궁금했다.

그레그는 웃음을 터뜨렸다. "실제로 다른 사람들이 경제적 여유가 있고 가족의 지원을 받는 꼴을 보고 화가 나서 심리 상담을 받았어요. 농담이 아니에요. ⋯ 제가 가르친 아이들은 다 부자 부모를 둔 덕분에 말 그대로 잘 차려진 밥상에서 떠먹여주는 밥을 받아먹고 아주 편안한 환경에서 자라고 있었어요. 그러고 보니 한 학생이 생각나네요. 그 애는 아름다운 대저택에 살았고 차와 비스킷을 내오는 가정부가 있었어요. 그날 나 말고도 여섯 명의 과외 교사를 만났을 거고요. 이렇게 곤궁한 밀레니얼들이 몰려와서 이 남학생에게 자신들의 지식을 팔고 있는 거죠. 그건 정말 우울한 그림이었어요. 100파운드를 벌겠다고 그러고 있는 게요. 저는 하층민이 된 것 같았어요. 런던 임금으로 어떻게든 살겠다고 버둥거렸지만 그게 불가능해서 과외까지 해가며 임금을 보충하고 있었으니까요. 그 상황을 어떻게 받아들여야 할지 알 수가 없었어요. ⋯ 심리치료사는 내 가족과 나 자신과 돈의 관계를 깊이 파고들었어요. 심리치료사는 제가 그런 현실을 인정하고 수용해야 한다고 말했어요. 학생이 제게 과외비로 100파운드를 수는데, 제가 그런 현실을 받아들이기 위해 그 100파운드를 고스란히 심리치료사에게 주는 게 정말 웃긴 상황이라는 생각이 절로 들었어요!"

그레그는 과외를 그만뒀고, 지금은 연봉으로 16만 파운드를 받는 잘나가는 직장인이다. 그러나 돈 때문에 인생의 동반자를 찾는 데 어려움을 겪고 있다고 생각한다. 그레그는 데이트를 할 때 의도적으로 자신의 연봉을 밝히지 않는다.

"가장 최근에 사귄 남자친구와 2022년에 금전 문제로 헤어졌어요. 그는 무직이었고, 그러다 보니 제가 필요 이상으로 그를 경제적으로 지원하고 있더라고요."

"경제적 자립을 위해 평생을 노력한 당신으로서는 내가 부양해야 하는 사람과 사귀고 싶지는 않겠죠. 이해해요."

"그런데, 실은 이십대 때 다소 재밌는 만남이 있었어요." 그레그가 고백했다. "그 사람은 대기업의 임원이었고 수십억 달러에 달하는 자산을 보유했어요. 우리는 친해졌고, 어느 날 그가 비행기표를 보내 저를 샌프란시스코에 초대하더니 청혼을 하는 거예요. 진짜로 이렇게 말했어요. '전 아마 20년 안에 죽을 테고, 그러면 내 재산은 전부 당신 거예요.' 그리고 이렇게도 말했어요. '그냥 일을 그만둬요. 내가 당신을 먹여살릴 테니까. 당장 내일 500만 달러를 줄 수 있어요. 그것만으로도 당신과 당신 어머니는 평생 먹고살 수 있어요.' 정말로 대놓고 적극적으로 설득하더군요. 저는 고민은 했지만 거절했어요. 그런데 진지하게 말하면 제 인내와 투지를 시험당하고 있다고 느껴졌어요. 그 사건으로 제 힘으로 경제적 자유를 획득하겠다는 결심이 오히려 더 확고해졌어요."

그레그의 재정적 목표는 나이 든 어머니를 지원할 수 있을 정도로 충분한 돈을 버는 것이다. 두 사람은 머리를 맞대고 어머니가 그레그의 내 집 마련을 지금 도울 수 있는 방법을 고민하는 중이다. "연봉이 20만 파운드가 되면 엄마에게 매달 1000파운드를 보내드릴 계획이에요. 어머니는 현재 살고 있는 집을 제게 물려주고 싶어 해요. 그 집 가격이 32만 파운드인데 상속세 부과 기준보다 살짝 낮아요. 네, 우리 모자는 이미 확인했어요. 어머니가 주택담보 대출을 받아서 제 주택 매매 계약금을 주는 방법도 알아봤어요. 하지만 어머니는 완전소유권이 아닌 임대형소유권을 가지고 있는 거라 그게 불가능해요. 저는 조부모가 공공요양원에서 지내는 걸 봤기 때문에 엄마는 절대로 그런 곳에 보내지 않을 거예요. 어머니가 나이 들면 제가 어머니를 돌봐야겠죠. 그래서 열심히 일해서 돈을 많이 벌고 싶어요. 그렇게 하면 제가 같이 살지 않아도 방문 요양보호사를 고용해서 엄마를 돌볼 수 있을 테니까요. 그렇게 할 수 없다면 제가 어머니 집에 들어가야겠죠. 그날까지 적어도 10년은 남았기를 바라요. 하지만 미래는 알 수 없죠."

엄마랑 같이 클럽에 가봤니?

2015년에 실시된 한 설문조사에 따르면 밀레니얼 여성 4명 중 1명은 엄마와 클럽에 가서 함께 춤을 춘 적이 있다. 그런 추세는 Z세대로 넘어가도 지속되었다. '엄마랑 클럽 가기'라는 틱톡 영상이 370만 뷰를 얻을 정도다. 사회심리학자 테리 앱터Terri Apter 박사는 2015년 설문조사 결과를 두고 논평을 하면서 이렇게 지적했다. "지금의 엄마들은 자신의 엄마보다는 딸과 더 공통점이 많다고 느낀다."[21]

다른 세대가 함께 클럽에 가는 행동은 상속주의와 어떤 관련이 있을까? 이것은 이번 세기에 가족이 어떻게 변했는지를 보여주는 작은 단서다. 2장에서 봤듯이 오늘날 자녀 세대는 베이비부머나 X세대와 달리 부모 세대와 맞서지 않으며, 오히려 부모와 더 자주 어울리고 함께 많은 시간을 보낸다. 세대 문화 전쟁이 많이 언급되지만, 실제로는 밀레니얼 세대 대다수가 윗세대에 비해 부모 세대에게 깊은 친밀감을 느낀다. 디지털기술 사용이라는 측면에서도 그렇고, TV프로그램부터 밤문화까지 취향이 겹치는 지점이 많다. 사회규범이 느슨해진 것도 부모와 자녀가 함께 어울려 노는 데 일조했다. 대다수 가정에서 자녀의 결혼 전 섹스가 허용되며, 이로 인해 자녀가 부모 집에서 독립하고 싶게 만드는 주된 이유가 사라졌다고 주장하는 이도 있다.

당신이 엄마와 함께 클럽에서 춤을 추지는 않더라도 부모와 함께 다세대 휴가 여행을 간 적은 있을 것이다. 그랬다면 보통의 영국인이라고 할 수 있다. 2019년에 실시된 한 설문조사에서는 10가족 중 7가족이 다세대 휴가 여행을 다녀왔다고 답했다. 설문조사를 주관한 여행사 버진 홀리데이스는 이렇게 진단했다. "다세대 여행이 늘어나는 추세인데, 이는 시간이 부족한 가족들이 함께 하는 경험을 극대화하고 싶어 하기 때문이다."[22] 휴가 중에 육아 지원이라는 혜택을 받고 싶어 하는 밀레니얼 부모로 인해 이런 가족이 더 늘어날 것으로 짐작된다. 이 모든 것이 멋지게 들리고 화목한 가족이 떠오르기는 하지만, 이런 여행 경비는 (대체로) 베이비부머 세대가 지불하는 것도 사실이다. 다세대가 함께하는 휴가, 외식, 여가시간이 늘어나는 현상은 그 어느 때보다도 가족이 가까워지고 있음을 보여준다. 다세대 처녀파티부터 가족이 모두 같은 옷을 입는 '트윈룩'까지, 우리 삶은 점점 더 부모 의존과 다세대 포용을 중심으로 조직화되고 있다. 문화는 우리 가족의 저녁식탁에서 벌어지는 일을 흉내 내고 있을 뿐이다. 이를 잘 보여주는 현상 중 하나가 현재 연예인 소식, TV콘텐츠, 팟캐스트를 주도하는 왕조들의 부상이며, 베컴 가, 카다시언 가, 놀즈 가, 올리버 가, 오즈번 가, 웨어 가 등 그런 왕조의 명단은 끝없이 이어진다. 영국 TV 토크쇼《고글박스》*Gogglebox*에 등장하는 모든 가족과 틱톡에 올라오는 모든 세대 간 교류 영상은 가족 내 모든 세대가 잘 지낸다는 관념을 강화한다. 그러나 이 모든 것의 밑바탕에는 경제적 지위의 불균형이 깔려 있다. 되도록 은행장의 심기를 건드리는 일은 피해야 한다. 부모 의존은 많은 가족의 주요 특징이며, 그런 전폭적인 지원으로 젊은 세대가 어른이 되는 걸 가로막을 위험은 없는지 우리가 아직 성찰할 마음의 준비가 되지 않은 쟁점이다.

2007년에 미시건대학교에서 미국의 고용주들을 대상으로 설문조사를 실시했다. 고용주가 채용한 대학 졸업자들의 부모와 연락을 주고받은 적이 있다고 답한 고용주에게 그 내용을 물었다. 고용주의 25퍼센트가 지원자의 부모로부터 입사 지원 절차에 대한 질문을 받았다고 답했다. 41퍼센트는 부모가 자녀 지원자를 대신해 구체적인 사항에 대한 문의를 했다고 답했다. 4퍼센트는 부모가 면접에 참석했다고 답했다. 극단적인 사례로 연구자들은 부모가 자녀의 직장 업무 수행을 돕거나 연봉 및 근로조건 협상이나 징계 절차에 관여한 경우도 있었다고 밝혔다.[23] 이런 결과에 놀랐다면 아직 놀라기는 이르다. 펩시 전 CEO 인드라 누이Indra Nooyi는 부모가 자녀 직장생활에 개입하는 것을 환영하는 상사 중 한 명이다. 누이는 펩시 CEO로 일할 때 전 직원들의 부모에게 편지를 써서 자녀를 '선물'해줘서 고맙다고 전했다. 한번은 지원자의 어머니에게 전화를 걸어 아들이 자신들의 취업 제안을 수락하도록 설득시켜달라고 부탁까지 했다. 그 지원자는 펩시에 입사했다.[24] 이런 사례가 극단적이라고 느끼겠지만, 누이의 정책은 사업적으로는 매우 합리적인 선택이다. 예전에는 회사가 직원의 아내를 회사 편으로 만들어야 했지만, 이제는 부모의 마음을 얻어야 한다. 많은 직원이 여전히 부모와 함께 산다는 점을 생각하면 더욱 그렇다. 오늘날 고용주나 관리자가 Z세대가 의지나 충성심이 부족하다고 불평하지만, 임금이 교육비, 주거비, 자녀양육비만큼 오르지 않는 2020년대에는 부유한 부모가 그 어떤 고용주나 회사보다도 더 확실하고 더 나은 발판을 제공한다는 것이 냉엄한 현실이다. 임금을 저축하는 것보다는 부모에게 증여를 받는 쪽이 주택 매매 계약금을 확보하는 더 확실한 방법이라면 고용주가 신입 채용, 근로 동기 부여, 젊은 직원 사수에 어려움을 겪는 것이 당연해 보인다.

그러나 우리는 이런 부모 의존 문화에 대해 얼마나 열려 있는가? 이 질문을 누구에게 했는지에 따라, 즉 부모에게 했는지 아니면 자녀에게 했는지에 따라 답이 조금 달라지는 것 같다. 미국에서는 2019년에 성인인 자녀의 45퍼센트가 지난 12개월 동안 부모로부터 재정 지원을 조금 내지 많이 받았다고 답했지만, 부모의 60퍼센트가 자녀에게 돈을 줬다고 답했다.[25] 부모로부터 지원을 받았거나 받는 자녀 중에 그런 지원을 기대하거나 당연하다고 여겨서 그것을 지원으로 보지 않는 사람은 얼마나 될까? 자신의 친구에게(또는 스스로에게) 자신이 얼마나 지원을 받는지 정확한 액수를 공개적으로 밝히고 인정하고 싶어 하는 사람이 있을까? 누가 자신이 삶의 중대사를 치를 수 있었던 이유가 부모의 지원 덕분이라고 인정하고 싶을까? 예컨대 학사 학위를 받고 커리어를 구축하고 주거 사다리에 오르고 커리어를 전환하고 두 자녀를 양육할 수 있는 이유가 오로지 엄빠 은행(또는 드물지만 처가/시댁 은행)을 이용할 수 있었기 때문이라고 대놓고 말할 수 있을까? 부모의 경제적 지원은 친구들 사이에서 시기와 질투를 낳기도 하고, 연인관계에서는 커다란 긴장 요인이 되기도 하고, 수혜자를 철없게 만들기도 한다. 부모의 지원에 암묵적인 조건이 붙는 경우도 빈번하다는 사실 또한 잊어서는 안 된다.

엄빠 은행을 둘러싼 국가 차원의 논의는 영국을 특수한 사례로 취급하는 경향이 있지만, 데이터를 보면 이것은 분명 글로벌 현상이다. 캐나다 왕립은행이 실시한 설문조사에서 캐나다 부모의 96퍼센트가 18~35세 '아이'를 재정적으로 지원하고 있다고 답했다. 더 나아가 48퍼센트는 30~35세인 자녀를 여전히 보조하고 있었다.[26] 2019년 메릴 린치가 미국에서 실시한 한 연구는 18~34세 청년의 70퍼센트가 그 전해에 부모로부터 재정 지원을 받은 것으로 추정했다.[27] 명백한 것은 사회 전반적으로 이런 부모 의존을 어떻게 바라보는가에 있어 모순이 존재한다는 점이다. 이를테면 미국의 백인 부모는 흑인 부모나 히스패닉 부모에 비해 부모가 자녀를 너무 많이 지원한다고 생각하는 경향이 있었지만, 자녀에게 더 많은 지원을 하는 것도 백인 부모였다. 그래서인지 미국의 백인 부모는 사회적으로 부모가 자녀의 삶에 과잉 개입을 한다고 생각하면서도 자신이 과잉 개입하는 바로 그런 부모라는 것을 인정하지 않기 때문에 백인 부모의 63퍼센트가 자신은 자녀에게 적정한 수준으로 지원한다고 답했다.[28] 또 다른 중요한 차이점도 있다. 흑인과 히스패닉의 경우 가족 내에서 자녀가 부모에게 경제적으로 의존하는 이유는 사회 지위 향상을 위한 경우도 있지만, 그에 못지않게 생존을 위한 경우도 많았다. 부모가 자녀를 돕는 것 자체가 문제는 아니다. 그러나 부모의 도움이 그 사회에서 주된, 그리고 유일한 특권이 되면 자녀에 대한 부모의 후한 인심이 경제적·사회적 문제가 된다.

"오늘날 자가소유는 상속 특권이다"

"오늘날 자가소유는 상속 특권이다." 이것이 『파이낸셜 타임스』 기자이자 데이터 분석 전문가 존 번-머독John Burn-Murdoch이 2023년에 내린 절망적인 결론이었다. 2023년은 밀레니얼 세대가 마침내 중요한 이정표에 도달한 시기였다. 세 들어 살거나 부모와 함

께 사는 밀레니얼의 수보다 자가소유 밀레니얼의 수가 더 많아진 해이기 때문이다.[29]

주거 문제는 복잡하기 이를 데 없지만, 얼마나 복잡한지 아직 모르는 사람을 위해 이를 보여주는 몇 가지 예를 살펴보자. 2016년에 밀레니얼 세대가 30세가 될 무렵에는 밀레니얼 세대가 베이비붐 세대보다 집세로 4만 4천 파운드를 더 지불한 상태일 것이라는 추정이 나왔다.[30] 2020년 자산관리운용사 리걸앤제너럴은 주택 매수자의 65퍼센트가 부모의 지원이 없었다면 그 부동산을 살 수 없었을 것이라고 분석했다.[31] 이 책을 위해 유거브에 의뢰해 실시한 상속주의 사회 설문조사에 따르면, 영국인의 69퍼센트가 밀레니얼 세대가 주거 사다리에 오르기 위해 엄빠 은행에 지나치게 의존한다는 데 동의한다. 여기서 주목할 점은 설문조사 응답 결과에서 세대나 지역에 따른 차이를 거의 찾을 수 없었다는 사실이다. 어떤 관점에서 보든 한 세대의 주택 구매자가 왜곡된 주택 시장을 겪으면서 자랐고, 자가소유가 오로지 부자 부모를 두었을 때에만 가능한 것이라고 믿고 있다. 2008년 금융 위기 이후에 소득 대비 자산 가치가 두 배로 증가한 시기에 성장하고 어른이 된다는 것은 오로지 소득만으로는 경제적 자립을 확보하는 일이 불가능까지는 아니더라도 훨씬 더 힘들어졌다는 것을 의미한다. 자가소유를 대단한 성과로 여기는 문화에서 자란 밀레니얼 세대가 환멸을 느낀 것은 정해진 수순이었다. 우리는 단순히 때를 잘못 타고났을 뿐이었다. 이것이 『이 모든 것은 자산에서 시작되었다』*The Asset Economy*를 쓴 리사 앳킨스Lisa Adkins, 멜린다 쿠퍼Melinda Cooper, 마르친 코닝스Martijn Konings의 주장이었다. 그들은 밀레니얼이 "전후 경제 활황기 이후 노동 임금만으로 부를 축적하고 중산층의 생

활방식을 안정적으로 영위하기가 불가능하다는 것을 몸소 경험한 첫 세대"라고 주장한다.[32]

내가 이십대 후반에 들어설 때에는 그런 상황을 인식하지 못했다. 나는 여전히 내가 자란 런던 남부에서 살고 있었고, 여전히 공부하고 있었고, 여전히 주거를 부모에게 의탁하고 있었다. 그러나 런던 남부 지역은 뭔가 다른 것으로 탈바꿈하고 있었고, 이는 런던 경제 지형의 변화를 반영했다. 투팅은 1900년 런던에 건설된 초창기 공공임대 주택지 중 한 곳이었다. 또한 투팅은 전후에 보급된 사각형의 집합건물이 아니라 테라스가 붙은 단독주택을 나란히 건설했다는 점에서 독특했다. 게다가 런던 중심부로 직접 이어지는 지하철 노선도 있었고, 사람이 북적대는 쇼핑센터와 시장도 있었다. 가족과 젊은 직장인에게 매력적인 장소이었으므로 2010년대 내내 점점 더 비싼 주거지가 되었다. 내가 집이라고 부르는 동네는 대도시 삶의 화려한 요소까지도 장착했다. 사람들이 북부선을 타고 내려와 맛집 투어와 괜찮은 밤문화를 즐길 수 있는 장소가 된 것이다. 처음에는 힙스터가 왔다. 그다음에는 가족들이 (또는 힙스터가 가족들을 끌고) 왔고, 마침내 더 넓은 집을 찾는 클랩햄의 여피족들이 왔다. 그리고 그동안 백인 노동자계급 가족들, 인구밀도가 높은 건물, 아일랜드계와 아프리카 및 카리브해 출신 자영업자들은 투팅에서 쫓겨났다. 투팅 하이스트리트는 여전히 남아시아 문화와 음식에 있어서는 브릭 레인이나 버밍엄의 커리 마일만큼이나 중요한 장소다. 하지만 중앙 대로변 안쪽 골목에서는 미묘한 변화들이 일어나고 있었다. 하얀 레이스 커튼이 있던 자리에 하얀색 덧문이 생겼다. 주택 앞마당에는 쓰레기 더미 대신 정원이 생겼다. 자전거 도로가 생겼다. 맛집 골목 '투팅 빌리

135

지'가 생겼다. 이 모든 것이 중산층 집단 거주지가 형성되고 있다는 증거였다. 지역 학군도 개선되었다. 주된 이유는 학군이 그 동네의 주택 가격을 주도하면서 지역 학생들의 경제적 여건이 나아졌기 때문이다. 투팅은 런던 동부만큼 젠트리피케이션이 활발하지는 않았다. 2024년에도 투팅은 여전히 계급과 인종의 용광로다. 그러나 평생을 투팅에서 산 사람의 관점에서 보면 완전히 다른 세상처럼 느껴진다.

우리는 2020년대에 런던과 영국 남동부의 주택 시장이 빠른 속도로 오로지 부를 상속한 자녀의 생애 최초 주택 구입지가 되었다는 사실을 안다. 영국이 중앙집중 정부이다 보니 이런 주택 시장 변화는 영국의 문화기관, 언론, 정부에서 커리어를 쌓고 싶어 하는 지망생들 사이에 계급 장벽과 지리 장벽을 만들어낸다. 영국의 수도인 런던이 제대로 굴러가기 위해 필요한 핵심적인 서비스, 공공 부문, 육체노동자는 말할 것도 없다. 나는 글래스고 출신인 한 마케팅회사의 CEO로부터 지난 5년간 새로 채용한 신입들 중에 런던 외곽을 도는 M25 고속도로 밖 출신이 단 한 명도 없고, 하나같이 부모로부터 상당한 경제적 지원을 받았다는 사실에 충격을 받았다는 이야기를 직접 듣기도 했다. 그 CEO의 직원들은 인종, 경제적 지위, 학력이 다양했지만, 출신 지역만큼은 그렇지 않았다. 저임금 내지 중임금 일자리에 취업한 새로운 대졸자에게 인맥이나 부가 없다면 런던은 살기에 적합하지 않은 곳이다. 상속주의의 파급력은 여러 가지 방식으로 우리 경제에 영향을 미치고 있다.

우리는 오랫동안 엄빠 은행이 영국에서 상위 10위에 드는 대출 창구라는 말을 들었다. 그래서인지 이 문제를 주택 매매 계약금이라는 관점에서만 접근하는 경향이 있다. 그러나 이것은 부모가 주택 시장에 미치는 영향에서 아주 작은 부분에 불과하다. 엄빠 은행이 제공하는 상품은 많다. 임대차계약의 보증인으로 나서는 것부터 임대료를 지불하거나 임대인이 되기도 하고 주택담보 대출금을 상환해주기도 한다. 경우에 따라서는 자녀를 위해 빚을 내거나 빚을 대신 갚거나 보증인이 되느라 부모 자신이 상당한 어려움을 겪거나 재정 안정성을 희생하기도 했다. 리걸앤제너럴의 자료에 따르면 영국에서 자녀가 부모 집에서 살고 있지 않다면 부모가 자녀의 집세를 보조하고 있을 가능성이 높다. 리걸앤제너럴은 2017년 보고서에서 영국 부동산 중 거의 46만 채에 달하는 부동산에 대한 임대료 23억 파운드가 엄빠 은행에서 나오고 있다고 밝힌 바 있다.[33]

영국의 임대용 부동산 시장이 2010년대에 활황을 맞이한 이유 중 잘 언급되지 않는 하나는 자녀를 위해 임대용 부동산을 구입한 부모의 증가다. 2016년에 영국 우편국은 약 73만 명의 부모가 자신이 거주하지 않는 제2주택을 자녀에게 내주고 있다고 추정했다. 그중 오직 5퍼센트만이 자녀에게 임대 시장의 통상적인 임대료를 받고 있었고, 30퍼센트는 자녀의 경제적 여건에 맞춰서 임대료를 받았다. 많은 경우 어느 정도 시간이 지나면 그 부동산을 팔아서 상당한 목돈을 만든 뒤 그렇게 얻은 수익으로 자녀의 주택 매매 계약금을 댔다.[34]

울버햄튼 출신인 35세 다리우스는 엄빠 은행의 도움을 받아서 부동산 사다리에 올라탄 밀레니얼 중 한 명이다. 다만 다리우스의 경우에는 아버지가 꽤 비전형적인 방식으로 지원했다. "제 어린 시절은 완전히 엉망진창이었어요." 다리우스가 입을 열었다.

"부모님은 영화판에서 동물 훈련사로 일했어요. 그래서 집도 늘 정신이 없었고, 학교생활도 제대로 못했어요. 마음 붙일 곳이 없어서 열다섯 살에 가출해서 런던으로 갔어요." 다리우스는 결국 마약에 빠졌고 노숙자가 되었다. 그러다 열여덟 살이 되었을 때 어머니가 병에 걸렸다. "이렇게 스스로를 다잡았어요. '너 이렇게 살면 안 돼.' 그리고 집으로 돌아갔어요." 다리우스는 부모 집으로 돌아가 마약을 끊었고 자신의 사업을 시작했다. 서른한 살에 마침내 독립했지만, 다리우스의 아버지는 절대로 셋집을 구하지 못하게 했다.

"아버지는 아주 뛰어난 사업가예요. 감이 뛰어나요. 사우디 출신이라서 돈을 쓰질 않아요. 우리 부자는 옥스퍼드에 집을 샀고, 제가 그 집에서 살았어요. 그다음에는 런던 북부에 있는 아파트를 샀어요. 전 수중에 있는 돈을 전부 긁어모아서 15만 파운드를 마련했고, 아버지가 나머지 16만 파운드를 빌려줬어요. 은행에서 빌려주는 것처럼 아버지는 이자를 꼬박꼬박 받았어요. 6년이 지났지만 아직도 아버지에게 빌린 돈을 갚고 있어요. 아버지와 정식 계약서도 썼고, 공증도 받았고, 법적 절차를 전부 밟았어요."

"그렇군요. 와, 그러니까 당신 경우에는 엄빠 은행이 진짜 은행처럼 구네요?" 나는 당황해하면서 물었다.

다리우스가 큰 소리로 웃으면서 동의했다. "중요한 건 제가 망칠 수 없다는 거예요. 엄청난 책임감을 느끼거든요. 주저앉아서, 젠장, 빚을 감당할 수가 없네, 라고 몇 번이나 생각했는지 몰라요. 오히려 은행에서 돈을 빌렸다면 연체했을지도 몰라요. 하지만 부모에게는 그렇게 할 수가 없잖아요. 지금도 일요일마다 부모님 댁에 가서 저녁 식사를 해요. 그러니 망칠 수가 없어요. … 지금도 저는 번 돈을 전부 아버지에게 맡겨요. 아버지가 동전 한 닢까지 관리해요. 그렇게 해야 돈을 썼다고 아버지에게 혼날 일이 없으니까요. 아버지는 제게 돈을 공짜로 주는 법이 없었어요. 늘 사업상 거래였어요."

나는 다리우스가 대단하다고 느꼈고, 그의 아버지의 절제된 인심과 거리두기에 감탄했다. 나는 내 아이들과의 돈 문제를 어떤 식으로 다뤄야 할지 머릿속에 새겼다. 밀레니얼들과 이런 인터뷰를 진행하면서 많은 인터뷰이가 부모에게 의지하면서 돈 관리에 미숙해졌다고 말하는 것에 놀랐다. 그래서 다리우스에게 물었다. "아버지가 그렇게까지 엄격한 조건을 달았기 때문에 당신이 친구들보다 돈을 더 소중히 다루고 부모의 지원에 더 감사한다고 생각해요?"

다리우스는 그 말에 동의했다. "엄빠 은행에 완전히 기대는 친구도 있어요. 삼십대인 제 절친은 부모를 돈줄로 묶어두었어요. 친구가 한밤중에 놀러 나가도 부모가 돈을 이체해주고 집에 돌아오면 신으라고 슬리퍼를 데워놓아요! 우리 아버지에게서는 매주 조건을 정해서 생활비 협상을 하지 않는 한 아무것도 나오지 않아요. 하지만 덕분에 저는 정신 차리고 바르게 살고 있어요. … 그 친구가 상속을 받으면 영화 《솔트번》처럼 되겠죠. '마음대로 해.' 제 상속분은 엄격한 의무와 조건이 따라와요."

우리는 주거 문제와 부모 지원이 오로지 런던만의 현상이거나 최근에 생긴 현상이라고 넘겨짚는 경향이 있지만, 그렇지 않다. 2016년에 웨일스와 영국 북서부의 생애 최초 주택 매수인의 30퍼센트가 주거 사다리에 올라타려면 부모의 도움이 필요하다고 말했다. 오직 스코틀랜드에서만 부모의 지원을 기대하는 주택 매수인이 부모의 지원을 기대하지 않는 주택 매수인보다 적었다.[35] 더 나아가 엄빠 은행 지원이 반드시 주택 가격과 상관관계에 있는 것도 아니다. 예를 들어 2017년에 런던의 주택 매수인이 평균적으로 부모로부터 2만 9400파운드를 받았는데, (영국에서 주택 가격이 가장 싼 지역인) 북동부 지역의 주택 매수인도 평균적으로 부모로부터 2만 4200파운드를 받았다. 그 금액은 북동부 지역에서는 주택 매매 계약금의 20퍼센트에 해당하는 반면, 런던에서는 주택 매매 계약금의 6퍼센트에 불과하다.[36] 런던 거주자가 부모의 지원이 가장 절실한 집단이기는 하지만, 영국 전역에서 엄빠 은행이 주택담보 대출 기관으로서 역할을 해야 한다는 것은 단순한 기대를 넘어서 필수조건으로 여겨지고 있다.

부모로부터 돈을 받은 밀레니얼은 부모로부터 돈을 받지 못한 밀레니얼보다 평균적으로 2.6년 (런던에서는 4.6년) 더 일찍 주택을 구매할 수 있는 것으로 추정된다.[37] 알다시피 돈과 투자에 있어서는 타이밍이 전부다. 부모 지원을 받은 집단에서 부부는 39.9퍼센트, 미혼은 25퍼센트였다. 상속 격차는 단순히 부모의 지원을 받는 집단과 지원을 받지 못한 집단 간에서만 생기는 것이 아니다. 더 일찍 지원을 받는 집단과 나중에 지원을 받는 집단 간에서도 발생한다.

토리 정부의 장기 집권 탓만 하기 전에 이것이 영국에 한정된 특수한 현상이 아니라 세계적인 현상이라는 사실을 먼저 인정해야 할 것이다. 미국에서도 엄빠 은행이 주택담보 대출 기관으로서 상위 10위에 들어가는 규모로 움직이며, 35세 미만 주택 구매자의 43퍼센트가 부모의 도움을 받는다.[38] 호주에서는 25~34세 인구집단의 40퍼센트가 내 집 마련을 할 때 엄빠 은행의 도움을 받을 것이라고 기대한다.[39] 중국에서는 놀랍게도 밀레니얼의 70퍼센트가 자가소유자인데, 적어도 그중 40퍼센트는 오직 가족에게 돈을 받았기 때문에 그것이 가능했다.[40] 다만 중국에서는 앞으로 부모에 대한 의존이 줄어들 수도 있다. 현재 자녀가 나이 들어가는 부모에게 지원을 요구하는 것을 금지하는 법이 제정되었기 때문이다.

그런데 이것이 세계적인 현상이라는 데이터보다 더 눈길을 끄는 것은 젠더 격차일 것이다. 엄빠 은행으로부터 받는 돈의 총액을 보면 딸보다 아들이 더 많이 받는다는 증거가 있다.[41] 부모 집에서 함께 사는 비율이 아들이 딸보다 더 높은 것에서 알 수 있듯이 무형의 지원으로 범위를 넓히더라도 젠더 격차가 관찰된다. 이것은 상속주의 사회에서 가족이 나이 드는 부모에게 점점 더 많이 의존하게 되었을 때 생계비를 버는 가장의 역할을 남자가 맡는 일이 줄어들고 있다는 것을 의미한다. 남성, 능력주의, 계급 간 연결고리가 다음 장에서 우리가 다룰 주제디.

소프트보이, 헨리들과 디노들

: 밀레니얼 남성에게 계급은 왜 다른 식으로 작동하는가

5

나는 42세가 되어서야 '소프트보이'[*]라는 용어를 접했다. 그러나 듣자마자 내 이십대와 삼십대의 연애사를 독점한 남자들을 완벽하게 묘사하는 용어라는 것을 알 수 있었다. 비록 내 인맥이 넓다고는 할 수 없지만, 내가 아는 밀레니얼 여성 중에 소프트보이와 데이트를 **안 해본** 사람은 많지 않다.

내가 사귄 소프트보이는 런던 북부 에인절에 있는 술집 밖에서 담배를 피우다 만났다. 그때는 사람들이 담배를 피웠고 술집에서 만났다. 그 남자는 '엄청난 것'을 준비하고 있는 '영화제작자'로 자신을 소개하면서 '당장 쓸 생활비를 마련'하기 위해 예술영화 전용관에서 일하고 있다고 했다. 이 남자를 르누아르 라이언이라고 부르자. 라이언은 늘 노트북으로 작업했고 실제로 영화를 촬영하는 건 한 번도 보지 못했다. 라이언과 나는 담배를 피우다 만났고 흡연은 우리 관계에서 아주 중요한 부분을 차지하게 되었다.

• soft boy. 'strong man'이라는 전통적인 강인한 남자상과 대비되는 표현이다.
여기서 'boy'는 덜 자란 남자라는 이미지를 전달하며,
우리말로는 '에겐남'이나 '초식남' 같은 어감이다.

라이언은 당연히 대마초도 피웠고 온 신경을 집중해 대마를 말았는데, 나는 그 모습에 깊이 매혹되었다. 라이언은 종이에 발린 접착제에 혀를 대고 침을 발라 담배 개비를 완성했는데, 너무나 신중하고 꼼꼼하게 작업해서 솜씨 좋은 장인 같았다. 담배를 빤 라이언은 고개를 살짝 옆으로 돌리고 사색에 잠긴 표정으로 턱을 하늘 쪽으로 들어올리면서 한쪽 입꼬리 밖으로 연기를 길게 뿜아냈다. 나는 자주 그에게 무슨 생각을 하는지 물었는데, "그냥" 하고 수수께끼 같은 답만 남겼다.

우리는 대부분의 시간을 예술영화 전용관에서 보냈다. 나는 늘 외국어 영화가 싫었다. 고상하고 음험한 흑백 영화보다는 불경스러운 풍자극이나 뮤지컬 영화가 좋았다. 그런데도 여자들이 흔히 남자와의 관계를 위해 스스로를 비틀어서 억지로 끼워 맞추듯 라이언의 취향이 곧 내 취향이 되었다. '고통을 기록'하고 싶은 영화감독 지망생답게 라이언은 슬픈 영화를 추앙하면서 감상하는 데 많은 시간을 썼고, 결과적으로는 그런 경외감이 라이언 자신이 창작물을 내놓는 것을 방해했다. 우리는 구로사와 아키라 회고전과 이란 영화 주간을 전부 다 봤고, 프랑스 영화를 하도 많이 봐서 나는 프랑스어 중등 학력 인증시험을 다시 쳐도 통과할 자신이 있었다. 나는 이십대 향락기를 그런 식으로 보냈다. 이 고통 받는 예술가에게 홀딱 마음을 빼앗겼고, 특히 그가 내게 흥미를 느낀다는 것이 나를 흥분시켰다. 우리는 일부러 비가 내리는 런던 거리를 걸었고, 왕립공원에서 잠을 잤고, 술에 취했고, 그림을 그렸다. 한번은 라이언이 내 몸을 캔버스 삼아 머리부터 발가락까지 그림을 그렸다. 그러나 나를 탐한다고 주장은 했지만, 현실의 르누아르 라이언은 뼛속까지 불만에 절여진 인간이었고 정서적으로 미성숙한 남자친구였다. 라이언은 내게 먼저 전화하는 일이 없었고 내 문자를 씹었으며 데이트 약속을 하고도 나타나지 않았다. 라이언은 자신의 야망과 다른 사람들의 성공에 짓눌려 있었으므로 나는 자연스럽게 나 자신의 야망과 성공을 감춰야 했다. 6개월 동안 우리는 오늘날 독이 되는 관계라고 부르는 것에 갇혀 있었다. 내 계몽의 순간은 라이언이 술에 잔뜩 취한 어느 날 밤 침대에서 일어나 아직 반쯤 잠든 상태로 노트북을 변기라고 착각해 노트북을 열고는 자신의 대표작에 오줌을 갈긴 날 찾아왔다. 그걸 본 순간 나는 떠났고 다시는 돌아가지 않았다.

정확히 말하면 다시는 **라이언에게** 돌아가지 않았다. 3년간 사귄 무명 배우도 있기 때문이다. 이 남자는 샘이라고 부르자. 누구나 성공한 배우를 사랑한다. 누구나 실패한 배우를 비웃는다. 아주 오랫동안, 더군다나 당시 내가 삼십대 초반이었던 점을 고려하면 지나치게 오랫동안 소프트보이 샘의 뒷바라지를 하는 여자친구로 살았다. 샘은 내 앞에서 독백극을 펼쳤다. 내게 끊임없이 문자를 보내고 시집을 선물하면서 사랑의 폭탄 세례를 퍼부었다. 우리가 함께 보낸 첫 크리스마스에 샘은 내게 자신의 최신 프로필 사진을 액자에 넣어 선물했다.

연기를 향한 그의 열정에는 한계가 없었다. 샘은 저녁을 먹으면서 '메소드' 연기를 했고, 오스카상 시상식의 '추모' 순서가 진행되는 내내 눈물을 흘리면서 이렇게 설명했다. "이런 때야말로 내 직업의 불완전성을 사무치게 느껴." 그는 이렇게 말하곤 했다. "내가 연기를 선택한 게 아니야, 연기가 나를 선택했지." 이건 어떤 의미에서는 문제이기도 했다. 연기를 한다는 건 거절의 연속을 의미했고, 샘은 내가 아는 그 누구보다도 거절에 대처할 능력이 부족했다. 그래도 나는 샘이 내 사회인 친구들 대다수와는 달리 지조를 지켰다고 생각했다. 샘의 열정과 실패한 야망이 샘의 매력의 일부였다. 그런 것들이 이상하게 발현될 때조차도. 어느 한 연극 개막일에 샘은 내게 여자친구가 아니라 여자 사람 친구인 척해 달라고 부탁했다. 그 연극의 연출가가 동성애자였는데, 샘은 '성적 취향이 모호한 남자들이 캐스팅될 확률이 더 높다'고 말했다. 놀랍게도 나는 그의 부탁대로 했다.

　헌신적인 엄마라도 된 양 나는 샘이 출연하는 모든 공연을 관람했다. 이라크 침공을 춤으로 해석한 작품 (발레 무용수들이 타이츠를 신은 사담 후세인의 동상을 쓰러뜨리는 장면을 떠올려보라), 오래전에 한물간 80년대 섹스 심벌을 내세운 한적한 시골에서 벌어지는 황당무계한 살인추리극, 싼 가격에 극장 대관을 했다는 이유로 주인공 잔 다르크 배역을 꿰찬 여배우가 이끄는 비명이 끊이지 않는 유혈이 낭자한 역사극. 그러나 가장 혼란스러웠던 작품은 샘이 런던 동부의 가난한 노동자 출신 용병을 연기한 미국-멕시코 전쟁을 다룬 역사극이었다(내 역사 지식으로도 이해가 되지 않는다). 그 공연은 주요 소품인 대포가 부서져 무대 위를 굴렀을 때 비로소 볼거리가 생겼다. 나는 다소 신경질적인 웃음을 터뜨렸다. 마치 빠르게 달리는 열차가 흔들리는 것처럼 규칙적으로 몸을 떨게 되는 그런 웃음. 문제는 관객이 3명뿐이어서 모든 사람이 내가 웃음을 터뜨린 사람이라는 걸 알 수 있었다. 나는 의자 속으로 몸을 파묻고 없는 사람인 척했지만 소용없었다. 내가 워낙 티가 나게 웃었기 때문에 휴식 시간에 샘은 내게 무조건 뒷문으로 나가라고 문자를 보냈다. 배우들이 관객석의 '큰 소리로 웃어대는 무식한 여자'에게 화가 잔뜩 나 있다고 말이다.

진실을 말하자면 무대 위 샘의 연기는 무대 밖 연기의 발끝에도 못 미쳤다. 내 친구들은 샘에게 대서사극 샘이라는 별명을 붙였다. 샘이 자신의 사랑을 아주 장엄하게 연기했기 때문이다. 이것은 그의 반복적인 불륜(샘은 이를 '예술적 친교'라고 표현했다)에 대한 서툰 보상이었다. 어느 크리스마스 날 샘과 헤어졌는데, 샘이 내게 편지를 보냈다. 봉투 안에는 샘이 사는 해안 마을로 가는 버스표가 있었다. "나를 사랑한다면 새해 첫날 부두로 나와줘. 기다리고 있을게." 나는 가지 않았다. 버스표만 보냈기 때문인 것도 있었다. 버스터미널에서 부두까지는 20마일이나 더 가야 했다.

그러나 이 연애의 최종 무대는 뉴욕이었다. 샘은 오프브로드웨이 작품에 출연하고 있었다. 샘에게는 성공의 순간이었고, 놀랍지 않게도 그런 성공은 그의 허영심을 부추겼다. (더 정확하게 말하면 그의 가랑이를 부추겼다.) 나는 샘에게 따졌지만, 한창 다투는 중에도 그에게는 모든 세계가 무대였다. 우리는 싸웠다. 우리는 키스했다. 샘은 자신과 내가 각각 리처드 버튼과 엘리자베스 테일러가 되어 《누가 버지니아 울프를 두려워하랴?》를 연기한다고 생각하고 있었다. 그러나 실제로 막장 드라마 《이스트엔더스》의 캣과 알피 커플에 더 가까웠을 것이다. 나는 마스카라가 번졌고 샘은 머리를 손으로 감싸고 바닥에 엎어져 있었다. 나는 비명을 질렀다. 우리는 지친 두 살배기처럼 서로 위에 엎어졌다. 나는 다시 한번 비명을 질렀다. "네 빰을 갈기고 싶어."

"때려. 제발 때려 줘…." 샘이 애원했다. 그러더니 방어하듯 한 팔을 올렸다. "하지만 얼굴은 안 돼. 얼굴만 빼고는 다 돼."

그 순간 내 분노가 녹아버렸다. 나는 허리를 젖히고 웃음을 터뜨렸다. 대서사극 샘은 미국 소도시의 동성애자 공산주의 지식인으로 두 차례 더 무대에 올라야 했고, 멍든 눈으로는 절대로 무대에 올라 그 배역을 연기할 수 없었을 것이다.

"샘, 당신은 형편없는 거짓말쟁이일 뿐 아니라 연기자로서도 형편없어." 나는 그 직후 뉴욕을 떠났다.

그러나 소프트보이가 익숙하지 않거나 뭔지 확실하게 그려지지 않을 수도 있으니 소프트보이가 무엇인지 구체적으로 설명할 필요가 있겠다. 소프트보이는 자칭 지식인으로, 소셜미디어부터 당신의 심리 상태까지 모든 것을, 아마도 과도하게, 논리적으로 분석하고 처리한다(지적 능력이 출중하다보니 소셜미디어는 경멸하고, 본인의 주장에 따르면 다른 사람으로서는 결코 불가능한 그런 사랑을 당신에게 줄 수 있는 유일한 사람이다). 대기업의 쳇바퀴에 들어가기를 거부했을 가능성이 높고 고학력 백수인 경우가 많다. 전통적인 사회규범에 얽매이지 않으며 대체로 자신이 더 가치 있다고 생각하는 것을 추구한다. 테크 업계 종사자처럼 세련되지는 않다. 힙스터처럼 유행에 민감하지도 않다. 면바지, 스카프, 낮은 굽의 낡은 운동화를 교복처럼 입고, 늘 주머니에는 책등이 주름 잡힌 펭귄 출판사 고전이 들어 있다. 프랑스 실존주의를 사랑하지만 장 폴 사르트르보다는 시몬 드 보부아르를 더 좋아한다. 이것이 핵심이다. 소프트보이는 학문적 지성뿐 아니라 그에 못지않게 정서적 지능도 높다고 주장하는 자칭 페미니스트이자 여성의 동지다. 당신에게 가부장제에 대한 비판과 훈계를 늘어놓을 수도 있다.

다른 무엇보다도 소프트보이는 내가 그들의 매력에 쉽게 넘어간 2010년대보다 2020년대인 현재 훨씬 더 눈에 많이 띈다. 나는 이런 현상을 이해하기 위해 나보다 열네 살 어린, 밀레니얼 세대 중에서도 어린 축에 속하는 이십대 작가 엘라 리Ela Lee와 이야기를 나눴다. 엘라 리의 장편소설 『싫증』Jaded에는 소프트보이인 백인 남자 주인공이 나온다. 한 인상적인 장면에서 주인공은 여자 친구의 한국 출신 부모에게 한국전쟁사에 관해 강연하듯 설명한다. "당신이라면 소프트보이를 어떻게 정의하겠어요?" 내가 문자를 보냈다.

"당신이 **한 번도 들어본 적이 없을 거라고 주장하는** 밴드의 팬이에요. … 그런데 알고 보면 그 밴드는 대중에게도 낯설지 않은 조이 디비전Joy Division이나 뉴 오더New Order인 거죠." 곧장 답문자가 왔다. "그리고 미덕 과시[•]에 능숙해요. 요즘은 시스젠더 남성^{••}으로서 자신이 누리는 특권을 인정하는 게 대세예요." 아직 이십대인 엘라는 미투 운동, 특권 해체, 문화 전쟁 등이 이슈가 되는, 나와는 아주 다른 환경에서 데이트를 했다.

나보다 더 어린 여성들이 나보다 더 현명해서 소프트보이의 실체를 간파하고 있는 듯하다. 적어도 내가 그 나이였을 때보다는 소프트보이를 거르는 능력이 더 뛰어난 것 같다. 심지어 '내게 소프트보이를 보여줘봐'라는 인스타그램 계정도 있다. 이 계정에서 여성들은 자신이 만난 소프트보이에게 받은 최신 메시지를 게시할 수 있다. 그중 한 메시지. "현재 카뮈와 부조리주의에 관한 에세이를 쓰고 있어, 유리병에 얼음을 띄운 레몬향 탄산수를 따라놓고 마시면서, 테임 임팔라Tame Impala를 듣고 있는데, 나는 내가 선택

• virtue-signalling. 실질적으로는 쓸모없는 행위를 통해
자신이 다른 사람보다 도덕적으로 가치 있음을 과시하는 행위.
•• cisgender male. 생물학적 성(남성)과
스스로 느끼는 성정체성(남성)이 일치하는 남성.

한 삶이 정말 싫다." 여기 또 다른 메시지.

그냥 잠시만 멈추고 상상해봐. 센트럴 런던의 마천루에 있다고. 활짝 연 창문으로 들어오는 서늘한 바람이 뺨을 스치는 게 느껴져? 활기찬 도시의 불빛이 아래에서 춤을 추면서 네 눈동자에 비쳐. 드레이크Drake의 부드러운 비트가 만들어내는 규칙적인 진동이 들리니? 두고두고 간직할 경험이지 않아?

그리고 또 하나. 이게 마지막이다. 약속한다.

네가 《펄프 픽션》을 알아? 봤는지 모르지만 꼭 봐. 근데 그 영화는 걸작이야. 하지만 너무나 다르다는 점에서 너무나 비도덕적이지. 그리고 그건 나쁜 게 아니야. 그러니까 다르지만 그래서 너무나 좋은 거지. 독보적이고, 흔해 빠지지 않았어. 걸작이야. … 그리고 아마도 그게 내가 너에게 느끼는 감정인 것 같아.[1]

나는 분명 이런 것들에 넘어갔다. 내 경험이 어떻게든 특별한 점이 있었다면, 그건 아마도 내가 그런 걸 감내할 준비가 되어 있었기 때문일 것이다. 적어도 내 친구들에 비하면 확실히 그랬다. 다시 한 번 강조하지만, 르누아르 라이언과 대서사극 샘과의 관계에서 나는 결코 순진한 피해자가 아니었다. 나는 그런 만남과 관계의 황당무계함에 적극적으로 동참했고, 그 결과 내 부모에게는 멋진 이야깃거리를 줬고, 내 친구들에게는 큰 웃음을 안겼고, 나는 대학원을 다니며 연구에 매진하느라 꼼짝없이 갇혀 지낸 시간들을 치유하는 데 필요했던 해독제를 얻었다. 정말로 솔직하게 털어놓자면 나는 드라마를 갈망했고, 종종 그런 연애 드라마를 기획하고 연출했다.

대서사극 샘과 르누아르 라이언은 완전히 다른 사람이었다. 그러나 두 사람은 공통점이 있었다. 단순히 우스꽝스러울 정도로 허영심이 강했다는 것 말고도 두 사람 안에는 아주 합당한 야망과 극심한 불만이 공존했다. 노동자계급 출신 예술가였고, 지방에서 자랐고, 런던에서는 빈털터리 낙오자였다. 각각 배우 지망생과 영화감독 지망생으로 성공하는 건 둘째치고 버티는 것도 부유층 자제여야만 가능해진 분야에서 분투하고 있었다. 그런 직업을 규정하는 특권의 파이프라인이 그 두 사람이 성실한 노력을 통해 진입하는 것 자체를 거의 불가능하게 만들었다.

내 아버지는 1960년대에 런던에 사는 영화감독 지망생이었고, 나는 예술가들과 음악가들이 회전목마를 타듯 끊임없이 들락거리는 집에서 자랐다. 그 예술가들과 음악가들은 하나같이 런던에 머물면서 자기 분야에서 성공하려고 애썼다. 그러나 2010년대의 샘과 라이언에게는 차원이 다른 압박감이 작용했다. 허황된 기대와 좌절된 야망의 조합, 그리고 세계에서 가장 비싼 도시에서 삶을 영위하는 것의 무게. 두 사람이 느낀 절망감은 21세기 초의 성인기 경제학과 떼려야 뗄 수 없는 관계에 있다.

이 장에서는 상속주의가 남성, 특히 자신이 능력주의 사회에서 살고 있다고 세뇌당한 남성에게 어떤 영향을 미치는지 살펴볼 것이다. 소득이나 학력이 아닌 가족의 부가 기회를 결정하는 요인이 되면서 21세기의 계급, 직업, 성공도 재규정되었다.

소프트보이, 엘리트 과잉생산, 그리고 어마어마한 좌절과 분노

소프트보이는 늘 존재했다. 과거로 올라가 찾아보자면 모든 작가 지망생, 배우 지망생, 가수 지망생, 화가 지망생, 예컨대 피카소, 헤밍웨이, 보위가 소프트보이였다고 주장할 수 있다. 그러나 밀레니얼이 성인이 된 2000년대에는 유독 눈에 띄는, 특정 유형의 '소프트보이'가 등장했다. 우선 그 수가 더 많아졌다. 이는 밀레니얼 세대가 대학 진학률이 더 높기도 했고, 그중에서도 인문학이 각광을 받았기 때문인 것이 분명하다. 또 다른 주요 원인으로는 전통적인 구조와 남성성 관념(대표적으로 남성 가장)이 점진적으로 쇠퇴한 점을 들 수 있을 것이다. 대학을 졸업한 밀레니얼 여성은 남성 반려자를 구할 때 (대학을 졸업한 X세대나 베이비부머 여성에 비해 훨씬 더) 경제직 안정성이나 사회적 지위 이외의 것을 보도록 장려되었다. 우리 밀레니얼 여성은 '더 깊은 연결'을 원할 권리가 있었다. 적어도 우리의 문화는 (겉으로 보기에) 동등한 두 사람의 결합을 강조했다. 《브리짓 존스》 같은 영화에 나오는 신사 마크 다시와 비열한 대니얼 클리버와 같은 전통적인 양극화는 잊자. 밀레니얼은 감수성이 예민한 지성인과 함께 자랐다. 《도슨의 청춘일기》*Dawson's Creek*에서 장황설을 늘어놓는 제임스 반 데 빅, 《내가 널 사랑할 수 없는 10가지 이유》*10 Things I Hate About You*에서 히스 레저가 연기한 야성적인 겉모습과 달리 섬세한 패트릭, 그리고 《프렌즈》의 철없는 로스. 그리고 비교적 최근작으로는 샐리 루니*Sally Rooney*의 장편소설 『노멀 피플』*Normal People*에 나오는 코넬도 빼놓을 수 없다. 이들은 모두 매력적이고 눈에 띄는 예술가 타입이다. 여자를 한 사람의 인간으로 대하고 여자의 지성에 반응하는 것처럼 보인다. 이것은 적어도 내게는 헤어나올 수 없이 매혹적인 남성상이었다. 그렇다면 사회에서 작은 하위범주에 불과할 수도 있는 소프트보이가 왜 상속주의의 산물인 걸까?

나는 피터 터친Peter Turchin 교수가 그 답을 알 것이라고 생각했다. 터친 교수는 (데이터 과학 방법론을 이용해 역사 전반에 나타나는 반복 패턴을 찾아내는) 데이터 역사학 이론가이다. 현시대의 추세를 분석하면서 터친은 지난 수십 년간 그랬듯이 부가 상위 1퍼센트에게 흘러 들어가면 나머지 99퍼센트에게 돌아가는 기회가 줄어든다는 사실을 발견했다. 그래서 너무 많은 '엘리트 지망생'이 고정된 수의 직업, 자리, 지위를 두고 경쟁하게 된다. 터친은 "엘리트 지망생들의 권력 자리에 대한 수요가 공급을 압도적으로 초과할 때 발생"하는 이런 현상을 "엘리트 과잉생산"이라고 명명했다.[2] 터친은 이를 의자 차지하기 게임에 비유해 설명한다. 시간이 지나면서 의자 수가 줄어들면 경쟁이 더 치열해지고 억울해 하는 사람도 더 많아진다. 터친의 말에 따르면, 엘리트 과잉생산은 서구 사회의 베이비붐 세대에게는 큰 문제를 일으키지 않았다. 왜냐하면 대학을 졸업하는 행운을 누린 소수는 아주 좋은 기회로 가는 길을 보장받은 거나 마찬가지였기 때문이다. 우리가 이미 경험했듯이 많은 밀레니얼이 그런 보장을 받지 못했다. 대학 졸업장은 개인의 야망 실현이 아니라 취업을 위한 필요조건이 되었다. 이런 의미에서 대서사극 샘과 르누아르 라이언과 같은 21세기 소프트보이는 엘리트 과잉생산의 산물이다.

더 명확하게 설명해보겠다. 라이언과 샘의 행동이 순전히 그들이 처한 경제적 상황에서 비롯되었다고 말하는 게 아니다. 그러나 그런 경제적 상황이 확실히 그런 행동의 동기를 밝히는 데 도움이 되고, 그런 행동을 더 잘 이해하는 데에도 도움이 될 수 있다. 소프트보이는 많은 경우에 터친이 말하는 '좌절한 엘리트 지망생 계급'에 속한다. 영국에서 이 계급은 대부분 대졸자이고, 백인이고, 주로 영국 남동부, 그중에서도 브리스톨, 옥스퍼드, 케임브리지, 맨체스터와 같은 대학 도시에 집중적으로 모여 있다.

내가 르누아르 라이언과 대서사극 샘의 공통된 특징을 꼽는다면, 그것은 환멸과 좌절이었다. 두 사람은 에세이를 잘 쓰고 시험 성적이 좋고 학교에서 요구하는 모든 것을 해내는 똑똑한 우등생이었다. 그들은 사회가 (그리고 자신이) 예전부터 성공한 지성인에게 부여한 이미지에 꼭 들어맞았다. 교양 있고 세련된 고학력 백인 남성. 그들은 책을 읽는 사람이고 대학교를 나왔다. 더 중요하게는 능력주의와 평등을 믿고 자랐다. 그래서 열정과 창의력이 있고 성실히 노력하면 자신의 재능을 자본 수익으로 변환할 수 있다는 신념이 강했다. 그러니 고학력이지만 저임금에 시달리는 남성이 상속주의 사회에서 가장 분노하고 좌절하는 집단이 된 것은 이해할 만하다. 겉으로 보기에 성공했고 자족적이거나 나처럼 런던에 부모가 있어서 얹혀살 수 있는 특권층 여자와 맞붙었을 때 그런 분노와 좌절이 유해한 상호작용으로 발현되는 것도 이해할 만하다. 다음 장에서 보겠지만, 밀레니얼 여성도 엘리트 과잉생산과 좌절을 겪지만 그 양상이 달라서 이정표 압박, 제한적인 데이트 잠재 후보군으로 인한 당혹감, 번아웃 등으로 나타난다.

적어도 샘과 라이언은 자신들이 불안정한 업계에서 일한다는 것을 알았고 자신이 차세대 로런스 올리비에나 마틴 스코세이지라고 믿을 정도로 순진하지는 않았다. 21세기에 들어서면서 유독 특정 산업, 예컨대 예술, 저널리즘, 언론, 광고, 출판, 학계에서 좌절한 소프트보이가 늘어났다. 이견이 있을 수 있으나 이런 산업이 한때는 '멋진'cool 직군으로 여겨졌다. 소프트보이들이 막 커리어를 시작할 무렵에 이들 산업이 변화를 겪었기 때문에 직업적 불만이 커진 것도 있다. 미국의 평론가 노아 스미스Noah Smith는 2010년대에 인문학 졸업자가 한 무더기 쏟아져 나왔고 이들은 다음과 같은 기대를 주입당한 채 노동시장에 진입했다고 지적한다.

> 모든 사람이 당신이 사랑하는 일, 세상을 돕는 일, 당신이 그토록 많은 시간과 노력과 돈을 투입해서 받은 교육을 활용하는 일을 하는 커리어를 찾을 수 있다고 (그리고 찾아야 한다고!) 말했다. 그렇게 졸업을 했는데 … 잡지가 쇠락하고, 뉴스 보도국이 쇠락하고 있었다. 대학교는 교원 채용을 멈췄다. 당신이 할 수 있는 최선의 도박은 대학원에 가서 다시 주사위를 던지거나 지루한 기업 사무직 자리에 어떻게든 취업하는 것이었다.[3]

눈치가 빠른 이들은 이런 변화를 일찌감치 감지하고 커리어를 전환했다. 일부는 자신만의 길을 개척했지만, 프리랜서는 필연적으로 불확실성을 감수해야 했고 필수적인 '브랜드 구축하기'에 매달려야 했다.

논란의 여지는 있겠지만, STEM 전공자들은 다른 방식으로 변화를 겪었다. 더 많은 취업 기회와 괜찮은 연봉이 훨씬 더 많이 제공되었으므로 학위에는 보상이 필연적으로 따른다고 믿을 만한 이유가 여전히 있었을 것이다.[4] 이공계열 청년들의 경우에는 그

길이 정규 교육이나 시험 성적에 의해 결정된 것도 아니었다. 십대 때 방구석에서 게임이나 코딩을 하면서 보낸 시간들이 보상의 근거가 될 때가 많았다. 현재 런던 밖에 거주하면서도 런던의 연봉을 요구할 수 있는 그런 이공계 노동자야말로 진정한 승자라고 할 수 있다.

Z세대는 전공 선택과 커리어 조건에 있어 밀레니얼의 경험에서 교훈을 얻은 게 분명하다. 현재 미국에서 컴퓨터과학 전공자 수는 인문학 전체 전공자 수와 같다.[5] 영국에서는 컴퓨터과학 지원자 수가 50퍼센트 증가했고, AI 강좌 수강생이 400퍼센트 증가했다. 그러나 이런 개인들의 선택이 곧 동일한 과잉생산 과정을 밟게 될 것이고, 생성형 AI 시대에는 다시 한번 프로그램 개발자보다는 시인이 더 필요한 존재가 될지도 모른다.

노아 스미스의 말에 따르면 "엘리트에게, 특히 인문학 커리어를 밟는 이들에게, 대침체Great Recession 이후의 기간은 특히 뺨을 맞는 것과도 같은 잔인한 경험이었다." 이십대와 삼십대의 나는 성실하게 노력했는데도 안정성을 보장받지 못하는 단기 계약 강사로 채용된 젊은 학자들의 분노를 봤다. 많은 이들이 생계유지를 위해 여러 기관에서 강사로 뛰어야 했고, 당연히 커리어를 쌓는 데 필요한 연구를 할 시간이 부족했다. 많은 이들이 삼십대가 되어서야 학계에 진입하는 데 필요한 '자격 요건'을 갖출 수 있었고, 종신직을 확보하기까지는 다시 또 몇 년을 계약직 강사로 지내야 했다. 이와 유사하지만 살짝 다른 흐름이 광고 및 마케팅 업계에서도 관찰되었는데, 이 경우에는 편향된 경제학이 작동했다. 2011년 이후 연당 광고비가 42퍼센트 증가했음에도 불구하고, 신입과 중간 관리자의 연봉은 4퍼센트가 줄어서 업계 성장과 임금 성장

간 격차가 심화되었다.[6]

　광고, 출판, 저널리즘 같은 콘텐츠 산업에서 밀레니얼 세대는 디지털 전환 실험쥐였다. 나의 경우 종이 신문에 실리는 기고문을 쓰면 800파운드를 받았지만 최근 몇 년 사이에 온라인 기고문을 쓰기 시작하면서 100파운드밖에 받지 못하게 되었다. 지금 대학을 졸업한 저널리스트 지망생들은, 특히 노동자계급 출신인 경우에 지역 인재를 위한 진입로가 끊어진 상태다. 2005년 이후 지역 신문사 거의 300곳이 사라졌다.[7] 영국 저널리스트 연수 협회의 최신 보고서에 따르면, 현재 저널리스트의 80퍼센트가 전문직 종사자 부모를 두었거나 중상층 가정 출신이다. 이것은 곧 그들이 엄빠 은행의 투자를 받았다는 것을 의미한다.[8] 이 직종에서 버틴 이들은 자신이 얼마나 운이 좋은지 알고 있을 때조차도 그 사실에서 위안을 얻지 못한다. 내 친구는 두 자녀를 둔 밀레니얼 세대 아빠로, 저널리스트로 성공을 거두었지만 종종 런던 남부 녹지 지역에 중간 크기 아파트밖에 마련하지 못했다는 사실에 자주 아쉬움을 토로한다. 물론, 모든 것은 상대적이다. 그 친구는 자신의 운명을 되돌아볼 때 매일 아침 자신의 책상을 닦으면서 생활 임금만 겨우 버는 청소부가 아니라 건너편 책상에 앉은 상사와 비교한다. 그 상사는 아마도 내 친구보다 나이로는 고작 열몇 살 위일 것이고 더 미천한 환경에서 출발했겠지만, 단순히 특정 연도에 태어난 덕분에 더 순조롭게 커리어를 쌓고 고연봉을 받으면서 런던 중심가의 자가 아파트, 자녀의 사립학교 교육, 재정적 안정성 등 더 많은 것을 성취했을 것이다. 여기서 핵심은 한때 사회적 지위, 재정적 안정성, 고연봉이 보장되고 우리가 자랄 때는 사회적으로 (대개 글을 통해) 찬사를 받던 직업이 더 이상 경제적으로 이득이 되지 않는다는 것이다. 직종 전체의 하향 이동이라고 말할 수 있을 것이다. 일부 '소프트보이'가 대도시 시민성, 반기업 이력, 펭귄 출판사 고전에 매달리는 것도 어찌 보면 당연하다.

2010년에 피터 터친은 이후 10년간 정치 동요가 더 심해질 것이라고 예측했는데, 이런 젊은 대졸자의 과잉생산과 그런 대졸자와 기득권 세력 간 힘겨루기 때문이다.[9] 알다시피 2010년대에 정치가 불안정해진 이유가 여러 가지 있겠지만, 터친은 세대와 연결된 특정 순간을 정확하게 포착했는데, 바로 밀레니얼 사회주의의 부상이다. 미국에서는 이것이 알렉산드리아 오카시오-코르테스Alexandria Ocasio-Cortez와 버니 샌더스Bernie Sanders 같은 인물을 중심으로 전개되었다. 여기 영국에서는 유럽에서 가장 많은 당원을 확보한 제러미 코빈Jeremy Corbin의 노동당이 주도적인 역할을 했다.

코빈주의의 리더는 베이비부머였지만, 젊은 시각을 지녔고 좌절한 대도시 대졸자 지식인층, 즉 소프트보이라고도 할 수 있는 집단의 지지를 이끌어냈다. 그러나 밀레니얼 사회주의라는 명칭은 오해를 불러일으킬 수 있다. 밀레니얼 사회주의는 어디까지나 자본주의의 실패에 대한 반응이었다. 자본에 대한 접근권이 없고 자본의 혜택을 받지 못하는데 자본주의를 지지할 이유가 없지 않은가? 좌파 작가 케어 밀번Keir Milburn이 '좌파 세대'Generation Left라고 부른 이 집단은 밀번의 표현을 빌리자면 "동일 조건의 기성 세대 구성원이 누렸던 물질적 안정성, 예컨대 안정적인 주거, 안정적인 직장을 거의 누리지 못하는" 처지에 있다.[10] 코빈주의 지지자는 이런 상황을 타계할 해결책이 전통적인 국가 사회주의나 노동조합주의라고 믿는 걸까? 그런 것 같지는 않지만, 그들은 대학 등록금을 과거 수준으로 되돌리겠다는 코빈의 공약에 열광했다.

코빈은 한 세대의 정서를 전략적으로 잘 활용한 셈이다. 밀레니얼 세대는 충분히 이유 있는 개인적 좌절감에 빠져 있었고, 집단적 피해의식에서 연대의 필요성을 찾았다. 노아 스미스는 이런 지적도 한다. "대학을 졸업한 사회주의자들이 내게 '노동자계급'에 대해 이야기할 때 그들이 말하는 노동자계급은 **자신들을** 가리킨다는 점이 명백해졌다."[11] 2019년 선거에서 코빈의 노동당은 대졸자가 많은 대도시 중심가에서는 크게 이겼지만, 노동당의 전통적인 노동자계급 기반이 무너지는 것을 지켜봤다. 코빈의 밀레니얼 지지층에서 무슨 일이 일어났을까? 일단, 밀레니얼 지지층이 나이를 먹었다. 또한 모든 증거가 Z세대 젊은 남성이 좌파보다는 우파에 가깝다고 말한다. 그들은 전통적인 남성성을 되찾아야 한다고 주장하는 여성혐오주의적 온라인 문화의 영향을 받으면서 자랐다. 그러나 영국의 밀레니얼 사회주의가 완전히 사라진 것은 아니다.

2020년대에 중년이 된 밀레니얼 세대는 사람들이 나이가 들수록 보수화되는 경향성을 뒤집고 있다. 우리 부모 세대는 나이를 먹으면서 보수화되었다. 밀레니얼은 아니다. 2024년 선거 결과에서도 드러나듯이 밀레니얼이 더 실용주의적인 좌파로 성숙하고 있는 것으로 보인다.[12] 그러나 일부 급진주의자들은 코빈주의에서 생태행동주의eco-activism로 전향해 기후 변화의 원인을 자본주의와 연결시키고 있다. 생태행동주의는 일종의 개인적 청교도주의에서 기원하며, 개인에게 어느 정도 위안을 줄 수도 있을 것이다. 만약 지구를 위해 의식적으로 소비, 자가용 구매, 해외여행, 심지어 자녀출산을 거부하는 사람이 있다면 그 사람은 그것을 경제에 의해 자신에게 강요된 조건이 아니라 더 큰 목적을 위한 자신의 자발적 선택으로 재규정하는 것이다. 그러나 생태행동주의 공동체 안에서도 밀레니얼의 가족 특권과 계급 격차가 갈등을 빚을 수밖에 없다.

소프트보이에도 두 가지 유형이 존재하기 때문이다. 첫째, 앞서 살펴본 대서사극 샘과 르누아르 라이언이 있다. 그들은 엘리트 과잉생산의 부산물이다. 부모로부터 지원을 거의 받지 못한 상태에서 자신의 머리와 예술적 재능이 최종적으로 가져다줄 것이라고 기대한 보상을 받지 못했다. 그런데 이런 소프트보이가 다른 유형의 소프트보이로 교체되고 있다. 이 새로운 유형의 소프트보이를 '인장 반지 소프트보이'라고 부르자. 이 소프트보이는 자신이 기업의 하수인이 아니라고 주장하면서도 대개 기업의 하수인인 부모의 재정 지원을 받고 있다. 요컨대 그들의 반자본주의와 생태투사주의eco-warriorism에는 종종 프로이트적 복잡성이 깔려 있다. 인장 반지 소프트보이는 부모 ATM기에 안정적으로 기댈 수 있다보니 특히 런던에서는 현재 적절한 생활수준을 유지하기 힘든 저임금 직종에서 점점 더 많이 발견된다.

2010년대의 정치적 수사는 글로벌 상위 1퍼센트를 향한 비난을 자양분으로 삼는 전략을 택했다. 그러나 그런 선택으로 인해 영국 본토에서 일어나는 그에 못지않게 중요한 긴장이 묻히는 결과를 낳았다고도 할 수 있다. 엄빠 은행이라는 안전망을 지닌 집단은 임금이 아닌 부를 통해 상향 이동을 했고, 좋은 머리에 더해 자산에서 자본 수익을 얻었다.

나는 좌파와 우파 평론가들이 밀레니얼 세대의 서사를 어떤 식으로 바라보는지 궁금했다. 그래서 알렉스 스미스Alex Smith와 이야기를 나누기로 했다. 2010년에 좌파 블로거로 정치적 삶을 시작한 알렉스는 이후 에드 밀리밴드Ed Miliband 밑에서 일하다가 세대

간 공동체 자선단체 케어스 패밀리를 설립해 영국 전역의 도시에서 구세대와 신세대 간 교류와 이해를 도왔다. 현재 알렉스는 버락 오바마 재단에서 일한다. 알렉스는 드문 종족이다. 나처럼 런던에서 나고 자랐고, 여전히 자신이 자란 곳 근처에서 산다. 또한 그것은 나처럼 오로지 부모의 도움으로 가능했다. 알렉스의 부모는 1980년대의 부동산 호황기와 불황기를 모두 견뎌냈고 현재 홀로웨이에 침실이 5개인 100만 파운드짜리 주택을 소유하고 있다. "아버지는 1950년대 긴축재정 시대에 공공 임대주택에서 자랐어요. 그래서 종잇조각에 적힌 100만 파운드라는 숫자를 보면서 좋아하시죠. 아버지에게는 그게 자신이 얼마나 멀리 왔는지를 확인시켜주는 증거니까요." 알렉스가 내게 말한다.

나는 알렉스가 우리 밀레니얼 세대가 망하는 길로 들어선 기점이 어디였다고 생각하는지 궁금했다. "일단 우리 부모는 이런 얘기를 듣고 살았어요. '돈을 벌고 집을 사면 괜찮은 삶을 살 수 있다.' 사람들은 사회가 잘되는 것이 자신에게도 이득이 되고, 또한 자신이 잘되는 것이 사회에도 이득이 된다고 믿었어요. 그런데 젊은 세대가 더 자주 듣는 얘기는 '넌 집을 가질 수 없을 거야. 기후 변화가 닥쳤고, 모든 것이 위태로운 상태야'인 것 같아요."

알렉스 말이 옳다. 불안정성과 불확실성이 밀레니얼 서사의 핵심 키워드 두 개인 것은 분명하다. "그런데 그건 누구 탓일까요?" 나는 알렉스에게 다소 단순한 질문을 던졌다. "글쎄요. 정부가 공공 임대주택을 개인들에게 팔아넘기면서 그만큼 새로운 주택을 공급하지 않은 건 명백해요. 그래서 주택 가격이 상승했고, 한 세대가 그다음 세대보다 잘살게 되었죠. 하지만 신노동당이 고등교육이 성공으로 가는 핵심 기회라고 과도하게 강조한 것도 실수였다고 생각해요." 알렉스의 답변에 나는 놀랐지만, 알렉스는 더 거시적인 관점에서 이렇게 지적하기도 했다. "우리는 노동자계급 일자리와 직업 교육에 더 투자했어야 해요. 노동자계급의 삶이 가치를 인정받고 존중받을 수 있게 노력했어야 해요. 모든 사람이 같은 경로를 따라 취업하기를 기대하기보다는 모든 계급에게 기회를 골고루 제공했어야 해요."

지금까지는 대학이 사회 이동의 유일한 통로였다는 알렉스의 지적은 당연히 옳지만, 알렉스는 그런 관념 자체에 의문을 제기하는 것처럼 보인다. 고등교육의 확대는 대다수 졸업자에게 순수익을 안겼다. 그러나 알렉스가 주장한 내용은 내가 다른 많은 인터뷰이에게서 들었던 말이기도 하다. 그들은 취업 시장에서 경쟁력이 없는 '미키 마우스' 학위를 성토하는 '교육냉소주의자'는 아니었다. 다만 그동안 들어왔던 것과 달리 더 이상 고등교육이 사회 진출의 발판이 아닌 것 같다고 느끼고 좌절한 청년들이었다. 나는 의문이 들지 않을 수 없다. 우리 세대는 우리의 경로가 가로막힌 이유를 자본주의의 실패가 아니라 고등교육의 실패로 돌릴 위험에 직면한 걸까?

우리는 열심히 노력하면 계층 상향 이동을 하는 것이 가능하다고 생각하면서 자랐다. 그런데 지금은 부의 격차가 더 벌어졌다는 얘기, 우리가 부모 세대보다 가난한 첫 세대가 될 것이라는 얘기만 들린다. 2023년에 재정 연구소는 현재 사회 이동이 지난 50년 중 가장 어려워졌다는 결론을 내렸다. 특히 저소득 가구에서 태어난 사람, 런던 밖에서 사는 사람, 소수 민족 출신에게는 절망적인 상황이고, 점점 더 상속이 성공의 필수조건이 되고 있다.[13]

아마도 우리 부모 세대는 이런 상황을 결코 제대로 이해할 수 없을 것이다. 정치학자 벤 안셀Ben Ansell은 이를 명료하게 정리했다. "기성세대는 자신의 힘으로 성공을 이뤄냈다고 (적어도 그렇게 해야 한다고) 생각한다. 현 청년들은 성공이 자신의 통제를 벗어난 것, 자신의 힘만으로는 일궈낼 수 없는 것이라고 생각한다. … 그래서 대체로 은퇴자들은 '브리티시 드림'이 있다고 생각하고, 취업 시장에 진입한 젊은이들은 그것이 사기라고 생각한다."[14]

나는 재정 연구소 소장인 폴 존슨Paul Johnson과 이야기를 나눠보기로 했다. 존슨은 상속 경제의 영향력을 상쇄할 방법이 있다고 생각하는지 궁금해서다. "글쎄요. 어떤 식으로든 기회의 균등을 믿는다면 상속이 크게 중요하지 않기를 바라겠죠. 반면에 그 어느 세대보다도 현 세대에서 상속이 더 중요해졌다는 걸 우리는 알죠. … 많은 것들이 다른 것들의 우연한 부산물입니다. 자산 가격 상승, 저금리, 직장 연금 붕괴, 임금 정체. 우리는 결코 그런 것들을 의도한 적이 없어요. 시간이 지나면서 더 중요해졌지만, 사람들이 평생 버는 임금보다, 그리고 그들이 대학을 졸업해서 얻는 이득에 비하면 여전히 덜 중요해요. 상속은 인생 후반부에 이루어지기 때문이에요."

나는 '상속이 크게 중요하지 않다'는 관념이 좋았다. 그런데 존슨이 말하는 상속은 좁은 의미의 상속을 말하는 것 같았다. 실제로 더 큰 문제는 평생 지속되는 부모의 지원인데 말이다. 게다가 존슨의 말에 **그렇게까지** 안심이 되지도 않았다. "우리는 결코 그런 것들을 의도한 적이 없어요"라는 말은 거의 사과하는 것처럼 들렸다. 마치 상속주의 사회의 등장이 권력을 쥔 소수가 전혀 예상하지 못했거나 전혀 통제할 수 없는 일련의 경제 상황에서 비롯된 의도치 않은 부산물이라고 변명하는 것 같았다.

그렇다면 대처 정권하에 태어났고 토리당이 집권하던 시기에 성인이 된 밀레니얼 보수는 최근 역사를 어떻게 바라볼까? 나는 세바스천 페인Sebastian Payne과 이야기를 나눴다. 그는 한때 기자로 활동했고, 현재 중도 우파 싱크탱크 온워드Onward의 소장이다. 페인은 이런 문제점을 완벽하게 인지하고 있었다. "글쎄요, 제 또래 중에 부모의 도움 없이 집을 산 사람이 과연 있을까 싶은데요." 페인은 오로지 할머니로부터 상속을 받은 덕분에 집을 살 수 있었다. 페인의 할머니는 대처 정부 시절에 당신이 사는 공공 임대주택을 매입했고, 그 덕분에 페인은 런던에 아파트를 살 수 있었다. 한 세대가 받은 혜택이 다음 세대로 직접 넘어간 사례라고 할 수 있다. 1980년대가 베이비붐 세대에게 부동산 자산을 몰아준 세대 제로섬 게임의 시대였다고 비난하는 대신 그다음 세대에서도 '공공 임대주택 매입권'을 주는 제도를 똑같이 실시하면 된다는 것이 페인의 입장이다. "문화적으로는 중산층이지만 자가소유를 하지 못하는 젊은 사람이 많아요. 그들은 박탈감을 느끼고 있고, 사회에도 자신의 지분이 없죠. 이것이 자가소유 민주주의homeowning democracy를 믿는 보수가 인정해야 하는 현실입니다."

세바스천 페인은 상속 경제의 문제점을 정확하게 진단했지만, 14년 동안이나 장기 집권을 한 토리당이 왜 진즉에 이 문제를 해결하지 않았는지 의문이 남는다. "정치와 야망에도 세대 차이가 존재하고, 그 차이가 현재 그 어느 때보다도 커졌으니까요." 페인이 순순히 인정했다. "또한 이 문제에서는 지리적 요소가 경제적 요소만큼이나 중요합니다. 런던 밖의 삶은 런던 안의 삶과 매우 다른 양상을 띱니다." 페인이 내게 상기시킨다. 페인은 2021년에 『부서진 심장지대』Broken Heartlands라는 책을 냈다. 전통적으로 노동당 지지 지역이었지만, 2019년 선거에서 보수정당인 토리당에 투표를 한 이른바 빨간 벽 지역을 돌면서 취재한 내용이 담겨 있다.[15] 그는 자신이 '배럿 홈 브리튼'*이라고 명명한 집단을 개요하면서 그 책의 핵심 요소를 내게 설명했다. "미들랜드와 브리튼 북부의 보수적인 지역에 자가소유를 한 밀레니얼이 상당수 존재합니다. 그 집들은 대개 신축이고, 그 밀레니얼은 자가소유의 꿈을 이루고 잘살고 있어요."

페인의 말에도 일리가 있지만, 이런 경제적 기회들이 보수정당에 대한 확고한 충성심을 이끌어내지는 못했다. 2024년 선거에서 이 인구집단은 이자율 상승으로 경제난을 겪은 터라 토리당에 실망하면서 노동당을 찍었다.

알렉스 스미스와 나눈 대화, 세바스천 페인과 나눈 대화는 궁극적으로 한 가지 중대한 쟁점으로 귀결된다. "결국에는 계급 문제예요." 알렉스가 내게 말했다. "일반적인 생각과 달리 계급은 단 한 번도 정책 쟁점 목록에서 지워진 적이 없어요." 알렉스의 입을 빌리자면 알렉스는 "캠든의 중상층과 노동자계급 사이에 낀 채" 자랐고, 늘 자신을 노동자계급으로 여겼다. "더는 그렇게 생각하지 않아요." 그가 내게 말했다.

"왜요?" 나는 알렉스의 곤란한 입장에 공감하면서도 이유를 물었다.

"부모님은 노동자계급이니 저는 노동자계급 가정에서 자랐

• Barratt Home Britain. '배럿 홈'은 영국의 대형 건설사
배럿 레드로우Barratt Redrow 산하 배럿 홈스Barratt Homes에서 지은 주택으로,
주로 생애 첫 주택으로 구입하는 저렴한 소형 주택을 일컫는다.

죠. 하지만 저는 부모님의 도움으로 제 명의의 부동산을 가졌어요. 대출을 상한선까지 받았지만, 저는 이제 절대로 노동자계급은 아니게 된 거죠."

당신은 어느 계급인가요?

밀레니얼은 계급이 덜 중요해지는 것처럼 보이는 시대에 성인기에 진입했다. "이제는 우리 모두 중산층이다"라고 존 프레스콧John Prescott이 유명한 주장을 했는데, 토니 블레어 정부의 북부 출신 부총리의 입에서 나왔기 때문에 중요한 선언처럼 여겨졌다. 부모 다음으로 대학을 졸업한 2세대 대졸자이고 부모가 자가소유한 집에서 자란 밀레니얼이 점점 늘어났다. 그러나 이것은 영국 사회에 대한 잘못된 해석이었다. 계급은 여전히 매우 중요하고, 특히 인종과 교차할 때 더욱더 중요해진다. 영국의 다민족 인구는 동질성이 더 약해지고 다양성이 더 커졌지만, 또한 더 많은 계급으로 분화되었다.

1990년대 중반 아주 잠깐 계급이 대중문화를 중심으로 재편되었다. 우리는 중산층 밴드 블러Blur와 노동자계급 밴드 오아시스Oasis가 벌인 영토 전쟁에 열광했지만, 특권층을 풍자하는 보통 사람들의 주제곡 〈커먼 피플〉Common People을 내놓은 펄프Pulp야말로 그 시대 계급의 방향성을 보여주는 표지판 역할을 했다. 오언 존스Owen Jones의 전기적인 책 『차브』Chavs: The Demonization of the Working Class가 2011년 출간되었을 무렵에는 이미 계급들의 운명이 확정된 상태였다. 문화적·정치적으로 무시당한 백인 노동자계급은 호사가 집단에게 호기심의 대상이자 조롱의 대상이었다.[16]

그러나 금융 위기의 여파가 실생활에까지 영향을 미치면서 계급을 둘러싼 대화가 변화하기 시작했다. 긴축정책이 지속되는 가운데 사회 불평등에 대한 새로운 대화가 싹텄다. 이 대화를 토대로 두 명의 저명한 학자, 런던정경대학교의 마이크 새비지Mike Savage와 맨체스터대학교의 피오나 디바인Fiona Devine이 BBC와 함께 영국 역사상 가장 큰 규모의 계급 연구 프로젝트를 출범시키게 되었다.

그전까지는 개인의 직업이나 소득에 초점을 맞춰 계급을 정의했다. 그런데 BBC의 설문조사는 더 넓은 정의를 적용해 사람들에게 소득, 주거, 자산, 사회 인맥, 문화 취향에 관해 상세하게 질문했다. 그런 다음 계급 계산기가 설문 참가자가 어느 계급에 속하는지 알려줬다.

영국인이 계급에 대해 혼란스러워하면서도 계급에 집착한다는 사실을 조금이라도 의심했다면, BBC가 계급 계산기를 처음 공개했을 때 900만 명, 즉 영국 성인 인구 5명 중 1명이 그 계산기를 사용했다는 사실을 곱씹어보라. 이렇게 확보된 자료는 영국 역사상 가장 중요하고 가장 많이 회자된 자료가 되었다. 심지어 이 설문조사가 사람들의 행동에 변화를 가져왔다는 증거도 있다. 예를 들면 설문조사가 시작된 지 1주일 만에 런던에서는 극장표에 대한 수요가 191퍼센트 증가했다. 계급 계산기에서 공연 관람이 중산층의 중요한 지표였기 때문인 것으로 추정된다.

"이 설문조사 덕분에 우리는 현대 영국 계급의 현실을 더 깊이 파고들어서 더 완전한 그림을 그릴 수 있었다"라고 새비지 교수는 발표했다.[17] 설문조사 결과에 따라 영국에는 전통적인 3개 계급이 아니라 실질적으로 7개 계급이 존재한다는 사실이 밝혀졌다. 당신은 어느 계급에 속하는지 찾아보라. 첫째, '엘리트' 계급. 영국에서 가장 부유한 최상위 특권층이다. 사회적·문화적·경제적인 측면에서 부와 권력을 거의 독점하며 최고 명문 사립학교와 대학교를 다닌다. 이들은 영국 인구의 6퍼센트를 차지한다. 둘째로 '기득권 중산층'이 있으며, 이들은 영국 인구의 25퍼센트를 차지한다. 대기업 임원이나 전통적인 전문직에 종사하며, 중산층 출신으로 다양한 문화 활동을 경험했다. 그다음은 '기술 중산층'으로, 이들은 영국 인구의 6퍼센트를 차지한다. 이들 또한 주로 중산층 출신이지만, 과학이나 테크 분야에서 일하며 비전통적인 문화를 선호한다. 영국 인구의 15퍼센트를 차지하는 '여유로운 신新노동자'도 있다. 이들은 부자는 아니지만, 경제적으로 안정적이다. 노동자계급 출신으로 미들랜드와 영국 북서부의 옛 공장도시 도심에서 자랐으며 새로운 문화를 즐긴다. 또한 영국 인구의 14퍼센트를 차지하는 '전통적인 노동자계급'도 있다. 이들은 경제적·사회적·문화적 지위는 낮지만, 대체로 경제적으로 안정적이며 자가소유자이기도 하다. 그리고 '신흥 서비스 노동자'가 있다. 영국 인구의 약 19퍼센트를 차지하며 예금이 거의 없어서 경제적으로 불안정하며 셋집에서 산다. 이들은 새로운 문화를 즐기며 생활비가 비싸지 않은 도시로 모여든다. 마지막으로 '프레카리아트'precariat가 있다. 영국 인구의 15퍼센트를 차지하는 이 계급은 영국에서 가장 가난하고, 가장 자원이 부족한 집단이다. 80퍼센트 이상이 셋집에서 산다.

나는 BBC 온라인 설문조사에 다시 접속해서(여전히 BBC 웹사이트에 있다) 2011년 서른 살의 나로 돌아가 설문조사에 응했다.[18] 부동산이 있는가? 아니요. 나는 당시 부모님 소유의 아파트에서 살고 있었다. 나는 예금이 전혀 없었고 학자로서 1년에 총 1

만 파운드 정도 되는 최저임금에 준하는 고정급을 받고 있었다. 또한 부업으로 인부의 조수로 약 4000파운드를 벌었고, 당시 1주일에 한 번 청소일을 막 시작해 그 일로 매주 60파운드의 현금이 생겼다. 설문조사는 내가 이미 알고 있는 걸 알려줬다. 나는 전기 기술자였고 예술가였고 청소부였지만 CEO는 아니었다. 다음으로 문화 취향 입력하기. 나는 대저택 사교 모임에 참석하거나 오페라하우스 공연을 관람하거나 재즈 음악을 듣는가? 어느 정도는. 나는 비디오게임이나 그림 그리기나 공예 작업을 하지 않았고, 발레 등 무용 공연을 감상하지 않았다. 나는 힙합음악과 랩을 들었고 페이스북과 트위터를 이용했다.

내가 전통적인 노동자계급으로 분류된 것이 당혹스러웠지만, 당시의 나와 가장 잘 맞는 계급 범주는 아마도 '신흥 서비스 노동자'일 것이다. 나는 중산층 직업에 종사했지만, 매우 낮은 임금을 받고 있었다. 설문은 내가 경제적으로 부모로부터 자립했다고 추정했지만, 당연하게도 그렇지 않았다. 그런데 부모라는 안전망이야말로 당시의 내 경제적 지위를 나타내는 가장 중요한 지표였다. 나는 새비지 교수에게 이메일을 보내 그 설문이 21세기 계급 분류에서 부모에 대한 의존성과 가족 부의 중요성을 과소평가했다고 생각하지는 않는지 묻기로 했다.

"네, 전적으로 동의합니다." 새비지가 답했다. "우리는 예금, 주거비, 소득에 대해 물었고 그런 것들은 유용한 정보지만 한편으로는 상당히 모호하죠. 우리는 상속에 대해 직접 묻지는 않았습니다. 다만 경제 자본의 중요성이 커지고 있다는 우리의 주장에서 당연히 상속의 중요성도 커지고 있다고 추론할 수 있지만요. 토마 피케티는 "세습 중산층"이라는 개념을 제안했어요. 부유한 국가에서 태어나 죽기 전에 상당한 금액을 상속받을 것으로 기대되는 꽤 많은 수의 사람들을 가리키는 표현이죠. 저는 이것이 매우 중요한 현상을 포착한다고 생각해요."

마이크 새비지가 이 주제를 다룬 자신의 저서에서 설명했듯이 계급은 더 이상 연령과 분리할 수 없는 개념이 되었다. 왜냐하면 45세 미만인 영국인은 부모 세대와는 다른 경제적 환경 속에서 살아가기 때문이다. 그들은 경제가 자산 인플레이션, 부모의 지원, 임금 정체로 규정되는 시대에서 살고 있다.[19] 영국이 당신이 어릴 때보다 현재 더 중산층 중심으로 돌아간다고 느낀다면 그것은 아마도 사회 전체가 더 교육을 잘 받았기 때문일 것이다. 그러나 다른 한편으로는 중산층이 그 어느 때보다도 분리되고 보호되기 때문일 것이다. 많은 면에서 능력주의 대 상속주의를 둘러싼 논쟁은 중산층이 몰두하는 쟁점이다. 이 책에서 그렇게까지 많은 분량이 중산층의 이야기에 집중되어 있는 이유이기도 하다. 그러나 중산층 안에서 격차가 심화된 만큼 노동자계급에 대한 중산층의 지식, 노동자계급과의 상호교류와 공감 또한 줄어들었다.

2011년에 실시된 계급 설문조사는 문화를 핵심 계급 지표로 규정했다. 2장에서 보았듯이 이런 지표는 계급에 따라 고급문화와 대중문화가 명확하게 구별되던 우리 부모 세대에서는 유효했다. 라디오4를 청취하고, 화랑을 자주 방문하고, 고전을 읽으면 중산층이었다. LBC를 청취하고, 연속극 《코로네이션 스트리트》 *Coronation Street*를 시청하고 주간지 『TV 퀵』을 읽으면 노동자계급이었다. 이와 달리 밀레니얼 세대는 디지털 기술이 지식을 민주화하고 운동장을 평평하게 만든 환경에서 교육을 받았고, 그 결과 문화적 우월의식의 기반이 줄어든 시대에 자랐다. 스티브 잡스는 아이팟을 출시하면서 '당신 주머니에 1000곡'이 있다고 선언한 것으로 유명하다. 곧 문화 접근권에 대한 제약이 사라졌고, 문화적 잡식동물의 시대가 도래했다. 우리는 고급문화와 대중문화를 둘 다 체화할 수 있게 되었다. 베토벤의 교향곡과 함께 비욘세의 팝송도 들었고 둘 다 동등한 가치를 지닌다고 생각했다. 따라서 우리 세대에서 문화적 명성을 얻으려면 좁게 파고들기보다는 넓게 섭렵해야 했다. 고전이든 리얼리티쇼이든 고급문화와 대중문화 모두가 비평과 소비의 대상이었다. 초창기 밀레니얼 팟캐스트 중 가장 성공한 채널 중 하나는 판도라 사이크스Pandora Sykes와 돌리 올더튼 Dolly Alderton이 진행한 《하이 로우》*High Low*였는데, 두 사람은 '고급 대중 저널리즘'high low journalism을 통해 삶의 다채로운 모습을 전하고자 했다. '고급 대중 저널리즘'은 1980년대에 베이비부머 편집장 티나 브라운Tina Brown이 처음 사용한 용어이지만 실제로 이런 저널리즘을 실행에 옮긴 것은 티나 브라운의 밀레니얼 지적 자녀들이었다. 실제로 현재 밀레니얼이 문화의 제도 및 기관에서 주도적인 역할을 하며 주요 문화 산물 생산자로 활동한다고 여겨진다. 밀레니얼의 핵심 목표 중 하나는 문화의 폭을 넓히고 문화적 다양성을 발전시키는 것이다.

계급 정체성에는 소비부터 교육에 이르기까지 수많은 복잡한 것들이 관여하지만, 앞 시대의 그림자가 드리워지면서 다시 한 번 부모 세대와 자녀 세대의 부에 대한 접근성이 계급 논쟁의 중심에 놓이게 된다.

상속주의 사회에서의 계급 혼합

'자수성가'는 자본주의 경제의 가장 기본적인 동기이자 대표적인 특징이다. 이는 현대의 기업가 문화에서 영웅과 악당을 하나로 묶는 표현이다. 그런데 정말 그럴까? 왜냐하면 오늘날 슈퍼리치는 자수성가한 사업가가 아니라 상속자들로 점점 더 채워지고 있기 때문이다. 스위스의 민간은행 UBS의 2023년 보고서에 따르면 데이터를 수집하기 시작한 이래 처음으로 최상위 부자 0.00004퍼센트가 부의 대부분을 자신의 사업이나 노동보다는 상속을 통해 축적했다. "이것이 우리가 앞으로 이삼십 년간 더 많이 보게 될 거라고 예상되는 기조다. 1000명이 넘는 억만장자들이 자녀에게 5조 2000억 달러를 물려줄 것으로 추정되기 때문이다"라면서 UBS 대변인이 확인해주었다.[20] 미국의 투자자 워렌 버핏처럼 생각하는 사람은 많지 않다. 버핏은 자신의 재산 99퍼센트를 기부하고 상속인들에게는 "뭐든 할 수 있지만 아무것도 안 하지는 못할" 정도의 부를 물려주겠다고 공언했다.[21] 여기서 핵심은 부의 축적이 아닌 상속이 21세기 글로벌 엘리트의 주된 동력이라는 점이다.

이 책을 쓰기 위해 인터뷰를 진행하는 동안 나와 인터뷰하기를 가장 꺼린 인구집단은 부모로부터 지원을 받은 고소득 전문직 남성이었다. 남자들, 특히 고소득자이면서 증여나 상속을 받은 남자들이 여자들에 비해 엄빠 은행에 대해 이야기하는 걸 더 불편해하는 것 같다. 왜 그럴까? 아마도 자수성가한 남자라는 신화를 지키고 싶기 때문일 것이다.

이 집단을 자산관리업계에서는 '헨리들'Henrys(소득은 높으나 아직 부자는 아닌 남자들)이라고 부르는데, '아직'에 주목해야 한다. 왜냐하면 당연히 이들에게는 일정 정도의 상속 재산이 보장되어 있기 때문이다. 이 스테레오타입을 더 세심하게 분석해보자면 아마도 성인기 초반 내내 부모 현금인출기의 도움을 받았을 것이고, 지금도 상당한 지원을 받고 있을 것이라고 추정할 수 있다. 지금까지 탄탄대로를 걸었으므로 대체로 고연봉을 요구하거나 일부 헨리들(인장 반지를 낀 소프트보이들)은 부모 덕분에 임금이 높지 않은 업계에서 일하는 사치를 누린다. 헨리들은 부모가 대학교 학비를 대줬을 것이고, 빚 없이 졸업하거나 부모가 첫 아파트를 구매해줬거나 주택 매매 계약금을 보탰을 것이다. 헨리들의 부모는 대졸자가 아닐 수 있지만, 자산이 많고 대대로 부를 물려받았을 수도 있다. 이 인구집단은 아마도 자신의 성공에서 부모의 역할을 축소하고 자신들이 성공하기 위해 얼마나 열심히 노력했는지를 강조할 것이다. 그들 중 많은 이가 당연히 주거비, 자녀양육비, 자녀 학비에 대해 불만을 토로할 것이다. 왜냐하면 그런 비용 증가와 고소득자에게 부과되는 더 높은 세율은 현재 그들이 부모의 도움 없이는 자신이 자랄 때와 동등한 생활수준을 유지하기가 훨씬 더 어려워졌다는 것을 의미하기 때문이다.

여기서 중요한 점은 헨리들은 부모가 돌아가시면 상속받을 가능성이 매우 높다는 점이다. 상속받을 가능성에 대해 이야기하는 일도 없을 것이고 상속받을 재산에 대해 아무 생각이 없을 수도 있지만, 상속을 받는다는 것은 이미 약속된 미래이므로 재정적 안정성을 보장해준다. 헨리들은 슈퍼리치를 제외하면 런던에서 여유롭게 살거나 외벌이를 감당할 수 있는 유일한 인구집단일 것이다. 헨리들은 대개 고소득, 부모의 증여, 결혼을 통한 부의 통합이라는 세 가지 특권을 누린다.

나는 길포드 출신인 34세 톰과 이야기를 나눴다. 톰은 헨리이지만 중요한 측면에서 이 스테레오타입에 꼭 들어맞는다고는 할 수 없다.

톰은 서리에서 자랐고, 톰의 말을 빌리자면 "영국 남부의 오래된 대저택에서 많은 동물들과 어울리면서 목가적인 어린 시절"을 보냈다. 톰의 부모는 둘 다 변호사였고, 톰은 유모가 있었고 사립학교만 다녔다. "어머니는 저녁 6시까지는 집에 오셨지만, 아버지는 커리어의 정점에 있었기 때문에 항상 바빴어요. 자지 않고 아버지를 기다린 기억이 나는데, 아버지 기차가 저녁 7시 반쯤 온다는 걸 알았거든요. [계산을 해보더니] 기차역은 집에서 15분 거리였고 아버지는 집에 오면 제 방에 들러서 잘 자라고 속삭여줬어요."

아주 어릴 때부터 톰은 자신이 특권층이라는 사실을 알았고 그에 대한 사람들의 반응도 의식했다. "사립학교를 다니면 자신이 특권층이라는 사실을 확실하게 알게 되지만 제가 열세 살 때는 다른 일이 있었어요. 한번은 공립학교 아이들이 우리에게 시비를 걸며 기습공격을 해서 학교가 봉쇄에 들어간 직이 있어요. 그때 처음으로 지는 저 같은 사람을 싫어하는 사람들이 있다는 걸 알게 되었어요."

톰은 아버지와 삼촌, 형과 마찬가지로 옥스퍼드대학교에 갔다. "떨어졌으면 아마도 제정신으로 살지 못했을 거예요." 톰이 말했다. 농담처럼 말했지만, 농담만은 아니었다. 매년 3000파운드를 등록금으로 냈다. "물론 다 부모님이 냈어요." 그러나 옥스퍼드대학교에서 계급 분노class rage를 겪으면서 톰은 혼란에 빠졌다. 중하층 출신 학생들은 톰이 '상류층'이라는 이유로 무시하면서 톰이 보기에 '진짜 상류층'인 귀족이나 글로벌 엘리트와 어울려 다녔다.

"옥스퍼드에 가기 전까지는 제가 상류층이라고 생각해본 적이 없어요. 말도 안 되는 소리죠." 톰이 설명했다. "제가 일반적으로 상류층으로 분류된다는 건 알지만, 저는 제가 상류층이라고 생각하지 않아요. 3대만 거슬러 올라가도 알 수 있거든요. 저는 조부모가 노동자계급이었어요. 제가 지금 사는 삶은 제2차 세계대전 이후에 진행된 사회 이동의 산물이에요."

대학교를 졸업한 뒤 톰은 배우 지망생이 되었고 부모가 기꺼이 자신을 지원했다고 인정했다. "엄마가 일하면서 무료로 임대받은 런던 중심가에 있는 아파트에 들어가 살았어요. 부모님이 전적으로 절 부양해주셨어요. 무료로 주거를 해결해주신다든가, 월세를 대신 내주신든가 했죠. 제가 돈을 벌었으면 하셨지만, 그건 오로지 사회 구성원으로 인정받는 데 필요하다고 생각하셨기 때문이지 제가 큰돈을 벌어다 주기를 기대하신 건 아니었어요." 그러나 배우로서 커리어를 쌓으려고 7년을 시도한 뒤에 톰은 그 꿈을 접기로 했다. 배우로서의 삶이나 그 직업의 어려움을 어느 정도 아는 나는 톰에게 그 시절을 돌아보면 어떤 생각이 드는지 물었다.

톰은 솔직했다. "저는 그냥 빌어먹게 게을렀어요. 당시에는 그런 걸 스스로 정당화했죠. 하지만 더 열심히 노력했어야 한다고 생각해요. '돈을 더 많이 벌고 있어야 하는 거 아냐? 좋은 환경을 타고났잖아'라고 누군가 말해줬더라면. 제 또래 중에 생계비를 직접 벌어야만 하는 사람이 많은데, 저는 그렇지 않았어요. 그런 걸 고민하지 않아도 되는 행운아였는데도 그 점을 충분히 살리지 못했어요. 그런 점에서 제가 실패했다고 생각해요."

톰은 지금의 아내를 만나면서 자신의 재정적 우선순위와 특권을 재평가하기 시작했다. "아내는 돈 문제에 있어서는 저와는 완전히 반대였어요. 정말 영리했죠." 톰이 자랑스러워하며 말한다. "한번은 현재 자신이 자동 이체로 적립 중인 계좌 15개의 현금 흐름을 정리한 도표를 제게 보여줬어요. 전부 이자를 받는 계좌였죠. 부모로부터 한 푼도 받지 않았는데도 4만 파운드나 모았더라고요. 아내를 만나고는 정말로 정신 차렸어요. 다른 계급 출신이고 돈에 대해 다른 태도를 지닌 사람과 결혼한 덕분에 구제받았어요." 톰이 인정한다.

집을 살 때 톰의 부모는 그에게 주택 매매 계약금 명목으로 목돈을 증여했다. 그러나 그 돈으로는 충분하지 않았다. "아버지는 형과 제가 집을 살 때 주려고 각각 5만 파운드를 준비했어요. 아버지가 그 금액을 설정했을 때는 상당히 큰돈이었지만, 막상 제가 그 돈을 쓰려고 하니 런던에 집을 사기에는 부족한 금액이었어요. 우리는 우여곡절 끝에 집을 샀지만, 그건 다른 무엇보다 아내의 검소함 덕분이 커요."

현재 삼십대 중반에 아이 한 명을 키우는 아빠인 톰은 자신의 부모처럼 자신의 사녀를 부양하지 못할 것이라는 생각에 괴로워한다. 그래서 자책한다. "죄책감을 느껴요. 제가 누린 교육적 혜택을 아들은 누릴 수 없을 거라는 사실이 속상해요. 제가 젊은 시절에 돈을 벌지 않고 배우가 되겠다고 허송세월한 탓이죠." 그러나 한편으로는 오늘날의 경제 상황이 자신의 부모가 자신을 키울 때와는 많이 다르다는 사실 또한 알고 있다. "사립학교 학비가 하늘 높은 줄 모르고 계속 오르기만 해요. 제 아이를 사립학교에 보내려면 연봉 6만 파운드 이상은 돼야 하는데, 그게 가능할지 모르겠어요. 그리고 이상하게도 그게 위안이 돼요. 현재 영국 평균보다 많이 버는데도 제 삶을 부모의 삶과 비교하는 게 무슨 의미가 있나 싶어요. 그 삶을 재현할 수는 없으니까요. 절대로요. 서른네 살에 아이를 가진 것 자체가 이미 그 차이를 명확히 보여주잖아요. 우리는 경제적으로 여유가 없었기 때문에 아이 가지는 걸 미뤘거든요."

마지막으로 톰에게 나중에 조금이라도 상속을 받을 수 있겠다는 생각을 하는지 물었다. 톰은 조심스럽게 말했다. "아내와 우리가 앞으로 얼마나 상속받을 수 있을까 하는 아주 민감한 대화를 조용히 나누기도 해요. … 그러다 사회 돌봄 문제에 대해, 그리고 애초에 상속을 기대해도 되는 건지에 대해 생각하게 되죠. 그리고 우리는 상속이 아쉬운 상황은 아니에요. 그에 대해 이야기는 나누지만, 그 돈을 염두에 두고서 계획을 세우지는 않아요."

부모의 보호를 충분히 받은 톰의 경험은 부모로부터 그와 같은 지원을 받지 못한 중산층 출신 밀레니얼 남자들, 즉 소프트보이의 경험과는 뚜렷하게 대비된다. 여기서 부연 설명을 해야 할 것 같다. 모든 소프트보이가 형편없는 남자친구는 아니다. 헌신적인 동반자, 아빠가 된 소프트보이도 많다. 실제로 맞벌이 부부 시대에, 그리고 남편보다 돈을 더 잘 버는 여성들이 늘어나는 시대에 많은 밀레니얼 남성이 자신의 남성성의 토대가 되는 기본 역할을 가장에서 아빠로 재규정하고 있다. 나는 소프트보이에 대한 내 경험이 내 연애사에 의해 편향되었다는 것을 깨달았다. 그래서 버밍엄 출신 리치와 이야기를 나눴다. 43세인 리치는 교육가로서 야망을 품었다가 좌절했지만, 아빠가 되면서 삶의 의미를 되찾았다.

리치는 두 교사의 아들로 교육을 그 무엇보다 중시한 가정에서 자랐다. 11-플러스 초등 학력평가 시험을 통과한 뒤 지역 인문계 학교를 다녔는데, 그는 학창시절 내내 늘 압박감과 약속이 뒤

따랐다고 느꼈다. "당시에 우리 학교가 영국 공립학교 상위 10위 안에 들었어요. 모든 것이 상향 이동에 집중되어 있었어요. '너를 여기서 꺼낸 다음 교육을 시켜서 다른 계급에 집어넣자'는 게 주된 메시지였죠."

리치에게 대학 진학은 필수 절차였고, 그 대학은 반드시 옥스브리지여야만 했다. 적어도 리치는 그렇게 믿었다. 리치는 옥스퍼드대학교에 지원했고, 조건부로 합격했지만 최종적으로 합격 확정에 필요한 성적을 받지 못했다. 리치는 스완시대학교에서 영문학을 공부했다.

"가슴이 무너졌어요. 친구들은 전부 옥스퍼드에 갔거든요. 제 동기들 중 3분의 1이 옥스퍼드에 갔죠. 대학생활이 전혀 즐겁지 않았어요. 동기들 중에 공부에 관심이 있는 사람이 거의 없었어요. EDM의 성지라고 불리는 스페인 이비사에 가고 싶어 하는 클럽 죽돌이들뿐이었어요. 저는 그런 건 좋아하지 않았고요."

졸업 후 리치는 저널리즘 석사학위 과정에 진학했다. 부모가 학비를 댔고 리치가 생활비를 벌었다. 그러나 곧 자신이 잘못 선택했다는 걸 깨달았다. "석사 과정 중에 [언론이] 사양 산업이라는 게 느껴졌어요. 2003년도였는데, 온라인 매체가 막 탄생했고 지역 신문이 쇠퇴하고 있었고, 저는 런던에 살 경제적 여건이 안 되었어요. 그래서 홍보업계 진출을 시도해봤지만 그것도 잘 안 풀렸어요. 서른세 살에 막다른 골목에 다다른 것 같았어요." 리치는 허탈하다는 듯 웃었다.

그때 리치는 부모를 따라 교사가 되기로 마음먹고 교대에 등록했다. 당시에는 정부에서 교대 학비를 보조했다. 그러나 쉽지는 않았다. 유초등학생을 가르치고자 하는 남성에 대한 차별을 경험했고, 점차 교육 시스템 자체에 환멸을 느끼게 되었다. "가르치는 일에 너무 많은 규칙이 적용되었고 기계적으로 이뤄졌어요. 제게는 맞지 않았죠." 보람을 느낄 수 있는 커리어를 찾아 20여 년을 방황한 리치는 지금은 자신이 정착할 곳을 찾았다고 말했다. "온라인 수업을 하면서 마침내 제 천직을 찾았어요. … 영국 전역의 학생들을 가르치고 있어요. 제 방식으로 가르치고 각기 다른 수준의 학생들을 만나요. 정말 좋아요."

리치에게 자신의 커리어를 돌아보면 어떤 생각이 드는지 물었다.

"솔직히 말하면 꽤 아쉬워요." 리치가 반추하면서 말했다. "제게 주어진 조건을 최대한 잘 활용하려고 노력했지만, 제가 선택한 길은 온통 실수투성이였어요. 이 상자에 제가 꿈꾸는 것이 있다고 했는데, 열어보면 그 상자가 아니었어요."

리치의 아내는 교장이고 리치와 함께 두 딸을 함께 키우는 가장이다. 그러나 리치는 이 가족에서 자신의 정체성을 두고 고민이 많았다. "때로는 남자로서 무력감을 느껴요. 저는 젠더 역할에 대해 유연한 편이지만 사회는 그렇지 않은 것 같아요." 리치는 특히 딸들이 어렸을 때 곤란을 겪었다. "아이가 생겼을 때 우리 부부는 제가 주 양육자가 되는 게 옳다고 생각했어요. 1970년대에 줄리언 레논을 돌본 존 레논이 된 거라고 생각했죠. 하지만 사회는 저를 다르게 취급하더군요. 특히 엄마들이 적대감을 보였어요."

"마지막으로 질문 하나만 더 할게요. 당신의 경험이 당신 자녀의 교육과 미래를 바라보는 관점에 어떤 영향을 미쳤나요?"

"글쎄요, 저는 딸들을 사립학교에 보내고 있어요. 공립교육 시스템은 시험 성적에 올인하는 온실이거든요. 제가 그 시스템 안에서 가르쳐봤기 때문에 알아요. 창의력을 기르거나 재능을 키워줄 시간이 없어요. 제 아이들이 열심히 노력하기를 바라지만 저보다는 현명하길 바라요. 그리고 행복하기를 바라고 자신에 대해 긍정적으로 생각하길 원해요. 자신의 재능이 키울 만한 가치가 있는 것이라고 믿고 시험 성적에 연연하지 않으면 좋겠어요."

그러나 리치와 톰의 이야기가 밀레니얼 세대의 전형적인 삶의 경로는 아니다. 밀레니얼 중에도 계층 상향 이동에 성공한 사람도 많고 커리어를 통해 어린 시절과 달리 재정적 안정성을 확보한 사람도 많다. 그런 남자들을 '능력주의 밀레니얼'이라고 부르자. 대개 이들은 전통적인 전문직이나 신생 분야에서 일한다. 예컨대 회계사, 변호사, 테크 기업 기술자, 1인 기업가 등으로 일하면서 오직 임금을 통해 자산을 쌓고 재정적 안정성을 확보했다. 이런 밀레니얼의 가족에서는 돈이 역방향으로 흘러간다. 능력주의 밀레니얼은 부모를 재정적으로 지원하는 경우가 매우 많다.

숀은 기꺼이 나와 이야기를 나눴다. 4대 회계법인 중 한 곳의 회계사인 그는 줌 회의 일정 사이에 시간을 내 나와 인터뷰를 했다. "사회 이동은 제가 아주 관심이 많은 주제예요." 숀이 말했다. 서른 살인 숀은 뉴캐슬의 공공 임대주택에서 태어나고 자랐다. 숀의 아버지는 석유 유전에서 일했다. 세 살 때 중증 학습장애와 언어발달 지연 판정을 받은 숀은 특수학교에 다녔다. 십대 후반에 일반 교육 시스템으로 돌아온 뒤에야 숀은 자신이 제대로 성장할 수 있었다고 말했다.

숀은 대학에 진학했고, 매년 9000파운드를 학비로 냈다. 그런 다음 다시 학자금 대출을 받아 석사 과정에 진학했다. "이제 와 돌아보면 인턴 [학위] 과정이 더 잘 알려져 있었다면 저는 무조건 그 과정을 선택했을 거예요." 숀이 현재 상환 중인 6만 파운드의 빚을 떠올리며 말했다.

나는 숀에게 대학에서 어떤 경험을 했는지 물었다. "동기 중에 부모의 지원을 받는 비중이 얼마나 되는지 알 수 있었나요?"

"부모에게 지원을 받는 애들은 많았죠." 숀이 답했다. "다 다른 방식으로 받았지만요. 실무 경험 기회를 소개시켜준다든가, 월세를 대신 내준다든가 하는 식으로요."

숀은 학교를 다니는 동안 부모 집에서 살았고 여유가 있으면 부모에게 생활비를 드렸다. "학교를 다니면서 제 머릿속을 채운 생각은 … '부모님이 나를 도와줄 방법은 없을까?'가 아니라 '어떻게 하면 집에 보탬이 될 수 있을까?'였어요. 저는 열일곱 살 때부터 재정적으로 자립했던 것 같아요. 그때부터 일했거든요. 대학을 다닐 때는 알바를 했고, 석사 과정 중에는 두 가지 일을 했어요. 아르고스 마트에서 일했고, 배달 일도 했어요."

숀은 가족에 대한 애정을 가득 담아 자랑스럽게 이야기했다. 숀은 지금도 가족과 함께 산다. 부모를 도와야 한다고 생각하지만 부모의 재정적 안정성을 위해 뭔가를 더 해드려야 한다는 부담을 느끼지는 않는다. "저는 부모님과 정말 친하고 앞으로도 늘 가까이에서 살면서 부모님이 건강하게 살아계실 때 도울 거예요. 조카도 돕고 싶고요. 조카의 수학 중등 학력인증시험 공부를 도와주려고 교과서도 사두었어요. 나중에는 이민을 갈 생각도 있지만, 지금 제게 정말로 중요한 것은 힘든 시기에 서로 의지할 수 있다는 거예요. 어떤 사람은 고향을 떠나 다른 곳에 정착해버리지만 저는 그럴 수 없어요. 런던에서 살고 싶진 않아요. 런던에서 혼자 집을 구하려면 좁아터진 아파트도 매달 월세로 2500파운드나 줘야 하잖아요. 성공하고 싶지만 제 방식으로 하려고요. 가족과 가까이 살면서 최선을 다해 가족을 돌보는 게 제가 생각하는 성공한 삶이에요."

그러나 숀의 삶은 곧 변화를 겪게 될 예정이다. 몇 년간 저축하고 허리띠를 졸라맨 덕분에 주택을 매입하는 데 필요한 계약금을 마침내 마련했기 때문이다. "혼자 해냈다는 것에 자부심을 느껴요."

숀은 곧장 자신이 걸은 힘든 길과 증여를 받은 이들이 걸은 길을 비교했다. "부모에게 도움을 받는 사람들은 그런 얘기를 잘 안 해요. 아마도 자기가 시스템을 속였다거나 뭐 그렇다고 생각하는 거겠죠. 만약 보조를 받을 수 있으면 좋은 거죠. 하지만 제 계약금은 제가, 온전히 제힘으로 마련했다는 걸 저는 알아요. 아주 힘들었지만요."

숀은 내 집 마련을 하면 자신의 삶이 아주 달라지리라는 걸 잘 알고 있었다. 나는 숀이 이것이 미래의 자녀에게 어떤 의미를 가질지, 자신의 자녀는 어떻게 키우고 싶은지 알고 있는지 궁금했다. "당연히 아이가 있으면 좋겠어요. 어떤 면에서 저는 아이들도 저처럼 크기를 바라요. 하지만 저보다는 더 좋은 동네에서 자라긴 하겠죠. 그리고 뭔가를 얻기 위해서는 열심히 노력해야 하고, 하룻밤 사이에 이뤄지는 건 없다는 걸 아이들이 알았으면 좋겠어요."

인터뷰를 끝내기 전에 숀은 자신의 생각을 마저 전하기 위해 나를 잠시 붙잡았다. 숀의 논평을 들은 나는 특히나 그런 말이 현대 영국에서 '성공'한 사람의 입에서 나왔다는 점에서 적잖이 실망했다. "저는 제 나이와 기회의 격차로 인해 깊은 절망감을 느껴요. 정말이지 모르겠어요. 제가 20년 전에 살았다면 그리고 동네 슈퍼에서 일하면서 사다리를 차근차근 올라갔다면 집값이 터무니없이 오른 지금을 사는 저보다는 사정이 더 낫지 않았을까요? 그냥 받아들여야겠죠. 저는 스스로 중상층이라고 말은 하지만, 노동자계급인 것처럼 느껴져요. 특히나 직장에서는 정말 거짓말 안 보태고 노동자계급 출신은 단 한 명밖에 보지 못했어요. 저는 현재 소득만 보면 중상층이지만 그렇게 느껴지지는 않아요. 영국에서는 소득이 아니라 자산이 장기적인 부의 수준을 결정하는 것 같으니까요. 저는 자산도 없고 그런 부가 없어요. 그런 건 타고나야 한다고 생각해요."

세바스천 페인은 자신의 저서 『부서진 심장지대』에서 '배럿 홈 브리튼'을 언급한 바 있다. 더 최근에는 논평가들이 이 자가소유 밀레니얼 집단에 또 다른 명칭을 붙였다. '디노들'Deanos(교육 수준이 낮고 저축을 거의 하지 않는 중하층계급 남성들)이다('배럿 홈 브리튼'이나 '디노들'이나 두 표현 모두 깔보는 듯한 뉘앙스가 깔려 있다). 1980년대에는 에섹스 출신으로 자영업자로 성공한 보수적인 에섹스맨이 있었다면, 디노들은 밀레니얼 중에서도 큰 야망을 품은 집단을 가리킨다. 디노들은 전통적인 블루칼라나 심지어 화이트칼라로도 분류할 수 없으며, 다만 영국 동남부 바깥 지역에 산다는 점이 공통된 특징이다. 주목할 점은 디노들이 자신의 몸값을 높이는 데 성공했고 부모의 도움 없이 내 집 마련을 했다는 것이다. 하틀풀 출신으로 32세인 콜과 이야기를 나눴다. "저는 100퍼센트 노동자계급이예요." 콜이 주장했다. "정말이에요. 3년 전까지만 해도 우리 가족은 빈털터리였어요. 시동이 걸릴지, 가다가 멈추지는 않을지 걱정해야 하는 그런 차를 몰고 출퇴근을 했어요. 용접공으로 일할 때는 이런 생각을 했어요. 이게 최선인가? 그런데 지금은 제가 감히 꿈꿀 수도 없었던 수준의 임금을 받고 있어요."

콜의 어린 시절에 부모가 자가소유자였지만 집안 형편이 넉넉하지는 않았다. "우리는 휴가 여행을 떠난 적이 없고, 사치를 부린 적이 없어요. 아버지는 벽돌공이었어요." 콜은 중등학교를 졸업한 후 곧장 4년짜리 용접 도제 과정을 밟을 수 있어서 지극히 운이 좋았다고 생각했다. "아주 좋은 회사였어요. 다시는 그런 회사를 만나지 못할 거예요. 정말 운이 좋았어요. 게다가 회사에서 학자금도 대줬기 때문에 빚을 지지 않아도 되었어요. 대학 졸업장을 딴 지 9년이 지난 지금 제 연봉은 4만 4천 파운드예요."

스물여섯 살에 내 집 마련을 할 때 부모로부터는 도움을 받지 못했지만 고용주에게 도움을 받을 수 있었다. "예전 회사에는 자사주 매입 제도가 있었어요. 제가 1파운드를 넣으면 회사에서 50펜스를 보태줬어요. 도제 과정을 밟을 때는 수가가 꽤 낮았지만, 제가 집을 살 무렵에는 제가 산 가격의 6배가 되었으니까 꽤 큰돈이 되었죠. 그건 제가 절대 손대지 않은 예금 같은 거였어요."

"와" 내가 감탄하면서 말했다. "왜 더 많은 회사가 그런 제도를 도입하지 않는 거죠?"

그러나 같은 회사에서 9년을 일하고 나자 더 이상 승진할 가능성이 없어졌다. 그래서 콜은 영국 남서부의 한 공장의 감독관 자리에 지원했다. 이직을 하면서 콜의 연봉은 이전 연봉의 거의 두 배인 10만 파운드로 올랐다. 남쪽에 있는 집에는 주말마다 간다. "우리는 아주 멋진 방 네 개짜리 단독주택이 있어요. 아주 살기 편한 집이죠. … 휴가 여행도 자주 가고, 차가 두 대예요. 아이들은 정말 좋은 환경에서 자라지만, 아직 저축을 못하고 있어요. 1년에

네 번 여행을 가요. 그냥 돈을 쓰면서 즐겨요. 얼마나 오래 갈지 알 수 없으니까요."

콜은 자신이 살면서 운이 좋았다고 주장했다. 그러나 통화하는 태도에서 그가 아마도 상사와 부하 직원들 모두에게 주목받고 존경받는 사람일 것이라고 짐작할 수 있었다. 나는 그에게 걱정은 없는지 물었다. 아주 오랫동안 침묵한 후 긴 목록을 나열한다. "제 건강을 걱정해요. 사무실에서 일하고 자동차를 타고 다니니까 내내 앉아 있잖아요. 말이 안 될 정도로 긴 시간을 일해요. 하루 14시간 꼬박. 이제 예전에는 상상도 못할 정도로 많은 돈을 벌지만, 그래도 돈 걱정을 해요. 지금 하는 일이 끝나고 이만큼 좋은 자리를 찾지 못하면 어떻게 하나 걱정해요. 그리고 아내와 아이들과 떨어져 지내는 것도 걱정이에요. 우리 부부는 열여섯 살 때부터 함께였어요. 그러다 보니 일 때문에 떨어져 지내는 게 힘들어요."

톰, 리치, 숀, 콜, 이 네 명의 밀레니얼 남성들의 이야기에서 명확하게 드러나는 것이 하나 있다. 학력, 임금, 직업, 자가소유, 기회를 기준으로 분류된 과거의 계급 범주가 21세기 영국에서 재편성되고 있다는 사실이다. 신노동당 정권하에서 보건부 장관을 지냈고 2017년까지 사회 이동 위원회 의장을 지낸 앨런 밀번Alan Milburn과 인터뷰를 진행하면서 영국에서 엄빠 은행이 어떻게 기회의 운동장을 평평하게 만드는지 의견을 교환했다. 내가 생각하는 문제의 복잡성을 상세하게 풀어내고 있는데, 밀번이 내 말을 중간에 끊었다. "여기서 잠깐 끼어들자면, 물론 사회 이동이 정체된 건 맞아요. 하지만 이것은 다면적인 문제입니다. 한쪽에 상속이라는 문제가 있고, 그로 인해 중산층 범주에 혼란이 일어났어요. 그러나 그게 진짜 위기는 아니에요."

밀번의 말이 옳았다. 상속이 중산층을 혼돈으로 몰아넣고 있었다. 또한 밀번은 내가 언론과 정치에서 가장 많이 언급되는 집단, 즉 중산층만을 집중 조명하고 있다고 지적했다. 그는 수정안을 제시했다. "진짜 위기는 훨씬 더 심각합니다. 노동시장이 변화하고 있어요. 그리고 이것으로 인해 기회의 사다리가 사라졌습니다. 만약 당신이 현재 청소부라면 50년 전에 비해 노동시장에서 더 좋은 일자리로 옮길 수 있는 기회가 훨씬 더 적습니다."

가이 스탠딩Guy Standing은 아마도 이런 최근 현상을 최초로 분석한 저술가였을 것이다. 그는 『프레카리아트』The Precariat: The New Dangerous Class에서 자산도 없고 상속 가능성도 없는 상태에서 21세기 영국의 불안정한 노동시장에서 살아남아야 하는 계급 집단이 점점 더 커지는 과정을 묘사한다.[22] 가이 스탠딩은 세계화와 긱이코노미가 새로운 최하층 계급을 만들어냈다고 주장했다. 그 최하층 계급은 적정 임금이나 사회보장이 제공되지 않는 단기 임시직을 전전하면서 먹고 산다. 이 계급은 이민자도 포함하지만, 또한 전통적인 노동자계급도 일부 흡수했다. 또한 정해진 일만 하는 긱이코노미 노동자도 여기에 포함된다. 영국의 밀레니얼 프레카리아트의 규모를 측정하는 한 가지 방법은 무료 급식 대상자인 학생 수를 세는 것인데, 현재 그 수는 200만 명이다. 즉 영국 학생 5명 중 1명이 무료 급식 대상자이며, 부모로 보면 200만 명 이상이 프레카리아트인 것으로 추정할 수 있다.[23] 그들은 도시의 집단 주거지에도 많이 거주하지만 그에 못지않게 근교 지역에도 거주한다. 주거 사다리에 오를 수 있는 능력이 전혀 없거나 거의 없다. 최근 들어 임금이 상승했지만, 그런 정도의 임금 상승으로는 생활비 위기에 대응할 수 없다는 것이 이미 입증되었다. 더 나아가 집단주의collectivism는 더 이상 노동자를 보호하는 적절한 장치로서 기능하지 않는다. 노동조합주의는 공공 부문에서 가장 효과적으로 작동하는 노동자 지원 시스템이지만, 프레카리아트는 자신의 노동의 경제적 여건에 변화를 가져오기 위해 그런 노동조합주의에 기댈 수 없다.

"현실은 사다리 발판 간 간격이 넓어졌기 때문에 사다리 맨 아래층에 갇힌 사람이 많다는 겁니다." 밀번이 지적했다. 밀번은 지속적으로 저임금에 시달리는 가난한 노동자들이 상향 이동하는 것은 불가능하고, 그 이유 중 하나가 고등교육기관 졸업장이 취업 요건이 되면서 노동자가 더 나은 일자리로 진입하지 못하게 막는 장벽으로 작용하기 때문이라고 주장했다.

밀번은 이렇게 설명했다. "제가 태어난 이후로는 간호사가 되려면 학위가 필수조건이 되었습니다. 곧 보육 일을 하는 데도 학위가 필수 자격 요건이 되겠죠. 교육은 어떤 사람에게는 길을 내주는 반면, 다른 이들에게는 문을 닫아버려요. 저는 사실 모든 사람이 사다리에 오를 수 있게 하려면 대학 졸업자 수를 줄이는 게 아니라 늘려야 한다고 생각해요."

나는 현 상황에서 학자금 대출 규모와 대학들의 재정 상태를 고려할 때 대학 졸업자 수를 늘리는 것이 해답이라는 것에는 회의적이었다. 또한 대학교에 초점을 맞춰본다면 기업이 자사 인력을 무료로 훈련시키도록 허용하는 것이나 마찬가지이지 않은가? AI, 자동화, 유연한 노동시장 시대에는 연령 불문, 기술 불문 모든 노동자가 기술 변화에 뒤처지지 않기 위해 끊임없이 자신의 능력을 계발해야 한다. 이것이 젊은이들이 학위를 따느라 빚이라는 굴레에 갇히게 되는 현실이 황당하게 느껴지는 이유다. 그런 학위로는 칠십대 중반에 완전히 은퇴하기 전까지 일하는 데 필요한 스킬을 갖출 수 없을 텐데 말이다.

베이비부머인 밀번은 아마도 자기 세대가 밀레니얼 자녀 세대에게 미래에 대한 헛된 기대를 심었을 것이라고 순순히 인정한다. "저는 1958년에 태어났어요. 제 부모나 조부모에게는 주어지지 않았을 방식으로 제게 기회들이 주어졌어요. 우리 세대는 믿었어요. 아마 우리 자녀 세대도 믿었겠죠. 극적인 사회 이동이 늘 재연될 수 있다고요."

밀번은 밀레니얼이 (그리고 그들의 부모가) 계층 하향 이동이라는 관념에 익숙해져야 한다는 메시지를 간접적으로 전달했다. 그러나 솔직히 말하면 하향 이동을 받아들여야 한다는 메시지로는 유권자의 선택을 받을 수 없을 것이다.

상속주의 사회에서 당신이 계급, 부, 재정 특권을 바라보는 관점은 당신의 처지에 따라 매우 달라진다. 상속은, 그것이 아무리 개념에 불과하거나 대화 주제에 불과할지라도, 영국 사회의 상류층에서 주로 이루어지는 것이다. 그리고 경제적 긴장과 갈등은 대개 상류층과 중하층 간에 가장 첨예하다. 그러나 또한 상속은 모든 소득 구간에 영향을 미치는 경제 동력이기도 하다.

그런데 당신은 이 장에서 다룬 계급 대표 사례에서 명백히 빠진 집단이 있다는 것을 알아차렸을 것이다. 그것은 상속이 여성에게는 남성과는 완전히 다른 매우 특정적인 방식으로 작동하기 때문이다.

인생의 이정표, 결혼, 그리고 짝 선택
: 왜 상속주의는 페미니즘의 논점인가

6

박사학위 졸업식을 마치고 48시간이 지났을 때 남의 변기 앞에 무릎을 꿇고 엎드려 말라붙은 변을 긁어내고 있자니 내 삶이 도대체 어떻게 흘러가고 있는 건지 한심한 생각이 들 수밖에 없었다. 그때 나는 서른한 살이었다. 내 이력서를 훑어보면 모든 것이 계획대로 굴러가고 있는 듯 보였을 것이다. 나는 박사학위를 받았고 런던에 있는 명문대에서 강사로 일하면서 책을 쓰고 있었다. 그러나 더 급박한 진실 대부분은 감춰져 있었다. 강사 연봉은 1만 파운드였고 나는 부모 집에 얹혀살고 있었으며 주 1회 청소일을 해서 매주 60파운드를 현금으로 받았다.

내 키덜트기는 다른 친구들보다 훨씬 더 오래 지속되었다. 나는 생애주기에서 '교육기' 구간을 30세까지 연장했다. 박사학위만으로는 안정적인 커리어를 이어갈 수 없었고 단기 계약직 강사 자리를 전전했다. 내 친구 집단에서 성인기에 제때 진입한 사람과 그렇지 못한 사람들 사이에 뚜렷한 경계선이 나타나기 시작했다. 내 집을 마련한 친구와 그렇지 못한 친구. 그리고 가장 극명하게 갈라지는 지점은, 특히 여자들 사이에서는, 자녀의 유무였다. 이런 표식을 쟁취한 이들이 부모의 도움으로 성인기로 순조롭게 넘어갔다는 사실은 언급되지 않는다. 친구들은 당연히 자신이 입은 혜택에 대해 떠들기를 주저했고, 주택 가격의 상승과 '시장'에 대해 불평하면서 그 사실을 덮는 쪽을 선택했다.

정해진 시기에 맞춰 정해진 과업을 해내는 이정표 문화를 거부한 것이 삼십대의 나를 대표하는 특징이었다. 친구들이 웨딩드레스를 맞추러 다니는 동안 나는 옷도 갈아입지 않고 잠들기 일쑤였다. 친구들이 산모 교실을 다닐 때 나는 중국의 만리장성을 오르고 있었다. 가족 모임이 있으면 나는 약간 취한 채로 내 나이보다 열 살은 어린, 내게 어울리지 않는 남자와 팔짱을 끼고 나타나곤 했다. 결혼식장에서는 아이들이 앉는 테이블에 앉아야 했고 조카들의 철없는 이모 역할을 적극적으로 받아들였다. 새로 태어난 조카를 넘겨받았을 때는 마치 깨지기 쉬운 꽃병을 받은 사람처럼 잔뜩 굳어 아기를 몸에서 멀찍이 떨어뜨렸다. 나는 '모성애가 없는 여자'라는 말을 자주 들었다. 이런 말은 황당하고 이문법적인 관점을 보여주지만, 우리 문화에는 아직도 그런 관점이 지배적이다. 그래서 아이가 없는 여자를 자유롭지만 외로운 인물로, 엄마는 정신없이 바쁘지만 사랑받는 인물로 그리곤 한다.

나는 내 생애주기를 어머니의 생애주기와 자주 비교하곤 했다. 어머니는 스물여덟 살에 결혼했고 서른 살에 첫 아이를 낳았다. 어머니의 말에 따르면 '당시로서는 부끄러울 정도로 늦은' 것이었다. 나는 어머니보다 14년 더 오래 학교를 다녔고 부모에게 경제적으로 의존한 기간은 15년이나 더 길었다. 위로가 필요할 때는 아버지의 생애주기와 비교했다. 아버지는 평생 같은 집에서 살았고 제대로 된 직장을 가져본 적이 없으며 어머니와 8년을 연애한 끝에 결혼했다. 그런데 그런 아버지가 내 서른네 살 생일 전날 밤 나를 앉혀놓고 내 미래에 대해 진지하게 생각해볼 때가 왔다고 조언했다. 자유로운 삶의 대표와 같은 아버지에게 그런 말을 들으니 정신이 번쩍 들었다. 대다수 밀레니얼 여성처럼 나도 이십대와 삼십대 초반 내게 주어진 자유를 누리면서 한편으로는 커리어를 쌓는 데 온 힘을 쏟았다. 그러나 그런 노력에도 불구하고 남들에게 보여줄 만한 성과는 거의 없었다. 내가 내세울 거라고는 **각종 학위**밖에 없었고, 여전히 부모에게 경제적으로 의존하고 있었다. 전통적인 기대가 나를 몰아세우면서 경고음을 울리자 압박감에 짓눌리기 시작했다. 처음에는 나지막했던 경고음이 점차 커졌다. 삼십대 중반이 되자 내 귀에 울리는 경고음의 볼륨이 최고조에 달했다.

시간의 독재

성인기의 이정표와 그에 따른 기대와 압박을 발명한 것은 밀레니얼 여성이 아니다. 노처녀에 대한 부정적인 인식만 해도 그 역사가 길다. 그러나 우리가 그런 기대와 압박을 다른 세대보다 더 깊이 내면화했을 수는 있다. 우리가 가정과 사회에서 모든 걸 이룰 수 있다고 믿지는 않았지만, 우리에게는 내 삶에 대한 주도권이 그 어느 세대의 여성보다도 더 많이 주어졌다. 우리는 더 큰 자유를 누렸고, 그래서 스스로에게 더 큰 기대를 했다. 그러나 역설적으로, 또는 필연적으로 그런 자유와 기대로 인해 우리 세대 여성은 더 깊은 불안, 좌절, 실망을 느꼈다.

1990년대와 2000년대에 자란 우리가 여성의 삶과 그 삶이 어떤 식으로 전개되어야 하는가에 대해 혼란스러운 내러티브를 주입당해서 그렇게 된 것도 있다. 한쪽에서는 우리가 교육과 커리어라는 측면에서 선구자라면서 추켜세웠다. 아직은 남성과 동등한 지위에 올랐다고 확신할 수는 없어도 분명 세상에서 우리의 지분과 목소리가 커지고 있었다. 우리는 처음부터 여성에게 꿈, 야망, 성취에 한계가 없다고 들었다. 아버지는 내가 원하면 최초의 여성 캔터베리 대주교도 될 수 있다고 말하곤 했다.˙

다만 캔터베리 대주교가 되는 것이 내 꿈은 아니었다. (재즈 가수가 되는 것은 내 꿈 중 하나였다.) 당시에는 여성에게 열려 있는 자리도 아니었다. (아직도 여성에게 열리기를 기다리는 중이다.)˙˙ 그러나 아버지가 그런 말을 할 때 내가 순순히 받아들였다는 사실이 그 시대에 여자아이가 어떻게 자랐는지를 잘 보여준다고 생각한다. 또한 내 아버지가 어떤 사람이었는지에 대해서도 상당히 많은 것을 알 수 있다. 1990년대의 문화와 사회를 지배한 만성적인 여성혐오증에도 불구하고 능력주의와 사회 이동에는 명백하게 페미니즘적인 요소가 깃들어 있었다. 또한 역사적인 흐름도 그런 요소에 힘을 실어주고 있었다. 마치 엄마들과 할머니들이 우리 귀에 대고 이렇게 속삭이는 것 같았다. '우리가 할 수 없었던 것들을 하렴.'

대중문화는 우리에게 남녀는 서로 다른 행성에서 온 명백히 다른 종족이라고 말했지만, 실제로는 남녀가 점점 더 통합되고 있었다. 1990년대에 젊은 남자를 지칭하는 '래드'lad의 변주로 사내 같은 거친 젊은 여자를 지칭하는 '래데트'ladette라는 용어가 등장

˙ 캔터베리 대주교는 영국 국교회의 최고위 성직자이다.
˙˙ 2025년 10월 4일 최초의 여성 캔터베리 대주교가 임명되었다.

했다. 이런 식의 명칭들은 실재를 나타낸다기보다는 조작된 것이라고 봐야 하지만, 어쨌든 남녀의 음주 습관만이 아니라 어른되기 여정도 유사성이 있다는 사실을 상징적으로 나타낸다. 남녀 모두 무책임하고 자유로운 이십대를 만끽했다. 밀레니얼 세대의 경우에는 이런 시기가 삼십대가 된 이후까지도 연장되었다. 그러나 무엇보다도 밀레니얼 여성은 그런 연장된 자유의 시간을 보낸 후 '정착'하는 것이 또래 남성에 비해, 더 나아가 우리 어머니 세대 때보다 훨씬 더 복잡한 타협을 요구한다는 것을 인지하고 있었다. 또한 밀레니얼 여성은 베이비붐 세대에서 장려한 관념도 물려받았으므로 자녀를 가지면 자유, 표현, 즐거움의 시간이 완전히 끝난다고 믿었다. 나는 직접 엄마가 된 후 전혀 그렇지 않다는 것을 확실히 알게 되었다.

밀레니얼이 자란 시대에는 여성의 자율성이 상업화되었고, 여성의 주체성은 예외적이고 혁명적인 것이 아니라 당연한 것으로 묘사되었다. 그러나 이런 묘사는 1990년대와 2000년대에 '생체 시계' 내러티브와 병존하면서 긍정적인 메시지와 부정적인 메시지가 한데 뒤섞여 혼란을 불러일으켰다. 이 시대에는 브리짓 존스와 사만다 존스가 나란히 존재하는 시대였다.『데일리 메일』에 실리는 여성에 관한 글에 매번 (한 가지 소득원밖에 없고, 남자친구도 없어서 매우 절박한 상태에 있는) SINBAD 아니면 (늘 여자친구에 머물고 결코 아내는 되지 못하는) PEGI가 등장하는 시대였다. 2001년 방영된『프렌즈』의 한 에피소드에서 서른 살 생일을 맞이한 레이철은 나이가 들어가는 것을 우울해하면서 서른 살이라는 중요한 전환기에도 자신이 꿈꿨던 것을 하나도 성취하지 못했다는 사실에 절망한다. 레이철은 아이를 3명 갖고 싶으니 서른다섯 살이 되기 전에 첫째를 가지겠다고 선언한다. 그러나 그런 식으로 역산을 해보니 자신은 결혼할 남자를 이미 만났어야만 했다. 이 에피소드는 나머지 주인공들도 서른 살이 되었을 때 힘든 시간을 보냈다고 인정하는 것으로 마무리된다. 요컨대 이런 절망감을 느끼는 것이 단순히 여성만의 경험이 아닌 남녀 모두 하는 경험으로 그려졌다.[1]

《섹스 앤 더 시티》*Sex and the City* 또한 밀레니얼 세대의 가치관이 형성되는 시기에 방영되었다. 나는 최근 《섹스 앤 더 시티》를 다시 시청하면서 네 여주인공의 성적 해방만이 파격적이었을 뿐 아니라 그 주인공들의 연령대 자체도 파격적이었다는 사실을 깨달았다. 당시에는 남자들처럼 섹스를 대하는 주인공들의 행보가 신선하고 현대적으로 보인 것도 사실이다. 그러나 더 중요한 것은 그 여자 주인공들이 이십대가 아니라 삼십대, 어른되기 시나리오가 아이를 가져야 한다고 지시하는 나이였다는 점이다. 보수적인 인물을 내표하는 샬럿 요크는 여성에 대한 전통적인 기대와 자신의 나이에 집착했지만, 포기하지 않고 전통적인 계획을 세우고 실천하려고 열심히 노력했음에도 불구하고 이혼이라는 커브볼에 당한다. 게다가 보수적인 그녀도 친구들만큼이나 성적 해방을 즐긴다.

다만 샬럿이 겪은 난임 문제는 삼십대가 되면 남녀가 얼마나 급작스럽게 다른 길을 걷게 되는지를 부각시킨다. 2003년 실비아 앤 휴렛Sylvia Ann Hewlett은 『베이비 헝거: 엄마되기 전쟁』*Baby Hunger: The New Battle for Motherhood*이라는 책을 냈다. 휴렛은 엄마되기와 커리어를 분리하는 이원주의와 많은 여성이 느끼는 '임신과 출산을 너무 오래 미루는 것'에 대한 두려움을 다소 거칠게 분석한다.[2] 이 책은『타임』표지를 장식했고 오프라에 의해 상세하게 해부되었다. 휴렛이 이 책을 통해 주장하는 바가 있었다면 그것은 여성들이 전통적인 가정과 성공적인 커리어 모두를 가질 수 있으며, 다만 그러기 위해서는 그에 맞는 **계획을 세워야 한다**는 것이었다. 이런 조건화로 인해 밀레니얼 여성은 성인기에 들어설 때 윗세대와는 다른 자세로 임했다. 그것은 '모든 것을 다 가지기'가 아니라 '모든 것이 되기'에 가까웠다. 미묘한 차이 같지만, 확실한 것은 후자가 덜 수동적이고 더 개인주의적이다. 지속적으로 자기계발을 하고 끊임없이 계획을 세워야 하는 부담과 책임이 우리 밀레니얼 여성의 것이 되었다.

우리는 여성의 독립성에 대해 이렇듯 현실과 동떨어진 이상을 주입당했을 뿐 아니라 바람직한 동반자 관계에 대해서도 모순적인 시나리오를 전달받았다. 우리 어머니 세대와 달리 우리는 어린 나이에 결혼해야 한다는, 더 나아가 여자는 반드시 결혼해야 한다는 종교적·사회적 기대에서는 비교적 자유로웠다. 그 대신 우리는 일단 나를 찾았다면 (되도록 빠른 시일 내에) 나의 동반자를 찾아야 한다는 관념을 시각 자료, 비전 보드, 소문 등을 통해 주입당했다. 연애 실패를 어느 정도 경험한 직후에 내 짝이 나타나야 했는데, 그런 실패로 인해 내가 지나치게 냉소적이 되거나 깊은 상처를 받을 정도여서는 안 되고, 내 짝이 나타났을 때 알아볼 수 있을 정도인 것이 가장 이상적이었다.

성적·정서적 동반자 관계라는 이상은 1960년대에 등장했지만, 여성들이 자신의 몸과 재정에 대해 더 많은 자율성을 부여받은 1990년대가 되어서야 그 이상이 현실이 되었다. 이 이상은 디즈니 동화와는 거리가 멀었지만, 솔직히 말하자면 디즈니 동화보다 훨씬 더 환상에 가까웠다. 전통적인 남성성의 가장 좋은 면(안정적인 보호자)과 현대 남성성의 가장 좋은 면(성장 마인드셋을 지닌 성장형 인물로 세심하며 자녀를 원한다)만을 가진 남성을 동반자로 규정했기 때문이다. 그래서 우리 또한 21세기 여성성의 이상화된 모습에 부합하는 여성이어야 했으며, 페미니스트의 진취성과 전통적인 여성적 매력이 적절하게 조화된 여성이어야 했다.

전형적인 밀레니얼 시나리오에서 동반자 관계란 두 개인의 연합을 의미했다. 두 사람 다 자신의 잠재력을 완전히 발휘해야 하며 동등한 지위를 유지해야 하고 정서적으로 안정된 자녀를 키워내야 한다. 여기에 내재된 모순이 감지되는가? 그런 것들을 하면서 널뛰는 주택 가격, 치솟는 자녀양육비, 임금 정체, 경제적 변동성(과 글로벌 팬데믹)도 예의 주시하면서 분석해야 한다. 얼마나 실현 불가능한 일인지는 굳이 말할 필요도 없을 것이다. 밀레니얼 여성은 자존감이 매우 높지만, 또한 내 짝이 반느시 있다는 기대를 품도록 조건화되었다. 그러나 결혼한 부부의 절반이 이혼하고 맞벌이가 필수이고 전통적인 남성성의 토대가 무너진 것이 우리 사회의 현실이다.

여기에서도 우리를 압박하는 추가적인 요소가 있는데, 이 모든 것을 정해진 **일정표**에 맞춰 해내야 한다는 것이다. 대다수 밀레니얼 여성은 시간에 의해 공포에 떤다. 단순히 스케줄 관리 앱이라는 독재자에게 매일 독촉을 받을 뿐 아니라 생애주기상 시기가 정해져 있는 중대사들에 의해서도 압박을 받는다. 완벽주의에 지나치게 매몰되어서 생기는 현상이다. 우리는 너무 일찍 임신하지 말라는 이야기를 들은 세대였다. 그러나 또한 너무 늦게까지 임신을 미루면 안 된다는 이야기도 들었다. 너무 어릴 때 결혼하지 말라는 경고도 들었지만, 너무 오래도록 팔리지 않아도 곤란하다는 경고도 들었다. 가정이라는 책임에 짓눌리기 전에 세계여행을 하라는 조언을 들었지만, 동시에 그런 무거운 책임에 대비하라는 조언도 들었다. 이십대에는 너무 심각하게 삶을 대하지 말고 즐기라는 말도 들었지만, 또한 커리어에 투자하고 주택 구입 자금을 모으라는 말도 들었다. 도시의 혜택을 누릴 수 있도록 도시에서 살아야 한다는 말도 들었지만, 아이가 때 묻기 전에 도시를 떠나라는 말도 들었다. 너무 늦게 정신을 차리거나 때를 놓치는 것에 대한 두려움은 마치 물이 똑똑 새는 수도꼭지처럼 집요하게 우리를 괴롭힌다.

그런데 이런 '해야 한다'와 '하지 말아야 한다'의 목록들은 우리 밀레니얼이 스스로 만들어낸 감옥이 아닐까? 우리 어머니 세대가 우리가 느끼는 그런 압박을 이해하기 어려워하는 것은 분명하다. 그러나 베이비부머 여성은 우리와는 다른 리듬에 맞춰 삶을 살았다. 그들은 성인기 중대사를 전반부에 몰아넣은 반면, 우리에게는 자신들과는 완전히 반대로 살라고 가르쳤다. 영국 잡지 『스타일리스트』에서 실시한 한 조사에 따르면 젊은 여성의 87퍼센트가 자신이 삶에서 원하는 모든 것을 성취해야 한다는 엄청난 압박감에 시달린다고 답했다. 젊은 여성에게 '재깍재깍 세대'Generation Tick Tock라는 별칭을 붙인 것에서도 이런 점이 명백하게 드러난다. "기본적으로 우리는 시간과 전투를 벌이고 있다고 생각해요. 그런데 그 전투에서 늘 지고 있다고 느끼는 거죠."[3] 그리고 여러 설문조사에서 드러나듯이 이런 스트레스를 가하는 주체는 가족이나 사회가 아니라 우리 자신이다. 우리가 스스로를 압박하고 있다는 사실은 여성들이 적극적으로 행동하기만 하면 뭐든 해낼 수 있다는 린인 페미니즘lean-in feminism을 우리가 얼마나 체화했는지를 보여준다. 우리는 거시적인 관점에서 사회구조적 불평등과 그런 불평등을 정낭화하는 내러티브에 대응하기보다는 변화해야 하는 책임을 스스로에게 돌리고 있는 것이다.

21세기 여성이 이전보다 더 많은 자유를 누렸다는 사실을 부정할 수는 없지만, 성인기 이정표는 우리로 하여금 자신의 삶, 커리어, 업무, 그리고 무엇보다 몸을 광적으로 통제하게 만든다는 점에서 우려스럽다. 그것은 중요한 삶의 과업들을 삼사 년이라는 짧은 기간에 어떻게든 욱여넣으려는 노력의 일환이다. 시간에 집착한 나머지 선제적 불안증에 시달린다. 앞으로 몇 년 동안은 고민할 필요가 없는 일들까지 걱정한다.

시간은 명백한 두 가지 이유로 인해 남성성과는 다른 방식으로 여성성과 긴밀하게 얽혀 있다. 첫째는 가부장제이고, 둘째는 남성과 여성의 생물학적 차이다. 도널드 트럼프는 2016년에 《하워드 스턴 쇼》에서 여자에게 35세는 '쫓겨나야 하는 시간'이라고 말해 화제를 불러일으켰다. 내가 이 사건을 기억하는 이유는 바로 그해 내가 자녀가 없는 35세의 미혼 여성이었기 때문이다. 그 말은 내게 깊은 상처를 남겼다. 왜 일흔 살이 넘은 과체중이고 정신 나간 성차별주의자가 생각 없이 툭 던진 말이 그토록 크게 다가왔을까? 강철 심장을 지닌 게 아니라면 여자가 '진열 중'이고 '유통기한을 넘겼다'는 가부장적 담론을 흡수하지 않을 도리가 없기 때문이다. 이것은 퇴색하는 미인이라는 관념과도 연결되어 있다. 아름다운 외모는 역사적으로 여자에게 재화로 여겨졌고, 우리는 아직도 이 관념에서 벗어나지 못하고 있다. 그러나 여자의 '권장 유통기한'은 시대와 문화마다 다르다. 중국에서는 이십대 여성, 특히 미혼인 여성이 관리 대상이었다. 2007년 중국 교육부는 스물일곱 살이 넘은 여성들을 '잔반 여자'들이라고 낙인찍고 공개적으로 망신을 주면서 그들에게 '비현실적인' 결혼 조건을 포기해야 한다고 훈계했다. 우리 어머니 세대의 진열 기한은 서른 살이었다. 내 계급, 문화, 세대의 여성에게는 삼십대 중반에 온갖 불필요한 압박이 닥쳐온다. 나는 내 남자 사람 친구 중 한 명이 서른다섯 살이 된 후로는 '10년을 낮춰' 이십대 초반인 여자만 사귀기로 결심했다고 인정한 게 기억난다. 이십대 초반인 여성들은 연애를 하면서 생체 시계에 영향을 받지 않기 때문이라는 이유를 댔다. 걱정 마시라, 그 친구는 단단히 잡도리를 했으니. 그러나 그가 댄 핑계가 아주 근거가 없다고는 할 수 없다. 그 친구는 아직 아이를 갖고 싶은 마음이 없었다. 그렇다고 삼십대인 여성에게 헛된 희망을 주면서 붙들어두고 싶지도 않았다. 모든 남자가 그 친구만큼만 솔직해도 좋을 텐데.

생물학적인 면에서 타이밍은 전통적으로 《프렌즈》의 레이철이 계산하듯 적시에 적임자를 만나는 것을 의미하게 되었다. 그래야 몇 년간 함께 관계를 다져서 최종적으로 자녀 양육이라는 시험대에 오를 준비를 할 수 있기 때문이다. 이 모든 것을 의료인들이 말하는 '노산'으로 분류되기 전에 마쳐야 한다. ('노산'의 기준은 35세이고, 다만 현재는 이에 못지않게 모욕적인 '고령 산모'라는 표현을 더 많이 쓴다.) 이것은 생물학적 시간표에 맞춰서 세운 모든 계획이 순조롭게 실행되는 것을 전제로 하는데, 당연한 얘기지만 그렇게 된다는 보장은 없다. 특정 직종에서는 커리어 사다리와 가임 기간이 확실하게 조화를 이루도록 신경 써야만 한다. 1990년대 이후 우리 사회는 여성들이 자녀를 가지기 전에 커리어를 어느 정도 안정적으로 올려놓아야 하는 기업 문화를 받아들이고 이를 장려했다. 이것은 말도 안 되는 문화인데 현재는 난자 냉동이 회사 복지로 홍보되는 지경에 이르렀다. 대부분의 경우에는 아이를 가지는 시점을 가늠할 때 재정적 압박이 뒤따른다. 경제적으로 얼마나 여유가 있어야 아이를 낳아도 될까? 우리가 다음 세대에 물려주게 될 유산이 무엇인지는 명백해 보인다. 그 어느 때보다 높은 자녀 양육 비용과 낮은 출생률.

『발작기』*The Panic Years*에서 넬 프리젤Nell Frizzell은 자신이 발작기라고 명명한 생애주기를 상세하게 묘사했다.[4] "삼십대 중반과 사십대 초반 사이의 기간에 대해 쓰고 싶었어요. 직업, 주거, 예금, 우정, 반려자에 관한 선택과 결정을 하는 시기니까요. 그 모든 것이 여자의 생물학적 생체시계에 영향을 받는 것이기도 하고요." 줌 인터뷰를 진행하는 중에 넬이 내게 설명했다.

"맞아요, 그건 바로 제 얘기이기도 했어요!" 나는 가슴을 치며 연대감을 표시했다. "그런데 금기 주제어 … 돈은요? 돈은 발작기에 어떤 역할을 하나요?" 내가 물었다.

"이 시기에 여성들은 남성들은 하지 않는 것처럼 보이는 그런 경험을 해요." 프리젤이 페미니스트 목소리를 낼수록 목소리에 더 생동감이 돌았다. "왜냐하면 기본적으로는 생물학적 문제이지만 또한 경제적 문제이기도 하거든요. 여성들은 남성들과는 다른 방식으로 자녀 계획을 세워야 하잖아요. … 특히나 요즘 같은 시대에는요. 너무나 젠더화된 문제라서 남성과 여성이 서로 완전히 분리된 대화를 하게 돼요."

여성들에게 돈은 임신 결정과 관련된 모든 요소에 스며들어 있다고 프리젤은 말했다. "양육비만이 아니라 잠재적인 불임 치료비, 경력 단절, 그리고 연금까지도 고려해야 해요." 아이를 낳은 여성이 직장에 복귀해도 격차가 발생한다. 넬은 이렇게 회상했다. "출산 직후에 저처럼 출산한 지 얼마 안 된 또래들이 아주 멋진, 생산적인 일들을 해내는 것을 보면서 그저 놀랐던 기억이 나요. 이런 생각이 드는 거죠. 어떻게 그렇게 할 수 있는 거지? 몇몇은 경제적 여유가 있어서 베이비시터를 고용했다고 인정하더군요. 인정하지 않은 친구들이 더 많지만요. 하지만 생각해보면 저도 친정엄마와 시어머니의 도움을 받았는걸요. 그런 도움조차 받을 수 없는 친구도 많으니까요."

프리젤은 당연한 얘기지만 여성들이 자신이 받는 지원과 도움에 대해 다른 사람뿐 아니라 자기 자신에게도 솔직하게 인정하는 것이 중요하다고 지적했다. 앞으로 보겠지만, 발작기를 (전통적인 관점에서) 성공적으로 헤쳐나가는 사람들은 많은 도움을 받으며, 대개 부모의 지원으로 앞으로 튀어나가거나 최소한 그럭저럭 생활을 유지한다. 출산한 여성이 일할 수 있느냐 없느냐 하는 문제에서 배우자의 지원뿐 아니라 조부모의 손주 육아 참여 가능성이 점점 더 중요한 결정 요인이 되고 있다.

소셜미디어 게시물에서는 부모에게 지원을 받는다는 사실이 누락되곤 한다. 소셜미디어에 타임라인을 편집해 올리는 것이 곧 삶의 모습이 된 확성기 시대에 밀레니얼 여성은 성인기에 진입했다. 다른 사람의 인생이 펼쳐지는 것을 매일 보면 자기 삶의 취약성이 더 강조되기만 한다. 알고리즘은 소비 자본주의의 먹이가 되는 불안감을 증폭하도록 설계된다. 뭔가가 부족하다는 생각, 남이 가진 걸 가지고 싶다는 갈망을 부추긴다.

이것은 특히 이정표 문화에서 명백히 드러난다. 우리는 각자 자신의 피드에 서 있다. 마치 달리기 경주라도 하는 양 서로의 레인을 들여다보면서, 누가 앞서나가는지 누가 뒤처지는지, 누가 부싱을 당했는지, 누가 경주에서 완전히 탈락했는지 끊임없이 확인한다. 그리고 이 경주에는 단순히 우리의 친구들만 뛰고 있는 것이 아니라 우리가 사랑하는 사람, 좋아하는 사람, 미워하는 사람, 티 안 내려고 애쓰지만 질투가 나 죽겠는 사람, 한때 술에 취했을 때 클럽 화장실에서 사귄 사람 등 '내 소셜네트워크'라는 느슨한 표현에 포섭되는 모든 사람이 뛰고 있다.

프리젤은 자신도 자신과는 다른 길을 걷는 여자들에게 자주 감탄한다고 인정했다. "최근 들어 인스타그램의 전통적인 가정주부를 표방하는 '트래드 와이프'trad wife들의 계정을 강박적으로 들여다보고 있어요. 특히 발레리나 팜Ballerina Farm 같은 계정요. 가끔은 제가 그런 여자, 부자 남편과 결혼한 전업주부였다면 어땠을지 상상해보기두 해요." 프리젤은 이 밀을 하면서 장난스레 웃어 보이지만 곧이어 돈과 일이 자신의 삶에서 어떤 역할을 했는지 진지하게 반추했다. "저는 실제로도 이런 것들에 대해 자주 생각해요. 상당히 일찍 커리어 사다리에 올라탄 사람들을 만난 자리에서 참 이상한 사람들이라고 생각한 기억이 나요. 저는 뭔가 창의적이고 흥미로운 일을 하는 것이 중요하다, 심지어 돈을 버는 일보다 더 중요하다고 믿었거든요. 그리고 저랑 생각이 같은 사람과 결혼했고요. 솔직히 말하면 지금은 좀 짜증이 나긴 해요. 왜냐하면 돈이 더 많았으면 좋겠다고 생각하니까요! 저는 부업으로 광고 일을 하는 소설가라는 90년대의 꿈의 직업을 가지고 싶었어요. 하지만 지금은 그렇게 하는 게 절대로 불가능하죠."

프리젤이 '트래드 와이프', 즉 전통적인 가정주부 추구 현상을 지적한 것은 매우 적절했다. 왜냐하면 '트래드 와이프'의 소셜미디어 활동은 젊은 여성들 사이에서 동경과 분노라는 두 가지 감정 모두를 불러일으키기 때문이다. 부부가 두 사람이 다 숨 돌릴 틈 없이 자신을 갈아 넣는 시대에서 여성이 가정에 머물면서 경제적으로 남자에게 전적으로 의존하는 그런 삶을 잠시나마 꿈꿔보는 것이 과연 놀랄 일일까? 여성 해방이 이따금 거짓말처럼 느껴지기도 한다. 최근 『선데이 타임스』의 기획기사는 발레리나 팜의 목가적인 풍경에 감춰진 현실을 폭로하면서 해나 닐먼Hannah Neeleman의 복잡한 사정을 보도했다.[5] 그럴 줄 알았어, 하고 독자들이 아우성쳤다! 필터 뒤에 닐먼의 삶을 통제하고 자유를 제한하는 위압적인 남편이 있는 듯 보였다. 그런데 정말일까? 닐먼의 신속한 부정과 소셜미디어에서 벌어진 논쟁으로 판단해보건대 아직 명백히 밝혀진 것은 없어 보인다. 우리가 닐먼을 1950년대의 불만이 가득한 수동적인 전업주부로 묘사하든, 자신의 자율성을 행사하는 특권층 백인 여성으로 묘사하든 두 그림 모두 우리 밀레니얼 여성이 전통적인 주부상을 자신의 자유를 의심하며 비춰보는 거울로 삼고 있다는 사실을 드러낸다.

주요 경제적 요인들이 우리의 통제에서 벗어난 시대에 우리가 내면으로 시선을 돌린 것도 우연은 아니다. 밀레니얼 시대의 자기계발은 자신을 비틀어서 이런 모순적이고 불가능한 틀에 억지로 끼워 맞추고 칼같이 시간을 지키고 관리하는 것이었다. 비법, 요령, 팟캐스트, 앱, 회고록, 선언문의 도움을 받아 자신이 누구인지를 깨닫고, 평생의 동반자를 만나고, 이번이야말로 반드시 승진하고, 이십대를 무사히 넘기고, 완벽한 몸을 가지려고 노력한다. 우리는 수면, 걸음 수, 칼로리, 호르몬 주기, 소셜미디어 소비까지 모든 것을 통제한다. 모든 것을. 앤 헬렌 피터슨이 정확하게 요약한 대로 이런 통제 문화에 함몰된 우리가 번아웃 세대가 된 것은 전혀 놀라운 일이 아니다.[6] 그러나 자기계발을 내세운 문화는 은유적 실크 수면 안대로 우리 눈을 가린다. 실질적인 경제적 장벽들, 현실, 우리를 직접적으로 제약하는 사회 구조를 은폐한다. 그런데 개인에게 주체성이 있다고 느끼고, 현실을 인지하고 있고 잘 파악하고 있다고 느끼는 것도 중요하다. 자기이해가 곧 힘이다. 따라서 우리 세대가 주입당한 내러티브를 이해하거나 거부하는 것 또한 힘이다.

이 글을 읽으면서 '나는 그 모든 것에 저항해요! 나는 이 틀에 억지로 맞추지 않아요!'라고 생각한다면 그렇게 하는 것이 맞다. 그리고 그렇게 저항하는 것이 점점 더 예외가 아닌 평범한 것이 되고 있다. 이렇듯 엄마가 되고 중년으로 가는 처방적, 관습적 경로를 해체하려는 의식적인 흐름이 생긴 이유는 아주 명백하다. 그런 처방적, 관습적 경로를 따를 수 있는 여건이 되는 사람이 거의 없기 때문이다. 우리는 기존 규범을 깬 최초의 세대가 아니지만, 밀레니얼 세대 중에서 엄격한 규정집을 거부하는 사람이 늘어나고 있다. 현대 페미니즘은 이 장막을 걷어올리는 작업, 규제와 압박을 폭로하는 작업에 주력한다. 우리는 비선형적인 커리어를 쌓는다. 사십대에 출산한다. 아빠 없는 아이를 낳는다. '아이가 없다'는 표현을 거부하고 '아이에게 매여 있지 않다'는 관념을 받아들인다. 우리는 동거를 할 때 결혼을 전제로 하지 않으며 동거인이 여러 번 바뀌며 결혼 **대신에** 동거를 한다. 우리는 계속 학교로 돌아간다. 이제는 누구도 생애주기의 언제와 무엇에 대해 확신을 가지고 말할 수 없고, 특히 여성의 생애주기는 더욱더 유동적이 되었다. 그러나 이런 현상이 경제적 장벽들에서 비롯된 것만은 아니며 더 많은 자유, 더 큰 사회적 수용성에서 비롯된 것이기도 하다. 또한 덧붙이자면 글로벌 팬데믹으로 인해 연애, 난임 치료, 자격증 취득 등 온갖 활동이 중지되거나 제한된 것도 한몫했다.

밀레니얼 여성이 성인기의 중대사를 수행해야 하는 정해진 기한이 있다는 관념에 분노하거나 반기를 드는 것은 충분히 정당화할 수 있다. 그런 관념은 편협할 뿐 아니라 무의미해 보인다. 우리는 기꺼이 주어진 인생 시나리오를 찢어버릴 수 있어야 한다. 밀레니얼 세대는 현재, 한때 X세대와 베이비붐 세대가 했듯이 20세기 후반을 지배한 교육기, 노동기, 은퇴기라는 3단계 생애주기 모델을 더 세분화되고 더 개인맞춤형이고 21세기의 경제적·젠더적 관계에 더 잘 부합하는 생애주기 모델로 재편하고 있다.

최근의 증거는 Z세대 자매가 관습과 기대의 경계를 흔들면서 젠더 역할과 정체성에 관한 실험을 더 큰 규모로 진행하고 있다는 것을 보여준다. Z세대는 성인기 이정표들을 빠짐없이 통과해야 한다는 관념에 반기를 들 뿐 아니라 이정표 자체에도 의문을 제기하고 있다. 앤드루 테이트Andrew Tate의 해로운 영향력에 대해 이야기하든 출산 거부 운동에 대해 이야기하든 그것은 모두 청년들의 성인기 진입로가 망가진 것에 대한 반응들이다.

그러나 여기에는 긍정적인 면도 있다. Z세대는 이미 이십대의 나보다 훨씬 더 많은 지식을 바탕으로 자신의 생식 기능에 대해 이야기한다. 그래서 프리젤은 자신의 책 『발작기』가 현재의 Z세대 여성에게 공감을 얻을 수 있을 거라고 생각하지 않는다. "남자를 만나고 임신하는 것에 대한 제 이야기에 아마 그다지 공감할 수 없을 거예요. 왜냐하면 오늘날 청년들은 섹슈얼리티, 젠더, 생식에 대해 다른 대화를 하고 있으니까요. 또한 그런 것들에는 인종과 계급이 크게 작용하기 때문에 이 젊은 여성들이 어떤 문화의 영향을 받고 있는지 확실하게 알기도 어렵고요. 이제는 《프렌즈》가 문화적 접점이라고 말할 수 없어요. 왜냐하면 수백만 명이 시청하는 그런 쇼가 더 이상 존재하지 않으니까요. 정체성이란 것이 격납고가 되어버렸어요."

여기서 프리젤은 문제의 핵심으로 돌진했다. 앞서 나는 두세 페이지에 걸쳐 밀레니얼 여성의 입장을 설명하고 《프렌즈》를 인용했지만, … 문제가 있다. 그것은 전적으로 도시 중산층 전문 직업인의 초상화다. 허구는 아니지만, 그렇다고 해서 그것이 보편적인 모습이라고 주장해서는 안 된다. 성인기가 (비록 무산되었지만) 구체적인 계획을 염두에 둔 지난한 여정이라는 관념조차도 명백히 중산층의 편집증처럼 느껴진다. 현재 경제적으로 불안정하고 앞으로도 불안정할 것이라는 점만을 확신할 수 있는 처지라면 애초에 그 어떤 계획도 세울 수 없다. 시간의 독재는 명백하게 중산층의 강박이다. 커리어를 중심으로 자녀 계획을 세우는 것이 그렇다. 이것은 누가 봐도 이성애중심적 관점이기도 하다. 게이와 레즈비언 커플이 결혼하는 나이는 프리젤의 발작기에서 벗어나 있다. 레즈비언 여성은 평균적으로 42세에 결혼하고 게이 남성은 평균적으로 46세에 결혼한다.[7] 또한 미묘한 문화적 차이도 분명히 간과되고 있다.

남아시아계 저널리스트 킴 반시Kim Bansi는 『스타일리스트』에 자신과 같은 아시아계 밀레니얼 여성이 부모로부터 주거 독립을 하고 자신만의 규칙에 따라 살아가면서 문화적 관습을 깨는 것에 관한 글을 기고했다. 결혼을 최종 목표로 삼은 모델을 거부하면서 반시는 그런 거부로 인해 종종 부모 및 지역사회와 어떻게 갈등을 겪게 되는지 설명한다. 예컨대 반시는 겉으로 보기에는 화목한 파키스탄 가족에서 자랐지만, 부모 집을 떠난 후 시간이 지날수록 가족들이 자신을 못마땅해한다는 것을 알 수 있었다. 마치 자신이 규칙을 깰 수는 있지만, 거기에도 기한이 정해져 있는 것 같았다.

나는 내 경험을 오빠가 결혼해서 신혼집을 마련했을 때와 비교해보았다. 부모님은 오빠 대신 살림을 장만하고 이케아에 들락거렸다. 그러나 나는 다 혼자 해야 했다. … 내가 부모로부터 그런 애정과 지원을 받으려면 결혼을 해야만 한다고 느꼈다.[8]

그런데도 유색 밀레니얼 여성이 전통적인 선대 여성에게 자연스럽게 반기를 들고 살아간다고 상정하는 것조차 지나치게 단순한 그림이다. 중매결혼을 했고 평생 가정주부로 산 내 친구의 어머니는 딸에게는 자신과 완전히 다른 삶을 살라고 조언하고 딸이 그렇게 할 수 있는 경제적 기반을 제공했다. 이런 페미니스트 경로를 따르라는 압박이 때로는 내 친구에게 버겁게 느껴졌다. 엄마의 경험과 딸의 경험이 많이 다를지라도 모녀 간 공감대는 매우 강하게 형성되어 있다. 이 책에 나오는 밀레니얼의 삶이 증언하듯, 엄마에서 딸에게로 전이되는 여성성에 대한 일련의 이상들은 경제적·문화적·사회적인 거시적 흐름만큼이나 각 가족의 역사에 의해서도 조건화된다.

레베카 리우Rebecca Liu는 백인 중산층 밀레니얼 여성의 우려, 두려움, 내러티브가 보편적 진실로 취급되고 다른 여성 집단의 이야기, 분투, 제약을 '기타'로 분류해 구석에 밀어넣는 행태를 집중적으로 분석했다. 레나 더넘Lena Dunham이 제작 및 주연을 맡은 미국 코미디 드라마 《걸스》*Girls*, 샐리 루니의 장편소설 『노멀 피플』, 피비 월러-브리지Phoebe Waller-Bridge가 각본과 주연을 맡은 영국 코미디 드라마 《플리백》*Fleabag*을 하나로 묶어서 리우는 우리가 특정 문화적 산물을 한 세대를 대표하는 젊은 여성의 모습으로 내세우고 찬미하는 방식을 해부한다. 이를 통해 우리가 정당한 근거없이 '중상층 백인의 목소리를 보편적 목소리의 위치'에 올려놓고 있음을 보여준다. 리우의 말에 따르면 밀레니얼 '애물단지'라는 전형에는 공통점이 있다. 언제나 "예쁘고, 백인이고, 시스젠더이고, 흥미를 불러일으킬 만큼 내적 갈등을 겪지만, 비호감을 살 만큼 심하게 겪지는 않는다. 종종 '공감을 사는' 인물로 묘사되는 그 여자 캐릭터는 현실에서라면 결코 그렇게 묘사되지 않을 것이다." 리우는 계속 설명한다.

그 캐릭터는 부유한 경우가 많지만, 자신이 부유하다는 사실에 대해서는 별로 생각하지 않는다. 삶이 너무나 많은 드라마, 자기혐오, 경제적 불안정성, 하향 이동으로 채워져 있어서 집안의 부에 대해서는 잊어버리고, 우리 또한 그 사실을 잊도록 유도된다. (주인공에게 친구가 있다면) 주인공의 친구들은 구제불능의 나르시시스트이며, 주인공의 주변 남자들은 실망스럽고 끔찍하다. 아무리 노력해도 세상을 향한 주인공의 반항은 언제나 울적한 자기파괴를 향해 다시금 나아간다.[9]

리우는 이 책에서 자전적 이야기를 하고 있는 것일 수도 있다!

그리고 당연하게도 그 사실이 조사가 필요한 지점이다. 백인, 중산층, 도시 밀레니얼 여성은 주류 문화로부터 자신의 분투, 우선순위, 신경증을 넘치도록 인정받기 때문에 자신의 경험 너머를 보지 못할 위험에 노출되어 있다. 리우는 다음과 같이 상기시킨다. "특권층의 염세주의병은 늘 일종의 나르시시즘을 포함하고 있었다." 또 덧붙인다. "우리 세대를 규정하는 많은 사회경제적 구획들이 자본이라는 장화에 밟혀 사는 것에 뒤따라오는 집단 번아웃과 공동 고난이라는 모호한 언어 아래에서 평평해진다."[10]

급진적 마르크스주의자가 아니더라도 우리 세대의 모티프, 여주인공, 심지어 '번아웃' 같은 개념이 중산층 밀레니얼 여성들이 자신의 경험 너머를 볼 수 없게 만든다는 리우의 주장을 충분히 이해하고 공감할 수 있다.

밀레니얼 세대의 경제적 특권을 논할 때 이런 사실이 문제를 복잡하게 만든다. 왜냐하면 밀레니얼의 세대 내러티브의 주요 플롯 중 하나가 경제적 희생자성이기 때문이다. 그것은 중임금과 고임금 구간에 있는 사람들이 다른 사람들보다 더 자주 반복하는 이야기이기도 하다. 개인화된 인스타그램 비교 문화가 만연하고 계급 간 대면 상호작용이 부끄러울 정도로 거의 없는 시대에 우리는 더 많이 가진 사람과 비교하면서 자신이 덜 가졌다고 한탄한다. 우리는 자신의 상황과 그 상황이 자신보다 훨씬 덜 가진 사람들과 어떻게 긴밀하게 얽혀 있는지에 대해 얼마나 자주 생각할까?

나는 삼사 년 전에 연사로 초청받은 한 기업 행사에서 캔디스를 만났다. 그 자리에서 캔디스는 내 세대 고정관념에 타당한 의문을 제기했다. 런던 남부 출신 흑인 여성인 자신의 이야기는 내가 깔끔하게 정리한 분석에는 들어맞지 않는다고 말했다. 38세인 캔디스는 브릭스턴에서 자랐다. "생모가 아버지와 저를 버리고 떠났어요. 경제학을 전공한 아버지는 시티에서 주식 거래인으로 일했지만 저를 돌보기 위해 그 일을 그만두고 육체노동자로 일했어요." 캔디스의 아버지는 캔디스가 일곱 살일 때 재혼했고, 아버지와 새어머니는 부동산 중개 사무실을 차렸다. "좋은 차가 있었고, 집도 있었어요. 학교에서 우리 가족은 '잘사는 집'에 속했어요." 캔디스가 열일곱 살이 되었을 때 캔디스 가족은 브릭스턴을 떠났다. 캔디스가 어릴 때 살았던 동네는 현재 알아볼 수 없을 정도로 많이 변했다고 말했다. "다시 돌아가기 전까지는 얼마나 많이 변했는지 잘 몰랐어요. 가장 명백한 증거는 스타벅스가 생긴 거였지만, 브릭스턴 마켓에 대해 이런저런 얘기도 들었어요. 새어머니에게 억지로 끌려나가서 생선과 고기를 샀던 곳인데 늘 비린내가 진동했거든요. 그런데 지금은 화려한 술집과 비싼 식당이 즐비해서 사람들이 외식을 하러 거기 간다는 거에요. 도저히 믿기지가 않더라고요."

대학생활은 문화 충격이었다고 말했다. 런던에서 캔디스가 다닌 중등학교는 전교생 중 95퍼센트가 흑인이었다. 그런데 대학교에서는 완전히 반대였다. "첫날 학교 식당 테이블에 앉은 사람들을 쓱 돌아보는데 흑인이 한 명도 안 보이더라고요. 백인들조차 우리 동네 백인과 얼굴이 달랐어요. 누군가에게 '그 스카프 예쁘네요'라고 말했더니 '이건 파시미나예요' 하고 바로잡아주던 것도 기억나요. 중산층 출신 친구들도 있었지만, 완전히 딴 세상 사람들도 있었어요. 한 명은 '곰돌이 푸' 작가의 친척이었어요. 그런데 동기들의 부모가 꽤 나이가 많다는 것도 알게 되었어요. 우리 부모님은 삼십대와 사십대였는데, 동기들 부모는 육십대 퇴직자들이었어요."

　나는 캔디스에게 자신의 경험에 비춰 부모의 경험에 대해서는 어떻게 생각하는지 묻는다. "부모님 세대가 내 집을 마련하기는 더 쉬웠겠지만, 더 많은 차별도 당했겠죠. 자메이카 출신인 새 어머니가 영국 영주권을 취득하기 위해 엄청나게 고생한 게 기억나요. 저와 아버지는 각자의 대학교에서 유일한 흑인 학생이었어요. 요즘에는 그런 일이 없겠죠. 아프리카-카리브해 협회라는 단체가 있었어요. … 하지만 그 협회 사람들은 대부분 나이지리아 출신이라 거기에 있는 게 불편했어요. 우리의 연결고리는 피부색이 전부였는데, 회원 대다수가 부자이다 보니 더더욱 연결고리를 찾기가 힘들었어요. 하지만 저와 제 이복동생들이 흑인 여성이라는 정체성을 받아들이고 여러 공간을 경험하는 게 제 부모님 때보다는 더 쉬워졌다고 생각해요. 저는 영국의 이민 2세대 흑인 여성이에요. 제 친구들은 대부분 이민 1세대이고 부모님이 대학을 나오지 않았어요. 반면에 저는 부모님 두 분 다 대졸자라는 점에서 제게 다른 의미로 자신감을 줘요. 저는 어디에서든 '우리 가족 중에서 대학에 가는 데 성공한 건 내가 최초야'라는 생각을 하진 않아요."

　캔디스는 대학을 졸업하고 석사학위 과정까지 마친 뒤 대기업에 취업을 했는데, 금융 위기 직후에 일을 시작했으므로 어쩔 수 없이 어려움을 겪었다. 친구들과 셋집에서 몇 년을 살다가 아파트 매매 계약금을 모으기 위해 부모 집으로 돌아갔다. 캔디스는 저축액을 최대한으로 늘렸고 지분 공유 주택 구입 지원정책을 통해 방 2개짜리 아파트를 샀다. "그전에는 한 번도 들어보지 못한 런던 동남부에 있는 동네예요!"라고 캔디스가 농담조로 말한다.

캔디스는 자신의 몫인 방을 월세로 돌렸고 결국 아파트 전체 소유권을 인수하는 데 성공했다.

"영리했네요." 내가 캔디스에게 말했다. "그렇다면 친구들과 동료들 사이에서 엄빠 은행에 따른 사회적 격차를 느끼나요?" 내가 물었다.

"글쎄요, 내 런던 친구 중에 엄빠 은행의 지원을 받은 사람은 한 명도 없어요. 공공 임대주택에 살거나 셋집에 살거나 부모 집에서 살아요. 대학 동기들 중에는 그런 애들이 있긴 해요." 혼자 힘으로 내 집 마련에 성공한 캔디스는 부모에게 지원을 받은 사람들과 자신을 비교하면서 억울해하지는 않는다. 무엇보다 캔디스는 자신이 운이 좋았다고 생각한다. "저는 부모 격차라는 걸 느끼지 않아요. 왜냐하면 저는 노력해서 제 아파트를 가졌으니까요. 지금은 꽤 괜찮은 연봉도 받고 있고요. 제 연봉으로 온 식구를 먹여살려야 하는 사람도 있다는 걸 알아요. 그런 걸 생각하면 저는 엄청난 특권을 누리고 있잖아요 다만 저도 옴짝달싹할 수 없는 것 같은 기분은 들어요."

"왜요?" 호기심이 동한 내가 물었다.

"어릴 때 친구랑 저는 클랩햄을 돌아다니면서 이렇게 말하곤 했어요. '우리는 어른이 되어도 여기서 살 거야' 지금은 누가 봐도 허무맹랑한 소리죠! 하지만 제가 자란 동네 근처로 이사 가고 싶어요. 문제는 그럴 돈이 없다는 거예요. 앞으로 제 명의 아파트를 임대해서 현금 흐름을 만들고 싶어요. 그런데 몇 달 전부터 대출 상환금이 900파운드에서 1400파운드로 올랐어요. 게다가 아파트 건물 외장을 다시 해야 할 수도 있고요. 그건 또 별개 비용이라서요." 캔디스는 자립적이고 포부가 큰 여성이다. 계속 옳은 선택을 했지만, 건물 외장 관리, 주택담보 대출 상환, 런던 부동산 시장 상황에 의해 주거 사다리를 올라가는 데 어려움을 겪고 있다.

그런데 또 다른 문제가 있다고 캔디스는 내게 말했다. "저는 미혼이에요. 저도 알아요. 제가 결혼했다면 더 쉬웠을 거란 걸. 맞벌이 소득에, 계약금 출처도 두 개가 되고, 공동 예금도 부을 수 있고. 그런데 저는 그런 길이 막혀 있어요."

"우리 세대 남성에 대해서는 어떻게 생각해요?" 내가 물었다.

"제가 사귄 남자들은, 뭐랄까, 어떻게 표현해야 할까요? 돈이나 집이 문제가 아니라 사고방식이 문제였어요. 삶과 돈을 바라보는 관점이 저랑은 완전히 달랐어요. 작년에 사귄 남자는 마흔이 되었는데, 같은 직장, 같은 일만 16년을 했더군요. 저는 왜 저러고 살지 싶었어요. 도전이 무서워서 그냥 그 자리를 지키고 있다면 그건 바람직하지 않아요. 그런 건 문제죠."

짝 찾기

나는 내내 보호를 받으며 돌고돌아 느릿느릿 서른여섯 살이 되어서야 성인기에 진입했는데, 성인기에 진입한 순간 삶이 빠른 속도로 전개되기 시작했다. 남편과 내가 연인이 되자 모든 일이 매우 빠르게 일어났다. 미룰 만큼 미뤘기 때문에 불가피한 측면도 있었을 것이다. 우리는 사귀기 시작한 지 6개월 안에 동거를 시작했다. 7개월 무렵에 약혼을 했고, 8개월 만에 임신이 되었다. 사귄 지 1년이 채 되기 전에 아버지가 암 진단을 받았다. 2018년에 정점을 찍어 나는 한 살배기 아들의 세례식, 아버지의 장례식, 우리 부부의 결혼식을 준비하고 있었다. 이 모든 것이 (나열한 순서로) 4개월이라는 기간 안에 날짜가 잡혔다. 성인기로의 요란한 질주라고 표현할 수도 있을 것이다. 지금까지도 나는 왜, 어째서 당시에 내가 그 모든 것을 한꺼번에 진행하는 것이 좋다고 생각했는지 모르겠다. 그때 내 핸드폰의 알고리즘에는 내 내면의 혼돈이 고스란히 드러났다. 내 피드에는 신혼여행지, 상조 상품, 주문제작 딸랑이 광고가 한데 섞여 있었다.

임신 6개월차에 시댁에서 우리 부부에게 자산관리사를 만나 상담해보라고 제안했다. 나는 성인이었고 보아 하니 성인이라면 그런 상담을 해야 하는 듯했다. 또한 나는 돈 문제에 있어 너무나 무지하고 철이 없었으므로 도움을 받을 수 있을 것 같았다. 두 달 뒤 우리 부부는 금융의 중심지인 시티에 있는 커다란 사무실에 앉아 있었다. 사무실 안에는 거대한 타원형 마호가니 테이블과 가죽 회전의자가 있었다. 테이블 위에는 고급 티백이 골고루 들어 있는 나무 상자, 탄산수, 생수가 놓여 있었다. 남자 두 명이 들어와서 우리 맞은편에 앉았다. 한 명은 육십대, 다른 한 명은 삼십대였다. 둘 다 남편과 악수를 했고 나이가 더 많은 쪽이 내게 목례를 했다. 실은 그즈음 꽤 부풀어오른 내 배를 봤다고 하는 것이 더 정확할 것이다. "축하합니다. 출산 예정일은 언제인가요?"

"저는 아이가 둘이에요." 내가 답을 하기도 전에 젊은 쪽이 끼어들었다. "감사하게도 이제 둘 다 기저귀는 졸업했어요!" 그는 살았다는 듯 눈알을 굴리면서 덧붙였다.

상담 전에 우리는 우리의 자산, 수입, 지출을 상세히 적도록 요청받았다. 아주 간단하게 끝났고, 특히 임신 후기에 들어선 프리랜서인 나는 더더구나 쓸 내용이 별로 없었다. 우리는 런던 1구역의 한 아파트를 임대하고 있었다. 우리보다 10여 살 남짓 나이가 많은 집주인들에게 터무니없이 많은 돈을 지불했다. 그 집주인들은 1구역이 지금처럼 고급 주택가가 되기 전 싼 가격에 아파트를 샀고, 현재 우리에게 받는 월세로 더 크고 더 좋은 집에 살고 있다. 우리는 소득에 비해 지나치게 많은 돈을 휴가, 외식에 쓰고 있었고, 연금, 예금, 자산에는 충분히 돈을 넣고 있지 않았다. "토스트에 아보카도를 너무 많이 올려서 집을 못 사고 있다"는 건 바로 우리 얘기였고 우리가 바로 밀레니얼의 전형이었다.

돈이 없는 우리 부부는 매력적인 잠재 고객이 아니었으므로 1시간 내내 거만한 베이비부머와 그의 충성스러운 밀레니얼 가신이 훈계조로 늘어놓는 예비 부모가 체화해야 하는 건전한 재정 지침을 들어야 했다. 《메리 포핀스》에서 제인과 마이클이 아버지의 은행을 견학하는 장면을 떠올리면 된다. 마이클에게는 2펜스가 있었는데, 은행에 있던 어른들은 그 돈을 이자를 주는 적금에 들라고 강요하지만 마이클은 오로지 그 돈으로 세인트폴 교회 밖 노파로부터 새 모이를 사고 싶을 뿐이다. 우리 부부에게 대입하자면 '아보카도를 올린 토스트'는 덜 이타적인 '새 모이'였다.

왜 그런 중요하지 않은 만남이 거의 7년이 지난 지금까지 내 머리에 박혀 있는 걸까? 아마도 그 상담 내내 두 남자가 (임신 관련 덕담을 건넬 때를 제외하면) 단 한 번도 나와 시선을 마주치거나 나를 향해 말을 하지 않았기 때문일 것이다. 재정 관리에 관한 설교는 오로지 남편을 대상으로 한 것이었다. 아마도 그렇게 놀랄 일은 아니었겠지만, 상담을 마치고 나오면서 나는 무시당했다는 것에 잔뜩 화가 나 있었고, 그들이 근시안적으로 행동했다고 확신했다. 그로부터 2년이 지나기 전에 나는 남편과 동일한 임금을 벌고 있었다. 3년이 지나기 전에 아버지가 돌아가시면서 상속을 받았다. 4년이 지나기 전에 남편이 둘째 아이를 돌보기 위해 집에 머무는 동안 내가 우리 가정의 가장이 되었다. 그 두 자산관리사는 우리 부부에게 20세기의 전형적인 부부의 틀을 씌운 채로 우리를 대했다. 그러나 우리는 20세기의 전형적인 부부가 아니었다. 우리는 동거와 결혼의 경제학이 완전히 뒤집어지고 상속과 엄빠 은행이 핵심 역할을 하는 21세기의 전형적인 부부였다.

2005년에 영국 경제경영 연구센터는 영국 여성의 재정과 관련된 모든 수치를 수집해서 영국 여성의 경제적 지위의 과거, 현재, 미래를 다룬 보고서를 발간했다. 어느 면으로 보나 이 보고서는 여성들의 재정 상태가 남성과 비교해 더 나아지고 있다는 사실을 확인시켜주었다. 18~45세 인구집단에서 여성 백만장자의 수는 남성보다 많았다. 2005년 영국 여성의 70퍼센트가 일을 하고 있었는데, 1971년에는 56퍼센트였다. 반면 남성의 취업률은 1971년 92퍼센트였던 것이 2005년에는 80퍼센트로 하락했다. 이것은 여성 대졸자 수의 증가를 반영한 것이기도 하며, 비록 젠더 임금 격차가 지속되더라도 절대적인 차이는 꾸준히 줄어들 것으로 예측된다. 1970년 여성의 시간당 임금은 남성의 시간당 임금보다 37퍼센트 적었다. 2005년에는 임금 격차가 17퍼센트였고, 2025년에는 임금 격차가 10퍼센트로 더 줄어들 것으로 예측된다. 2005년에 이미 영국의 총 개인 소유 자산의 48퍼센트를 여성이 소유하고 있었다. 2025년에는 60퍼센트를 여성이 소유할 것으로 추정된다. 딸들은 부모로부터 더 확실하게 경제적으로 독립하는 것으로 나타났다. 젊은 여성의 3분의 2가 부모 집이 아닌 곳에서 거주하는 반면 젊은 남성은 절반만이 그렇게 하고 있다.[11] 이 보고서에서는 여성의 재정적 주도권의 확대에는 여성의 평균 기대 수

명이 연장되면서 여성이 남성의 부에 대한 제1순위 상속인인 경우가 많은 것도 영향을 미쳤다고 결론 내렸다. 그러나 이와 병행해서 여성의 학력과 임금이 상승하고 창업과 연금이 증가하면서 여성이 자신의 힘으로 쌓는 부 또한 명백히 늘고 있다. 마지막으로, 21세기의 딸들은 아들들과 동등한 경제적 기회, 투자, 증여가 보장되고 있는데, 아마도 이것은 밀레니얼 세대에서 특히 더 뚜렷하게 나타나는 현상일 것이다.

그렇다면 오늘날 여성의 재정 관련 데이터는 어떤 양상을 띠는가? 여성 취업률은 계속 상승했고, 다만 여전히 명목적으로는 72.1퍼센트에 머물고 있다(코로나 이후 살짝 하락했다). 반면에 남성 취업률은 꾸준히 하락했는데, 2퍼센트 하락하면서 현재 78.1퍼센트를 기록하고 있다.[12] 현재 대학 재학생 중에서 여학생 수가 남학생 수를 앞질렀고, 심지어 그 차이가 무려 28퍼센트에 달한다.[13] 물론 젠더 임금 격차는 전혀 줄어들 기미가 없고, 다만 10퍼센트 이하 수준으로 유지되고 있다(정규직의 경우에는 7.7퍼센트이다).[14] 다른 한편으로는 부모 집에 사는 남성은 3명 중 2명꼴로 여전히 여성보다 높다.[15]

그런데 전혀 변동이 없는 부문도 하나 있다. 젊은 미혼 여성의 자가소유 비율이다. 2004년에 경제적으로 자립한 미혼 여성이라는 새로운 세대, 이른바 '브리짓 존스 세대'의 이야기가 회자되기 시작했다. 이들이 신규 주택담보 대출의 거의 4분의 1을 차지했는데, 1980년대와 비교해 10퍼센트 증가한 수치다.[16] 그런데 그로부터 10년 넘게 지난 지금 주택담보 대출로 내 집을 마련한 여성의 숫자는 거의 변하지 않았다. 2011년과 2021년 사이에 여성 자가소유자는 단 2.7퍼센트 증가했다.[17] 여성의 경제적 자립 수준이 높아졌는데도 역설적으로 그런 자립이 자산의 증가로는 이어지지 않고 있는 것이다. 미국에서는 다른 이야기가 펼쳐지고 있어서 2023년 독신 여성 자가소유자 수가 독신 남성 자가소유자 수를 넘어섰다.[18] 왜 이런 차이가 발생했을까? 가장 중요한 요인은 영국의 부동산 가격이다. 영국 여성의 경제적 자립 수준이 높아졌지만, 주택 가격이 급상승했기 때문에 결혼할 때까지 내 집 마련을 보류하게 되었다. 그런데 여기서 주목할 점은 결혼할 때 여성이 남자 배우자와 동등하거나 더 높은 수준의 재정적 자립을 확보하고 있고, 그 결과 소득, 예금, 상속으로 부부 자산에 기여하는 몫이 크다는 사실이다. 남녀관계에서 경제적 역학관계가 완전히 뒤집힌 셈이다.

우리 세대 연애 스토리에 지배적인 내러티브가 있다면 그 내러티브는 알고리즘과 관련이 있다고 전제해야 할 것이다. 온라인 데이트가 등장한 지 이미 반세기가 넘었다. 2000년대 초에는 매치닷컴Match.com과 이하모니eHarmony와 같은 웹사이트를 통해 이뤄지다가 그라인더Grindr부터 틴더Tinder 같은 앱이 대세가 되었고, 데이트 과정에 끊임없이 선택을 종용하는, 로맨스와는 거리가 먼 게임화 문화가 생겨났다. 그러나 밀레니얼의 연애에서 알고리즘이 정하는 운명만큼이나 부가 점점 더 결정적인 요인이 되고 있다는 증거가 있다.

"재산깨나 있는 독신 남자에게 아내가 꼭 필요하다는 것은 누구나 인정하는 진리다." 『오만과 편견』은 상속, 운, 부가 '성공적인' 결혼의 핵심적 결정 요인이었던 리젠시 시대의 이야기다. 21세기에 우리가 제인 오스틴의 세계로 회귀하고 있는 것일까? 아마도 이런 것들이 영국인들이 대화 주제로 삼는 걸 매우 싫어하는 천박한 주제이다 보니 짝 찾기에 관한 현대의 논의에서 돈, 결혼, 계급이 거의 주목받지 못하고 있는 것이리라. 우리 세대의 데이트 관행을 종합적으로 해부한 『밀레니얼 세대의 사랑』*Millennial Love*에서 올리비아 페터Olivia Petter는 부와 돈의 역할을 다루지 않는다.[19] 그러나 경제학자 토마 피케티의 전기적인 저서 『21세기 자본』에서는 이를 다룬다. 피케티는 현대 자본주의를 분석하면서 오스틴의 장편소설도 함께 소환하는데, 피케티는 이 소설을 통해 부가 생성되기보다는 주로 상속될 때 결혼이 지위를 유지하거나 개선하는 핵심 수단이라는 것을 보여주고자 했다. 요컨대 21세기 상속주의 사회에서는 상속자가 있으며, 상속자들끼리 결혼하면 서로의 자산 증식이 배가된다. 그러나 오스틴이 전혀 상상하지 못했던 것은, 그리고 피케티가 간과한 것은 여성의 경제적 주도권 강화가 남녀관계의 역학을 근본부터 뒤흔든다는 사실이다.

한때는 정반대인 사람들이 서로 끌린다는 말이 있었다. 1970년대에 진화생물학자 로버트 트리버스Robert Trivers는 자신이 '부모 투자 이론'이라고 명명한 것에 대해 장황하게 설명했다.[20] 트리버스는 진화의 목적이 번식이고 번식에서 (이성애중심 관계에서) 남성과 여성이 다른 역할을 하므로 남성과 여성은 짝에게 다른 특성을 찾는다고 봤다. 여성은 안정과 보호를 추구하는 반면 남성은 여성에게 돌봄 유전자가 있는지 찾았다. 트리버스는 반세기도 더 전에 이에 대해 쓰고 있었는데, 현재는 보상 이론에서 파생된 끌림 이론이 더 큰 지지를 얻고 있다.

여성이 사회에서 교육적·경제적으로 더 단단한 기반을 확보하면서 짝을 찾는 방식과 짝에게 요구하는 조건들이 완전히 달라졌다. 자신과 반대되는 특성을 지닌 사람보다는 오히려 자신과 유사한 특성이 있는 사람에게 끌린다는 증거들이 있다. 요컨대 여성 대졸자 수가 많은 현대 사회에서는 여성이 자신의 가치관, 학력, 심지어 외모에 견줄 수 있는 반려자를 선호하는 경향이 뚜렷했다. 이를테면 화려한 무늬의 새가 자신만큼이나 화려한 무늬를 지닌 새와 짝짓기를 하는 것과 같이 자연에서 흔히 관찰되는 이른바 '동류 교배'를 떠올리면 된다. 다만 인간은 지위를 나타내는 다른 지표를 찾는다. 대졸자 수가 증가하자 대졸자가 대졸자와 결혼하는 경우도 점차 증가했다.[21] 2023년에 학술지 『네이처 인간 행동』*Nature Human Behaviour*은 미국과 유럽에서 결혼, 약혼, 공동육아, 동거를 하고 있는 800만 쌍이 넘는 커플의 데이터를 분석했다. 보고서는 이 커플들에게 놀라울 정도로 높은 상관관계를 보이는 특성들이 있다는 사실을 발견했다. 종교, 정치 신념뿐 아니라 심지어 키와 체질량지수와 같은 신체적 특징까지도 그런 특성들에 포함되었는데, 특히 교육과 관련된 특성이 눈에 띄었디. 대체로 소사 대상 커플들은 유사한 학력 요건을 갖추고 있었다.[22] 대학교를 졸업한 사람들이 흔히 같은 도시로 이주하고 같은 직종, 더 나아가 같은 직장에서 일하면서 사회생활의 공간도 겹쳐지게 된다는 점을 고려하면 그렇게 놀라운 내용은 아니다. 베이비부머 부부에서는 이런 학력 동질화가 관찰되지 않지만, 여성 대졸자의 수가 늘어난 상태에서 결혼 시장에 진입한 X세대에서는 확실히 그런 경향이 강했다. 이 보고서를 비평한 『뉴욕 타임스』의 피터 코이 Peter Coy는 이렇게 간단하게 정리했다. "여성이 평균적으로 교육을 더 잘 받고, 더 잘 나가게 되자 사회경제적으로 자신과 동등한 조건을 갖춘 사람과 결혼하는 것을 선호하게 되었다."[23] 그런데 여성 대졸자의 수가 남성 대졸자의 수보다 훨씬 더 많아지면 문제가 발생한다. 이것은 내가 데이비드 윌레츠와 이야기를 나눴을 때 윌레츠가 언급한 문제이기도 했다. "너무나 민감한 주제이긴 한데요." 윌레츠가 조심스럽지만 아주 중요한 경고를 날렸다. "여성 대졸자 수가 남성 대졸자 수보다 많은 상태에서 동질혼을 지향하면 마땅한 반려자를 찾을 수 없는 여성 대졸자가 상당수 생길 수밖에 없어요."

동질혼에 관한 데이터 대부분은 이성애 커플에 초점을 맞추는 경향이 있다. 제한적이나마 있는 동성애 커플에 관한 증거는 커플에서 유사성은 떨어지고 사회적 다양성과 임금 격차가 훨씬 더 큰 것으로 보인다. 미국에서 게이 커플은 유사한 특성(예: 인종, 나이, 임금)을 지니고 있는 경우가 더 적고, 레즈비언 커플은 특히 학력과 임금에서 공통점을 지니고 있는 경우가 더 많다. 이것은 동질혼이 여성에 의해 주도되고 있다는 가설에 힘을 실어준다.

우리 사회는 그 어느 때보다도 젠더와 섹슈얼리티 문제에 있어 더 유동적이다. 또한 그 어느 때보다도 다인종 가구도 많아졌다. 영국 전체 인구의 10분의 1이 현재 자신과 다른 민족인 사람과 살고 있는데, 2011년과 비교해 8.7퍼센트 증가했다.[24] 그런데도 사람들이 반려자를 찾을 때 계급과 학력이라는 측면에서 오히려 더 엄격한 조건을 적용하고 있다는 증거가 있다. 영국의 한 설문조사에서 중상층 응답자의 40퍼센트가 자신과 다른 사회계급 출신 사람과 결혼을 염두에 두고 연애를 시작하는 것은 고려조차 하지 않을 것이라고 답했다.[25] 우리가 실시한 유거브 설문조사에서는 45세 미만 응답자의 54퍼센트가 연애가 성공적으로 지속되려면 서로 재정 궁합이 맞아야 한다고 답했다.

동질혼을 지향하는 것을 두고 여자들이 '너무 까다롭게 고른다'고 비난하기도 한다. 급진적 페미니스트 저메인 그리어Germaine Greer는 늘 하듯이 대놓고 지적인 여성이 기대를 낮추고 '트럭 운전사와 결혼'해야 한다고 주장했다. 2024년 루이 서루Louis Theroux의 팟캐스트에 출연한 그리어는 '급이 맞는 결혼'에 대한 회의적인 입장을 밝혔다.

> 우리는 늘 남편의 지위가 중요하다고 생각해요. 남편은 우리의 지위를 중요하게 여기지 않죠. 그러니 시작부터 불균형이 존재할 수밖에 없어요. … 테드 휴스Ted Hughes만 봐도 알 수 있어요. 지금 우리는 어떻게 생각하죠? 테드 휴스는 위대한 시인이었고 실비아 [플라스]는 여성 시인이었죠. 여성 시인이자 순교자. … 남편과 경쟁해야 한다는 건 잘못된 관념이에요.[26]

휴스/플라스 사례는 자주 인용된다. 여자가 결혼하면서 침몰한 비극적인 이야기. 그러나 그리어는 이 이야기의 핵심을 놓쳤다. 그리어가 결혼에 반대한 1970년대 이후 결혼의 경제학은 완전히 뒤집어졌다. 오늘날 여자들이 계산적인 이유로 남편의 '지위'를 보는 것이 아니다. 그것보다 훨씬 더 논리적인 이유가 있다. 만약 여자가 자녀를 원한다면 지금처럼 맞벌이가 표준이고 내 집 마련이 난제이고 자녀양육비가 월세나 주택담보 대출 상환금보다 경제적으로 더 부담이 되는 시대에 (그것이 어떤 형태를 띠든) 협력할 파트너를 찾으면서 더 큰 재정적·가정적 역할 분담을 기대하는 것은 당연하다.

그렇다면 동질혼이 상속 경제와는 어떤 관련이 있을까? 학력, 계급, 부가 비슷한 사람들끼리 결혼하면 사회적 불평등이 더 심해진다는 점에서 동질혼은 상속 경제를 강화하는 핵심 요인이다. 상사가 비서와 결혼하면 엄밀히 말해 불평등이 줄어들지만, 변호사끼리 결혼하면 전문직 계급의 구성원이 그대로 유지된다. 더 많은 여성이 대학을 졸업하고 대학을 졸업한 남성과 결혼하면 의도하지는 않았더라도 그런 동등한 학력의 결합이 곧 부의 결합을 의미할 때가 많다. 자신의 계급 내에서 결혼하는 것은 예전부터 귀족이 자산을 유지하고 보호하는 방식이었다. 그 관행이 이제는 사회적 위계에서 더 낮은 곳으로 퍼지고 있는 것일까?

싱크탱크 레솔루션 재단의 보고서는 "사람들이 자신과 유사한 규모의 상속이 예상되는 사람과 결혼을 하는 경향이 있다"고 결론 내리면서 "동질혼으로 인해 가구 단위에서 개인들의 미래 부이전 과정에서 발생하는 절대적인 격차가 더 크게 벌어질 가능성이 높다"고 밝혔다.[27] 지금 우리 사회가 특권의 삼중으로 공고화되는 것을 지켜보고 있다고 말할 수 있는 것이다. 부유한 집안 출신이면서 학력과 소득이 높은 밀레니얼이 또 다른 부유한 집안 출신의 학력과 소득이 높은 밀레니얼과 커플이 되어 그런 특권을 강화하고 두 집안의 엄빠 은행이 합병된다.

런던에서 집을 사고 가정을 꾸리는 데 필요한 안정적인 여건을 갖춘 것은 그런 커플들이다. 그런 커플은 동거만 하기보다는 결혼까지 할 가능성이 더 높다. 당연한 얘기지만, 이런 분석은 전혀 로맨틱하지 않고 우리가 자라면서 들은 연애 조언과 내러티브에 반하며 우리 사회, 커플 및 가족 간 대화에서는 언급되는 일이 거의 없다. 나는 전 남자친구와 언젠가 나눈 대화가 유독 또렷하게 기억난다. 그는 우리가 살고 싶어 하는 그런 삶을 자신이 꾸려나갈 여건이 안 된다고 말했다. 당시에는 그 말이 이상하게 들렸다. 우리가 사귀기 시작한 지 두세 달밖에 안 되었기 때문에 더 그랬다. 내가 리얼리티 TV쇼《체셔의 진짜 전업주부들》*Real housewives of Cheshire*에 나오는 대저택에 사는 상류층 전업주부를 동경하는 것도 아니었고, 솔직히 말해 외식을 하자고 말해본 적도 없었다. 우리는 더 중요한 면에서 애석할 정도로 맞지 않았지만, 그 대화가 삶을 정직하면서도 계산적으로 접근하는 인물상으로 내 머릿속에 새겨졌다. 짐작했을 수도 있지만, 그는 결국 아주 부유한 여자와 결혼했고, 그 자신이 체셔의 진짜 전업주부가 되었다.

18세기에는 신부의 가족이 신랑에게 지참금(결혼할 때 지급하는 목돈)을 건네는 것이 일반적인 관행이었다. 오늘날 특권층에서는 현대판 지참금 지불 관행이 생기기 시작했다. 여자들이 결혼을 하면서 자신의 부를 가져올 뿐 아니라 부모로부터 증여받았거나 미래에 보장된 상속 재산도 함께 가져온다. 이것이 부부의 양쪽 부모가 모두 그 어느 때보다도 부부의 내 집 마련이나, 손수에 대한 금전 투자라는 형태로 부부를 적극적으로 지원하는 이유이다. 지금만큼 결혼을 결혼시상이라고 부르는 것이 당연하게 여겨지는 시대도 없을 것이다.

요즘은 누가 결혼을 하는가?

결혼이라는 제도는 이미 한물간 지 오래됐다. 우리 부모 세대가 "죽음이 우리를 갈라놓을 때까지"를 거부하기 시작했고, 1970년대부터 결혼율은 꾸준히 하락했다. 그 뒤로 동거가 늘기 시작했지만, 밀레니얼의 동거는 윗세대와는 다르다. 우리는 한 명과 계속 동거관계를 지속하기보다는 동거인을 여러 번 바꾸는 경향이 있다. 나는 내 남편과 만나기 전에 두 명의 남자와 동거한 경험이 있다. 그 관계는 딩크족에 가까워서 더없이 행복한 소꿉놀이 같았다. 이케아를 들락거렸고, 집들이를 했고, 책장을 공유했다. 두 번의 동거 경험 모두 이사용 차량과 창고 대여, 우편물 주소 변경으로 마무리되었다. 내 친구 대다수도 같은 경험을 했다. 연애를 오래하지만 반드시 끝까지 함께하는 것은 아니다. 우리 부모 세대는 동거에 대한 생각이 달라서 결혼을 전제로 한 일종의 과도기인 경우가 많았다. 그러나 우리 밀레니얼은 첫 동거인과 결혼할 가능성이 낮고 그 동거인과 여생을 보내지도 않는다. (주거비 급상승기에는 합리적이라 할 수 있는) Z세대 딩크족의 등장 또한 이런 흐름이 다음 세대에서도 이어지고 있음을 시사한다. 여러 파트너와의 동거는 분명히 계급을 불문하고 일어나고 있다. 그러나 결혼에 있어서는 다른 이야기가 펼쳐진다.

결혼을 하지 않는 것이 전반적인 추세인지는 모르나 중산층은 여전히 결혼을 하고 있다. 영국에서 한 부모 가족의 수는 지난 10년간 15퍼센트에 머물고 있는 반면, 가족 형태 중 가장 빠르게 증가하고 있는 것은 커플의 거의 20퍼센트를 차지하는 동거 가구다.[28] 오늘날 계급 간 격차는 결혼에서 특히 뚜렷하게 나타나고 있다. 우리 부모가 결혼하던 1970년대, 1980년대에는 그렇지 않았다. 결혼의 계급 격차는 문화적인 현상이 아니다. 중산층이 결혼이나 가족과 함께하는 삶을 더 '소중한 가치'로 여기기 때문이 아니다. 중산층이 자산이 있다면 결혼을 하는 것, 그리고 결혼 생활을 유지하는 것이 더 현명한 선택이기 때문이다.

미국 학자 멜리사 키어니Melissa S. Kearney는 『두 부모 특권』*The Two-Parent Privilege*에서 노동자계급에서 결혼율이 줄어드는 이유는 매우 명확하다고 주장한다. 바로 노동자계급 남성의 직업 안정성과 소득이 1990년대 이후 무너졌기 때문이다.[29] 직설적으로 말해 적정 가격의 주거 선택지가 사라진 상황에서 지위, 좋은 일자리, 괜찮은 소득을 잃은 노동자계급 남성은 결혼 시장에서 경쟁력이 없는 것으로 보인다. 그러나 이것은 남성의 어려움에 관한 이야기이면서도 한편으로 노동자계급 여성의 경제적 자립성 및 주체성의 신장에 관한 이야기이기도 하다. 리처드 리브스Richard Reeves에 따르면 미국에서 남성의 임금은 1970년대에 정점을 찍은 뒤 꾸준히 하락했다. 최상단에 있는 전문직 남성이 앞으로 달려나가는 동안 노동자계급 밀레니얼 남성은 베이비부머 남성에 비해 실질임금이 10퍼센트 하락했다. 반면에 여성의 임금은 계급을 막론하고 상승했다.[30]

미국의 퓨리서치센터는 심지어 2010년에 다음과 같은 내용의 보고서를 내놓았다. "결혼으로부터 얻는 이득에서 젠더 역할의 역전"이 일어났다. "과거 상대적으로 일하는 아내가 많지 않았던 시절에는 결혼은 남성보다는 여성의 경제적 지위를 개선하는 효과가 있었다. 그러나 최근 10년간 여성보다는 남성이 결혼을 통해 얻는 경제적 이득이 더 커졌다."[31]

나는 뉴캐슬 출신으로 31세인 세라를 통해 두 아이를 키우는 밀레니얼 한 부모가 맞닥뜨리는 어려움들에 대해 들을 수 있었다. 세라는 가능한 범위에서 부모의 도움을 받았고, 공공 임대주택을 지원받았다. 그러나 기본적으로 세라의 이야기는 남성으로부터의 독립과 여성의 성취에 관한 이야기다.

"부모님은 제가 아주 어릴 때 이혼했지만, 그래도 좋은 친구처럼 가깝게 지내셨어요." 세라가 말했다. 세라의 아버지는 예나 지금이나 공장에서 일하지만, 세라의 어머니는 여러 자잘한 부업을 수행했다. "건강 문제로 일을 줄이셨어요. 하루 종일 서 있기가 힘드시거든요." 세라가 설명했다. 세라의 어머니는 공공 임대주택에서 살고 있고, 그 집의 매입 절차를 밟고 있다. 반면에 세라 아버지는 늘 자가소유자였다.

난독증이 있는 세라는 늘 학교생활에 어려움을 겪었지만, 십대 초반에 겪은 사건으로 트라우마가 남았고 그 이후 학교에서 완전히 멀어졌다. "기억도 나지 않고, 그래서인지 그에 대해 이야기하지도 않았던 것 같아요. 하지만 이제 와서 생각해보면 그 일이 있은 후부터 학교에서 집중하기가 힘들었던 것 같아요. 그래서 그냥 학교에 가지 않게 됐어요. 당연히 그건 좋은 선택이 아니었죠. 제 오빠들은 둘 다 대학을 나왔어요. 저는 아니에요." 세라는 열여섯 살에 임신을 했고, 계속 부모 집에서 살았다. "저는 엄마가 되는 것에 집중했어요. … 하지만 방황하고 있었어요. 제가 뭘 하고 싶은지 모르겠더라고요." 세라는 전문학교에 등록해 미용을 배웠고 메이크업 콘텐츠를 온라인에 올렸지만 취업하기가 쉽지 않았고, 취업을 해도 오래 다니지 못했다. 열여덟 살이 되었을 때 공공 임대주택에 당첨되어 이사했다.

"그때 아들의 아빠가 된 남자를 만났어요. 함께 아이를 가졌지만, 애 아빠는 바람둥이였고 결국 바람을 피웠어요. 그래서 헤어졌어요. 저는 정신건강 문제로 고생했어요. 항우울제도 복용했어요." 그러나 세라에게 가장 큰 시련은 첫째 딸의 아빠가 딸의 단독 양육권을 요구하는 소송을 제기했을 때라고 했다. 세라의 어머니가 첫 공판 기일에 대동할 변호사 비용을 댔지만, 그 뒤로는 내내 세라 혼자 법정 다툼을 벌여야 했다. "정말이지 제가 한 일 중 가장 공포스러운 일이었어요." 세라가 말했다.

법정 중재의 한 절차로 세라는 심리치료를 받을 수 있었는데, 그게 자신의 "삶을 바꿨다"고 말했다. 세라는 어린 시절의 트라우마를 대면할 수 있었고, 자신의 삶을 다시 정상 궤도에 올릴 수 있었다. "[심리상담사는] 제가 제 삶을 이해할 수 있게 도왔어요. 내 마음이 어떻게 움직이는지, 어떤 증상이 왜 생기는지를요. 그때부터 저는 저 자신을 찾을 수 있었고, 제 삶을 관리할 수 있게 되었어요." 세라는 항우울제 복용을 끊었고 신체적으로도 건강해졌다. "그 후로는 정신건강 문제로 고생하지 않았어요. 그리고 취업도 했고, 계속 그 직장을 다닐 수 있었어요." 세라는 이후 창업을 했다고 말했다. "미쳤다고 생각할 수도 있지만, 저는 치유 효과가 있는 수정을 팔고 있어요. 제게는 이 일이 열정을 불러일으켜요. 제 꿈은 언젠가 제 가게를 여는 거예요." 세라는 활기차게 희망적으로 말했다. 그런 난관을 겪은 뒤에 마침내 삶의 목표를 찾았다는 증거다. 세라는 구체적인 미래 계획도 세워두었다. "언젠가는 내 집을 마련하고 싶어요. 제 아이들에게 학교에서 잘 못해도 괜찮다는 걸 보여주고 싶어요. 결국에는 자신이 열정을 바칠 수 있는 것을 찾고 열심히 노력하는 게 중요하다고요. 제가 앞으로 아이들에게 뭘 줄 수 있을지에 대해 자주 생각해요. 줄 수 있는 게 별로 없겠지만 꿈, 열정, 열망을 줄 수는 있겠죠."

"아이들에게 모범을 보여주려는 거군요." 나는 말했다. "그게 최고의 유산이죠."

우리의 대화는 이 책의 주제와 관련해서는 주변부만 맴돌았다. 나는 다시 주제의 핵심으로 돌아오고 싶었다. 세라는 영국에서 가족 특권이라는 것에 대해 어떻게 생각할까? 놀랍게도, 그리고 아마도 현명하게도 세라는 그것을 궁극적으로는 정신건강과 회복탄력성의 차이와 연결시켰다.

"저는 어려운 처지에 있는 가족일수록 정신건강 문제로 더 고생한다고 생각해요. 기회를 가진 사람들이라고 그런 일을 겪지 않는다는 건 아니에요. 하지만 그런 사람들은 훨훨 날아오를 수 있도록 도와줄 발판이 더 많죠. 우리의 꿈과 목표는 쉽게 이뤄지지 않아요. 세상이 우리 편이 아닌 상태에서 스스로 성장해야만 해요."

맞벌이 부부, 각자 명의 계좌

맞벌이 가구는 현재 영국에서 표준이 되었다. 물론 자녀가 몇 명인지부터 아내가 전일제로 일하는지, 알바를 하는지 등에서 차이가 있겠지만, 어떤 형태로든 아내가 취업한 가구는 73퍼센트에 달한다.[32] 자녀가 있는 가구의 58퍼센트는 부모 두 사람 다 전일제로 일하고 있다. 우리 부모 세대에서는 남자 가장이 가족 부양을 주로 책임졌다면 우리 밀레니얼 세대는 맞벌이 가구가 주류이며, 그래서 부모 세대의 가구와 비교해 실질적으로 두 배 더 일을 하고 있는데도 쌓은 자산은 절반밖에 되지 않는다는 놀라운 사실은 거의 언급되지 않는다.

맞벌이 가구의 증가로 인해 남성에게 고유한 질문도 제기된다. 가정경제에서 여성의 기여도가 증가한 상태에서 이것이 공정하고, 평등하고, 심지어 실용적이려면 남자가 가정살림 기여도를 높여야**만 한다.** 대다수 밀레니얼은 기성세대 중산층 여성과 같은 방법을 쓸 여건이 안 된다. 요컨대 (청소든 육아든) 집안일을 노동자계급 여성이나 이주 노동자에게 아웃소싱할 수가 없다. 밀레니얼 아빠들이 기성세대 아빠들보다는 살림에 더 많이 참여하고 있다는 긍정적인 증거들이 있지만, 여전히 여성과 동등한 수준에 이르지는 못했다. 이런 시대적 흐름을 반영하듯 집안 살림을 전담하는 밀레니얼 남성을 가리키는 새로운 용어인 '가정남편'doesband이 등장했다. 가정남편은 과거에 여성 배우자가 집에서 수행하던 무급 노동의 상당 부분을 경감시켜준다. 무엇보다 가정남편은 감기약이 어디 있는지 알고, 학부모 메신저 그룹에서 활동하며, 엄마만큼이나 자주 아이들을 학교에 데려다준다.[33]

밀레니얼 부부는 가정 영역에서 더 평등해지는 방향으로 나아가고는 있지만, 이는 아직 미완의 혁명이어서 새로운 일련의 복잡한 질문들을 낳는다. 누구의 커리어가 더 중요한가? 무급인 집안일을 어떻게 분담해야 하는가? 육아는 누가 지휘하는가? 아내가 집안일에 대한 통제권을 내려놓고 남편이 자신의 기준을 충족하지 못하더라도 계속하도록 놔둘 수 있는가? 이런 질문과 갈등이 2020년 코로나 봉쇄조치 기간에 더 명확해졌다. 많은 일하는 엄마들이 자녀가 집에서 학습을 하는 동안 일할 시간과 공간을 확보하기 위해 분투해야만 했다. 그리고 이후 닥친 경제 위기로 인해 숨 돌릴 틈조차 없었다. 그래서 많은 엄마들이 일을 그만둬야 했다. 현재의 젠더 역할의 전복은 그 어느 때보다도 더 세밀한 협상, 조정, 타협을 요구한다. 쉽게 답할 수 없는 문제들이다. 그러나 이런 갈등을 완화할 수도, 심화할 수도 있는 잠재력을 지닌 한 가지 요인의 중요성이 점점 더 커지고 있다. 부부의 양가 부모들이다. 주택 매매 계약금을 지원했을 수도 있고, 정기적으로 육아를 도울 수도 있고, 손주의 학비나 대학등록금을 댈 수도 있고, 휴가여행 경비를 부담할 수도 있다. 남편 쪽 부모나 아내 쪽 부모 중 한

쪽이 더 많이 보조할 수도 있다. 중요한 것은 현재 밀레니얼 부부는 단순히 배우자와 함께 새로운 젠더 규정집을 익히기만 하면 되는 것이 아니고, 상속주의 사회에서 자신의 부모, 그리고 배우자의 부모와의 관계를 새롭게 정립하고 익혀야 한다.

결혼한 부부 관계에서 돈을 둘러싼 역학이 전복되었다는 또다른 징표는 부부 공동 계좌의 감소이다. 2019년에 실시된 한 설문조사에 따르면 25~34세 커플의 32퍼센트만이 부부 공동 계좌가 있었다. 베이비부머 커플에서는 59퍼센트가 부부 공동 계좌를 사용했다.[34] 나는 아주 오랫동안 부부 공동 계좌 개설을 거부했다. 특히 남편이 나보다 더 많이 벌 때는 더더욱 그랬다. 부부 공동 계좌 개설을 마지못해 허락한 건 출산 휴가에 들어가고 나서였다. 내가 마음을 돌리게 된 결정적인 계기는 아들 기저귀를 살 돈이 모자라서 당황하며 남편의 직장에 전화를 걸어 내 계좌로 돈을 이체해달라고 요청해야만 했던 사건이었다. 나는 설명할 수 없는 기이한 논리에 따라 이십대와 삼십대 초반에 부모에게 경제적으로 의존하는 것에는 아무런 거부감을 느끼지 않았는데, 남편과 함께 **우리 부부의** 아이를 낳아 키우는 와중에도 남편에게 경제적으로 의존한다는 생각을 하는 것만으로도 매우 불편한 감정을 느꼈다. 결국 우리 부부는 부부 공동 계좌를 개설했지만, 나는 여전히 내 명의 계좌를 유지했다.

친구들 사이에서 무작위로 설문조사를 했는데, 딱 한 명만 부부 공동 계좌를 사용한다고 답했다. 다만 그 친구 또한 나처럼 만일에 대비해 자신의 현금은 별도로 관리했다. 이런 밀레니얼 여성의 방어적이고 독립적인 성향은 데이터로도 뒷받침된다.[35] 왜 재산을 별도로 관리하는지 물었을 때 커플들은 주된 이유로 자신의 돈에 대한 통제권을 유지하고 싶어서라고 답했다. 헤어지게 되는 상황을 걱정하는 사람도 있었고, 자신의 소비를 배우자에게 설명하고 싶지 않기 때문이라고 답한 사람도 있었다. 여성 응답자의 3분의 1은 부부 공동 계좌 개설은 아예 고려조차 하지 않았다고 말했다. 반면에 관리비와 공동생활비를 위한 공동 계좌를 사용하는 여성 중 5분의 1은 자신의 소비지출을 위한 별도 계좌가 있다고 인정했다. 물론 온라인 뱅킹과 송금 앱이 있으므로 굳이 공동 계좌를 사용해야 할 필요가 없어졌을 수도 있다. 그러나 더 거시적인 관점에서 보면 밀레니얼 세대는 어느 정도 나이를 먹고 재정적으로 독립한 지 몇 년이 지난 뒤에야 결혼을 한다. 또한 이혼이 흔한 일인 세상에서 산다. 밀레니얼 여성은 경제적으로 자립하는 것 또는 재정적으로 부모에게 의존하는 것이 재정적으로 남성에게 기대는 것보다 더 안전하고, 더 안정적이며, 더 주체적이라고 생각히도록 조긴화있다. 이런 생삭을 보여주듯이 유거브 상속주의 사회 설문조사에 따르면 여자들은 남자들에 비해 상속 재산은 파트너나 배우자와 공유하는 재산이 아니라 자신의 고유한 재산으로 여기는 경향이 더 높은 것으로 나타났다(24퍼센트 대 16퍼센트).

스코틀랜드에 사는 42세 루시는 여성의 경제적 자립에 대한 그런 태도를 받아들이고 실천했다. 루시는 중산층 출신이지만 런던 남동부에서 결코 부유하다고는 할 수 없는 가정에서 자랐다. 루시의 부모는 루시가 A-레벨 과정을 이수하는 동안 이혼했고 가족이 살던 집을 팔았다. 이것은 동기들 대다수와 달리 루시는 대학교 방학 기간이 시작했을 때 돌아갈 집이 없었다는 것을 의미한다.

루시는 자신이 늘 돈 관리를 잘했다고 말했다. 스물다섯 살이 되었을 때 아파트 매매에 필요한 계약금을 모았다. 할머니로부터 받은 유산과 자신이 모은 돈에 어머니가 어느 정도 자금을 보태주었다.

"엄마가 없었다면 불가능했다는 거 인정해요." 루시가 설명했다. "하지만 당시 친구들은 노느라 돈을 전부 써버렸어요. 저를 보면서 너무 따분한 인간이라며 짜증을 내기도 했어요. 그런데 그 애들은 돌아갈 집이 있었지만, 저는 없었어요. 제게는 내 집이 필요했어요."

남는 방을 친구들에게 세를 주고 루시는 자신의 집에서 당시 사귀던 남자친구와 동거를 시작했다. 지금도 그 남자친구와 같이 살고 있다. "당신과 남자친구는 당신의 돈과 자산을 어떤 식으로 바라보나요?" 내가 물었다.

"글쎄요, 아파트는 처음부터 내 아파트였어요. 우리 아파트가 아니라. 우리는 공동 계좌가 없고 아직 결혼한 것도 아니죠. 우리 관계가 어떤 이유로든 깨졌을 때 남자친구가 제 재산의 반을 가져간다거나 하는 일은 생기지 않았으면 해요. 차갑게 들리겠지만— 저는 남자친구를 정말로 사랑해요—사랑하는 사람들 간에도 관계에 문제가 생기는 걸 저는 봤어요. 우리 커플은 남자친구의 돈은 남자친구 거, 제 돈은 제 거예요. 처음 만났을 때부터 제가 돈을 더 잘 벌었어요. 남자친구가 백수가 되었을 때도 저는 제가 남자친구를 계속 부양하지는 않을 거라는 점을 분명히 했어요. 로맨틱하지 않다는 거 알아요!"

"전혀 그렇지 않아요. 아주 현명한걸요." 내가 답했다.

현재 루시의 어머니는 루시가 스코틀랜드로 이주한 뒤 루시의 아파트에서 살고 있다. "엄마에게 집세를 받지는 않아요. 하지만 엄마가 관리비를 내죠. 엄마도 자신의 재산을 아주 영리하게 관리하세요. 특히나 부동산에 대해 잘 아세요. 엄마는 런던에 아파트 여러 채를 가지고 있어서 임대를 내주고 있어요. 실제로 저, 엄마, 동생은 부동산을 관리하는 공동 계좌를 가지고 있어요. 엄마는 주택담보 대출을 받는 데 필요한 소득 요건이 안 되다 보니 저와 동생을 제2소유자로 올려요. 엄마가 산 아파트 두 채에는 제 명의가 들어가 있어요."

"그러니까 어머니, 동생과는 공동 계좌를 사용하지만, 남자친구와는 사용하지 않는 거네요?" 나는 놀라기도 했지만, 그만큼 흥미롭기도 했다.

"그렇게 됐네요." 루시가 웃었다.

나는 루시가 아버지는 얼마나 자주 보는지, 그리고 만약 아버지가 현재 어떤 식으로든 경제적 지원을 하는지 아니면 미래에 아버지로부터 지원을 받을 수 있을 기라고 기내하는지 궁금했다. "아빠는 [돈에 대해] 말이 없고, 구두쇠예요. 주차비를 두고 불평을 해요. 과거에 제게 돈을 빌려주기는 했지만, 빌려주는 돈이라는 점을 확실히 했어요. 동생 결혼식 비용을 댔고, 전 결혼을 하지 않았으니까 아빠가 그 돈을 제게 빚지고 있다고 생각할 때도 있어요. 어떻게든 우리 자매를 돕고 싶어 하는 엄마랑은 너무 달라요."

"아버지는 얼마나 자주 봐요?" 나는 다소 민감한 문제를 건드리는 것일 수도 있겠다는 생각을 하면서 물었다.

"1년에 한 세 번 정도 보는 것 같아요. 아빠는 재혼을 했고, 이복동생 3명에게는 모두 돈을 줬어요. 때로는 내 몫의 유산을 이복동생들이 써버린다는 생각이 들 때도 있어요. 그래서 억울하기도 해요. 이런 얘길 해본 적은 없어요. 이복동생들을 단 한 번도 못 만

나빴거든요. 내가 진짜 나쁜 사람이라고 생각할 수도 있겠지만, 그런 얘길 하지 않는 게 더 이상한걸요." 루시의 솔직함은 이혼과 재혼이 상속 등식에 더하는 복잡함을 드러냈다. 반면에 루시와 루시의 엄마, 동생 간에는 재정적 결속력이 탄탄하다는 점에서 아주 감탄할 만한 여성 맞춤형 대안을 보여줬다.

나는 현대 영국사를 연구하는 『이중의 삶』*Double Lives: A History of Working Motherhood*의 저자 헬렌 매카시Helen McCarthy 교수와 엄빠 은행에 대한 여성의 의존도 증가와 남성에 대한 의존도 감소에 관해 이야기를 나눠보기로 했다. 나는 매카시 교수에게 밀레니얼 여성의 경제적 지위에 관한 내 이론을 제시했다.

"글쎄요, 당신이 묘사하는 21세기의 그림은 아주 기이하게도 19세기의 독립적인 여성으로의 회귀처럼 느껴지는군요."

"19세기 여성들이 가족 부에 경제적으로 의존했나요?" 나는 물었다.

"네, 비어트리스 웹Beatrice Webb 같은 사람만 봐도 알 수 있죠." 매카시가 답했다.

웹은 19세기 말에 활동한 저명한 사회학자, 페이비언 협회 회원, 페미니스트, 사회개혁가였다. 남편 시드니 웹Sidney Webb과 함께 런던정경대학교를 설립했고, 『뉴 스테이츠먼』을 창간했다. "웹은 포터 가의 가족 재산에서 사적 소득을 지급받았어요. 포터 가문은 리버풀 지역의 상인이었고, 웹의 아버지가 돌아가시자 웹은 평생 소득을 지급하는 자기 명의의 신탁 자산이 생겼어요." 매카시가 내게 전했다.

웹은 급진주의 정치인 조지프 체임벌린Joseph Chamberlain과 몇 년간 사귀었지만, 체임벌린이 자신의 자립 의지를 존중하기를 거부하자 그와 헤어졌다. 이후 시드니 웹과 결혼했고, 웹의 사적 소득 덕분에 시드니 웹이 일을 그만둘 수 있었고 비어트리스와 시드니는 사회개혁 운동에 매진할 수 있었다. 그러나 매카시는 이 역사적 비교 사례에서 우리가 간과해서는 안 되는 점을 지적했다. "당시 비어트리스 웹은 아주 드문 예외였어요. 이렇게 가족을 통해 자립을 얻은 여자는 거의 없었어요. 결혼이 여성에게 안전을 제공한다는 관념은 그야말로 19세기의 이상이었지만, 노처녀, 즉 아이 없는 미혼 여성이 동정의 대상이라는 관념 또한 19세기를 지배하고 있었어요."

나는 '가족을 통한 자립'이라는 관념이 마음에 들었고, 나 자신의 삶에서도 그 관념을 발견했다. 어떤 여성들에게는 엄빠 은행이 역설적이게도 남성으로부터는 더 자립할 수 있게 도왔는지 몰라도 그만큼 부모에게는 더 의존하게 만들었다.

부양과 재생산

1980년대에 우리 가족은 여느 가족과는 많이 달랐다. 전업주부인 아버지가 나를 키웠고 어머니가 우리 가족을 부양하는 전업가장이었다. 어머니는 존 루이스 파트너십에서 일했다. 아이의 관점에서 보면 일하는 엄마에게 호의적인 직장이었던 것으로 보인다. 나는 학교가 끝나면 어머니 사무실로 가서 시간을 보냈던 게 기억난다. 어머니는 학부모회의 등 학교 행사에 꼭 참석했고, 대체로 저녁 7시에는 집에 돌아왔다. 그러나 어머니의 관점에서 보면 당시 일하는 엄마로 산다는 것은 암묵적인, 그리고 그렇게까지 암묵적이지 않은 어려움을 감수해야 하는 것을 의미했다. 어머니의 출산 휴가 기간이 너무 길지 않느냐는 질문에 시달려야 했고, 아이를 가지기 전까지는 직장에서 아이를 가지고 싶어 하는 마음을 적극적으로 부정해야 했다. 어머니의 남편의 직업과 연봉에 대한 선입견도 흘려들어야 했다. 오늘날 여성 가장은 그때보다는 낙인이 덜 찍히고, 질문도 덜 받는다.

영국에서 2018년에 실시된 여론조사에 따르면 여성 4명 중 1명이 배우자보다 돈을 더 잘 벌었다.[36] 우울한 사실은 여성 가장들의 결혼생활은 남자의 불륜과 이혼으로 끝날 가능성이 높다는 것이었다.[37] 이 시나리오에서 남성의 자존심을 관리하는 것이 중요하지만 솔직히 말해 충분히 논의되지 않는 내용이기도 하다. 여성이 가장이라고 해서 남성들이 집안 살림을 더 많이 담당하는 것도 아니다. 유니버시티 칼리지 런던의 한 연구팀은 여성 가장의 45퍼센트가 거의 혼자 생계비를 감당하면서도 여전히 집안일 대부분을 담당한다는 사실을 발견했다.[38] 부부가 동일한 임금을 받는 가구에서조차도 93퍼센트는 여성들이 무급인 가사노동 대부분을 담당했다. 이 연구를 지휘한 레이나 브랜즈Raina Brands는 이것이 반드시 남성들이 의지가 부족하거나 적극적으로 참여하지 않아서만은 아니라고 지적했다. 오히려 '전통적인 젠더 역할을 위반한 것을 보상'하려는 강박으로 인해 여성이 '집에서 자신의 기여도를 더 높이기' 때문이기도 했다.[39] 내가 죄책감에 휩싸이거나 희생자성에 매몰될 때는 그 점을 명심해야겠다.

여성들은 과거에 비해 더 늦게 결혼한다. 자신과 경제적 지위가 비슷한 사람과 결혼하고 부와 소득이라는 면에서 결혼생활에 더 많이 기여한다. 그러나 일이 잘못되면 어떻게 되는가? 부부가 이혼하면 영국법에서는 부부의 재산이 동등하게 분배되며, 여기에는 연금과 증여 또는 상속 재산이 전부 포함된다. 이혼과 재산 분할에 관한 영국법은 주로 남편이 아내와 아이들을 빈곤 상태에 둔 채로 떠나는 것을 막기 위해 만들어졌다. 그러나 많은 여성이 결혼할 때 자신의 자산이 있고 돈도 계속 벌고 있으며 부부 관계에 문제가 생겼을 때 잃을 것이 많아진 시대에 현재의 법적 장치들이 여전히 유효할까? 스위스에서는 이혼 후에도 지속되는 경제적 의존이라는 관념을 깨기 위한 법을 제정했는데, 이 새로운 법에 대한 초기 평가는 여성이 경제적으로 불리한 입장에 놓이게 된다는 것이었다. 특히 여성이 경력이 단절되었거나 결혼한 후에 소득 능력을 충분히 개발하지 않았다면 더 불리할 것이다.

결혼생활에서 부와 상속이 중요하다는 한 가지 중요한 증거는 혼전계약서 체결의 증가다. 혼전계약서는 오랫동안 유명인과 슈퍼리치의 전유물로 여겨졌지만, 현재는 부유한 중산층에서도 점점 더 애용되고 있다.[40] 만약 결혼이 단순히 별개의 두 사산 십합의 통합이 아니라 별개의 두 상속 재산의 통합이라면 그 상속된 부에 안전장치를 걸어두는 것이 합리적이다. 혼전계약을 추진하는 이유가 주로 예비부부가 아니라 가문의 자산을 지키려고 안절부절못하는 부모 때문이라는 사실은 전혀 놀랍지 않다. 원만한 이혼을 위한 컨설팅을 제공하는 회사의 공동 설립자이자 '더 디보스'The Divorce 팟캐스트 진행자인 케이트 데일리Kate Daly는 혼전계약서 체결이 성행하는 이유를 이렇게 설명한다. "현재 베이비부머는 자녀에게 부를 물려주는 과정 중에 있어요. 사람들이 예전보다 더 늦게 결혼하다 보니 결혼하기 전에 사업체와 부동산 같은 자산을 물려받을 가능성이 높아요."[41] 동거하는 커플을 위한 재산계약서도 새롭게 등장한 흐름이다. 한 CEO는 딸에게 아파트를 사주면

서 변호사를 통해 딸의 남자친구가 서명할 계약서를 작성했다고
말했다. 딸과 남자친구가 헤어졌을 때 남자친구가 그 아파트에 대
한 지분을 전혀 주장할 수 없게 하기 위해서였다.

영국법상 혼전계약서는 법적으로 효력이 없지만, 한 판례 덕
분에 점점 더 그 법적 효력이 강화되고 있다. 2010년 전기적인 판
례에서 영국 대법원은 처음으로 캐트린 라드마허Katrin Radmacher의
혼전계약서가 법적 판단의 근거가 될 수 있다고 판시했다. 이는
수백 년에 걸친 판례사를 뒤집는 것이었다. 그동안 여성은 동등한
지위에서 협상 테이블에 앉을 수 없었으므로 혼전계약에는 확정
력이 없다고 여겨졌다.

엄청난 부를 상속한 라드마허는 1997년 메이페어 나이트클
럽에서 미래의 남편인 프랑스 은행가 니콜라 그라나티노Nicolas
Granatino를 만났다. 두 사람 다 부유한 가문 출신이지만 라드마허
는 JP모건 은행에서 연봉 12만 파운드를 받는 그라나티노보다 훨
씬 더 큰 부자였다. 라드마허의 아버지가 고집을 꺾지 않는 바람
에 결혼식을 올리기 전 라드마허와 예비신랑은 혼전계약서에 서
명을 했다. 이혼할 경우 어느 쪽도 상대 배우자의 부, 상속 재산,
부동산에 대한 지분을 주장할 수 없다는 내용이었다. 당시에 라드
마허는 자신들이 돈이 아니라 오로지 사랑해서 결혼한다는 것을
입증하기 위해서는 어쩔 수 없이 그런 혼전계약서에 서명할 수밖
에 없다고 생각했다.

그로부터 8년 뒤 혼전계약서가 시험대에 올랐다. 그라나티노
는 그 무렵 JP모건 은행에서 나와 옥스퍼드대학교에서 생명공학
을 연구하는 연구원이 되었다. 연봉이 3만 파운드로 은행에 다닐
때보다 훨씬 더 적었다. 첫 이혼 소송 심리에서 그라나티노는 혼

전계약서 서명 당시에 이미 라드마허의 가족이 부의 상당 부분을 은닉했기 때문에 혼전계약서는 법적 효력이 없다고 주장했다. 1심에서는 그라나티노에게 두 개의 부동산과 두 자녀의 공동 양육비, 그리고 평생 지급되는 생활비를 합쳐 총 556만 파운드를 지급하라고 판결했다. 그러나 라드마허 측의 항소로 이 판결이 뒤집혔다. 라드마허 측의 주장은 혼전계약서상 합의사항에 라드마허가 그라나티노에게 지급하기로 되어 있는 장기적인 지원금의 원천에 상속받은 재산이 포함되지 않는다는 내용이 들어 있다는 것이었다. 최종적으로 승소한 라드마허의 변호사는 영국 대법원의 판례가 혼전계약서의 법적 효력을 인정했다는 것이 어떤 의미를 지니는지를 다음과 같이 요약했다. "이제 부부는 가장 좋을 때에 가장 나쁠 때의 결과를 결정할 수 있게 되었다."[42]

그리고 이제 우리는 가장 나쁠 때를 살펴보고자 한다.

밀레니얼 세대는 정말로
역사상 가장 부유한 세대가 될까?

7

임종하면서 아버지가 남긴 요청은 단 하나였다. 자신이 평생을 산 투팅 집 정원에 묻어달라는 것. 투팅 집은 1940년대부터 우리 가족 소유였다. 아버지를 투팅 집에 묻으려면 어떤 조치들이 필요한지 전혀 몰랐기 때문에 다소 망설이기는 했지만, 아버지의 요청을 들어주고 싶은 마음에 우리 세 자매는 그렇게 하겠다고 답했다.

아버지가 돌아가신 뒤 관료주의를 돌파하기 위해 전력 질주를 해야 했고, 온 정신과 힘을 쏟아야 했기에 내 비통한 마음도 어느 정도 가라앉힐 수 있었다. 설계도를 제출하고 주택에 새로운 건축물을 추가하는 것에 관한 법 규정을 찾아보느라 수개월이 걸렸지만, 자신 소유의 땅을 파서 고인을 묻는 묘지를 만들기 위해 허가를 받는 건 비교적 쉽게 처리되었다. 목사인 지인이 아버지를 묻을 땅에 필수적인 축성 의식을 기꺼이 진행해주었다. 이제 남은 것은 주택단지위원회로부터 특별 허가를 받는 것이었다. 승인은 빠르게 받았지만, 우리와 통화를 한 담당자는 주의를 줘야 한다고 생각했던 것 같다. "땅에 묘지를 만들면 주택 가격이 약 5만 파운드는 떨어진다는 건 고려해보셔야 합니다."

"아, 그건 전혀 문제되지 않아요." 나는 즉시 답했다. 어머니가 집을 팔 생각이 없다는 걸 알기 때문이었다. 사람들이 부동산 사이트에 접속해서 굳이 묘지가 있는 주택을 찾지는 않을 테니 오히려 다행이랄까. 귀족들이 대개 자신의 너른 토지에 묻히는 이유는 그 토지가 대대손손 가문의 소유지로 남을 것이라고 생각하기 때문이다. 시내에서 다소 벗어난 투팅의 묘지는? 언제까지나 우리 가문의 소유지로 남을 것이라고 기대하기는 어려울 것이다. 그러나 아버지의 요청은 베이비부머 '남자가 자신의 성채'를 대하는 태도의 전형적인 예시 같았다. 아버지는 분명 자신이 죽어서도 우리가 선조로부터 내려오던 집을 팔기를 방해할 수 있게 되었다는 사실에 흡족해했을 것이다.

아버지의 묘지가 런던의 실외 공간 대다수를 차지하는 콘크리트로 덮은 안뜰이 아니라 푸르른 잔디와 색색의 꽃으로 덮인 90피트 규모의 정원 안에 마련되었다는 사실을 알려야 할 것 같다. 아버지는 어머니와 아버지가 약 반세기 전 1967년에 결혼 1주년을 기념하면서 함께 저녁을 보낸 사과나무 아래에 묻혔다. 아버지의 지시대로 1611년에 발간된 킹 제임스 성경에 나오는 장례 절차에 따라 관을 땅속으로 내렸고, 배경음악으로 록밴드 섹스 피스톨스의 시끌벅적한 찬미가 〈아나키 인 더 UK〉Anarchy in the UK를 틀었다. 목사가 "재는 재로, 먼지는 먼지로"를 읽는 동안 우리는 관 발치에서 엄숙하게 침묵을 지켰다. 쿵쿵 드럼 소리가 들리더니 섹스 피스톨스의 리드 보컬 조니 로튼Johnny Rotten의 알파 수컷 같은 목소리가 적그리스도와 무정부주의자로 사는 것에 관한 노랫말을 내질렀다. 관을 든 사람들이 힘겹게 아버지의 관을 출렁출렁 내리는 동안 우리의 슬픔은 히죽거림으로 바뀌었고, 몇몇은 스카이 콩콩을 타고 뛰고 싶은 충동을 느꼈다.

지금까지는 부모가 살아계시는 동안 상속주의가 어떤 모습을 띠는지를 집중적으로 다뤘다. 그런데 부모가 돌아가시면 어떤 일이 벌어질까? 우리 밀레니얼 세대는 태어난 뒤로 내내 베이비붐 세대가 있는 삶을 살았다. 그런데 베이비붐 세대가 없는 삶이 어떤 것인지를 곧 알게 될 것이다. 내가 상속주의에 관한 책을 쓰면서 내 아버지의 죽음에 대해 이야기한 이유는 상속주의를 금전적 이득이라는 관점에서 접근하면서 차가운 데이터를 통해서만 들여다보면 상속주의 사회의 현실을 지나치게 단순화시킬 위험이 있기 때문이다. 그러나 현실에서 베이비부머의 죽음은 정서적·사무적·관료주의적 짐에 압도당한다. 죽어가는 과정, 임종 자체, 장례식, 유언장 내용 확인, 재무 상담, 유언장 집행. 이 모든 것에는 정서적인 고통도 뒤따르지만 복잡하고 시간도 든다. 끝이 보이지 않는 상속 문제가 해결되기를 **몇 년**이고 기다려야 할 수 있고, 그 과정에서 가족 간 다툼이 일어나고 결국 상속을 받지 못하게 될 수도 있다. 그러나 영국의 상속주의는 앞으로 20년에 걸쳐 가계도를 따라 내려가는 이런 부의 이전을 거쳐야만 실현될 것이다.

이 장에서는 그런 부의 이전이 어떻게 일어날 것인지, 그것이 어떤 의미를 지니는지 살펴볼 것이다.

베이비부머는 어떻게 사라질 것인가

섹스 피스톨스와 킹 제임스 성경, 무정부주의와 전통의 혼합. 내 아버지의 장례식은 정말이지 **아버지다웠다**. 어떤 국장보다도 더 야심찼다. 장례 예배가 끝난 뒤 아버지의 고리버들 관은 마트의 카트에 실려 투팅 하이스트리트 도로 한복판을 따라 귀가했다.

그 앞에서 타탄 체크무늬 옷을 입은 백파이프 연주자가 〈고잉 홈〉 Going Home을 연주했다(우리는 스코틀랜드인이 아니다). 100여 명의 조문객이 필비 가家가 19세기 중반부터 5대째 걸었던 반 마일짜리 길을 걸어가면서 이 런던 남부의 주요 도로를 이용하는 자동차들의 길을 막았다. 많은 사람이 걸음을 멈췄고, 두세 명은 야구 모자를 들어올리며 경의를 표했다. 한때는 개봉작이 걸렸지만, 지금은 빙고 게임장이 된 쇠락한 대극장 앞을 지나갔다.

나는 대극장의 옛 황금기를 떠올려보았다. 전업 도박꾼이었던 할아버지가 마차로 우유를 배달하는 젊은 처녀였던 할머니를 처음 만났던 장소. 전쟁 중이던 영국, 그 극장 계단에서 할아버지는 할머니에게 담뱃불을 빌렸다.

추도식은 우리 집 정원에서 진행됐다. 아버지의 젊은 시절 아트 스튜디오를 재현해두어서 마치 아버지가 티타임을 위해 잠시 작업을 멈춘 듯한 느낌이 들었다 우리 자매가 어릴 때 크리스마스 아침마다 했던 대로 아버지가 만든 장난감 병정과 서커스를 늘어놓았다. 아버지의 인생을 담은 사진들이 둘레가 27미터가량 되는 정원 울타리를 따라 걸려 있었다. 지난 세월 동안 우리 집을 거쳐 간 가수와 음악가들이 마지막 공연을 위해 재결합했다. 그들이 연주하는 음악에 맞춰 우리는 자정까지 아버지 묘지 주변에서 노래하고 춤췄다. 그날을 최대한 '아빠'로 만드는 것이 아버지를 기리는 최선의 방법이었을 뿐 아니라 우리의 애도하는 마음을 행동으로 변환할 수 있는 유일한 방법이었으므로 실제로는 아버지보다는 우리 자매를 위해 선택한 이기적인 방법이기도 했다.

"추도식에서 네 아버지를 정말로 아는 사람은 한 명도 없더구나." 아버지의 가장 친한 친구가 떠나면서 한탄했다. 그랬다. 그분은 십대 때부터 아버지와 알고 지냈지만, 그런 사람은 그날 온 사람 중에 그분이 유일했다. 아버지가 자신의 쾌락주의자 친구들 대다수보다 더 오래 살았기 때문이기도 했다. 아버지의 어릴 적 친구들 중 많은 이가 이른 나이에 비극적인 죽음을 맞이했다. 그래서 그날 온 조문객 대다수가 내 또래였다. 요즘은 친구들과 저녁 식사 자리를 한 번 가지려면 온라인 모임 일정 관리 도구 두들Doodle과 약 100여 번의 왓츠앱 메시지 교환이 필요하지만, 내가 친구들을 정말로 필요로 한 그날 다들 만사 제치고 와주었다. 친구들이 나만을 위해 온 것은 아니었다. 친구들이 어릴 때 아버지는 친구들의 부모만큼이나 친구들의 삶에서 큰 부분을 차지했다. 우리 자녀 세대에게 친구의 부모는 인격 형성기에 교류하는 사람들 중 부모 외에 영향력을 행사하는 또 다른 어른이다. 언제나 내 부모보다는 내게 더 상냥하게 대해주시고, 나 또한 친구 부모가 재워주고 음식을 먹여주고 운전사 노릇을 해주면 내 부모가 했을 때보다 더 큰 감사함을 느낀다. 중년이 되어도 친구의 부모는 당신 삶에 있는 사람들 중에서 당신을 특정 시기의 모습 그대로 바라보는, 한때는 서툴지만 꿈 많았던 어른이 되기 전 당신의 모습을 떠올릴 수 있는 몇 안 되는 사람이다. 그러나 친구 부모가 돌아가시면 한 세대가 점점 사라지고 있다는 오싹한 깨달음도 따라온다. 친구 부모의 죽음은 거침없는 세월의 흐름과 그에 따른 불가피한 변화를 대변한다.

조문객은 하나같이 내 아버지의 장례식이 매우 인상적이었다고 말했다. 그러나 아버지의 장례식조차도 아버지 세대의 전형적인 모습을 보여준 것 같다. 아버지 세대에서 자신의 정원에 묻힌 사람이 많다는 의미가 아니다. 아버지가 그런 새로운 트렌드를 정착시켰으리라고는 생각지 않는다. 그러나 삶을 찬미하는 독특한 장례식을 했다는 점에서는 전형적이었다고 할 수 있을 것이다. 그것이 하나둘씩 세상을 떠나는 베이비부머가 일으키고 있는 혁명이기 때문이다.

지난 50년간 결혼식, 세례식, 성찬식과 같은 다른 기독교 의례는 줄었지만, 장례식은 상당히 오랫동안 굳건히 지켜진 성례이다. 그런데 그마저도 바뀌고 있는 듯하다. 오늘날 전통적인 기독교식 장례를 치르고 싶다고 말하는 영국인은 10명 중 1명에 불과하다.[1] 혼란스럽고 인간에게 두려움을 안기는 한 생명의 소멸에 기독교가 부여하는 친숙함과 엄숙함에 대한 수요가 여전히 존재한다. 그러나 지금은 우리가 원하는 것만 쏙쏙 빼서 조합하는 경향이 있는게 사실이다. 우리 사회는 현대적인 감수성과 충돌하는 지옥, 원죄, 겸허와 같은 기독교적 색채를 조금씩 지워냈다. 요즘 장례식은 신과의 재회로 이어지는 죽음보다는 추모하고자 하는 고인의 삶에 초점을 맞춘다.

죽음에 대한 우리의 생각은 삶에 대한 우리의 생각을 반영한다. 2장에서 보았듯이 베이비부머는 '미'Me(나) 세대라는 칭호를 하사받은 1세대 개인주의자들이었고, 그런 개인주의 문화는 이후 계속 강화되었다. 1952년에 미국인에게 '당신이 중요한 사람이라고 생각하십니까?'라는 질문을 했을 때 단 12퍼센트만이 그렇다고 답했다. 같은 질문을 1990년대에 했을 때는 응답자의 80퍼센트가 그렇다고 답했다.[2] 지난 70년간 일어난 사회 변화를 이보다 더 잘 설명하는 통계자료도 없을 것이다. 우리가 스스로를 아주 중요한 사람으로 여기게 되면서 고인을 추모하는 의례에 죽음 이후에 최고의 순간이 온다는 관념이 끼어들 자리가 없어졌다.

미국의 한 연구는 베이비부머가 자신의 장례식을 '최고의 공연'으로 바라본다는 사실을 발견했다. "그들은 작가이자 감독이기를 원하고 그에 더해 주인공이기를 원한다." 이와 함께 장례식의 장소도 중요해졌다. 2019년 실시된 설문조사에 따르면 동물원, 골프장, 심지어 맥도날드 드라이브스루까지도 경건한 장례식의 현대적 장소로 활용된다.[3] 마찬가지로 테니스 라켓, 기타, 곰 인형 등 개인의 수집품이 묵주를 대체하는 21세기형 매장물로 선택되고 있다.

디지털 기술로 인해 이런 장례식을 치르기가 더 용이해지는 반면, 그 의미는 더 퇴색할 것이다. 머지않아 고인의 홀로그램이 자신의 장례식에서 추도사를 읽게 되지 않을까? 꼭 농담으로 하는 말은 아니다. 베이비부머는 자신의 개인 데이터를 집단적으로 테크 기업에 넘긴 첫 세대다. 베이비부머가 죽으면 이 디지털 금고는 곧 큰 사업 아이템이 될 것이다. 어머니의 애플파이 레시피를 기억하고 싶은가? 걱정 붙들어 매시라. 항시 대기 중인 죽음의 신 저커버그가 AI 딥페이크 기술로 당신 어머니를 소환해 당신이 그 애플파이를 만드는 걸 곁에서 지도하게 할 것이다. 당신의 자녀가 잠자리 동화로 『그루팔로』*The Gruffalo*를 읽어주는 할아버지를 만나게 해주고 싶은가? 전혀 어려울 것 없다. 챗지피티에게 할아버지의 목소리를 복제해서 『그루팔로』는 물론이거니와 줄리아 도널드슨Julia Donaldson이 쓴 다른 책들도 모두 읽어주게 하면 된다. 이것이 과장된 전망으로 들린다면 오래된 가족사진을 스캔해서 AI 생성 비디오로 사진 속 인물들을 '부활'시킬 수 있는 웹사이트가 이미 있다는 사실을 환기하고 싶다. 고인이 디지털 기술로 영원히 살 가능성이 있다면 당연히 그로 인해 우리가 고인을 추모하는 방식, 더 나아가 상속을 대하는 우리의 관점도 달라질 수밖에 없을 것이다.

이것은 인생의 전성기에 있는 사람이 읽고 싶은 내용은 아니겠지만, 고령화 사회와 저출생률이 우리의 미래이듯 (끔찍하게 들릴 수 있겠지만) 우리 부모 세대의 사망이 지배할 미래에 대비해야 한다는 점을 명심해야 한다. 삶에서와 마찬가지로 죽음에서도 베이비부머는 계속해서 대화를 장악할 것이다. 우리는 안락사가 점점 더 늘어나고, 사회 돌봄 분야의 학대 문제가 더욱 두드러진 사회문제가 되고, 많은 가족에서 상속 분쟁이 흔한 일이 되는 미래를 향해 나아가고 있다. 더 많은 사람이 죽을수록 상속 대상 재산도 늘어나므로 상속은 주된 사회 쟁점이 되고, 현재의 연금 보장이나 주택 가격만큼이나 정치 공약에서 우선순위에 놓이게 될 것이다. 우리는 고령화 사회가 오로지 노인의 문제가 될 것이라고 생각한다. 논란의 여지는 있겠지만 고령화 사회는 젊은 세대에게 더 중대한 문제를 일으킨다. 젊은 세대가 고령화 사회의 문제를 해결하고, 우선순위를 정하고, 재원을 마련하는 책임을 떠안게 될 것이기 때문이다.

그러나 이것은 매우 좁은 정치적 관점이다. 당연한 얘기지만, 고령화 사회의 진짜 문제는 개인적이고 심리적인 것이 될 것이다. 아버지를 떠나보낸 지 6년, 남편과 결혼한 지 5년이 지났다. 둘째가 태어나고 글로벌 팬데믹을 겪는 동안, 그리고 이 책을 쓰고 있는 지금도 삶은 계속 흘러가고, 그래서 내 상실감 위에는 어느새 퇴적층이 쌓였다. 그러나 아픔은 여전히 생생하게 남아 있다. 사람마다 부모의 죽음을 다르게 받아들이고, 삶의 어느 단계에서 부모의 죽음을 경험하는가에 따라 또 다르게 받아들인다. 부모의 죽음을 겪은 친구들은 온갖 감정을 경험했고, 대개는 그 감정들을 동시에 느꼈다. 화해와 평화도 느끼지만 버림받은 것 같이 느껴지기도 한다. 아직 부모의 죽음을 겪지 않은 친구들에게는 부모의 죽음이 성인기에서 필연적으로 겪게 될, 가장 미루고 싶은 사건이기도 하다.

그러나 부모의 죽음으로 해방감 또한 느끼게 된다는 점을 인정하는 사람은 거의 없을 것이다. 비통함과 슬픔에도 불구하고 개인적으로는 아버지의 죽음이 나를 재창조하고 성장하게 했다. 아마도 이것이 부모에게 지나치게 의존하는 문화로 규정되는 밀레니얼 세대가 새겨야 할 긍정적 메시지일 것이다.

그래서, 도대체 얼마가 있는 건데?

2024년 글로벌 부동산 컨설턴트 나이트 프랭크Knight Frank는 밀레니얼 세대가 역사상 가장 부유한 세대가 될 것이라고 주장했다.[4] 다만 그것은 이미 **부유한 밀레니얼 세대**를 염두에 둔 말이었다. 지난 15년간 2008년 금융 위기를 필두로 그다음에는 브렉시트, 그다음에는 코로나, 그다음에는 생활비 위기와 이자율 상승 등 끊임없이 터지는 경제적 지뢰로 인해 부상당하고 지친 밀레니얼 세대로서는 처음 듣는 이야기였다. 나이트 프랭크의 주장에 비평가들은 실소하면서 웃음거리로 삼았다.

부유한 밀레니얼이라 하더라도 가족의 돈이 곧 가계도를 따라 흘러내려온다고 말하는 것이 그들에게 어떤 도움이 되는지 이해되지 않는다. 오히려 그런 이야기는 헛된 기대를 부추기는 것일 수 있다. 저널리스트 해리엇 워커Harriet Walker는 이렇게 예상한다. "세대 간 부의 격차로 인해 우리 또래집단에는 찰스 왕세자가 너무나 많이 생겼다. 상상할 수 없는 최악의 가격표를 단 상속받을 권리가 실현될 날을 기다리면서 나이만 먹고 있다." 그래서 해리엇은 이런 깨달음도 얻는다. 자신은 "생계비를 지원해주고 휴가 여행에 함께 데려가는 후한 부모를 둔 철없는 행운아"라고.[5]

또 다른 저널리스트 이솔데 월터스Isolde Walters는 자신이 프리랜서 작가라는 불안정한 커리어를 고수할 수 있었던 유일한 이유는 자신의 아버지가 '유산 선상속'에 합의해준 덕분에 런던에 아파트를 구입할 수 있었기 때문이었다고 시인한다. 그러나 밀레니얼 세대가 가장 부유한 세대가 될 것이 확실하다는 헤드라인을 읽었을 때 가장 먼저 든 생각은 "상속을 못 받는 사람들은?"이었다고 한다. 월터스는 그 헤드라인이 "가족 부에 기댈 수 있어야만 영국 남동부에 내 집을 마련할 가능성이 있는 상속주의 사회가 되었다는 증거"이며, 그런 점에서 "전혀 축하할 만한 일이 아니"라고 지적했다.[6] 월터스의 지적이 정확하지만, 이것은 단순히 승자와 패자를 나누는 이야기가 아니다. 예측 불가능하고 불확실한 요인들에 의해 결정되는 상속 규모의 급격한 증가에 관한 이야기다.

그렇다면 상속 규모는 얼마나 될 것으로 추산될까? 베이비부머의 자산은 크게 두 가지, 연금과 주택으로 구성된다. 현재 가치는 각각 약 5조 파운드와 6조 파운드 정도이다. 연금은 대부분 상속 대상이 아니며 베이비부머의 노년기에 거의 다 소진될 가능성이 크다. 그러나 약 5조 파운드 내지 6조 파운드 정도 되는 자산이 상속될 것이다. 재정관리 서비스업계가 흔히 부의 대이동이라고 부르는 것은 상위 1퍼센트나 상위 25퍼센트에서만 일어나지는 않을 것이다. 우리 부모 세대가 사망하면서 부각될 상속이라는 쟁점은 영국 전역의 상당히 많은 가족에게 영향을 미칠 것이다.

물론 단순히 앞으로 **상속을 받는다**는 사실보다는 실제로 받게 될 **상속 금액**이 더 중요하다. 또한 부동산 자산이 워낙 큰 부분을 차지하므로 지역적 차이가 클 것이다. 런던에 사는 부모를 둔 사람은 영국 북동부에 사는 부모를 둔 사람에 비해 상속 금액이 두 배 이상 더 클 것이다. (주택 가격에 연동되는) 런던 거주민의 상속 재산은 그 가치가 44만 파운드에 달할 것으로 추정된다. 반면에 영국 북동부 거주민의 상속 재산은 그 가치가 19만 파운드 정도일 것으로 추정된다. 후자도 적은 금액은 아니지만 전자와 비교하면 누가 봐도 훨씬 더 적은 금액인 것은 사실이다.[7] 그런데 평생에 걸쳐서 벌게 될 소득에서 상속 재산의 비중은 얼마나 될까? 밀레니얼 세대가 평균적으로 평생 벌게 될 소득에서 상속 재산의 비중은 16퍼센트 정도일 것이다(9퍼센트로 추산되는 X세대보다 더 높다). 그러나 여기서도 상당한 격차가 발생한다. 영국에서 상위 20퍼센트는 상속으로 평생 소득이 29퍼센트 증가하는 반면, 하위 20퍼센트는 그 증가폭이 5퍼센트에 그칠 것이다.[8] 밀레니얼 세대가 역사상 가장 부유한 세대가 될 것이라는 주장이 모든 소득 구간에 적용되지는 않는 것이다. 또한 이 데이터는 평생 동안 단 한 번 상속받는 것을 전제로 한다. 앞서 봤듯이 중산층 밀레니얼의 경우에는 양가 부모 모두에게서 상속받을 것으로 기대할 수 있는 운 좋은 부부가 점점 더 늘어나고 있다.

상속과 관련된 특권에도 여러 층이 있다는 점을 지적하지 않을 수 없다. 영국 재정연구협회는 "상속은 부모가 부유한 집단과 부모가 가난한 집단 간 평생 소득 격차를 더 크게 벌릴 것으로 예상된다"고 결론 내렸다.[9] 달리 말하면 삼십대에 당신의 친구 그룹이 엄빠 은행에 기댈 수 있는지 없는지에 따라 나뉜다고 생각했다면 밀레니얼이 육십대가 되었을 때는 그 차이가 더 두드러지게 나타날 것이고, 불가피하게 불화도 낳을 것이다. 은퇴할 수 있는가 아니면 계속 일해야 하는가 하는 것도 그런 차이 중 하나일 것이다.

할머니께 잘해야 해!

아버지의 장례식을 치르고 몇 달이 지난 뒤에 어머니, 언니, 여동생과 함께 나는 더 전통적인 장면을 연출하고 있었다. 우리는 변호사 사무실에 앉아서 가족 변호사가 아버지의 유언장을 읽는 것을 들었다. 아버지는 예금이나 주식도 없었고, 연금도 빚도 없었으므로 깜짝 놀랄 일은 없었다. 부동산 소유권은 모두 어머니에게 넘어갔다. 이 장면에는 너무나 명백하게 드러나 있지만, 그 의미를 제대로 이해하는 이는 거의 없는 베이비부머 상속 서사 플롯의 주된 반전이 있다. 일반적으로 세대 간 부의 대이동이 일어나기 전에 젠더 간 부의 대이동이 먼저 일어나며, 대개 사별한 부인이 상속을 받는다. 베이비부머는 대부분 이성결혼을 했고 아직까지는 여성이 남성보다 3.8년 이상 오래 살기 때문이다.[10] 더 나아가 부부 간 상속은 상속세 면세 대상이므로 세금 측면에서도 가족 부를 자손에게 물려주기보다는 배우자에게 물려주는 것이 더 유리할 때가 많다.

2025년에는 영국 민간 재산의 60퍼센트가 여성 소유일 것으로 추정되는데, 이런 여성 중 상당수가 남편과 사별하고 남편의 부를 상속한 베이비부머 아내일 것이다. 이것은 특권층 베이비부

251

머 여성에게는 재정적 측면에서 경이로운 순간이다. 자녀를 키우느라 커리어를 포기했거나 휴직을 했거나 파트타임으로 일한 이들은 연금이 없거나 있어도 매우 적기 때문이다.

역사적으로 나이 든 여성, 특히 남편과 사별한 여성은 사회에서 가장 가난한 구성원이었지만, 오늘날 이들은 가장 부유한 구성원에 속한다. 부유한 베이비부머 여성의 경제적 지위 향상은 거의 언급되지 않지만, 부동산 시장만 보더라도 2021년에 영국의 임대용 주택 소유주 260만여 명 중 48퍼센트가 여성이었다.[11] 현재 에어비앤비에서 '슈퍼호스트' 별점 5점을 독차지하는 집단은 중장년 여성으로, 전 세계적으로 에어비앤비 호스트의 55퍼센트를 차지한다.[12] 창업 부문에서도 창업이라고 하면 우리는 Z세대 암호화폐 청년 기업가들을 떠올리겠지만, 이 영역에서도 중년 여성이 급부상했다. 2007년부터 2017년 사이에 사업자 계좌를 개설한 65세 이상 여성은 132퍼센트 증가했다. 모든 연령집단 중에서 가장 큰 폭으로 상승했다.[13] 이 모든 것이 베이비부머 여성이 특별한 '제3연령기'third age를 맞이했음을 보여준다. 작가 돌리 올더튼Dolly Alderton은 노년 여성에 대한 명백한 문화적 적대감이 존재하지만 자신의 어머니 세대는 베이비부머 남성보다 더 곱게 나이 들고 있는 것 같다고 평한 적이 있다. 노년 여성은 젊은 여성이 좀처럼 떨쳐내기 힘든 외모 압박, 성추행, 성차별주의에서 해방되었고 그 자유를 만끽하고 있다. 올더튼은 나이 들어가는 남성은 젊은 시절 가부장제로 누린 자유를 그리워하면서 정반대의 길을 걷고 있는 것처럼 느껴진다고 말했다. 어찌 되었든 여자들이 (더 사회적인 존재이고) 노화 과정에 더 잘 적응한다는 점이 내가 어머니보다 아버지가 먼저 돌아가셔서 다행이라고 생각하는 이유 중 하나다.

그러나 곧 할머니가 최고 재무 책임자가 될 예정인 (또는 이미 그런) 가족들도 있다. 평생 남성 가장에게 재정적으로 구속되어 있었던 여성이라면 이런 재정적 해방과 지위 역전은 그동안의 헌신과 희생에 대한 정당한 보상으로 느껴지기도 할 것이다. 처음부터 가장이었기 때문에 재정적으로 독립했고 직접 부를 축적한 내 어머니 같은 여성이라면 나중에 남편의 재산을 상속하면 가족 내에서 더 큰 권력을 쥐게 될 것이다. 어떤 여성들은 친정 재산을 상속받고, 또 스스로 부를 축적했으며, 그 결과 다음 두 세대에 상당한 영향력을 행사할 수 있게 되었다. 또한 이혼한 전 남편의 사망으로 그 남편의 재산에 대해 어느 정도 지분을 주장할 수 있는 이혼한 베이비부머 여성의 수도 늘고 있는데, 다만 이들은 이혼 직후에는 경제적으로 크게 고통 받았을 가능성이 있다. 앞으로 보겠지만, 상속 지분의 역학관계는 혼합가족에서는 다르게 작동한다. 가장의 죽음으로 선처와 현처 둘 다에게 불리하게 작용하는 복잡한 관계도가 형성되어 있기 때문이다.

나는 남편과 사별한 후 재정적 주도권 강화를 경험한 베이비부머 여성의 이야기를 듣고 싶었다. 앤절라는 자신이 운 좋은 소수였다고 말한다. 현재 78세인 앤절라는 열다섯 살에 학교를 자퇴한 후 십대 때 남편을 만났고 결혼 직후 1960년대에 단돈 2000파운드로 런던 해머스미스에 첫 집을 마련했다. 앤절라는 둘째 아이를 임신했을 때 일을 그만두었고 자녀들이 어느 정도 자란 뒤 소매업에 재취업했다. 앤절라 부부는 주거 사다리를 타고 올라가면서 처음에는 윔블던 파크로, 그다음에는 런던에서 가장 비싼 동네인 윔블던 빌리지에 입성하는 데 성공했다.

앤절라의 삶은 부동산을 통한 부 축적과 계층 상향 이동에 관한 이야기다. 그리고 결과적으로는 완전소유권에 관한 이야기이기도 하다. "저는 부동산이 세 채 있는데, 각각 5만 파운드에서 6만 파운드 정도 해요. 남편은 늘 임대업이 괜찮을 거라고 했고 남편 말이 옳았어요." 앤절라는 67세에 은퇴한 뒤 살고 있던 집의 크기를 줄이고 대신 임대용 부동산을 한 채 더 구입했다. 앤절라는 죽은 남편의 재산도 상속했지만, 또한 '대이모 메리'("진짜 이모는 아니었고, 엄마 사촌의 아내였어요")에게서 꽤 큰돈인 15만 파운드를 증여받았다. 또한 앤절라는 가장 오래된 친구 브리짓에게도 큰돈을 상속받았다. 브리짓은 자녀도 형제자매도 남편도 없었다. "브리짓은 당시에 전문직 미혼 여성이라고들 말한 그런 여자였어요." 브리짓은 죽으면서 자신의 친구들에게 유산을 남겼다. 앤절라는 30만 파운드를 받았다. "브리짓의 자산관리사가 매 분기마다 보고서를 보내줘요. 그 돈은 매년 불어나기만 하는 것 같아요. 문제는 그 돈은 제 돈 같지 않다는 거예요. 그 돈은 절대 쓰고 싶지 않아요." 앤절라가 설명했다.

앤절라는 현재 손주들에게 매주 '할미 용돈'을 주고 있으며 가족 모두와 휴가 여행을 떠나는 걸 즐긴다. "그냥 아주 운이 좋다고 느껴요." 앤절라가 말했다. 나도 앤절라가 상속받은 금액의 크기에 살짝 현기증을 느끼면서 고개를 끄덕이고 동의했다. 앤절라의 이야기는 대처가 내세운 부동산 주도 정책으로 부를 축적한 사례인 것도 확실해서 지금은 불가능한 이야기가 되었다.

앤절라의 이야기는 또한 부부 관계 밖에서도 상속을 통해 부가 이동하는 경우가 자주 있다는 것을 보여준다. 주 돌봄담당자인 여성들이 우리 사회에서 가장 유산을 많이 수령하는 경향이 있는데, 늘 그랬던 것은 아니다. 실제로 1920년대가 되어서야 마침내 가족구성원 모두에게 동등한 상속권을 부여하고 아내가 남편의 부동산을 상속받는 것을 허용하는 법이 통과되었다. 또한 딸을 건너뛰고 아들에게만 상속권을 부여하는 장자상속법도 아직 존재한다. 2016년 제6대 웨스트민스터 공작이 사망했을 때 장자상속법에 따라 공작 작위는 누나들을 건너뛰고 곧장 셋째인 휴 경에게 넘어갔다. 부계를 따르는 관습은 일부 종교법에도 여전히 있다. 유대교 율법 할라카는 상속 재산이 남성 상속인 사이에서 동등하게 배분되어야 하며, 대신 남성 상속인들은 여자 형제들을 부양해야 한다고 규정한다.[14] 이슬람교의 샤리아법에서는 상속 재산을 분배할 때 남성 자손에게 여성 자손보다 50퍼센트 더 주게 되어 있으며, 피상속인의 남은 배우자에게는 재산의 지극히 일부만 물려주게 되어 있다.[15] 이것은 영국에 살면서 샤리아법을 따르는 이슬람교도 가족은 더 많은 상속세를 청구당하게 된다는 것을 의미한다. 일부다처제를 따르는 가족도 마찬가지다. 현재 영국법은 해외에 거주하면서 일부다처제를 따르면 이를 인정하지만 영국에서 거주하는 경우에는 일부다처제를 인정하지 않는다. 따라서 영국의 법체계에서는 영국에서 이슬람교나 기타 종교의식에 따라 남편과 결혼한 '둘째 부인'에게는 상속권을 주장할 법적 근거가 없다.

최근 들어 남아시아계 여성들이 상속에 있어 남성에게 우선 상속권을 주는 문화에 맞서 저항하고 있다는 증거들이 보인다. 고등법원에서 다룬 한 상속 분쟁은 웨스트 미들랜드 출신인 83세 시크교도 사별 여성 카우르 부인이 66년간 부부로 지낸 남편이 100만 파운드에 달하는 재산 중 단 한 푼도 자신에게 남기지 않자 상속권을 주장한 사건이다. 카우르 부인의 남편은 전 재산이 '오직 부계로 상속'되기를 원했다. 그래서 두 아들에게 모든 재산을 물려주고 부인과 네 딸에게는 아무것도 남기지 않았다. 판사는 카우르 부인에게 아무런 생활 지원 대책이 마련되어 있지 않으므로 죽은 남편의 순자산에서 50퍼센트를 카우르 부인에게 줘야 한다고 판시했다. 카우르 부인의 변호사 제시카 바티는 영국의 아시아계 커뮤니티를 향해 부당한 상속 관행을 바꿔야 한다고 호소했고, 이후 상속에서 배제된 여성들에게 연락을 받았다. "그제서야 이것이 생각보다 흔하게 일어나는 일이었다는 걸 알게 되었어요." 바티가 말했다.[16]

2020년대의 할머니들은 상당한 재정적 권력을 지니게 될 것이 확실해 보인다. 이 할머니들은 자신에게 주어진 패로 무엇을 할까? 베이비부머 엄마들은 베이비부머 아빠들과는 매우 다르게 자신의 부를 쓰고, 투자하고, 바라본다고 짐작하게 하는 단서들이 있다. 베이비부머 남성과 비교했을 때 베이비부머 여성은 생전에 돈을 나눠주는 등 자신의 돈을 가족과 함께 쓸 가능성이 높다. 또한 환경, 사회, 지배구조를 고려하는 ESG 경영 기업에 투자하는 것을 선호할 가능성도 높다. 재정적 의사결정에 대한 조언을 구하기 위해 자녀, 특히 딸과 적극적으로 소통하는 경향도 강하다. 간단히 말해 여성 가장은 대체로 재정적인 면에서 가족의 참여에 더 열려 있다.

"저는 이런 가족 역학관계가 작동하는 것을 꽤 자주 목격합니다." 우먼스웰스Women's Wealth의 CEO 서맨사 세콤Samantha Secomb이 말했다. 우먼스웰스는 돈을 더 많이 벌고, 투자에 더 적극적이고, 증여를 더 많이 하고, 상속을 더 많이 받게 된 중장년 여성들에게 더 적합한 재무상담 서비스를 제공한다. "현재 베이비부머 여성들이 한창 상속을 받고 있는데, 딸이 있는 경우에는 아들보다는 딸이 이 여성들의 재정관리를 돕습니다. 딸이 이미 엄마를 돌보고 있는 경우가 많거든요. 엄마가 디지털 기기를 쓰는 걸 돕거나 병원 진료 예약을 하거나 동행해요. 아들은 대체로 너무 바쁘기도 하고요. 밀레니얼 딸들은 "아빠가 방산업체에 투자했다니 믿을 수가 없어요"라고 말하고는 부모의 돈을 관리하는 고급 정장을 빼입은 재무관리사를 훑어보면서 단호하게 말합니다. "당신 조언은 사양할게요."

영국 사별 여성의 70퍼센트가 남편이 사망한 뒤 담당 재무관리사를 해고한다고 알려져 있는데, 세콤이 묘사한 가족 안에서 벌어지는 여성 중심 재정의 역학관계는 그 이유를 보여준다.

그러나 이것은 부유층에게는 사소한 문제다. 더 많은 사람들에게 영향을 미치는 문제는 밀레니얼 세대의 경제적 유아화이다. 세콤에 따르면 "저는 밀레니얼이 불만을 토로하는 걸 자주 들어요. 부모되기가 지연되었고, 커리어에서도 좌절을 겪으니까요. 게다가 그렇게 된 게 자신들 잘못도 아니에요. 저는 많은 시간을 밀레니얼 고객에게 생긴 '베이버부머 흉터'를 치유하면서 보내요."

"당신이 말하는 세대 흉터란 무엇을 말하는 건가요?" 나는 내게도 그런 흉터가 있다고 확신하면서 물었다. "부동산 사다리에 오르는 데 실패했다는 인식을 말해요." 세콤이 답했다. "저는 그렇게 실패한 게 그들 탓이 아니라고 말해요. 부모 탓이죠. 베이비부머는 자녀에게 도움이 되지 않는, 고장난 시스템의 일부예요. 당연한 얘기지만 크리스마스에 가족들이 전부 모일 때 이외에는 부모가 그렇게 큰 집에 살 필요가 없는데, 부모 세대가 방 4개짜리 집을 팔고 방 2개짜리 집으로 줄여서 모든 사람이 사다리 위로 올라갈 수 있게 하기 전까지는 자녀 세대는 늘 불리한 입장일 수밖에 없어요. … 정말로 해결책이 보이지 않는 상황인 거죠. 밀레니얼 세대는 상속에 의존하고 있고, 부동산 사다리에 올라가지 못하고 있어요. 베이비부머는 자신의 성을 포기하고 싶어 하지 않아요. 아무리 칵테일 바와 체육관 같은 현대적인 편의시설이 있는 커뮤니티로 포장해도 베이비부머는 민간 노인 요양원에 들어갈 마음이 없어요. 그들은 집을 줄이기를 원하지 않아요. 재정적 동화나라에 머물면서 자녀 세대에게 손해를 입히고 있어요. 새로운 구성원이 진입할 수 없는 주택 시장은 고장 난 거라는 사실을 받아들여야 해요."

세콤은 내가 이 주제에 대해 인터뷰를 한 사람들 중에 가장 솔직하고 직설적으로 말하는 사람이었다. 세콤은 상속의 문제, 그리고 더 크게는 부동산 시장의 문제 중 하나는 베이비부머가 집을 줄이기를 거부한다는 것이라고 봤다. 세콤만 그렇게 생각하는 게 아니다. 베이비부머가 소유한 부동산의 51퍼센트는 안 쓰는 방이 적어도 2개 이상인 것으로 추정된다. 정부가 취득세 감면 등 인센티브를 제공해서 집을 줄이게 유도해야 한다는 제안도 나온다.[17] 빈 둥지 부모를 비난하는 것은 연령차별이고 그들에게는 자기가 산 자신의 집에서 계속 살 권리가 있다고 말하면서 이에 반대하는 의견도 있다. (『타임스』는 이런 빈 둥지 부모들을 크게 아프지 않은 데도 병상만 차지하는 장기 환자를 가리키는 '병상 차지자들'을 변형해 '침실 차지자들'이라고 불렀다.) 또한 괜찮은 대안 주거지의 부재, 익숙한 지역사회에 남고 싶은 마음, 미래에 자녀와 손주들과 함께 살 계획 등 베이비부머가 집을 줄이기를 망설이는 합리적인 이유도 있다.

"그러나 빈 둥지 부모를 문제 삼으면 진짜 중요한 문제가 묻혀 버리게 되는 건 아닐까요?" 내가 세콤에게 물었다. "핵심은 베이비부머가 부동산, 자산, 연금으로 가지고 있는 돈의 규모를 생각하면 속물적이라고 말할 수도 있겠지만, 많은 밀레니얼이 어떤 식으로든 상속을 기대할 수 있다는 거잖아요." 세콤은 웃음을 터뜨렸다가 다시 진지한 표정으로 말했다. "저는 이렇게 말해요. '크게 착각하는 것'이라고요. 왜냐하면 베이비부머가 그렇게 많은 돈을 남길 것 같지 않거든요."

"밀레니얼 세대는 역사상 가장 부유한 세대가 될 것이다"

이것이 나이트 프랭크의 2024년 보고서를 다룬 기사가 뽑은 헤드라인이었다. 그러나 실제로는 밀레니얼 세대 전체가 아니라 고액 순자산 보유자high-net-worth individuals(HNWIs, 100만 달러 이상의 투자자산을 지닌 개인)로 분류되는 소수 집단과 그보다 더 소수 집단인 초고액 순자산 보유자ultra-high-net-worth individuals(UHNWIs, 3000만 달러 이상의 투자자산을 지닌 개인)가 이 보고서의 분석 대상이었다. 나이트 프랭크는 그런 개인들이 자녀에게 90조 달러의 부를 물려줄 것이라고 추정했고, 이를 근거로 이들의 밀레니얼 자녀들이 역사상 가장 부유한 세대가 될 것이라고 결론 내렸다.

슈퍼리치가 사는 세상은 상속주의 사회다. 현재 순전히 상속으로 창출된 부의 규모가 사업으로 창출되는 부의 규모를 넘어섰다. 2008년과 2018년 사이에 이런 엄청난 규모의 부를 관리하는 가족 재무관리 회사°의 수가 두 배로 늘어났다.[18] 고액 순자산 가족에서는 여성 구성원이 부와 가업을 상속받을 가능성이 더 낮다.

전 세계 초고액 순자산 보유자 중 여성은 약 11퍼센트를 차지한다. 10년간 3퍼센트 증가했지만 여전히 지극히 소수다.[19] 논쟁의 여지는 있지만 서맨사 세콤이 언급한 경제적 유아화 문화는 슈퍼리치 집단에서 훨씬 더 뚜렷하게 나타나며, 슈퍼리치 집단에서도 상속 방법, 가업 관리 방법, 가족 부의 투자 방법을 둘러싼 세대 갈등이 목격된다. 예상 가능하듯이 차세대 밀레니얼 상속자들은 투자 결정을 할 때 선대보다 환경지속성과 사회적 영향력을 더 우선순위에 둔다. 한 자산관리사는 내게 한 가족의 이야기를 들려주었다. 그 가족의 가장은 수백만 파운드를 세 명의 자녀에게 남길 예정인데, 막내아들이 그 돈의 대부분을 자신이 자원봉사를 하는 남성 정신건강 자선사업단체에 기부하고 싶어 해서 과연 막내아들에게 재산을 물려줘야 하는지 고민한다고 했다. 이런 상황은 가족 내에서 상당한 갈등을 유발한다. 특히 나이 든 가장으로서는 남성의 정신건강이 자신이 힘들게 쌓은 부에서 수백만 파운드를 기부할 만한 가치가 있는 사업이라는 막내아들의 생각을 받아들이기 어려웠을 것이다. 토마 피케티를 비롯해 많은 사람들이 일부 글로벌 엘리트 가족에게 부가 쏠린 것은 부당하므로 부유세 부과 정책이 글로벌 경제를 상속주의의 지배로부터 해방시킬 수 있는 유일한 방법이라고 주장한다. 그러나 그런 엄청난 부로 인해 개인과 가족이 지게 되는 짐과 그들이 겪게 되는 문제들을 생각하면 꼭 부러워할 만한 상황은 아니라는 점 또한 지적하고 싶다.

상속 과정에서 분쟁을 겪거나 곤란한 문제들에 부딪힌다는

• family offices. 부유한 개인이나 가족을 위해 자산 관리, 상속, 세금 전략 등 재무적 의사결정을 전문적으로 지원하는 독립된 조직 또는 팀.

점이 글로벌 엘리트와 우리 나머지 사람들의 몇 안 되는 공통점 중 하나일 것이다. 상속 재산이 수조이든 수백만이든 수천이든, 그 부를 창출한 사람과 그 부를 증여받는 자 간에는 갈등이 생길 수밖에 없다. '1대가 부를 축적하고, 2대가 그 부를 공고화하고, 3대가 그 부를 탕진한다'고들 말한다. 실제로 이 경구가 여러 문화에서 다양하게 변형되어 전해지는 것을 보면 부가 대물림되면서 사라진다는 것이 인간사의 보편적인 이야기임을 알 수 있다. 왜 은행가와 변호사의 아들딸들이 예술 전공을 하는 경우가 그토록 많은지 생각해본 적 없는가?

영국의 부동산 시장은 서류상 백만장자들을 많이 만들어냈다. 그들은 지난 30년간 노동이 아니라 부동산 인플레이션으로 부를 창출한 사람들이다. 또한 그렇게 부동산으로 창출된 부는 자녀가 물려받은 이후에야 실현될 수 있다는 것 또한 사실이다. 이로 인해 가족 내에서 부를 창출하는 사람과 부를 물려받는 사람 사이에 매우 특수하고 특정적인 역학관계가 생겨난다.

자산관리업계에서 40년을 일한 재무상담사 스티브 다이슨은 대대로 부자인 (그래서 상속이 어떤 식으로 작동하는지를 이해하는) 가족과 자수성가로, 특히 1980년대에 부를 일군 베이비부머 가족에서 차이점이 관찰된다고 말했다. 후자는 부모가 딱히 상속이라 할 만한 것을 경험해보지 못해서 처음으로 부의 상속을 경험하는 가족일 것이다. 이런 가족에서 부모는 이제는 더 이상 상속을 미룰 수 없다는 조언을 듣기 전까지는 부를 움켜쥔 손을 좀처럼 놓지 못한다. "감정적인 문제예요." 다이슨이 내게 설명했다. "진짜 쟁점은 언제 주는가 하는 것이에요. 너무 일찍 넘기면 그 돈을 현명하게 쓸 줄 모르는 자녀들에게 오히려 나쁘게 작용할 가능성이 높아요. 너무 늦게 넘기면 상속세 폭탄을 맞을 우려가 있으니 그것도 썩 바람직하지는 않아요."

"이 모든 것이 부의 구간이 아니라 결국 부모가 어떤 사람인가에 따라 달라지는 것 같은데요? 당신은 돈에 대해 어떤 태도를 취하나요?" 내가 물었다.

"네, 그렇죠." 다이슨이 답했다. "자녀에게 돈을 존중하고 돈의 귀중함을 알도록 가르쳐야 해요." 다이슨은 그런 차원에서 자산관리업계가 상당한 역할을 한다고 말했다. "예전에는 대형은행 지점에서만 재정상담 서비스를 제공했는데, 1980년대에 들어서면서 사적 연금과 투자가 성행하면서 자산관리업계가 성장했고 베이비붐 세대에게 재무상담 서비스를 제공했죠. 그러다 보니 그런 서비스는 부를 상속받을 자녀 세대보다는 베이비붐 세대의 필요에 여전히 맞춰져 있어요."

그러나 밀레니얼 세대를 고객으로 둔 한 자산관리사는 더 솔직한 의견을 내놓았다. "많은 자산관리사들이 게으르고 실력도 없으면서 돈만 많이 받아요. 그동안 이 업계는 손쉽게 돈을 벌었어요. 경제 성장이 뒷받침되는 환경에서 수수료를 부과했으니까요."

"상속에 대해 자녀와 대화하기를 꺼리는 부모를 자주 만나세요?" 내가 그에게 물었다.

"네, 아주 큰 문제예요. 자녀에게 자신의 재산을 넘겨줄 만큼 자녀를 충분히 신뢰하지 않다 보니 힘들게 모은 재산을 물려주고 싶어 하지 않아요. 살날이 6년 정도 남은 한 나이 든 여성 고객이 있었어요. 겨우 설득해서 아들을 상속 상담 자리에 데려오게 했어요. 고객의 아들에게 어머니가 돌아가시면 35만 파운드 정도를 상속받게 될 거라고 말했어요. 아들은 전혀 모르고 있더라고요. 어머니가 별다른 조치를 취하지 않으면 상속세 40퍼센트가 부과될 거라고 조언하니 아들이 어안이 벙벙해서 저를 멀뚱멀뚱 쳐다만 보더군요. 정말로 몰랐던 거예요."

그런데 부의 하층 구간에 있는, 돈을 투자하고 세금을 줄일 방법에 대한 조언을 받을 수 없는 가족에서는 상속이 어떤 식으로 이뤄질까? 무엇보다 상속 자체의 불확실성이라는 문제가 있다. 부의 대이동에 대한 모든 논의가 실제로는 헛된 희망을 부추기는 것일 수 있다. 한 설문조사에 따르면 상속인이 기대한 평균 상속 금액은 11만 파운드였지만, **실제로** 상속받은 평균 금액은 5만 4000파운드였다.[20] 기대라는 점에서 위험이 도사리고 있는 것이다. 한 인터뷰이는 현재 두 자녀를 키우느라 생활비가 빠듯해서 연금 붓는 것을 중단했다고 말했다. 무엇보다 그녀는 언젠가 남편 가족으로부터 상당한 금액을 상속받을 것으로 기대하고 있었으므로 그때 은퇴할 수 있을 것이라고 확신했다. 자신의 결혼생활이 계속 유지될 것이라고 굳게 믿는 것이 존경스럽기는 하지만, 미래의 상속에 대해서는 지나치게 굳게 믿고 있는 것 같다.

몇 년 전 부모로부터 (일종의) 상속을 받은 엘리엇과 이야기를 나눴다. 엘리엇은 자신이 상속을 받게 될 거라고는 상상도 하지 못했다. 엘리엇의 이야기는 재산 상속에는 과거사와 감정이 복잡하게 얽혀 있기도 하다는 것을 보여준다.

엘리엇은 런던 동부에서 태어났지만, 켄트에서 자랐다. 엘리엇의 어머니는 경리로 일했고 아버지는 우체부였다가 은행에 취업했다. "우리 부모님은 알코올중독자이기도 했어요." 엘리엇이 밝혔다. "저와 제 형제들은 너무나 불안정한 환경에서 자랐죠." 엘리엇의 아버지는 실직한 뒤 영영 재취업을 하지 못했다. 그래서 어머니가 외벌이 가장이었고, 여러 부업도 병행했다.

"우리는 노동자계급 가족으로 출발했다가 근교로 나가 중산층의 삶을 살았지만 경제적으로는 노동자계급으로 되돌아간 셈이죠. 어머니는 1년에 2만 파운드로 세 아이를 키워야 했거든요."

엘리엇의 어려운 가정 상황은 더 복잡해졌다. 엘리엇은 퀴어지만 어린 시절 내내 이 사실을 숨겼다. "저는 원래 여성스러운 면이 있었어요. 하지만 아버지를 기쁘게 해드리려고 럭비팀에 들어갔어요. 친구들 앞에서는 '이성애자인 척'했어요. 이십대가 될 때까지 벽장 속 퀴어였어요." 엘리엇은 최근에야 자신의 섹슈얼리티를 온전히 받아들이게 되었다고 느낀다. "저는 '퀴어'라는 표현을 써요. … 포용적인 표현이라고 생각하고 한때 훼손당한 단어를 복구한다는 의미가 있어서요." 엘리엇이 설명했다.

엘리엇은 열여덟 살에 대학에 진학하면서 집을 나와 10년간 집으로 돌아가지 않았다. "집에 다시 들어갈 수도 있었지만 그러고 싶지 않았어요. 그냥 최선을 다해 혼자 살아남으려고 노력했어요." 엘리엇은 또한 그즈음 어머니에게 자신의 성정체성을 밝혔다. "그다지 유쾌한 대화는 아니었어요. 하지만 곧 모두들 그 사실을 받아들였고, 자신들은 이미 알고 있었다고 어머니에게 말했어요. 어머니도 알고 있었다고 말씀하셨죠." 그러다 엘리엇이 스물아홉 살이 되었을 때 어머니가 병에 걸려 세상을 떠났다.

엘리엇은 몰랐지만, 엘리엇의 어머니는 병에 걸리기 전에 생명보험에 가입했다. "정말이지 돈이 생길 줄은 전혀 몰랐어요. 어머니는 의도적으로 아버지가 아니라 저를 수급자로 지정했어요. 그래서 어머니가 돌아가시면서 저는 12만 파운드라는 목돈을 받게 되었어요. 그 돈은 우리 삼형제가 똑같이 나눠 가졌어요. 어머니는 그저 우리 형제가 경제적으로 힘들지 않기를 바라셨을 거예요."

엘리엇은 보험금에 대해 자신이 느끼는 혼란스러운 감정을 설명한다. "어머니가 결코 경제적으로 여유롭지 않았다는 게 문제예요. 그런데도 자신이 가진 걸 우리에게 주셨어요. 그리고 돌아가시면서 우리 생각을 했고 어떻게든 우리가 경제적으로 안정되도록 돕고 싶어하셨어요. 그 오랜 세월 동안 어머니는 고생만 하셨는데 말이죠."

"보험금은 어떻게 했어요?" 내가 물었다.

"그 돈은 안 썼어요. 그냥 고배당 주에 묻어뒀어요. 손을 안 대요." 엘리엇은 어린 시절의 경험으로 인해 돈을 쓰는 것을 매우 경계한다. 신중함과 두려움이 돈을 대하는 엘리엇의 태도를 규정한다. 엘리엇은 현재 남편과 함께 반려견 한 마리를 키우면서 미국 텍사스주에서 산다. 나는 엘리엇에게 젊은 나이에 어머니를 돌보고 잃은 것에 대해 현재 어떤 감정을 느끼는지 물었다. "그렇게 일찍 부모를 돌봐야 할 거라고는 생각하지 못했어요. 어머니를 사랑했지만, 제 어린 시절 가정환경은 아주 복잡했어요. 저는 제가 할 수 있는 최선을 다했어요. 어머니는 아버지의 단독 부양자였고, 어머니가 돌아가신 뒤에는 제가 그 역할을 물려받았어요. 하지만 제 삶을 빼앗기고 있다는 생각이 들어요. 어머니가 돌아가셨을 때 아버지가 이런저런 말을 했는데, 저는 이렇게 쏘아붙였죠. '저도 어른이지만, 아버지도 어른이에요.' 저는 아버지를 부양하고 싶지 않았어요. 저는 저 자신, 제 반려견과 남편 말고는 돌봄 의무를 거의 내려놓은 상태예요."

유언장 집행과 상속 과정은 주택을 구입하고 리모델링하는 과정과 매우 유사하다. 아주 오래 걸리고, 세금 문제와 변호사가 끼어 있고, 예상치 못한 비용이 든다. 부모가 돌아가신 뒤에야 상속에 대해 알게 되기도 하고, 그래서 상속세를 내기 위해 가족의 집을 즉시 매물로 내놓아야 하는 일도 생긴다. 주어진 기한 내에 영국 국세청에 상속세를 완납하지 않으면 이자가 쌓이기 시작한다. '부동산 부자, 현금 빈자'에게는 아주 골치 아픈 문제를 일으킬 수 있다.

내 친구 중 한 명은 어머니가 돌아가신 뒤 어머니의 재정 상황을 정리하고 가족 집을 매도하기까지 거의 2년이 걸렸다. 여기에는 그에 앞서 친구가 어머니를 돌본 3년여의 시간은 포함하지 않은 것이다. 대다수 밀레니얼은 65세 무렵에 상속을 받을 예정이다. 이것은 많은 이들이 생각한 것보다는 늦은 나이겠지만, 인생에 있어 중요한 시기이다. 그렇다면 2040년대와 2050년대에는 우리가 스스로 모은 연금보다는 상속받은 재산이 연금 역할을 해서 일찍 은퇴하는 부유한 밀레니얼이 급증하게 될까? 아직 주거 사다리에 오르지 못한 이들이 부동산을 사거나 학교로 돌아가거나 여행을 하거나 창업을 하는 등 더 모험적인 선택을 하는 걸 보게 될까? 아니면 40년 만기 주택담보 대출을 드디어 전액 상환하는 더 지루한 선택을 하는 걸 보게 될까? 여성들이 새롭게 얻은 경제적 자유 덕분에 아주 오래전 사랑이 식은 부부 관계를 청산하면서 밀레니얼 부부의 이혼율이 급증하지는 않을까? 이혼 소송의 거의 3분의 2는 아내가 제기한다는 사실을 고려하면 이런 경우를 가정해도 크게 틀리지는 않을 것이다.[21] 내 친구 중 한 명은 최근에 이혼했다. 자녀가 있었지만, 그녀가 남편과 그렇게 원만하게 관계를 정리하고 각자의 길을 갈 수 있었던 이유는 공동명의의 부동산이 없었기 때문이라고 믿고 있었다. 그녀는 '부동산-결혼 덫'에 걸려서 어쩔 수 없이 이혼을 못 하는 친구들을 안다. 부동산 사다리에 오르기 위해 너무나 오래 고생한 밀레니얼도 있다 보니 그런 부부는 자녀가 아니라 집 때문에 결혼생활을 유지한다. 그런데 상속을 받으면 그럴 이유가 사라질 수 있다.

아무리 횡재로 얻은 소득이라 해도 그런 소득은 부모 세대에서와는 다른 방식으로 밀레니얼 세대의 이혼에 영향을 미칠 잠재력이 있다는 것은 부정할 수 없다.

닉의 이야기를 들어보자. 42세인 닉은 아버지가 갑자기 돌아가시면서 덩달아 결혼생활의 갑작스러운 종말을 경험하고 있다. 닉의 어머니는 4년 전에 돌아가셨고, 아버지의 죽음은 전혀 예상하지 못한 사건이었다. "상속에 대해서는 생각해본 적이 없어요. 그 돈은 아버지의 여생을 위한 돈이었어요." 닉이 입을 열었다.

닉은 아버지의 재산에서 수백만 파운드를 상속받게 되었는데, 굉장히 큰 충격이었다고 말했다. "그전에는 우리 가족에서 상속이라는 것이 진행되어진 적이 없어요. 실제로 우리 가족 중에 누군가 죽으면 상속으로 받는 돈보다 장례에 드는 돈이 더 많았거든요!"

주택이 아버지 재산의 대부분을 차지했고 100만 파운드까지는 상속세가 면제되었으므로 닉이 납부한 상속세는 8000파운드에 불과했다. "생각해보면 정말 어이가 없죠." 닉이 덧붙였다.

아버지가 돌아가신 직후 닉의 아내는 14년간 유지한 결혼생활을 끝내자며 이혼을 청구했다. 닉은 내게 현실적인 사정만을 공유했다. "아버지의 상속이 완벽한 타이밍에 이루어지지 않았다면 우리는 우리 부부의 집을 팔아야 했을 거예요. 그러면 우리의 생활수준도 하락했을 것이고 이미 충분히 복잡한 상황이 더 복잡해졌겠죠. 하지만 전처에게 우리 부부가 살던 집을 넘길 수 있어요. 제 지분을 주고, 남은 대출도 상환했어요. 아내에게 목돈도 주고, 저는 집을 살 수 있어요. 아내는 이혼하면서 백만장자가 되었고, 저는 그래도 괜찮다고 생각해요. 어쨌거나 제 아이들의 엄마잖아요." 닉이 상속을 받은 덕분에 닉과 아내는 재산 분할이라는 이혼의 가장 큰 걸림돌을 수월하게 넘을 수 있었다. "이것이 제 삶에서 유일하게 돈이 절박한 때였어요."

"아버지의 죽음은 기이할 정도로 타이밍이 완벽했어요. 제 순자산을 보면 이혼이라는 재앙을 겪고 추락했는데, 원래 수준을 유지하고 있어요. 상속은 제가 한번에 결혼생활을 청산할 수 있는 선택지를 줬어요. 다만 전처에게는 제 미래 소득에 대한 지분은 없어요."

물론 닉의 이야기는 특수한 경우라고 할 수 있다. 그러나 그런 특수성은 아버지로부터 물려받을 재산이 있었고 심지어 그 금액이 컸다는 것이 닉에게 전혀 뜻밖이었다는 사실과는 무관하다. 가능성을 상속인이 더 확실하게 인지하고 있고 이미 이것이 어느 정도 구체화되고 있는 영역은 이른바 조부모 은행이다. 상속은 이미 세대를 건너뛰어서 손주 세대인 Z세대와 알파 세대(2011년 이후 출생)로 곧장 넘어가고 있다. 자산관리사로 일하는 질리언 헵번은 학비나 대학등록금 신탁을 만들면 꽤 큰 세제 혜택을 받을 수 있어서 조부모의 상속 재산에 부과되는 상속세를 줄일 수 있고 상속 재산의 사용처를 조부모가 더 잘 통제할 수 있다고 말했다. 휴가 여행 경비와 자녀양육비 보조, 그리고 스포츠 활동비, 과외비, 대학등록금 지원 등을 합치면 손주에게 꽤 많은 돈을 투자한 것이 되지만 그만큼 조부모가 손주에 대해 일정 정도의 통제력을 행사할 수 있게 되므로 부모에 따라서는 이로 인해 압박감이나 무력감을 느낄 수도 있다. 또한 Z세대와 알파 세대에서 이미 기회의 격차를 만들고 있는 조부모의 지원은 밀레니얼 세대에서 부모의 지원이 그랬던 것처럼 Z세대와 알파 세대를 규정하는 특징이 될 것이다.

"네, 현재는 전부 다 손주에게로 가고 있어요." 질리언이 확인해줬다. 한 설문조사에 따르면 조부모의 42퍼센트가 알파 세대의 학비를 부담하고 있으며, 75퍼센트가 휴가 여행 경비뿐 아니라 손주의 유치원비나 대학등록금, 심지어 연금도 부담하고 있다.[22] "우리 가족도 그랬어요." 질리언이 내게 말했다. 질리언의 아버지가 돌아가신 뒤 질리언의 이십대 아들 두 명은 상당한 돈을 상속받았고, 질리언은 그 돈을 어떻게 해야 하는지 엄중하게 일렀다. "저는 두 아들을 앉혀두고 지금 바로 그 돈을 받을 수는 있지만 할아버지가 이 돈을 벌기 위해 평생을 일했으니 절대로 흥청망청 쓰면 안 된다고 신신당부했어요. 무조건 투자를 하라고 했고 … 다만 암호화폐는 안 된다고 했어요. 할아버지에게 받은 돈이 귀한 줄 알기를 바랐어요."

그러나 어떤 가족 안에서는 돈이 거꾸로 움직인다. "제가 상속받을 돈은 지금 이 순간에도 카리브해에서 코코넛에 꽂힌 빨대로 쪽쪽 빨려지고 있어요." 한 밀레니얼이 『데일리 메일』과의 인터뷰에서 불평했다.[23] 자녀의 유산 써버리기라는 뜻의 'spending the kids' inheritance'의 단어 앞글자를 딴 SKI[스키]라는 약어도 이미 생겼다. 이는 비싼 해외여행과 주택 리모델링에 돈을 마구 뿌리면서 자녀의 미래를 갉아먹는 베이비부머 부모를 가리키는 말이다. 한 밀레니얼 작가는 이렇게 말했다. SKI들은 베이비부머 세대의 '토스트에 아보카도를 너무 넉넉하게 올리기'에 해당한다고. 한 34세 여성은 자신은 저임금에 시달리면서 지난 6년간 휴가 여행을 단 한 번도 못 갔고 여전히 셋집에 살고 있는데, 자신의 부모는 자가소유자이며 세계 곳곳을 돌아다니고 자가용도 자주 바꾼다면서 한탄했다. "솔직히 말하면 부모님의 꿈의 휴가가 제 상속 재산을 갉아먹고 있는 거죠. … 부모님은 제가 아이를 낳아서 키우는 것보다는 당신들의 휴가 여행이 더 중요하신 걸까요?"

많은 이들이 이렇게 외칠 것이다. "정말이지 버르장머리 없는 불평꾼들 같으니라고." 그러나 그 인터뷰이의 관점은 상속주의적 사고의 결과물이다. 기존에는 상속주의적 사고가 귀족층의 전유물이었지만, 오늘날에는 더 넓은 인구집단에도 퍼져 있다. 이제는 상속이 뜻밖의 횡재가 아니라 권리로 여겨지는 것이다. 이 밀레니얼 여성이 소리 내 말한 내용을 남들은 속삭일 뿐이다. 2018년에 나온 한 자료에 따르면 밀레니얼 5명 중 2명은 부모의 지출에 불만을 품고 있는 반면, 베이비부머의 62퍼센트가 자녀에게 돈을 물려주기보다는 현재를 즐겨야 한다고 생각한다.[24] 많은 베이비부머가 교육과 부동산 등으로 자녀에게 이미 충분히 투자했다고 믿으며 자녀가 경제적으로 자립할 수 있어야 한다고 생각한다.

나는 사우스햄턴 출신인 31세 엠마와 이야기를 나눴다. 엠마는 부모에게 도움을 받는 것에 대해, 그리고 자신과 남편이 양가 부모들로부터 받을 것이라고 기대하는 유산에 대해 명확한 견해를 가지고 있었다.

엠마는 케냐에서 태어났고 영국인 어머니와 케냐인 아버지 사이에서 태어난 세 자매 중 막내였다. "아빠는 개척자였어요. 아빠 가족 중에서 처음으로 대학을 졸업했는데, 당시 케냐에서는 인구 중 1퍼센트만이 대학을 갔어요. 저는 아빠의 이야기가 매우 자랑스러워요." 엠마가 내게 말했다. 엠마는 쌍둥이와 다섯 살배기, 이렇게 총 세 명의 아이를 키우면서 회계법인에서 일한다. 엠마의 남편은 스포츠 분야에서 일한다. 현재 두 사람은 경제적 안정성을 추구한다. "늘 임대를 했어요. 왜냐하면 남편 일 때문에 자주 이사를 해야 했거든요. 이제는 내 집을 마련하고 정착할 준비가 되었는데 쉽지가 않네요." 엠마는 허탈한 웃음을 터뜨렸다. 안타깝게도 두 사람은 생애 최초 주택 구입자 자격을 충족하지 못했다. 남편이 전처와 공동명의로 주택을 구매한 이력이 있기 때문이다. 엠마는 육아 휴직을 두 번 했고 그로 인해 돈을 충분히 모으지 못했다.

"처음에 부동산을 알아보기 시작했을 때 저희 부모와 대화를 나눴어요. 현재 우리 상황에서는 계산해보니 부모님께 5만 파운드는 빌려야 할 것 같았는데, 그건 너무 큰돈이라고 생각했어요. … 그냥 마음이 편하지 않았어요." 막내딸인 엠마는 자신이 열 살 정도 터울 진 언니들에 비해 불리한 입장이라고 생각했다. 언니들은 부동산 가격이 더 쌀 때, 그리고 아버지가 아직 일하고 있을 때 부모의 지원을 받을 수 있었기 때문이다.

엠마는 부모에게 돈을 더 달라고 부탁하기가 정말 싫다고 말했다. 특히 그동안 부모님께 받은 도움을 생각하면 더욱 그렇다. "부모님은 이제 은퇴하셨고 은퇴 자금이 있지만, 그건 계속해서 줄어들기만 하는 자원이니까요. 제가 부모님의 은퇴 자금을 빼앗고 있다는 느낌이 들어요."

남편의 부모는 자신의 부모와는 완전히 정반대라고 말했다. "남편 가족은 원래 꽤 잘살았어요. 실제로 저희 부모님보다 더 부유한데도 저와 달리 남편은 전혀 지원을 받지 못했어요. 우리가 남편 부모님 돈에 대해 어떤 지분이 있는 건 아니지만, 애초에 관점이 다르세요. 이런 식이죠. '우리 돈은 우리가 죽은 뒤에나 쓸 수 있을 테니 기다려.' 그에 반해 저희 부모님은 '우리는 너희가 우리의 지원을 받아서 그걸 누리는 걸 보고 싶어'라고 말씀하시거든요." 엠마는 주택 가격이 계속 상승하는 상황에서 내 집 마련을 어떻게 해야 할지 당혹스럽다는 점은 인정했다. "제 걱정은 우리가 과연 내 집을 마련할 수나 있을까 하는 거예요. 원래는 2만 파운드가 필요했는데, 지금은 5만 파운드 가까이 필요하거든요. 우리가 그 돈을 어떻게 구할 수 있을지 전혀 감도 안 와요."

"미래에 받을 상속 재산에 대해 생각해보기는 해요?" 내가 물었다.

"남편은 늘 양가 부모님이 모두 칠십대라는 게 슬픈 현실이라고 말해요. 10년 안에 우리는 어떻게 할 수 없을 정도로 많은 돈을 가지게 되겠죠. 끔찍한 얘기지만 진실이기도 해요."

부동산을 둘러싼 온갖 난관에 부딪히면서 엠마는 자신과 부모를 비교하는 걸 멈춰야만 했다. "부모님께는 거의 경외감 같은 걸 느껴요. 두 분은 이 모든 걸 스스로 일궜잖아요. 그래서 저도 스스로 해내는 그런 성취감을 느끼고 싶어요. 하지만 지구를 거꾸로 돌아서 과거로 갈 수는 없잖아요. 환경과 조건이 그때와는 다르다는 걸, 그러니까 같은 상황이 아니라는 걸 받아들여야죠."

엠마의 이야기는 많은 가족에서 부모와 자녀가 상속과 재정 문제를 논의할 때 발생하는 긴장을 드러낸다. 실제로는 앞으로 닥칠 수밖에 없는 부모의 죽음 이후에 어떤 일이 벌어질지에 대해 의논하는 가족은 거의 없다. 우리 중 몇 명이나 가족이 모인 자리에서 부모의 죽음 이후의 이야기를 꺼낼 용기가 있겠는가. 더구나 크리스마스 가족 모임을 나이 든 부모 집에서 보내고 일요일 점심 가족 모임에서 식사비를 결제하는 사람이 부모일 텐데 (즉 연로한 부모님이 아직도 가족 내에서 경제적 실세인데) 말이다. 여기서도 눈에 띄는 차이점은 런던에 사는 부유한 가족들이 상속에 관한 대화를 나눌 가능성이 가장 낮다는 것이다. 부유한 가족들이 가족의 돈에 관해 가장 스스럼없이 대화를 나누는 지역은 뜻밖에도 웨일스라고 알려져 있다. 웨일스 사람들이 죽음과 상속에 대해 더 열린 태도를 타고났기 때문은 아니라고 생각한다. 오히려 돈이 더 많을수록 그런 이야기를 하기가 더 어렵기 때문이라고 생각한다.

빅토리아 바버는 가족 안에서 부모의 재산 상속이 금기시되는 주제라는 점을 확실하게 이해한다. 자신의 친구 그룹에서만 그런 것이 아니라 자신의 직장인 자산운용사 타임인베스트먼츠에서도 그렇기 때문이다. 바버에게 이 책의 기획 의도에 대해 말했을 때 그녀는 곧바로 동의했다. "오, 그럼요. 저는 삼십 대 초반인데 제 또래들 사이에서도 '증여 격차'가 아주 뚜렷하게 보여요. 부모의 도움을 받으면서 결혼과 자녀 계획을 세우는 사람들이 있는 반면, 여전히 룸메이트와 사는 사람들도 있죠. 어떤 레스토랑을 예약하는지, 친구 사이에서 어떤 대화가 오가는지 등 모든 것에 영향을 미쳐요."

그런데 빅토리아는 이런 부모 세대의 부에 앞으로 어떤 일이 일어날 것인가에 관한 탁월한 통찰을 지니고 있었다. "오늘날 가족의 부에서 아주 많은 부분이 부동산에 묻혀 있어요. 그래서 가족들이 상속세에 대비하는 효과적인 전략을 세워야 한다는 거예요."

"어떻게들 준비하고 있나요?" 내가 물었다.

"한 가지 주된 방식은 사업용 자산 증여 제도*를 이용할 수 있

는 회사에 투자하는 거예요. 사람들의 자산을 상속세로부터 보호
해주는 대신 영국 산업에 대한 투자를 유도하는 제도예요. 비교
적 소규모 사업장에도 적용되죠. 예를 들어 런던대안투자시장AIM
market**은 사업용 자산 증여 제도 활성화에 아주 중요한 역할을
해요."

빅토리아는 대안투자시장Alternative Investment Market(AIM, FTSE
지수에 편입된 기업에 비해 비교적 규모가 작은 기업들을 대상으
로 한 투자시장)에서 특정 요건을 충족하는 투자금은 상속세가
면제된다는 점을 설명하고 있었다. 영국 재무부의 원래 목표는 영
국의 중소기업을 지원하는 것이었지만 현재 이 시장의 규모가 너
무나 커지는 바람에 오히려 망해야 할 회사들을 억지로 떠받들고
있을 위험성이 높아졌다.

한 자산관리사는 노동당 정부가 이런 제도상 허점을 바로잡
을 가능성이 있으나 영국 재무부에서 난색을 표하고 있다고 내게
귀띔했다. AIM 시장이 이런 유형의 투자에 너무나 크게 의지하고
있기 때문이다. "자산관리사가 AIM 투자를 권할 때는 단순히 그
회사의 실적만을 근거로 하는 것이 아니라 일반적으로는 상속세
회피 목적으로 하는 거예요. 물론 완전히 합법적이기는 하지만,
좀 그렇죠."

• Business Property Relief. 상속세 부담을 줄이기 위해
사업용 자산을 가족에게 증여할 때 적용되는 제도이다.
이 제도를 활용하면 증여받은 자가 일정 기간 동안 사업을 계속 운영해야 하며,
증여자가 해당 자산을 2년 이상 소유한 경우에만 적용받을 수 있다.
•• 영국 런던에 설립된 벤처·성장주 중심의 주식 시장으로, 상장 요건이
엄격하지 않아 혁신기업이 쉽게 자금을 조달할 수 있는 것이 특징이다.

농지처럼 상속세를 면제해주는 다른 정책도 활용되고 있다. 최근 영국에서 거래된 모든 농장의 3분의 1이 상속세를 피하기 위해 개인 투자자나 기관 투자자가 매입한 것으로 보고되었는데, 그 결과 농지를 매입하려는 소규모 농장주로서는 농지 매매가가 상승하는 부작용이 발생했다. 우리 상속주의 사회의 촉수가 주로 상속세를 내지 않고 재산을 물려주고 싶은 사람들에 의해 영국 경제의 다양한 영역으로 뻗어나가고 있다.

우리가 상속주의 사회에서 살고 있다는 명백한 증거 한 가지는 상속세의 정치적 화제성이 높아지고 있다는 것이다. 그런데 상속세가 본격적으로 정치적 쟁점이 된 시기가 중요하다. 2007년 고든 브라운 총리의 측근들은 그에게 조기 선거를 치러야 한다고 강권했지만, 끝내 치르지 않은 주된 이유는 그림자 내각 장관, 즉 야당 총수 조지 오즈번George Osborne이 토리당 전당대회에서 상속세 부과 구간 시작 기준액을 100만 파운드로 올려서 가족이 거주하는 자가소유 주택 수천 만 채를 상속세 부과 구간에서 제외하겠다고 약속하는 연설을 했기 때문이다. "우리는 가족의 집을 상속세 부과 대상에서 제외할 것입니다." 그 직후 브라운 총리는 조기 선거와 자신의 정치적 미래를 접었다. 오즈번은 가족 집이 지니는 정서적 무게와 재정적 가치를 지지층 결집에 십분 활용할 정도로 영리했다. 논란의 여지는 있겠으나 그후 정권을 잡은 보수정당은 14년간 보수정당의 가치를 단순히 유지하는 데 멈추지 않고 그 가치를 강화하면서 핵심 지지층 집단의 부를 확실하게 보호했다.

앞으로 몇 년간 상속세는 재무부에 수조 파운드의 세수를 안길 예정이다. 그렇다면 몇몇 토리당 총리, 그리고 『텔레그래프』는 왜 상속세 폐지를 주장하는 걸까? 왜 그 반대편에서는 좌파가 상속세를 확대하고 법의 허점을 막아야 한다고 주장하는 걸까?

"상속세는 정말로 좋은 헤드라인감이죠. 적어도 저는 그렇다고 생각해요." 빅토리아가 설명했다. "감정을 건드리잖아요. 이미 세금을 내면서 형성한 자산에 또다시 부과되는 세금이니까요. 특히 여러 세대에 걸쳐 세금을 내고 있다면 더욱 그럴 테고, 더 나아가 당신의 부를 자녀에게 물려주는 것을 제한한다는 의미도 있으니까요."

진짜 문제는 현재 상속세가 큰 부자들에게는 그다지 타격을 입히지 않는다는 것이다. (영국에서 40세 미만 인구집단에서 가장 부유한 남자 (그리고 아마도 밀레니얼인)) 웨스트민스터 공작은 자신의 아버지에게 작위를 물려받았는데, 그가 물려받은 재산은 신탁 방식으로 관리되고 있기 때문에 상속세 부과 대상이 아니었다. 신탁은 신탁관리인이 수익자를 위해 신탁 자산을 관리한다. 가족의 돈이 신탁 기금을 통해 대대로 상속인에게 대물림되는 동안 아무도 상속세를 내지 않는다.

작년 한 해 동안 상속세를 납부하는 가구 수가 가장 크게 증가한 곳은 영국 북동부와 미들랜드였다.[25] 지난 5년간 100만 파운드 이상이 상속된 건수는 3분의 1 이상 늘었는데 상속세 구간은 그대로이다 보니 상속을 미리 준비하지 않은 많은 가족들이 상속세 납부 대상으로 빨려들어가고 있다.[26] 그러나 상속되는 재산의 4퍼센트만이 상속세 부과 대상이라는 점을 고려하면 주된 문제는 현재 시스템이 적극적으로 상속세 납부 전략을 세우도록 부추긴다는 것이다. 그래서 상속세 부과 대상 자산이 다른 영역, 예컨대 주로 손주, 대안투자시장, 농지로 옮겨가고 있다.[27] 상속세에 가장 취약한 집단은 대개 가족의 부가 단 하나의 비싼 부동산에 묶여 있고 부모가 돌아가시기 전에는 그 재산에 대한 지분이 없는 사람들이다. 한 자산관리사가 내게 이렇게 설명했다. "요지는 뛰어난 자산관리사의 도움을 받으면 언제나 상속세를 회피할 방법이 있다는 겁니다. 그런 사람들은 절대로 상속세 걱정을 할 일이 없는 거죠."

그렇다면 상속세 제도를 개혁해야 할까? 재정연구소 소장 폴 존슨을 인터뷰했을 때 그는 이렇게 간단명료하게 정리했다. "우리는 상속이 점점 덜 중요해지는 사회를 만들어야 해요." 존슨이 보기에 이것은 상속세 세율을 낮추는 것을 의미했다. "상속세 세율을 낮추고 농지나 대안투자시장 같은 제도적 허점을 보완해야 해요. 그러면 오히려 상속세가 더 많이 걷히고, 사람들도 상속세에 대해 덜 신경 쓰게 될 거예요. 국제 표준에 따르면 영국에서는 상속세가 충분히 걷히지 않고 있어요. 그래서 상속세 세율 인상을 정당화하기가 힘들어요." 윌레츠 경도 이에 동의했다. "현재의 상속세 제도는 문제점이 많습니다. 세율은 높은데 예외가 너무 많아요. 개혁하고 확대해야 하지만, 폐지해서는 안 됩니다. 저는 자산에 대한 세금이 너무 약한 것이 문제라고 굳게 믿습니다. 또한 근로 소득에 대한 세금은 지나치게 높아요. 이것은 명백하게 노동자에게 불리한 시스템입니다. 어떤 정책을 도입하든 그런 인식에서 출발해야 합니다." 아멘.

"한 푼도 안 남겨주셨다고요?"

스물네 살에 나는 학교 행정실에 파트타임 일자리를 구했는데, 출근 첫날 서류를 작성하면서 내가 근무 중에 사망하는 경우 사망보험금을 받을 수익자를 지정해야 했다. 나는 부모, 언니, 동생, 친구의 이름을 떠올리지 않았다. 머릿속 명함첩을 넘기면서 당시 4000마일 떨어진 곳에 사는 한 남자의 이름을 찾았다. 5개월 전에 만난 남자였고 나는 그에게 푹 빠져 있었다. 나는 그 남자의 이름과 연락처를 서류에 적으면서 내가 죽으면 그 남자가 이 큰돈을 받고서 내 짝사랑을 영원히 좋은 추억으로 간직할 것이라는 로맨틱한 상상에 마음이 간질간질해졌다(지금은 그런 일이 생겼다면 오히려 그 남자가 기이하게 여겼을 거라고 생각한다). 요즘의 나는 그렇게 무모하지는 않지만, 또한 남들이 별로 부러워하지 않는 생애주기를 지나고 있다. 그래서 막 첫 유언장을 작성했으며, 내 유언장에 그 남자의 이름이 없었다는 사실도 밝혀두겠다.

자신의 사망보험금의 수익자를 지정하는 절차는 기묘한 감정을 불러일으키지만, 많은 훌륭한 소설이 증언하듯이 이 절차는 수많은 갈등도 불러일으킨다. 21세기 자산 주도 경제의 골칫거리 한 가지는 유언장을 쓰는 사람이 드물다는 점이다. 영국 성인의 절반 이상이 유언장을 작성하지 않았다고 알려져 있다. 또한 유언장의 내용도 미스터리로 남아 있는 듯 보인다. 2018년에 발간된 한 보고서에 따르면 45세 미만 영국인 중 단 35퍼센트만이 사랑하는 가족이나 지인의 유언장에서 상속 재산을 어떻게 배분하는지를 안다고 한다.[28] 2023년 발간된 보고서에서는 영국인의 42퍼센트가 자신의 배우자나 자녀에게 유언장에 대해 이야기하거나 자신이 죽으면 중요한 서류들을 어디에서 찾을 수 있는지를 알리지 않았다고 답했다.[29] 직접 유언장 집행 절차를 진행해본 사람으로서 나는 독자인 당신을 향해 큰 소리로 명확하게 일러두고 싶다. 부모가 아직 건강하고 살아계실 때 이런 일들을 정리해두라. 왜냐하면 안타깝지만 피할 수 없는 상속주의 사회의 현실은 가족의 재산에 관한 다툼이 증가하고 있다는 것이기 때문이다.

네 가족 중 세 가족이 유언장을 둘러싼 분쟁이나 상속 분쟁을 경험할 가능성이 있다고 추정된다. 2019년과 2021년 사이에 유언장 집행 정지 신청 건수가 37퍼센트 증가했다.[30] 그리고 이 자료는 실제로 법정까지 간 건수만 포함한다. 레오 베네딕투스Leo Benedictus는 『가디언』에 기고한 글에서 "많은 영국인이 수백 년 동안 (자신의 돈을 자신이 원하는 방식으로 배분하는) '유언에 의한 재산 처분권'이 당연한 권리라고 여겼지만, 현재는 그런 인식이 가장자리부터 조금씩 허물어지고 있다"고 증언했다.[31] 왜일까?

상속인의 부가 증가한다는 점도 중요하지만, 오늘날 가족이란 것이 훨씬 더 복잡해졌기 때문이다. 이혼율이 최고조에 달했던 세대가 현재 노년기에 진입하고 있고, 혼합가족의 수도 증가하고 있고 까다로운 상속 조건이 붙는 경우도 많다. 재혼은 기존의 유언장을 무효화하며 법적으로 입양되지 않은 의붓자식은 상속에서 배제된다. 첫 번째 결혼에서 얻은 자식, 의붓자식, 재혼 후 얻은 자식이 있다면 가족과 함께 신중하고 투명하게 협상하는 과정이 필요하다. 분쟁의 주된 원인 중 하나는 '신데렐라 이야기'다. 나이든 아버지가 사망하고 남은 배우자가 (공동 유언장을 작성하지 않았다면) 언제든 유언장을 자유롭게 바꿀 수 있으므로 그 배우자는 죽은 남편이 전처에게서 얻은 자식들을 상속에서 완전히 배제시킬 수 있다. 그러면 이복형제들이 아버지의 전 재산을 물려받는 걸 본 전처의 자식들은 불만을 품을 수밖에 없다. 한 설문조사에서는 혼합가족의 자녀 5명 중 1명이 자신의 기대와는 달리 상속을 받지 못하거나 기대에 못 미치는 상속을 받았다고 답했다.[32]

영국과 미국은 유언에 대한 제약이 비교적 적다는 점에서 특수하다. 잉글랜드와 웨일스에서는 유언장에 수익자로 누구든 지정할 수 있다. 그러나 스코틀랜드, 프랑스, 스페인, 독일에서는 강제 상속의 원칙이 적용된다. 따라서 상속 재산의 일정 부분은 반드시 직계가족, 직계가족이 없으면 그다음 최근친에게 증여되어야 하므로 가까운 가족의 상속분이 보호받는다. 영국에서 지금과 같이 상속 분쟁이 증가하면 앞으로 밀레니얼의 자손과 이후 세대의 '상속권'을 보장하는 법을 제정해야 한다는 목소리가 높아질까?

그런데 실은 영국에는 상당히 많은 개인들이 자신의 돈을 가족에게 물려주기보다는 좋은 일에 기부하기를 원한다. 매년 유언에 의해 4조 파운드가 자선단체에 기부된다.[33] 그리고 이런 유언도 분쟁의 대상이 된다. 한 여성은 세계 최초 및 세계 최대 동물보호단체인 RSPCA을 비롯해 여러 동물보호단체와 법정에서 다퉜다. 어머니가 그 단체들에 50만 파운드에 달하는 자신의 전 재산을 기부했기 때문이다. 그 어머니는 심지어 추가 메모도 남겨서 자신의 요청사항을 못 박았다. "내 딸이 내 재산에 대해 지분을 주장하는 경우에 유산 집행인에게 그런 주장에 대항하도록 지시합니다. 내 딸이 어떤 식으로든 내 재산으로 이득을 봐야 할 이유가 전혀 없으니까요." 놀랍게도 12년에 걸친 법정 다툼 끝에 딸은 5만 파운드를 쟁취했다.[34] 다른 건 차치하더라도 이 사건은 상속 전쟁에서 진짜 적은 다른 가족구성원이 아니라 동물(과 자선단체)일 수도 있으며, 그들이 부의 대이동이 일어났을 때 주요 수혜자일 수 있다는 점을 입증한다. 패션계의 전설 칼 라거펠트Karl Lagerfeld는 반려묘 슈페트에게 150만 달러를 상속한 것으로 알려져 있다. 머지않아 이것이 그다지 특이한 일이 아니게 될 수 있으며 슈페트는 앞으로 점점 길어질 상속 반려동물 명단의 최초 등록 동물일 수 있다.

그러나 리버풀 출신의 밀레니얼 연구자 데이비드 클라크를 이해할 수 있는 사람은 많지 않을 것이다. 그는 어머니가 돌아가신 뒤 상속받은 재산의 대부분을 기부했다. 나는 데이비드와 이야기를 나눠보고 싶었다. 대다수 사람이 자신의 권리라고 생각하고 인생을 바꿀 수도 있는 상속 재산을 그가 왜 포기했는지 궁금했다. 역사적으로 그동안 이렇게 상속 재산을 공개적으로 기부하거나 (자신의 부를 전부 내던지다시피) 상속 재산을 탕진한 백만장자 상속자가 꽤 많았다. 그런데 클라크의 사례는 특별했다. 상속 재산의 규모가 일반인에게 훨씬 더 현실적으로 다가왔고, 그래서 더 놀라웠다.

"저는 비교적 전형적인 중산층 가정에서 자랐어요. … 하지만 우리 가족은 상당히 검소하게 생활했어요. 사치스러운 소비를 별로 하지 않았어요." 데이비드가 자신의 이야기에 맥락을 부여하고자 배경 설명을 했다. 데이비드는 글로스터에서 자랐고 그의 가족은 대저택에서 살았다. 아버지는 공무원이었고, 이후 자선단체의 대표가 되었다. 데이비드는 십대 때 할머니로부터 돈을 조금 상속받았고, 그 돈을 대학등록금에 보탰다. 그러다 2014년 어머니가 세상을 떠났다. 당시에 데이비드는 런던에 거주했고, 런던 표준 연봉인 2만 5천 파운드에 못 미치는 상당히 적은 연봉을 받고 있었다. 그런데 어머니 사망 후 아버지가 가족이 살던 집을 팔면서, 데이비드는 35만 파운드라는 엄청난 목돈을 손에 쥐게 되었다. "그리고 저는 이후 삼사 년이라는 기간을 그 돈을 기부하면서 보냈어요." 데이비드가 내게 말했다.

"와, 그거 정말 존경스럽네요. 왜 그렇게 했는지 물어도 될까요?" 내가 물었다.

"정말 불편했거든요. 한동안 기분이 별로였어요. 제 행운이 오히려 학교를 같이 다닌 오랜 친구들과의 거리를 천천히 벌리고 있다고 느꼈거든요. 오로지 돈 때문에요. 그건 순전히 운이었어요. 상속이라는 복권에 당첨된 거죠."

나는 그의 설명에 공감할 수 있었다. 많은 사람이 그런 단절을 느낀다는 것을 안다. 다만 데이비드는 자신의 죄책감을 존경할 만한 행위로 전환시켰지만. 데이비드의 입장은 명확했다. "저는 그 돈을 받을 자격이 없어요. 그 돈은 친구들에 비해 저를 너무나 유리한 고지에 올려놓았어요. 친구들은 아직도 룸메이트와 함께 살면서 생계유지에 급급한데 말이에요."

그런데 데이비드는 단순히 수표를 써서 건네기만 하지 않았다. 그는 사회적 실험을 하기로 결심했다. 자신이 사는 지역 사람들로 위원회를 구성하고 그 위원회를 통해 자신의 상속 재산을 어떻게 나눌지를 결정하기로 했다.

"그렇게 큰돈을 상속받은 것도 불편했지만, 그 돈을 어떻게 배분할지를 제가 결정하는 것도 불편했어요. 그래서 제가 사는 리버풀 동네 주민 600명에게 편지를 썼어요. 말 그대로 자전거를 타고 직접 배달했죠. 16세 이상인 주민 모두에게 등록해서 제 상속 재산을 어떻게 써야 할지 결정하는 회의에 참석해달라고 부탁했어요. 대다수 사람들이 사기라고 생각했을 거예요. 그래서 회의를 진행할 제3자를 섭외했어요. 회의를 시작할 때 앞에 나가서 짧게 취지를 설명했고, 구석에 앉아서 회의를 지켜봤어요. … 영화《찰리와 초콜릿 공장》에 나오는 윌리 웡카가 된 것 같기도 했어요. 모두로부터 다소 냉소적인 시선을 받는 괴짜. 사람들이 적극적으로 참여하고 진지하게 고민하고 결정에 책임지려고 노력하는 게 너무나 흥미로웠어요. 사람들은 무엇보다 그 돈이 지역 일에 쓰이기를 원했어요."

"그래서 당신 아버지는 뭐라고 하던가요?" 내가 물었다. 나는 데이비드가 그렇게 큰돈을 기부한 것에도 감탄했지만, 그가 많은 시간을 들여 그런 프로젝트를 구상하고 실행한 것에도 감탄했다.

"글쎄요, 처음에는 다소 충격을 받으셨죠. 아버지는 제가 무슨 일을 벌이고 있는 건지를 저 자신이 제대로 이해하고 있는지 확인하고 싶어 하셨어요. … 제 친구들도 그랬고요. 하지만 다들 구체적인 계획을 듣고 나서는 꽤 괜찮은 아이디어라고 생각하더군요."

궁극적으로 데이비드가 이 실험을 통해 이루고자 하는 장기적인 목표는 사람들이 부의 분배, 특히 자발적인 시민 회의가 그런 분배에서 어떤 역할을 할 수 있는가에 대해 이야기하게 만드는 것이다.

"저는 세금을 통한 부의 분배를 지지하지만 사람들은 기존의 제도와 기관을 그다지 신뢰하지 않아요. 이런 자발적인 활동이 수행할 수 있는 역할이 있는 거죠." 데이비드는 확신했다.

나는 데이비드에게 어떤 미래를 기대하는지 물었다. "글쎄요, 기본적으로 상속받은 재산에 기대는 삶을 살고 싶지는 않아요. 스스로의 힘으로 경제적 안정을 일구는 게 목표예요."

데이비드의 사례는 그 내용과 동기가 독특했지만, 궁극적으로는 우리 경제를 지배하는 것은 부와 우리가 태어나면서 주어지는 가족이라는 추첨권이라는 사실을 확인시켜주는 증거다. 미래에는 삶이 조금이나마 더 나아질 거라는 **어떤** 단서라도 붙들고자 할 때 상속은 특권보다는 언제든 정당하게 주장할 수 있는 권리처럼 느껴질 수 있다. 그러나 상속에는 우리 부모의 죽음이라는 끔찍한 조건이 부착되어 있을 뿐 아니라 너무나 많은 요인, 시간적 제약, 장애물이 관여하는 지난한 과정이어서 보장된 권리가 아닌 모호한 약속이 되어버린다. 물론 이 모든 논의를 무의미한 것으로 만들 수 있는 한 가지 주된 참작 요인이 있다. 아주 확실하게 짜여진 미래 재정 계획조차 망칠 수 있는 그 요인은 바로 우리의 시간과 부모의 돈을 잡아먹는 노인 돌봄 비용이다.

부모의 부모되기

콕 집어 특정할 수는 없지만, 팬데믹 기간 중에 나는 어느 순간 훅 늙어버린 기분이 들었다. 코로나 바이러스를 피해 숨어 있던 방공호에서 나와 세상으로 다시 나갈 준비가 되어 있었지만, 그 경험으로 인해 우리 모두가, 특히 우리 밀레니얼 세대가 순식간에 나이 들어버렸다는 것도 명백하게 깨달았다. 물론 이 역사적인 글로벌 사태가 낳은 훨씬 더 심각한 결과들도 있었고, 우리는 그 여파를 이제야 서서히 알아차리고 있다. 그러나 내 또래 다수에게 나이가 들었다는 감각은 즉각적으로 느껴졌다.

성인기에 진입할 때는 완행열차를 탔는데, 중년기에 들어서자 갑자기 급행열차로 갈아탄 것 같았다. 청년 문화의 생산자 지위에서 쫓겨났다는 우리의 느낌은 현실이었다. Z세대에게 마이크를 빼앗겼고, 더 심각한 것은 Z세대의 청년 특유의 분노와 조롱이 우리를 향하기 시작했다는 것이다. 우리 세대의 스키니진, LOL 이모지도 예외는 아니었다. 2015년과 2019년 사이에는 밀레니얼 세대가 미래였다. 2020년이 되자 순식간에 우리 세대는 역사의 주류에서 밀려나버렸다.

이런 이야기를 하면 50세 이상인 사람은 당연한 소리를 한다는 듯 어깨를 으쓱한다. 혁신가가 혁신의 대상이 되는 것이 자연의 섭리이기 때문이다. 그러나 밀레니얼 세대는 키덜트기가 길었던 만큼 중년으로의 전환이 훨씬 더 도드라져 보이는 것이다. 아마도 디지털 세계에서 펼쳐지는 우리의 삶으로 인해 더 강렬하게 다가오는 것일 수도 있다. 순간을 기록하기 때문에 시간이 더 순식간에 지나가버리는 것처럼 느껴진다. 시간을 건너뛰는 피드의 기록들이 우리의 시야에 던져지고, 우리의 스마트폰이 토해내는 삶의 슬라이드쇼는 그 순간들이 우리 머릿속에 흐릿한 기억이 되기 전에 시간적 거리감을 만들어낸다. 자녀이든, 정원이든, 나 자신의 얼굴이든 원래 빠르게 성숙하는 것처럼 느껴지지만, 그것이 사진에 담겨서 내가 그 과정을 프레임의 연속으로 지켜볼 수 있기 때문에 더 빠르게 일어나는 것처럼 느껴진다.

나의 경우에는 엄마가 되면서 그런 감정이 증폭되었고, 또한 인생의 이정표에서 지정한 나이가 되었을 때도 그런 감정이 증폭되었다. 나는 봉쇄조치 기간에 마흔 살 생일을 맞이했다. 그 기간 중에 수유를 했고, 머리가 희끗희끗해졌고, 내 몸을 내가 알아보지 못하게 되었다. 게다가 내가 언제 외출할 수 있는지를 제한하는 법적 규제도 생겼다. 나는 내가 정말로 운이 좋은 사람 중 하나였다고 생각한다. 그러나 이해하겠지만, 내가 마흔 번째 생일이라는 이정표에 도달한 것을 축하하고 싶은 기분은 들지 않았다.

그 기간에 내가 깨달은 또 다른 중요한 사실은 내가 '샌드위치' 연령대에 진입했다는 것이었다. 가족의 한복판에 끼어서 윗세대와 아랫세대를 돌봐야 하는 처지가 되었다. 우리 집 좁은 복도를 걸어가다가 딸의 유모차나 어머니의 쇼핑 카트에 정강이가 부딪힐 때마다 이런 이중 돌봄 역할을 실감해야 했다. 아직 '샌드위치' 연령대에 속하지 않는다면 X세대 선배를 보면서 앞으로 어떤 일이 닥칠지 짐작할 수 있을 것이다. X세대는 청소년 내지 청년인 자녀와 늙어가는 부모를 돌보면서 양쪽에서 압박을 받고 있다. X세대는 현재 사회 돌봄 위기와 주거비 급상승의 파고를 겪어내고 있는 세대이다. 이들은 동시에 청소년층에 닥친 정신건강 위기 또는 청년층에 닥친 치솟는 대학등록금과 월세도 감내하고 있다. 앞으로 보겠지만, 밀레니얼 세대의 노인 돌봄은 아주 중요한 면에서 이보다 훨씬 더 복잡하고, 더 처절하고, 아마도 훨씬 더 비쌀 것으로 추정된다. 실제로 우리의 상속주의 사회는 토대가 불안정한 위태로운 땅 위에 지어졌기 때문이다. 모든 부가 미래의 돌봄에 전부 다 투입되어야 할 수도 있다.

내가 이십대, 삼십대 초반이었을 때는 나는 성인이고, 다행히 부모님 두 분 다 건강한 시기가 있었다. 걸핏하면 화를 내는 청소년기를 넘기자 부모님과의 관계가 존중과 친밀성이 그럭저럭 조화를 이루는 상태에 도달했다. 그러나 그 상태가 영원히 지속될 수는 없다. 아버지가 세상을 떠났고 어머니는 이제 혼자가 되었다. 우리 세 자매는 어머니가 살아가는 데 필요한 것들을 점점 더 많이 책임져야 했다. 어머니가 원하든 원하지 않든 말이다. 명백히 밝혀두지만 어머니는 건강한 칠십대 여성이다. 그러나 어머니가 사별 여성이 되자 가족 내 역할 변화가 일어났고, 우리 자매는 어머니의 필요와 건강에 대해 더 많은 통제권을 행사해야만 했다.

팬데믹이 우리 자매들과 어머니의 관계의 전환점이었다. 2020년 3월 나 말고도 수많은 딸 아들이 고집불통인 베이비부머 부모에게 코로나 바이러스를 심각하게 여기고 집에 있으라고 잔소리를 했다. 당시 영국 정부는 베이비부머를 취약 계층으로 분류했다. 코로나 바이러스는 가족 내에서 필연적으로 일어나는, 자녀가 부모를 돌보기 시작하는 역돌봄으로의 까다로운 전환을 가속화했다. "나는 아직도 부모님이 우리 집안의 어른이라고 생각한다. 은퇴를 대비해 돈을 모아야 한다고 내게 잔소리를 하고 내가 여동생하고 말다툼을 하면 중재하는 그런 어른." 당시에 마이클 슐먼Michael Schulman은 『뉴요커』 기고문에서 이렇게 썼다. "팬데믹이 닥치면서 나는 책임지는 어른이라는 역할을 떠밀리듯 떠안게 되었고, 부주의한 아이 역할은 부모님이 넘겨받았다."[1] 나는 어머니의 전화나 연락을 모두 제1순위 긴급 처리 대상으로 다뤘다. 한번은 봉쇄조치 초창기에 어머니가 이메일을 보냈는데, 곧이어 그 이메일을 확인하라는 문자메시지를 보냈고 그다음에는 다른 확인 사항과 함께 이메일(과 문자메시지)를 읽었는지 확인하는 내용을 음성 메시지로 남겼다. 이 모든 일이 1시간 안에 일어났다. 나는 뭔가 심각한 내용일 거라고 예상하면서 바로 이메일 수신함을 열었다. 자동차들이 빠르게 오가는 미국의 한 고속도로 배수로에서 새끼 오리 여섯 마리가 구조되는 동영상과 함께 이런 글이 적혀 있었다. "정말 귀엽지 않니." 어머니는 동영상 '공유' 기능을 발견했던 것이다.

오경보였다. 그러나 그렇다고 해서 내가 어머니의 '헬리콥터 엄마'로 변신하는 것을 막지는 못했다. 작은 것들이 바뀌었고, 그다음에는 큰 것들이 바뀌었다. 어머니가 10년간 유지한 여성 가장 요리사 지위를 내려놓으면서 어머니가 우리를 불러서 먹이기보다 우리가 어머니를 모셔와 대접하기 시작했다. 특히 크리스마스에 이런 변화를 사무치게 느꼈다. 내가 한때 아버지의 건강에 대해 두려워했던 모든 불안이 이제 전부 어머니에게로 향했다. 이것은 곧 어머니의 병원 진료 예약에 대한 끊임없는 간섭과 잔소리, 그리고 어머니의 거동과 식단에 대한 심문으로 나타났다. 우리 자매들의 왓츠앱 그룹 채팅은 어머니에 대한 걱정으로 거의 도배되다시피 했다. 어머니가 외로움에 빠질까 걱정이 된 나는 어머니와 어머니 친구들의 모임 약속을 잡기 시작했고 지역 도서관에서 동네 워킹투어와 60세 이상을 위한 피트니스 클럽 홍보 전단지를 가져다가 어머니 손에 쥐어줬다. 이 모든 것에 대한 어머니의 반응은 예상 가능하듯이 한 가지가 아니었다. 때로는 고마워했고, 대개는 신경 끄라면서 내쳤다.

"우리는 세상에 온 그대로 세상을 떠난단다. 기저귀를 차고, 남이 먹여주는 음식을 먹어야 하니까." 내 이모는 자주 그런 말을 했다. 우리는 부모를 돌보는 것이 자녀를 돌보는 것과 비슷할 거라고 생각하지만, 이것은 잘못된 비교다. 자녀를 돌볼 때는 아직은 말대꾸할 수 없는 (대체로) 순응하는 아이를 태어난 순간부터 24시간 내내 쉼 없이 돌보는 일에 온전히 파묻히게 된다. 그러나 엄마되기 서사의 기본은 점진적으로 놓아주기이다. 부모를 돌보는 것은 완전히 정반대이다. 부모 돌봄은 온화하게 시작하지만 점점 치열해지기만 한다. 그리고 때로는 수십 년간 계속되며, 돌봄의 대상은 당연히 마지못해 받아들이고 때로는 저항도 한다. 이 모든 과정을 당신이 복잡한 정서적 과거를 지닌 사람과 함께해야 한다.

엄빠 은행을 다루는 책을 쓰면서 부모 돌봄에 관한 장을 포함하지 않는다면 세대 간 계약, 더 직설적으로 말하면 상속이 대다수 가족에게 어떤 영향을 미치는지를 무시하는 것이 된다. 돌봄과 상속은 이중으로 연결되어 있다. 첫째, 지금까지는 부모가 우리에게 투자한 시간, 관심, 돈에 관해 이야기했다. 그런데 현대 문화, 특히 과잉 개인 양육과 부모의 투자에 기반한 문화는 그 과정을 뒤집어야 하는 부모의 부모가 되는 것에 어떻게 대처하는가? 그런 역돌봄은 베이비부머-밀레니얼 가족에서 일어날 예정이다. 이미 일어났을 수도 있다. 둘째, 노인 돌봄 재원이라는 맥락에서 청년이 약속받은 상속이 사회 돌봄 비용으로 매몰될 수도 있는 실질적인 위험이 존재한다. 자산관리사 서맨사 세콤의 예측을 그대로 전해보겠다.

베이비부머가 그렇게 많은 돈을 남길 것 같지 않거든요. 현실적으로 영국의 국민보건서비스가 요람부터 무덤까지 책임지겠다면서 베이비부머에게 했던 약속을 지킬 수 없을 테니까요. 베이비부머는 노년기 삶에 필요한 재정을 스스로 마련해야 할 거예요. 크루즈 여행비 같은 걸 말하는 게 아니라 돌봄 비용을 말하는 거예요. 영국 정부는 노인 돌봄 비용을 감당할 수 없어요. 그러니 부유한 사람들이나 그 비용을 감당할 수 있을 텐데, 현재 그걸 이해하는 사람이 많지 않아요. 지금 부동산에 묻혀 있는 돈은 앞으로 20년 내에 사라질 거예요.

우리가 부의 대이동에 대해 이야기할 때에도 그에 앞서 책임 및 돌봄의 대이동이 먼저 일어날 것이고, 세콤이 단언하듯이 그 둘은 긴밀하게 얽혀 있을 수밖에 없다. 이 장에서는 베이비부머 부모가 나이 들어가고 쇠약해지면서 우리 밀레니얼이 떠맡게 될 불가피한 돌봄 부담을 살펴볼 것이다. 여기서 말하는 돌봄은 부모의 건강을 돌보거나 심각한 질병에 걸린 부모를 간병하는 것만을 의미하지 않는다. 부모의 외로움과 정신건강을 살피고 부모 대신 공공기관의 관료주의, 디지털 기술, 의료서비스, 은행 업무 등을 대신 처리하는 것도 포함된다. 따라서 엄빠 은행에 대해 허심탄회하게 이야기하려면 부모 돌봄에 대해서도 이야기해야 한다.

부모 돌봄 과정은 (전부는 아니지만) 대부분 가족에서 자연스럽게 일어나고 자녀는 일반적으로 사랑하는 마음으로 이를 기꺼이 받아들이지만, 필연적으로 복잡한 문제와 희생이 뒤따른다. 개인주의가 더 강하고, 사람들이 더 흩어져 살고, 혼합가족이 더 많아지고, 수명이 더 늘어난 지금 시대에는 더욱 그렇다. 밀레니얼 세대에게 부모 돌봄 의무는 더 강압적으로 느껴진다. 적어도 나는 그렇게 느꼈다. 인생의 절반을 내내 부모에게 크게 의지하면서 보낸 밀레니얼이 많기 때문이다. 부모 돌봄을 '환급'payback이라고 부르는 것은 부정확하다. 왜냐하면 부모와의 관계에 따라 돌봄의 동기가 의무감에서만 비롯되는 것이 아니라 인간의 본능과 사랑에서 나오기도 하기 때문이다. 그러나 돌봄이 부담이 된다는 사실을 부정할 수 없다. 특히 여자들의 경우에는 더 그럴 것이다. 이 장에서는 밀레니얼에게 다세대 합가와 노인 돌봄이 어떤 양상으로 전개될지 분석할 것이다. 단순히 이런 것들이 불러일으키는 복잡한 속내와 감정뿐 아니라 경제적 비용까지도 따져볼 것이다.

자신의 부모만이 아니라 사회의 노인을 돌보는 것은 인간 존재의 본질적 부분이다. 노인 돌봄이 깊이 각인되어 있어서 이를 당연하게 수행하는 문화와 가족도 있다. 그러나 앞으로 10년 동안 우리 사회에서 노인에 대한 돌봄 책임이 계속 공고해질 것임은 분명하다. 첫째, 베이비부머는 '돌봄 의존기'에 들어섰고, 베이비부머는 단순히 수명이 길어졌을 뿐 아니라 질병을 관리하면서 사는 기간도 더 길어졌다. 영국의 돌봄 체계에는 충분한 재정 지원이 이루어지지 않고 있으며 그 미래도 불투명하므로 가족이 돌봄 비용과 책임을 더 많이 떠맡게 될 것이다. 이미 벌어지고 있는 일이다. 현재 300만 명이 넘는 영국인이 나이 든 부모를 돌보고 있는데, 2011년 이후 30퍼센트 이상 증가한 것이며 이것을 비용으로 환산하면 162조 파운드에 달한다.[2] 오늘날 돌봄은 빈곤 덫의 기본 요소 중 하나다. 2021년 인구조사 자료는 무급 돌봄이 빈곤 지역에서 가장 많이 일어나고 있음을 보여준다. 2023년에 영국의 노인 자선단체 에이지UK는 40~60세 성인을 대상으로 설문조사를 실시했는데, 응답자의 61퍼센트가 노인 돌봄 비용을 감당하기가 힘들 것이라고 답했다.[3] 미국에서는 45세 미만 인구집단에서 부모, 조부모, 친척 등 노인 돌봄을 수행 중인 사람의 비율이 지난 20년간 5배 증가했다.[4]

앞서 봤듯이 베이비부머와 X세대는 지난 40년간 자녀에게 많은 시간과 정성을 들였다. 그러나 그들의 자녀인 밀레니얼 세대와 Z세대는 앞으로 급격하게 고령화되는 사회에서 40년간 부모에게 그 어떤 세대보다도 더 많은 시간과 돈을 쓰게 될 것이다. 밀레니얼과 Z세대, 특히 엄빠 은행의 혜택을 감사히 받은 자녀는 그 시간과 돈을 부모에게 똑같이 돌려줄 의지와 능력이 있을까? 그 답은 높은 확률로 '그렇다'이다. 왜냐하면 내 개인적인 경험에서도 드러나듯이 그래야 하는 때가 오면 그냥 하기 때문이다. 그러나 부모 돌봄이 무엇을 의미하는지 제대로 파악할 필요가 있다. 부모를 위한 괜찮은 여생의 조건을 마련하는 데는 단순히 시간만 드는 것이 아니라, 현대 노년기의 복잡성으로 인해 상속받을 재산도 희생해야 할 수 있기 때문이다. 만약 몇몇 밀레니얼 세대가 태어난 뒤

40년 동안 부모에게 의존하는 관계를 형성했다면 그 의존관계가 자연스럽게 뒤집어져서 부모가 자녀에게 의존하게 될까? 윌레츠 경과 이야기를 나눴을 때 윌레츠 경이 던진 질문이다. "오늘날 우리 베이비부머는 노인 돌봄에 시간을 덜 쓰고 그만큼 자녀 돌봄에 시간을 더 씁니다. 그러나 그런 자녀 돌봄이 보상을 받을 수 있을지는 잘 모르겠어요. 부모가 자녀에 대해 도덕적 자본을 쌓고 있는 것으로 짐작되지만, 그것이 우리의 노년기에 자녀의 부모 돌봄으로 전환될지는 모르겠어요." 윌레츠 경의 확신 부족은 많은 것을 시사한다.

노인 돌봄은 어찌 보면 명백히 여성 문제이다. 현재 팔십대인 페미니스트 저메인 그리어Germaine Greer는 최근에 노인 돌봄이 우리 시대의 가장 긴급한 페미니즘 쟁점이라고 주장했다.[5] 1970년대에 그리어가 브래지어를 불태우던 시절에는 노인 돌봄이 제2물결 페미니스트의 관심을 끌 만한 문제가 아니었지만, 지금은 그리어가 요실금 팬티를 불태워야 할지도 모르겠다. 사회 돌봄 위기나 고령화 사회에 대해 이야기할 때 돌봄이 필요한 노인은 압도적으로 여성의 비중이 높다. 재가 돌봄 수요자의 성비는 여성 23 대 남성 10이다. 팔십대 이상 인구집단에서 사별 여성이 사별 남성보다 그 수가 4배 더 많다.[6] 노인 돌봄을 수행하는 사람은 주로 아내, 딸, 며느리, 또는 저임금을 받는 여성 간병인이다. 저임금 여성 간병인은 이주 노동자들의 비중이 높고, 국내에 있든 국외에 있든 본인의 가정에서도 가족에 대한 돌봄 책임을 지고 있는 경우가 많다.

내 아버지가 말기 암 환자가 되었을 때 아버지는 곧잘 아들만 셋이 아니라 딸만 셋이어서 다행이라고 말하곤 했다. 잔인한 말이지만 이는 통계자료로도 뒷받침된다. 돌봄을 수행하는 사람은 여성인 경우가 압도적으로 많다. 미국에서는 공식적으로든 비공식적으로든 돌봄을 수행하는 전체 인원의 81퍼센트가 여성이며, 여성은 남성에 비해 돌봄에 쓰는 시간이 50퍼센트 더 많다.[7] 영국의 노인 인구집단에서는 남편을 돌보는 아내만큼이나 아내를 돌보는 남편도 많다. 그러나 데이터상으로는 딸이 있으면 아들이 돌봄을 덜 수행하고 며느리가 그 공백을 메울 때가 많다. 2015년에 실시된 한 연구에 따르면 아내와 딸은 나이 든 부모의 주 돌봄제공자가 될 가능성이 아들에 비해 3배 더 높았다.[8] 그 결과 여성 돌봄제공자는 더 큰 재정적 비용을 치른다. 예를 들어 여성은 남성에 비해 돌봄을 수행하기 위해 일을 그만둘 가능성이 7배 더 높다.[9] 젠더 임금 격차는 점점 더 엄마에게 부과하는 벌금처럼 작용해서 자녀를 낳고 기르기 위해 일을 잠시 그만두는 여자들에게 불리하다. 부모 돌봄 문제에서는 밀레니얼 여성이 자녀가 있든 없든 노인 돌봄 벌금을 물게 될 가능성이 있다. 노인 돌봄 책임은 여성 노동자가 연금을 충분히 붓거나 승진을 하지 못하게 방해하거나 어쩔 수 없이 값비싼 조기 은퇴를 하게 만들 수도 있다. 기업들은 최근에야 직원들을 위한 노인 돌봄 정책을 논의하기 시작했다. 노인 돌봄을 해야 하는 직원을 위한 충분한 지원 정책을 도입한 기업은 매우 드물다.

오십대에 들어선 많은 X세대 여자들이 현재 부모를 돌보고 있다. 단일 세대로서는 베이비부머 여성들에 비해 직장과 커리어에 더 많이 헌신했고 돈이 훨씬 더 많이 드는 의존적 자녀를 돌봤다(그래서 소유한 자산도 더 적다). 재정, 커리어, 가사 부담에 있어 더 평등한 젠더 역할을 추구하는 밀레니얼과 Z세대 여성들에게 여성이 노인 돌봄을 짊어지게 되는 현실이 큰 충격으로 다가올 수 있다(이미 충격을 받았을 수도 있다). 따라서 밀레니얼 아빠들이 그 어느 세대 아빠들보다도 기저귀를 더 많이 갈고 있다는 것은 환영할 만한 일이지만, 우리 밀레니얼 여자들로서는 때가 되었을 때 필요하다면 밀레니얼 남성들이 소변줄 또한 그에 못지않게 많이 갈 각오가 되어 있기를 바랄 수밖에 없다. 그리고 우리 사회도 이 점을 깨닫기 시작한 것 같다. 영국인 2000명을 대상으로 실시된 한 연구에 따르면 여성의 84퍼센트가 사회가 기본 돌봄제공자로 여성을 지목하는 것에 대해 다시 생각해봐야 한다고 답했다. 또한 어느 정도 긍정적으로 볼 수 있는 것은 남성 응답자의 66퍼센트가 이런 관점에 동의한다고 답했다는 점이다.[10]

상속과 상속의 역학관계에 대해 생각할 때 돌봄의 재정적, 시간적 부담을 여성 가족구성원에게만 지우지 않고 유급 돌봄제공자에게 넘기는 방향으로 갈 것이라는 서맨사 세콤의 예측이 적중할까? 세콤은 단언했다. "[베이비부머는] 그 돈을 써야만 할 거예요. 밀레니얼 딸들이 돌봄을 수행하지 않을 테고—솔직히 말하면 부모를 돌보겠다고 휴직을 하지는 않을 거예요—돌봄 비용이 워낙 많이 들다 보니 물려줄 돈이 거의 남지 않을 거예요."

이미 살펴보았듯이, 이것이 상속주의 사회에서 최고의 행운아는 이미 부모로부터 증여를 받은 사람들인 이유다. 또한 부모가 돌아가셨을 때 조금이라도 상속받을 수 있기를 바라는 것이 헛된 기대인 이유다. "증여하는 사람들은 유언장을 쓰지 않아요. 노년의 꿈은 잘살다가 빈털터리로 죽는 거여야 해요. 그게 부유한 사람들의 방식이기도 해요"라고 세콤은 설명했다. 한 자산관리사는 노인 고객 한 명이 돌봄이 필요해지기 전에 자신의 돈 대부분을 나눠주고 싶어 했다고 말했다. "그래야 요양원이 가져가지 못할 테니까." 영국 정부의 돌봄 재원을 고려하면 이런 태도는 비윤리적이라고 볼 여지도 있지만, 우리가 생각하는 것보다 더 일반적일 수 있다. 한 자산관리사는 돌봄 비용이 현실적인 고민거리가 되었을 때 자신의 고객층은 세 가지 범주로 분류될 것이라고 했다. 돌봄 비용을 모을 수 있고 그렇게 하고 있는 집단. 앞으로 보겠지만, 이 집단에 속하는 사람은 눈곱만큼이나 적다. 그다음으로는 상속 재산을 보존하기 위해 영리한 방식으로 자산을 의도적으로 조금씩 줄여가면서 돌봄은 정부 보조에 의존할 집단이다. 그리고 마지막으로 대다수를 차지하는, 땅속에 머리를 묻고 회피하는 집단이다.

모두가 한지붕 아래 모이다

아버지가 세상을 떠났을 때 어머니가 우리 자매들에게 돈을 조금씩 나눠주기로 한 덕분에 부동산 시장에서 유리한 입장이 되었다. 남편과 내게는 타이밍이 딱 좋았다. 2019년 아직 집을 임대하고 있던 우리 부부는 처음으로 내 집 마련을 하려던 참이었다. 두 살배기 아이가 있었고, 나는 둘째도 임신하고 있었으므로 우리는 정착할 준비가 되어 있었다. 함께 예금을 조금 모아둔 것이 있었고, 시부모의 보조도 받았다. 우리 부부는 맞벌이로 일한 덕분에 돈을 모을 수 있었고, 양가 부모로부터 현금을 지원받아 주택 매매 계약금을 마련할 수 있었다는 점에서 내가 삼중 재정 특권이라고 부르는 것의 수혜자였다. 우리 소득만으로는 런던에 내 집을 결코 장만할 수 없었을 것이다. 그러나 일단 매물을 둘러보기 시작하자마자 우리가 운이 좋았음에도 우리가 상상한 그런 집을 살 수는 없다는 사실을 깨달았다. 나는 내가 자란 동네에서 내 아이들을 키우고 싶었고 어머니 집 근처에 살고 싶었다. 그러나 그런 집을 구하는 건 점점 더 불가능해 보였다. 예전의 투팅이 아니었다. 그래서 우리는 어머니가 거주하지는 않는 어머니 명의의 집을 사기로 했다. 그 집은 내 어린 시절 집으로부터 두 블록 떨어져 있었고, 어머니가 1982년에 장만한 집으로 내가 키덜트기에 살았던 집이기도 했다. 우리는 그 집을 사서 리모델링을 했다. 건축가들이 리모델링 작업에 들어간 지 2개월이 지났을 때 봉쇄조치가 내려졌다. 그로부터 10개월 후, 우리 부부는 아들과 새로 태어난 딸과 함께 새집에서 살고 있었다. … 그리고 어머니도.

2021년 3월, 1년간 홀로 자가격리 기간을 보낸 뒤 2차 아스트라 백신 접종을 받은 어머니를 남편의 사무실로 쓰던 우리 집 빈 방에 모셨다. 부모님이 살던 집은 제대로 된 난방 장치가 없었고 지은 지 수십 년이 지나 폐허가 되어가고 있었으므로 칠십대 노모가 살기에는 적합하지 않았다. 건축가들이 어머니 집을 리모델링하기 시작했고, 그동안 어머니를 우리 집으로 모셔왔다. 어머니는 거의 2년간 머물렀다.

어머니가 아주 훌륭한 손님이었다는 점부터 밝혀두는 것이 중요하다고 생각한다. 그러나 여전히 문제는 생겼고 그 문제들에 대해 곰곰이 생각해볼 필요가 있다고 생각한다. 부모를 돌보는 밀레니얼 여성 돌봄제공자들에게 중요한 질문들을 던지기 때문이다. 첫째, 공간 문제가 있었다. 남편이 다른 지역의 시간대에 맞춰 말도 안 되게 이른 시간에 줌에 로그인해야 했기 때문에 어머니는 아침마다 방에서 쫓겨났다. 많은 사람들이 줌 회의 중에 자녀가 끼어드는 일을 겪었는데, 우리 집 같은 경우에는 잠옷을 입은 어머니가 슬그머니 나가는 장면이 잡혔다. 어머니는 우리에게 부담이 되고 싶어 하지 않았고, 되도록이면 우리를 방해하지 않으려고 노력했다. 감사하게도 어머니는 매일 오전 9시에 나가서 어머니의 표현을 빌리자면 "네 아버지가 몇 년 동안 모은 잡동사니"를 정리하다가 저녁 6시에 퇴근해 돌아왔다.

때로는 시트콤 《앱솔루틀리 패뷸러스》*Absolutely Fabulous*의 주인공 중 한 명인 에디나와 에디나의 딸 새프론을 연상시키는 실랑이도 벌어졌다. 나는 자유로운 영혼인 엄마의 일탈을 나무라는 엄격한 딸이 된 것 같았다. 여기서 말하는 일탈은 77세인 어머니가 침실에서 물담배를 피우는 것을 의미했다. 어머니는 수류탄처럼 생긴 무거운 기구에서 열심히 연기를 빨아들였다. 기구는 작은 스쿠터 같은 소음을 만들어냈다. 내가 방에 들어섰을 때 어머니는 이불 밑에 기구를 숨기고 있었다. "안 했어!" 어머니가 반발하면서 방을 떠다니는 단내 나는 연기를 손부채질 하고 있었다. 어느 날 아침에는 유독 바쁘고 정신이 없어서 어머니에게 집안일을 조금 더 도와달라고 부탁했다. 당시 나는 '순교자 엄마' 시기를 한창 지나가고 있었으므로 어머니에게 맞벌이를 하면서 아이 둘을 키우는 데다가 팬데믹으로 인해 사업도 접어야 해서 겨우 버티는 중이라는 가두연설을 술술 읊을 수 있었다. "아시잖아요, 식기세척기를 비워주시거나 하면 아주 큰 도움이 될 거예요!" 나는 지나가는 듯이 말하면서 수동적 공격성을 들키지 않으려고 노력했지만 실패했다.

"너는 나랑 살 때 그런 걸 한 번도 안 했잖니." 어머니가 쏘아붙였다.

나는 웃음을 터뜨렸다. 일리가 있는 말씀이네요, 하고 생각했다. 물론 그날 이후 어머니는 식기세척기를 비워주셨다.

어머니와의 대화는 '누가 더 힘들었는가?'라는 세대 간 설전으로 번지곤 했다. 선택지가 거의 없었던 내 어머니는 열여섯 살에 일을 하기 시작했고, 여성 가장에게 적대적인 환경에서 세 자녀를 키우는 워킹맘으로 살았다. 그러나 그때는 오후 5시에 퇴근할 수 있는 시대였고, 실질임금이 지금보다 높았고, 주거비와 자녀양육비가 지금보다 감당할 만한 수준인 시대였다. 어머니와 달리 나는 여행을 다녔고 그 어느 세대의 여성보다도 더 큰 자유를 누렸고 부모의 지원도 더 많이 받았다. 그러나 나는 '상시 대기' 문화에서 일하고 있어서 나 자신에 대한 기대가 더 높을뿐더러 임금의 구매력 또한 충분하지 않다. 무엇보다 나의 가장 강력한 패는 내가 팬데믹이라는 고난의 시기에 출산했다는 점이었다.

그런 대화를 하면서 모녀간 연대감이 형성되기는 힘들었다. 결국 어느 순간 우리는 그런 대화를 멈췄다. 솔직히 말하면 당시 나는 내 삶에서 가장 혼란스러운 시간을 보내고 있었고, 그 사실을 숨기지 않고 오히려 과시했다. 반면에 나와는 매우 다른 조건에서 그 모든 것을 이미 겪어낸 어머니는 굳이 그런 과거를 들먹이고 싶지 않았다. 물론 가장 중요한 것은 어머니 또한 스무 살 때부터 함께했던 인생의 동반자를 막 잃었다는 사실이었다. 그것은 나로서는 결코 완벽하게 공감할 수는 없는 상실이었다. 식기세척기를 비우는 일을 두고 다투는 게 아니었다. 심지어 누가 더 힘들었는가를 두고 다투는 것도 아니었다. 우리 두 사람 다 점진적이지만 불가피한, 엄마와 딸의 역할 반전에 적응하느라 분투하고 있었다.

어머니와 함께 산 지 18개월이 되었을 무렵 나는 밀레니얼 여성인 내가 이 상황을 매우 구체적이고 특정한 이유로 힘들어한다는 사실을 깨달았다. 나는 자유롭지만 이기적인 사회에서 자랐다. 그래서 우리 세대는, 특히 나와 같은 학력, 인종, 젠더인 경우에 자신의 커리어, 인간관계, 재정에 대해 기성세대에 비해 훨씬 더 큰 주권을 행사하고 있었다. 그러다 태어나서 처음으로 나는 감옥에 갇힌 기분이었다. 결혼을 하고 아이가 생기면서 시간적 제약이 생긴 것도 문제였지만, 코로나 봉쇄조치로 생긴 활동 제약 또한 힘겨웠다. 그런 상태에서 어머니를 모시게 되니 한계점에 몰린 것 같았다. 이 모든 일이 너무 빠른 속도로 벌어지고 있는 것도 문제였다. 그전까지 나는 성인으로서 전통적인 책임을 지는 경로를 천천히 둘러둘러 가고 있었다. 그러다 3세대가 한 집에 모이면서 패스트트랙을 타고 두 아이를 키우는 엄마이자 어머니를 부양하는 딸이라는 이중 책임으로 뛰어들어야 했다. 내가 그런 책임을 거부했다는 것은 아니지만, 그런 책임을 받아들이고 처리하는 것이 유독 더 힘들게 느껴졌다는 뜻이다. 아마도 여성에 대한 돌봄 기대가 훨씬 더 강조되었던 윗세대의 여자들보다는 그렇게 느꼈을 거라고 생각한다.

답은 하나였다. 심리상담 치료.

이걸 읽으면서 이런 생각을 할 수도 있다. '배은망덕한 철없는 딸 같으니.' 그 말이 맞을 수도 있다. 그러나 적어도 이것이 솔직한 내 심정이었다. 노인 돌봄과 관련해 현대 여성에 대한 기대는 우리 사회에서 언급하기를 꺼리는 주제 중 하나다. 부모 지원에 대한 과잉 의존만큼이나 회피되는 주제이며, 부모 지원에 대한 과잉 의존과 긴밀하게 연결되어 있는 주제이기도 하다. 나는 동정을 구하는 게 아니다. 왜 이런 가장 자연스러운 가족 상태, 즉 부모로부터 점진적으로 책임을 이양받고 어머니를 모시는 일이, 더구나 어머니가 우리에게 증여를 한 직후인데도, 그토록 어려운 난관처럼 느껴졌는지를 이해하고 싶을 뿐이다.

우리 집에 3세대가 함께 살고 있다는 소식을 또래 여성에게 전하면 즉각적으로 움찔하면서 몸을 부르르 떨고 두려운 표정을 짓는다. 특히 형제자매가 없는 경우에 더욱 그런 반응을 보인다. 그리고 곧장 이런 감상이 뒤따른다. "내게도 곧 닥칠 일이라는 거 알아. 하지만 어떻게 해야 할지 모르겠어." 또는 "이제야 부모님 집에서 독립했는데. 엄마를 모시는 건 생각조차 하기 싫어." 자녀가 없는 내 퀴어 친구는 외동인데, 이런 농담으로 깊은 당혹감을 생생하게 전달했다. "너무나 두려워서 부자 시스젠더 [남자]와 기꺼이 결혼하겠다는 생각이 들 정도야." 이 모든 반응은 부정에 가까웠다. 아마도 그런 일들이 일어나고 있다는 것에 대해 생각 자체를 하고 싶지 않기 때문일 것이다. 그러나 그 일이 실제로 일어나면 대다수는 자연스럽게 적응한다고 나는 믿는다.

그런데 내 또래 남성의 반응은 확연히 달랐다. 피해의식과 불안은 훨씬 더 적은 반면 수용이 일반적이었다. 왜 이런 젠더 차이가 생길까? 작가 데이비드 굿하트David Goodhart에 따르면 돌봄에 대한 이런 '불안'은 특히 "[자신의 어머니에 비해] 돌봄 역할에 대한 사회화가 덜 된 고학력 여성"에서 더 흔하게 관찰된다. 그들은 "대체로 고학력 남성과 동등하게 자율적인 커리어 중심의 삶을 살기를 원한다."[11] 이런 진단은 다소 단순하게 느껴지지만 어느 정도 진실이 담겨 있다. 내 상황을 듣고 가장 불편해한 건 고학력자 친구들이었다. 이들은 보통 엄빠 은행에 기대고 있지만, 아마도 정확히 얼마나 도움을 받고 있는지 인정하고 싶어 하지 않는 부유층 출신이었다. 내 상황에 기탄없이 공감한 친구들은 문화적으로 가족 간 의무라는 것에 익숙하거나 엄빠 은행을 이용할 수 없거나 이미 3세대 이상이 한 집에서 살고 있거나 부모가 육아 부담을 덜어주고 있는 친구들이었다. 2021년 『메트로』에 실린 런던 주민 부슈라 샤이크의 인터뷰가 이를 감탄할 정도로 잘 표현했다.

> 내 가치관상 나를 키워준 사람들에게 등을 돌리고 그들의 어려움을 그냥 무시할 수는 없어요. 우리 자식들의 집은 부모님께 늘 열려 있다는 걸 부모님은 아실 자격이 있어요. 부모님을 모시고 사는 미래가 어떤 모습일지는 그때그때 사정에 따라 다르겠지만, 우리 형제자매들은 부모님을 돌볼 거예요.[12]

부모를 돌봐야 하는 책임을 자발적으로 받아들이거나 문화적으로 당연시된다 하더라도 그것이 곧 부모를 돌보는 일에 좌절이나 어려움이 따르지 않는다는 것을 의미하지는 않는다는 점을 짚고 넘어갈 필요가 있다. 또한 어떤 이들에게는 부모를 돌봐야 하는 책임이라는 문제가 그렇게까지 깔끔하게 정리되지 않는다. 우리 사회에서 부모에 대한 재정적 의존 기간이 연장되고 돌봄 노동이 폄하당하고 (적어도 일로서 존중받지 못하고) 있고 우리 밀레니얼 여성이 초개인주의자로 키워지고 있는데, 21세기 여성이 돌봄에 대해 복잡한 감정을 느끼는 게 과연 놀랄 일일까? 실제로 우리 세대에서 장려된 돌봄의 주된 유형은 자기돌봄이었다.

부모 돌봄을 바라보는 관점은 엄마의 역할에 대한 밀레니얼의 관점과 상응하는 지점들이 있다. 우리는 어린 나이에 아이를 가지는 것이 사회악(그리고 십대 산모를 향한 온갖 모욕적인 헛소리들)일 뿐 아니라 우리의 자유와 기회를 엄청나게 제약하고 커리어에도 불리하게 작용한다는 왜곡된 견해를 듣고 자랐다. 이것이 우리가 출산하기에 완벽한 타이밍이라는 것에 집착하게 된 이유이고, 짐작건대 우리 다수가 '자녀로부터 자유로운 삶'이라는 개념을 체화한 이유이다. 그러나 우리의 엄마되기를 거부하기 또는 엄마가 되기 위해 분투하기 또는 늦게 엄마되기는 우리가 모성과 관련해서는 거의 사회화되지 않았다는 사실에서 비롯된 것일 수도 있다. 우리는 남자가 하는 것은 그것이 무엇이든 우리도 할 수 있다는 말을 듣고 자랐다. 그러나 **오직 여자만이 할 수 있는 것**에 대해서는 배운 적이 없다. '트래드 와이프' 지망생이 아니더라도 이것이 진실임을 알 수 있다.

나는 굿하트가 말한 '돌봄 역할에 대한 사회화가 덜 된 고학력 여성'의 완벽한 전형이다. 나는 내 아이를 품에 안기 전까지는 아기를 안아 본 적이 거의 없다. 이것이 내 어머니나 할머니의 경험과 얼마나 다른지는 아무리 강조해도 지나치지 않다. 첫째 아이를 출산하기 전 산전 수업을 받으면서 장난감 아기에게 기저귀를 채우느라 쩔쩔매다가 그 인형을 들어올리자마자 기저귀가 흘러내렸을 때는 정말이지 창피했다. 반면에 콘월 해안의 아주 작은 섬에서 대가족의 일원으로 자란 남편은 우등생이었다. 내가 육아에 관한 교육을 제대로 받지 못했다는 사실은 모유 수유를 할 때 가장 두드러지게 나타났다. 모유 수유는 늦은 나이에 아이를 키우는 우리 세대 여성에게는 그야말로 낯선 경험의 연속이다. 그동안 우리는 자신의 몸에 대해 너무나 강력한 통제력을 행사했고, 나도 그랬지만 자신이 모유 수유를 하기 전까지는 살면서 모유 수유를 직접 접할 기회가 거의 없었다. 한밤중에 어두운 방에서 젖꼭지가 뻘겋게 부어오른 채 통증과 분노로 울음을 터뜨리면서 내 몸과 아기가 어떻게든 **착 달라붙기**를 빌고 또 빈다. "학위가 세 개나 있는 데도 아기에게 수유조차 못하다니." 내 머릿속을 자주 스치고 지나간 생각이었다. 틀린 우선순위에 따라 산 삶. 마치 인종에 따라 생활 공간이 분리되는 인종 분리 사회처럼 연령에 따라 생활 공간이 분리되는 지금의 연령 분리 사회에서는 노화와 노인 돌봄이 그런 생각을 불러일으키게 될 것이다. 그와 관련된 우리의 기대나 우리의 능력만이 아니라 그것이 실제로 어떤 모습일지를 진지하게 고민해야 하는 이유다.

이것이 밀레니얼 에밀리 켄웨이Emily Kenway가 신랄한 자전적 에세이 『누가 돌보는가』Who Cares에서 다룬 주제다. 이 에세이에서 켄웨이는 자신이 삼십대가 되었을 때 말기 질병에 걸린 어머니를 돌본 이야기를 들려준다. 켄웨이는 자신이 감당해야 했던 책임과 짐을 가감없이 전달한다. "나는 돌봄으로 인해 내 자유를 잃는 것이 그 무엇보다도 싫었다. 내가 마음대로 보낼 수 있는 주말이 절실했다. 갑자기 병원에 가야 할 일이 생기지 않을 거라고 확신할 수 있는 그런 주말이." 켄웨이는 여성인 자신이 그토록 애타게 그리워한 자유가 실제로 "범주의 오류에 빠져 있었다"는 사실을 깨닫는다. 왜냐하면 "나는 애초에 진정으로 자유로웠던 적이 없었기 때문이다. 다만 내가 그 사실을 몰랐을 뿐이었다." 젠더 평등은 신기루다. 실제로 우리 세대에게 그것은 "여자는 **일도 하고 돌봄도 한다**"는 이중 부담을 진다는 것을 의미했다. 켄웨이가 보기에 현대 여성으로 산다는 것은 단순히 자녀 돌봄과 부모 돌봄이라는 형태로 '각성할 비자유'unfreedom to wake를 기다리는 과정에 불과하다. 다소 극단적인 결론을 내리면서 켄웨이는 단호하게 말한다. "우리는 가족에 관한 여성 해방적 관점을 철석같이 믿는다. 그러다 너무 늦게 우리의 안전망이라고 생각했던 이 구조가 실은 철창이었다는 사실을 깨닫는다."[13]

그러나 켄웨이는 지극히 절망적인 그림을 그렸고, 우리가 가족의 의무에서 자유로운 자주적인 존재여야 한다는 관념을 내세운다. 부모와 자식 간 사랑이 매우 복잡한 감정이긴 하지만 켄웨이의 자전적 에세이에서는 그 사랑의 순수성이 다소 묻혀 있다. 부모가 죽어갈 때 자녀가 수행하는 사랑의 행위에는 매우 심오하고 아름다운 인간적인 면모가 담겨 있다. 그런 사랑은 의무를 훨씬 넘어서는 영적 영역에 닿아 있다. 물론 그 사랑을 받는 사람은 다르게 느낀다. 죽어가는 과정은 기본적으로 굴욕적이다. 그런 굴욕감은 오직 자신을 사랑하는 사람이 곁을 지켜줄 때 완화된다. 그러나 (배우자를 제외한) 당신이 '선택한 가족'이 그 마지막 순간에 기꺼이 그 자리를 지키면서 당신을 먹이고 뒤처리를 해주는 경우는 드물다. 켄웨이는 자립한 밀레니엄 여성이라는 건 사기이며, 우리가 한동안 (우리의 선택에 따라 그 기간은 다르지만) 쓴 가면이었을 뿐이라고 주장한다. 그러나 이 문제를 그렇게까지 냉정한 관점에서 바라봐야만 할까? 서른여섯 살이 되기 전까지 나는 기본적으로 나 자신을 먹이고 돌보는 책임만을 졌다. 아이 엄마가 되고 더 나아가 딸로서 어머니를 부양하는 책임을 맡으면서 지난 7년간 돌봄은 내 삶의 일부가 되었다. 내 삶에서 가장 도전적이고, 취약하고, 힘겨운 시간이었지만, 또한 내게 가장 큰 의미가 있었고 '자유'기에 형성된 내 정체성에 형태, 동기, 명료성을 더해주었다. 어쨌거나 삶과 죽음에 초밀착되는 것만큼 정체성 형성에 크게 기여하는 경험도 없지 않은가?

다만 켄웨이가 정확하게 짚어낸 것이 하나 있다. 우리 밀레니얼 여성은 긴장 상태를 기본적으로 장착하고 있다. 우리 밀레니얼 여성, 특히 전문직 여성은 사회적으로 돌봄 역할에서 제외된다고 조건화되었다. 그런데 가부장제가 남아 있는 사회 구조로 인해 여성이 돌봄 의무 대부분을 감당하게 된다. 여기에서 이유 있는 단절이 발생한다. 켄웨이가 느낀 분노는 우리가 윗세대보다 더 많은 독립성을 누렸고, 그래서 윗세대 여성과 달리 여성이 희생해야 한다는 관념을 **거부한다**는 것을 보여준다. 그러나 21세기 상속주의 사회를 살아가는 여성이 피할 수 없는 핵심적인 역설이 존재한다. 우리는 개인주의자다. 그러나 많은 경우에 우리의 자유는 부모의 부와 지원 덕분에 가능했다. 뜻밖에도 현대 여성의 삶은 제2물결의 페미니즘을 통해 가족 간 의무로부터 해방되고자 한 우리 어머니 세대의 삶보다 가족 간 의무와 더 긴밀하게 얽혀 있다고 볼 수도 있다.

내가 보기에 이 모든 것은 우리 밀레니얼 여성이 흡수한 페미니즘들이 뒤섞인 결과물이다. 좌파 페미니즘과 기업 페미니즘 사이에서 우리는 교육과 커리어가 자유와 동의어이고 남성이 하는 것은 그것이 무엇이든 여성도 할 수 있고 (해야만 하고) 가사 책임은 오로지 특정 조건에서만 책임져야 하는, 이상적으로는 진보적이고 다정한 배우자와 공유하는 것이라는 관념을 주입받았다. 가족 안에서 돌봄 노동은 뒷전으로 밀렸을 뿐 아니라 폄하되었고, 일반적으로 저임금 여성 노동자에게 외주화되었다. 또한 그동안 우리 사회는 여성의 부담을 덜어주는 대가족 공동체와 복지국가를 해체했다. 우리의 가장 야심 찬 희망은 우리가 가부장제를 무너뜨리도록 남성들이 돕고 그 빈자리를 남성들과 함께 채워나가는 것이다. 자녀 돌봄에서는 이런 꿈이 실현되고 있다는 증거들이 있다. 그러나 노인 돌봄에 있어서도 사회가 이를 수용하고 재정적으로 지원할지, 남성들이 적극적으로 동참할지는 아직 더 두고봐야 할 것이다.

21세기 들어 많은 밀레니얼 남성이 그동안 간과되었던 아빠의 역할이 오히려 남성성에 의미를 부여한다고 여기게 되었다. 그러나 부모를 돌보는 것에 대해서 그와 같은 이야기를 하는 남성은 거의 만나지 못했다. 또한 여성들은 현대 페미니즘이 우리에게 언제나 유리하게 작용한 것은 아니며 우리에게 모든 답을 준 것도 아니라는 사실을 깨달아야 한다. 밀레니얼 세대에게는 가족 돌봄을 둘러싼 논쟁이 상속이나 주거에 관한 논쟁만큼이나 중요해질 것이라는 점은 분명하다. 기존의 젠더 관계 규정집은 우리 부모 세대와 우리 세대에 의해 찢겨나갔다. 우리 아이들을 위한 새로운 규정집은 아직 확정되지 않았다.

서른여섯 살은 아버지를 잃기에는 너무 어린 나이라고 내게는 느껴졌다. 서른아홉 살도 어머니를 모시기에는 너무 어린 나이라고 느껴졌다. 나는 내 고충을 오십대 중장년 여성에게 털어놓을 때 가장 깊은 연대 의식이 생겼다. 그들은 부모를 돌본다는 것이 무엇을 의미하는지 즉각적으로 이해했다. 본인이 직접 경험한 경우도 있었고 가까운 친구를 통해 간접적으로 경험한 경우도 있었다. 그 여성들은 덜 두려워했고 덜 이기적이었지만, 한편으로는 나와는 다른 생애주기를 지나가고 있기도 했다. 그들의 자녀는 내 아이들보다 나이가 더 많았고, 거의 대부분이 부모와의 재정적 역학관계를 나와는 다르게 경험했다. 즉 대체로 부모에게 경제적인 도움을 훨씬 덜 받았다. 이런 여성들은 부모 돌봄 비용을 부담하고 있거나 3세대가 한 집에 사는 비용을 부담하고 있었다. 그런데 이런 여성들 다수가 (내가 보기에는 순진하게) 자신의 아이들에게는 그런 부담을 주지 않겠다는 굳은 의지를 피력했다는 점이 놀라웠다.

최근 들어 다세대 가구가 늘고 있는데, 주거 비용과 돌봄 비용을 고려하면 합리적인 선택이다. 오늘날 할머니 별채가 점점 더 큰 인기를 얻고 있지만, 이런 경우는 매우 드물어서 전체 가구의 2.1퍼센트에 불과하다.[14] 다세대가 한 집에 살면 가족의 부를 하나의 단지에 담는 효과가 있어서 상속이 야기하는 복잡한 문제 일부는 해소된다. 대다수 가족은 한 집에 모여 살기보다는 같은 동네에서 각자의 집에 사는 쪽을 선호한다. 우리는 오늘날 우리가 단발적이고 거래적인 관계를 한다고 믿고 싶어 하지만, 실상은 대다수 영국인이 자신이 자란 곳으로부터 40마일 이내에서 정착하며, 부모 집 근처에 사는 것으로 알려져 있다.[15] 영국의 1세대와 2세대 이민자, 특히 남아시아 이민자의 가족이 더 다세대 친화적이 아니라 오히려 덜 다세대 친화적이 되고 있다는 데이터도 있다. 물론 실질적으로 증가한 것은 1인 가구 수다.

다세대가 한 집에 사는 경우 어린 자녀가 다양한 가족구성원과 더 끈끈한 관계를 형성하고 정서적 회복탄력성을 키울 기회가 더 많아진다는 점에서 가장 큰 혜택을 받는 것으로 보인다.[16] 내 아이들을 통해서도 이것을 확인할 수 있다. 내 아이들은 할머니와 살면서 많은 것을 얻었다. 할머니는 손주들에게 시간과 인내심과 관심을 온전히 내준다. 과도하게 일에 파묻혀 사는 부모인 나는 일관되게 주기 힘든 것들이다. 세상에서 가장 비싼 보육 시스템을 운영하고 있는 것으로 알려진 영국의 어린이집 평균 비용은 주당 212파운드이다. 그러니 밀레니얼들이 합가나 가족 근처로 이사하는 것을 우선적으로 고려하기 시작했다는 사실이 놀랍지 않다. 놀이터와 도서관에서 얼마나 많은 할머니들이 (거의 언제나 할머니들이다) 미취학 아동을 쫓아다니고 있는지만 봐도 할머니들이 맞벌이 부부를 위해 돌봄 비용을 대신 지불하고 있다는 것을 알 수 있다. 조부모의 42퍼센트가 손주의 등하교를 정기적으로 돕고, 기꺼이 그렇게 한다. 조부모의 41퍼센트가 부모라면 응당 자녀를 돕기 위해 뭐든지 해야 한다고 믿는다.[17] 손주를 돌보는 일은 아주 큰 즐거움도 주지만, 또한 엄청나게 무거운 책임이기도 하다. 내가 아는 한 칠십대 할머니는 손주를 돌봐줄 것이라는 자녀의 기대가 너무 부담스러워진 나머지 가족과 **멀리 떨어지기 위해** 이사까지 했다. 스페인에서는 '번아웃 할머니' 현상이 너무나 만연해져서 2010년에 노동조합이 할머니들에게 손주 돌봄을 거부하고 육아 파업에 들어가라고 호소할 정도였다.[18] 여성들이 더 늦은 나이에 출산하면서 조부모도 더 늦은 나이에 손주를 보게 되었나. 따라서 조부모의 31퍼센트가 건강 문제로 손주를 돌봐줄 수 없다고 답했다는 것도 놀랍지 않다.[19]

다세내 가구에서는 모든 가족구성원에게 돌봄 의무가 생긴다. 노인이 아이를 돌보고 때가 되면 아이가 노인을 돌본다. 3세대가 한지붕 아래 살면 돌봄 노동이 균등하게 배분될 가능성이 더 높아진다. 손주의 노인 돌봄 참여 비중도 놀라울 정도로 높다(특히 조부모가 손주를 함께 키웠다면 더욱 그렇다). 영국 가족에서 돌봄 제공자의 10퍼센트는 손주다.[20] 남편 또한 다세대 가구에서는 돌봄에 더 적극적으로 참여하는 경향이 있다. 그런 까닭에 여성이 다세대 가구 구성을 남성보다 더 선호하는 것으로 짐작된다.[21]

결국에는 그냥 억울함만 남아요

아버지가 말기 암 진단을 받고 병원을 나서면서 거의 숨을 내뱉듯 한 말이 기억난다. "걱정 마. 오래 끌진 않을게. 너희들도 해야 할 일이 많잖니." 우리에게 하는 약속이기도 했지만, 아버지 스스로에게 하는 약속 같기도 했다. 아버지는 죽음을 몇 주 앞두고도 그 말을 반복했다. 우리는 그 말이 듣기 싫었지만 그렇게 함으로써 아버지는 암에 대한 통제권을 행사하고 싶었으리라. 한편으로는, 당신 또한 당신의 어머니, 아버지, 고모의 마지막 몇 년간 간병을 도맡아 한 외동이었기에 앞으로 닥칠 현실을 아는 사람으로서 하는 말이기도 했다. 결론적으로 아버지는 네 달간 24시간 간병을 필요로 했다. 수명 연장과 지난한 말기 돌봄이 특징인 시대에서는 간병 기간이 비교적 짧은 편이었다. (교육기와 재직기 다음에 오는) 은퇴기가 '제3생애주기'라면 우리는 돌봄, 가족, 재정이 중요해지는 '제4생애주기'의 진화를 목격하고 있다. 나는 여러 해 동안 돌봄제공자였던 사람의 이야기를 듣고 싶었다. 그런 책임이 삶에 어떤 영향을 미치는지 이해하고 싶었기 때문이다.

캐럴은 웨일스 출신이다. 64세 베이비부머인 캐럴은 2017년 어머니가 마침내 세상을 떠나기 전까지 어머니를 15년간 돌봤다. "엄밀히 말하면 저는 부모 집에서 독립한 적이 없어요." 캐럴은 그렇게 자신의 이야기를 시작했다. 삼남매 중 막내인 캐럴은 다채로운 이력의 소유자였다. 열여섯 살에 중등학교를 졸업하고 공공서비스 관리회사에 취업했다. 이후 재봉 교육을 받은 적도 있고 반려동물 시터로도 일했다. 캐럴의 아버지는 60세에 돌아가셨고, 캐럴은 혼자가 된 어머니를 돌보게 되었다. "저는 그때 여전히 부모 집에 살고 있었고 제게는 아이가 없었기 때문에 삼남매 중 제가 어머니를 돌보게 되었어요." 캐럴 어머니의 건강이 악화되면서 캐럴은 전일제 돌봄제공자가 되었다. "입에 담기 끔찍한 말이지만 저는 철창에 갇혀버렸어요. 근처에 오빠와 언니가 살고 있었지만, 어머니와 함께 사는 건 저였으니까요. 저는 15년간 어머니를 돌봤고, 어머니는 그중 2년 동안은 침대 신세를 졌어요. 정신은 말짱했지만 거동이 불가능했어요. 너무 힘들었지만 엄마를 버릴 수는 없었어요."

마지막 몇 년간 캐럴의 어머니는 환자용 침대가 필요했다. 지역 의회에서 재가 간병인을 지원했다는 점은 운이 좋았다. "엄마를 돌보는 일이 체력적으로 힘에 부쳤어요. 엄마가 자주 넘어졌고 저는 도움이 필요했어요."

나는 캐럴에게 그 15년간 그녀가 받은 정신적 스트레스에 대해 물었다. 2021년 팬데믹 기간 중에 1만 명의 돌봄제공자를 대상으로 실시된 설문조사에서 70퍼센트가 정신건강 문제를 겪었다고 답했고, 그 증상은 만성 스트레스부터 자살 충동에 이르기까지 다양했다.[22] 최근 한 연구는 돌봄제공자가 겪는 고통과 우울증이 신체적 질병의 전조 증상이라는 것도 발견했다.[23]

캐럴도 동의했다. "네, 정서적으로 힘들어요. 역할이 바뀌어서 제가 엄마가 되고 엄마가 아이가 돼요. 쉬어갈 틈이 없어요. 엄마를 위해 모든 것을 해줘야 해요. 머리를 감기고, 이를 닦아주고, 약을 챙겨 먹여야 해요. 솔직히 말해 의사 자격증이 필요하다고 생각해요."

캐럴은 재가 돌봄이 장려되면서 돌봄제공자에 대한 기대가 그 어느 때보다 더 높아졌고 돌봄제공자가 수행해야 하는 업무도 늘어났다는 점을 강조하고 있었다. 최근 실시된 한 여론조사에서는 돌봄제공자의 27퍼센트가 자신이 돌봄을 수행하는 데 필요한 능력을 제대로 갖추지 못했다고 느끼고 있었다.[24] 나도 공감하는 부분이다. 우리 가족은 암 환자인 아버지를 돌볼 때 여동생이 의사였다는 점에서 운이 좋았다. 동생은 의학적인 문제를 처리하는 걸 도와줬고, 더 중요하게는 국민보건서비스, 호스피스 단체, 사회복지 기관을 상대해야 할 때 아버지의 입장을 잘 대변해주었다.

캐럴에게 지금 그 시기를 돌아보면 어떤 생각이 드는지 묻자 캐럴은 잠시 말을 멈추고 짧고 강하게 숨을 들이마셨다. "솔직히 말하면 결국에는 그냥 억울함만 남아요. 제 엄마였고 저는 엄마를 사랑했지만, 한 사람이 감당하기에는 너무 무거운 짐이었어요." 캐럴은 너그러운 마음으로 최대한 말을 삼가는 것 같았다. 삼남매가 돌봄 부담을 불균등하게 지고 있다 보니 캐럴과 오빠, 언니 사이에 갈등이 빚어졌다. "언니는 조금 도왔지만, 오빠는 별로 돕지 않았어요. 그래서 오빠에게 불만이 많았어요. 한번은 제일 친한 친구와 집 밖에서 만났고, 그냥 집 근처 식당에서 밥을 먹었어요. 고개를 들었는데, 오빠가 서 있는 거예요. 오빠가 말하더군요. '얼른 집에 가 봐. 엄마가 전화하셨어. 넘어지셨대. 나는 못 가. 식당을 예약해뒀거든.' 속으로 생각했어요. 왜 못 간다는 거야? 남자들이 어떤지 아시잖아요. 손을 더럽혀야 하는 성가신 일은 모른 척하고 싶은 거죠. 언니에게는 말할 수 있었어요. 언니, 나도 휴식이 좀 필요해. 다행히 언니가 대신 가줘서 잠시나마 쉴 수 있었어요."

캐럴의 경험은 1960년대에 사회복지사 일레인 브로디Elaine Brody가 실시한 연구를 떠올리게 한다. 브로디는 거의 모든 가족에는 '짐꾼'이 있다는 사실을 발견했다. 책임을 나눌 수 있는 가족이 있는데도 대개 단 한 명의 가족구성원이 책임 대부분을 진다.[25] 오늘날 그런 짐꾼은 항상은 아니더라도 여성인 경우가 대부분이다. 또한 직업적으로 가장 덜 바쁜 구성원, 재정적으로 또는 시간적으로 가장 여유가 있는 구성원, 가장 가까이 사는 구성원, 자녀가 없는 구성원이 짐꾼이 된다. 가족의 규모가 점점 더 작아지고, 가족의 구성이 점점 더 국제적이고 혼합적이 되면서 그런 부담이 자녀 사이에 동등하게 배분되는 일은 점차 사라지고 있다. 그런데 캐럴의 가족에서 어머니를 돌본 책임을 누가 압도적으로 많이 졌는지가 명백했는데도 삼남매는 상속 재산을 똑같이 나눠 가졌다. 캐럴의 경우에는 이로 인해 크게 억울함을 느끼지는 않았지만, 많은 가족에서는 그렇게 하면 억울한 사람이 생길 수밖에 없다.

64세인 캐럴은 설레는 마음으로 새로운 삶의 장을 열기 시작했다. "당신 전화를 받기 전에 짐을 싸고 있었어요." 캐럴이 전염성이 강한 기대감을 뿜어내면서 내게 말한다. 돌봄세공사로 여러 해를 보냈고, 몇 년 전에 연인이 생겼는데도 떨어져 살았다. 캐럴은 그와 함께 살기 위해 영국 동부 해안으로 이사하기로 했다. "남자친구는 아주 인내심이 강해요. 웨일스에서 64년을 살았는데, 드디어 떠나게 되었네요. 하고 싶은 일이 너무나 많아요!" 캐럴과 남자친구는 공동명의로 집을 구입할 예정이다. 캐럴이 어머니의 집을 팔아서 받은 상속 재산과 친구 두 명에게 받은 상속 재산을 보탠 덕분에 가능했다. "이제야 내 삶을 시작하는 것 같은 기분이에요. 죽기 전에 내 집을 마련할 수 있을 거라고는 상상도 못했어요. 어머니를 그토록 오랫동안 돌보느라 미뤘던 제 꿈을 비로소 실현하고 있어요. 드디어 남자친구와 함께 살 수 있게 되었어요."

나는 캐럴에게 어머니를 돌본 경험을 돌아보면서 캐럴 자신의 사회 돌봄 비용에 대해 생각해본 적이 있는지 물었다. "제 돌봄 비용을 따로 모을 정도로 돈을 충분히 벌지는 못할 거예요. 지금은 그냥 이 순간에 충실하려고요."

"그럴 만하죠!" 내가 본능적으로 답했다.

그러나 캐럴에게 그녀의 경험에 비춰볼 때 젊은 세대가 때가 왔을 때 그녀처럼 희생할 거라고 생각하는지 물었다.

"글쎄요. 좋은 지적이에요. 오늘날 청년들을 보면 자기집착이 강하잖아요. 모든 게 완벽해야 하고요. 그런데 어떻게 아픈 사람 곁을 지키면서 대처하겠어요? 가늠이 안 되네요. 아마도 제가 편견을 가진 건지도 모르죠. 그냥 젊은 사람들은 저처럼 희생하지는 않을 거라는 생각이 들어요."

캐럴의 짐작이 옳을 수도 있다. 그런데 젊은 세대만 그런 것은 아니다. 최근에 영국에서 실시된 한 설문조사에서는 응답자의 28퍼센트가 부모의 안전을 걱정했지만, 40퍼센트가 어머니를 모시지 않을 거라고 답했다.[26] 때가 오면 대다수 가족이 어떻게든 대처하겠지만 위기 상황이 닥칠 때까지는 대부분 이 문제를 외면한다.[27] 영국 가족의 81퍼센트는 나이 든 친척과 돌봄 선택지에 대해 이야기하는 것이 꺼려진다고 답했다.[28]

나는 캐럴에게 다소 천박하게 들릴 수 있는 질문을 조심스럽게 했다. "당신은 어머니를 돌보느라 오랜 시간을 보냈고, 또 지금은 상속을 받았어요. 그 두 가지가 연결되어 있다고 보세요? 만약 그렇다면 돌봄과 상속 둘 다에 대해 생각하는 젊은 세대에게 해줄 조언이 있을까요?"

내가 질문을 마치기도 전에 캐럴이 끼어들었다. "상속은 보장된 게 아니에요. 권리가 아니랍니다. 상속에 대해 이야기하기 전에 사회 돌봄에 대해 이야기하는 게 합당하다고 생각해요. 달리 어떻게 할 수 있겠어요? 돌봄을 안 받을 수는 없잖아요."

그런데 현대 청년들이 자기집착이 더 심하고 부모를 도울 의지가 약하다는 캐럴의 말이 과연 옳을까? 태곳적부터 구세대는 신세대에 대해 늘 그런 인식을 가지고 있었던 것처럼 느껴진다. 그러나 우리가 목격했듯이 개인주의가 강화되는 현실을 더 잘 반영한 것일 수도 있다. 캐럴은 양가감정을 표현했다. 어머니를 돌볼 때 어머니를 사랑했고 의무감도 느꼈지만, 너무나 오랜 기간 희생했기에 어쩔 수 없이 억울함도 느꼈다. 이런 감정은 돌봄 대상과 공유하는 과거의 정서적 관계로 인해 복잡해진다. 부모를 돌보는 것은 배우자, 친구, 친척을 돌보는 것과는 매우 다르다. 자신과 관계가 좋지 않은 부모를 돌보는 처지가 되는 자녀도 많다. 캐럴은 이 점에서는 운이 좋았고, 나머지 두 자녀도 모두 근처에 살았다. 가족이 점점 더 뿔뿔이 흩어지는 세상이어서 그렇지 않은 가족이 더 많고, 실제로 원가족이나 고향으로 돌아가는 주된 이유 중 하나는 나이 든 부모를 돌봐야 하기 때문이다.

그런데 돌봄 역학관계에서 돌봄을 받는 쪽이 된다는 것은 무엇을 의미할까? 나는 재가 돌봄 분야에서 일한 사람의 이야기를 듣고 싶었다. 재가 돌봄 서비스업은 오해를 사고 맹비난을 받는 산업이다. 또한 재가 돌봄이 필요한 가족과 고객에게 주로 여성 노동자가 서비스를 제공한다.

새미는 학교 수업에 집중하기가 힘들었다. 너무 활달하고 너무 말이 많다는 얘기를 늘 들었다. 수학 시간에는 벽을 보고 서 있어야 했다. 다른 학생들의 수업을 방해한다는 이유에서였다. 어떤 수업은 아예 들어가지도 않았다. 새미는 영국 미들랜드 지역에 있는 블랙컨트리에서 자랐다. "우리는 늘 길에서 놀았어요. 대가족이었고, 함께 시간을 보냈어요."

새미는 중등 학력 인증시험을 치른 뒤 실무중심 교육을 하는 비텍BTEC(Business Technology Education Council) 과정에 진학해 보건 및 사회 돌봄을 공부했다. 학교 공부는 쉬웠다. "전부 꽤 기초적인 내용이었으니까요. 저는 상식이 풍부해서 학교 성적을 잘 받았어요." 새미는 16년간 재가 사회 돌봄 분야에서 일했다. 현재는 이스트 미들랜드에서 재가 돌봄제공자 팀 전체를 관리하는 등록 관리자이며 상도 받았다. 몇 주 정도 돌보는 고객도 있고 몇 년씩 돌보는 고객도 있다. 그중 한 고객은 할리 데이비드슨 오토바이를 타던 사람으로 거의 10년 가까이 새미의 고객으로 등록되어 있었다. 새미의 팀원은 고객의 가정에서 서너 시간을 일할 수도 있고, 때에 따라서는 15분 만에 나와야 할 때도 있다. "사람들의 집안으로 들어가는 거잖아요. 어떤 광경이 펼쳐질지 알 수 없어요." 그래서 새미는 팀원을 채용할 때 매우 까다롭게 고른다. "사회 돌봄 분야는 워낙에 이직률이 높지만, 저는 아무나 채용하지 않아요. 언제나 배울 준비가 된 사람에게 기회를 주고 이 일에 적합한 사람으로 키워요. 이 일을 수행해야 하는 방식을 가르쳐요. 저는 상식이 있는지 유심히 봐요."

새미는 젊은 세대에게는 그런 능력이 부족하다고 말한다. "완전히 달라졌어요. 젊은 세대는 오직 돈만 원해요. 배우고 싶어 하는 사람은 많지 않아요. 말 그대로 과잉보호를 받았어요. 토스트를 태우지 않고 굽는 법까지 가르쳐야 한다니까요. 달걀 요리는 어떻고요. 달걀 요리 하는 걸 다들 어려워해요. 거짓말이 아니고 달걀을 삶을 줄 모르더라고요. 수란은 바라지도 않아요! 수줍음이 많아서 고객과 소통을 잘 못하는 사람도 많아요. 우리는 고객이 하루 종일 유일하게 만나는 사람일 수도 있으니 고객과 교감할 수 있어야 해요."

나는 노부모나 연로한 가족을 돌봐야 하는 무거운 책임에 직면한 가족들에 대해 어떻게 생각하는지 알고 싶었다.

"정말 좋은 가족도 있고, 아무것도 하지 않으려는 가족도 있죠. 나이 든 부모가 학대받는 경우도 많이 봤어요. 특히 재정적으로 이용당하는 경우도 많아요."

새미의 업무에서 큰 부분을 차지하는 것은 고객을 안전하게 돌볼 수 있도록 이끌어주는 것이다. 그러나 새미가 보기에 안전 관련 사고가 발생하는 주된 이유는 가족 돌봄제공자가 환자의 질환이나 행동을 이해하지 못하기 때문이다. 그래서 새미의 회사는 현재 가족 돌봄제공자를 대상으로 복잡한 질환과 상황에 대해 교육하는 무료 수업을 제공한다. 그들이 자신이 사랑하는 사람에게 더 나은 돌봄제공자가 될 수 있도록 돕고 싶어서다. 새미는 과부하가 걸린 복잡한 국가 시스템을 이용하려고 분투하는 가족들, 과잉돌봄에 빠지거나 기진맥진해진 가족 돌봄제공자들을 본다. 가족 돌봄제공자에게 잠시나마 휴식을 주는 것이 새미의 팀이 가족을 돕는 주된 방법이다. 기본적으로 새미는 자신이 어린 시절 경험했던 공동체를 부활시키고 있다. 그러나 관리자인 새미는 자신이 가족 돌봄제공자를 돕기 위해 노력하는 동시에 금이 가기 시작한 시스템하에서 자신의 팀을 운영해야 하는 불가능한 묘기를 해내기 위해 애쓰고 있다는 것을 안다. "지방 의회는 고장이 났고 돌봄 비용이 상승하면서 사람들이 돌봄 서비스를 이용할 여건이 안돼요. 하지만 전문 돌봄제공자도 적정 임금을 받아야 하니 서비스 비용을 올릴 수밖에 없어요."

그러나 점점 더 많은 부담을 져야 한다고 압박하는 환경에서 새미는 단순히 수익과 효율성만을 추구하지 않는 인간적인 서비스를 제공한다고 자부한다. "정직해야 해요. 저는 제가 할 수 없는 일은 맡지 않아요. 기준 미달인 서비스를 제공할 생각은 없어요. 고객에게 원성을 사고 싶지 않고 이런 점을 사회복지사에게 솔직하게 말해요."

새미도 재가 돌봄이 여성 구성원이 책임 대부분을 지게 되는 돌봄 형태라고 생각하는지 알고 싶었다. 새미의 답에 나는 놀랐다. "지금은 남성이 주 돌봄자가 되는 경우가 점점 더 늘어나고 있어요. 남편만 아니라 아들도요. 요리와 청소를 하는 남성도 있고, 그래서 우리는 가서 고객을 돌보거나 씻기는 일만 해요. 실제로 여성보다 남성이 주 돌봄자가 되는 경우를 많이 봐요. 예전에는 여성이 돌보는 고객이 훨씬 더 많았거든요. 일반적으로 아내가 우리에게 연락을 했는데, 최근에는 아들이 연락을 하는 경우가 점점 더 늘어나는 추세예요."

고백하건대 나는 돌봄 최전선에 나서는 남성이 늘어나고 있다는 새미의 주장에 회의적인 입장이었다. 그러다 스투와 이야기를 나누게 되었다. 스투에게 전화를 걸었을 때 그는 자신이 3일간의 은행 공휴일 휴가 여행을 마치고 오는 길이라고 알렸다. 펍 퀴즈의 밤으로 시작해 사우나로 끝났는데, 34세인 스투는 매우 얌전하게 놀다가 왔다고 주장했다. 그런데 월요일에 숙취로 고생하면서 정원에 딸기를 심었다고도 했다. 스투는 장기 연애 중인 여자친구, 그리고 부모와 함께 서섹스에 있는 부모 집에서 살고 있다. 스투는 부모 두 분의 주 돌봄자이기도 했다.

그러나 늘 그랬던 건 아니다. 스투의 아버지는 열두 살에 학교에서 자퇴하고 스투의 말을 빌리자면 "간단히 말해 한시도 쉬지 않고 일했다." 스투의 아버지는 숙련공으로 40년 넘게 일하면서 감탄할 만큼 대단한 부동산 포트폴리오를 구축했다. "아버지는 말 그대로 멈추지 않는 사람이었어요. 세상 사람들이 자신처럼 열심히 일해야 한다고 생각하죠." 스투는 못마땅한 어투로 말했다. 스투가 태어날 무렵에는 부모가 충분히 잘살게 되어서 스투와 스투의 누나를 대안 사립학교에 보낼 수 있었다. "학교에 온 학생들은 모두 열심히 일하는 성공한 사업가 부모를 뒀어요. 저는 많이 방황했지만, 스포츠가 저를 살렸어요." 부모는 스투에게 대학에 가라고 압박하지 않았다. "아버지는 제가 되도록 빨리 취업해서 돈을 벌기를 원했어요. 어머니는 제 입장을 더 존중해주는 분이었어요. 어머니는 제가 감옥에 가게 되었더라도 저를 믿어주셨을 거예요. 어머니는 그런 분이었어요." 스투는 이비지 회사에서 일을 시작했다. "그러나 아버지와 저는 의견이 맞지 않았어요." 변변찮은 일자리를 떠돌다가 스투는 북미로 여행을 떠났다. 스투의 부모는 스투가 그동안 모은 돈의 액수만큼 현금을 더 보태주었다.

2년간 히치하이킹을 하고 유랑생활을 하던 중 스투는 아버지로부터 집으로 돌아오라는 전화를 받는다. 어머니의 건강이 갑자기 악화되었다. 어머니는 스투가 열 살 때 다발성 경화증 진단을 받았다. "병실에 있는데, 누군가 엄마의 병에 대해 말하는 걸 들었던 기억이 나요. 저는 그냥 '아니에요, 우리 엄마는 멀쩡해요'라고 말했고요." 스투가 여행에서 돌아올 즈음에는 어머니의 상태가 훨씬 더 나빠졌다. "어머니를 도울 방법이 있는지 자료들을 읽었어요. 하지만 결국 그냥 가족으로서 곁에 있어주는 것 외에는 할 수 있는 일이 별로 없어요. 잔인한 병 중 하나죠. 완치를 위한 치료법도 없고 완화 치료가 전부예요."

2019년 아버지가 뇌졸중으로 쓰러지면서 스투의 삶이 극적인 변화를 겪었다. "모든 것이 아주 빠르게, 심각하게 무너졌어요." 스투가 내게 말했다. "저는 지휘관이 되었고, 아마도 그 역할에 지나치게 몰두했던 것 같아요. 어머니에게 상담사와 수영 코치를 붙였고, 부모님을 위해 물리치료사를 고용했고, 두 분이 세 끼를 제대로 드시도록 삼시 세 끼 직접 요리를 했어요." 스투는 부모의 주돌봄자가 되었을 뿐 아니라 가족 사업도 넘겨받았다. 당시에는 사업이 어느 정도 자리 잡아서 여러 부동산과 상점도 관리해야 했다. "아버지는 이런 식이었어요. '빌어먹을, 다른 선택지가 없잖니. 네가 운영하는 수밖에.' … 그래서 사업을 넘겨받았지만 불만이 많았어요. 저는 더 현대적으로 경영을 하는데, 아버지는 아주 보수적인 창립자라 제 사업방식을 탐탁지 않아 하세요. 아직도 건강을 회복하면 회장으로 복귀하겠다고 생각하고 계시죠. 하지만 그런 일은 없을 거예요."

"책임져야 할 게 아주 많네요." 내가 말했다.

"네, 부모님을 잘 돌보고 싶어요. 좋은 아들이 되고 싶어요. 그런데 제 시간과 삶을 희생하지 않으면서 그렇게 할 수는 없겠죠? 저는 하고 싶은 게 정말 많은데, 유감스럽게도 시간이 점점 사라지고 있어요. 일본에도 가보고 싶어요. 요리사 과정도 밟고 싶어요. 캠핑카에서 살아보고 싶어요. 저는 매일 균형을 잡기 위해 애쓰고 있어요. 그리고 저만 고생하는 게 아니에요. 저는 여자친구가 있고, 여자친구도 하고 싶은 것들이 있잖아요. 여자친구도 꿈이 있어요. 여자친구와 우리가 하고 싶은 것들에 대해 이야기는 하지만, 실제로 하고 있는 건 하나도 없어요. 왜냐하면 제가 끊임없이 남을 위해 뭔가를 해야 하니까요. 제가 아이를 갖고 싶지 않은 이유이기도 해요."

"그런 걸 전부 해내기란 불가능하죠." 나는 말했다. "그렇다면 그런 상황이 부모와의 관계에 영향을 미쳤나요?" 나는 물었다.

"글쎄요, 최근 3년은 아주 긴박했어요. 저와 부모님을 위해서 한발 물러서야 했어요. 얼마 전에 엄마와 진지한 대화를 나눴어요. 엄마는 더 이상 아무것도 하고 싶지 않다고 했어요. 그래서 제가 너무 밀어붙인 건 아니었는지 돌아보게 되었어요. 부모님을 위해 너무 많은 것을 하는 바람에 부모님도 불만이 생겼어요." 스투는 시간이 지나면서 돌봄제공자와 돌봄대상자 사이에 생기는 복잡한 감정의 소용돌이에 대해 말하고 있었다. 그건 경제적·육체적 부담만큼이나 해결하기 힘든 문제였다.

스투는 현재 더 균형 잡힌 돌봄을 추구한다. 주말은 여자친구와 둘이서만 보내는 걸 원칙으로 삼았다. 또한 중기적으로 무엇을 해야 하는지에 대해서도 생각한다. "아버지가 뇌졸중으로 쓰러졌을 때 병원을 나서면서 속으로 이렇게 생각했어요. '7년은 부모님께 드리자.' 그리고 그 7년이 끝나면 저는 부모님의 상황, 부모님의 감정과 무관하게 제가 뭘 하고 싶은지 계획을 세우기 시작할 거예요. 무조건 저를 중심에 둘 거예요. 안 그러면 쉰 살이 될 때까지 여기에서 벗어나지 못할 테니까요."

"이제 1년 반 남았네요." 머릿속으로 계산하면서 내가 말했다.

"네, 그리고 이미 계획을 세우고 있어요. 정리도 좀 했고요. 사람들에게 비상 열쇠도 주고, 그런 거요. 한 친구가 이런 말을 했는데 그게 머릿속에 깊이 박혔어요. '부모님이 아이를 가지기로 선택했지, 우리가 부모님이 있는 걸 선택하지는 않았잖아. 부모님을 돌보는 일에 너무 너를 갈아넣지는 마. 그러면 네가 하고 싶은 걸 못하는 상황에서 절대로 벗어날 수가 없어.' 그 말을 명심하고 있어요."

질문이 하나 더 남아 있었다. 스투가 현재 가족 사업을 운영하기 때문에 특히 더 관련이 있는 질문이라고 생각했다. "그래서 상속에 대해서는 생각해보나요?"

스투는 생각해보지도 않고 곧장 답했다. "솔직히 안 해요. 결국 마지막에는 돈이 있을 거라는 걸 아니까 딱히 신경 쓰지 않아요. 만약 돈이 없는 상태에서 돌봄만 하고 있었다면 돈이 없는 게 아주 큰 문제였겠죠."

누가 비용을 부담할 것인가?

1980년대에 하버드대 경제학자들은 돈과 노인 돌봄의 관계에서 다소 우울한 연결고리를 발견했다. 수천 개의 가족 데이터를 검토한 결과 물려줄 재산이 많은 부모일수록 자녀가 전화도 더 자주 하고 더 자주 방문한다는 사실을 발견했다. 가장 관심을 많이 받는 부모는 부유하면서 아픈 부모였고, 자녀 수는 두 명 이상이었다.[29] 이런 결과를 어떻게 해석할지는 당신에게 맡기겠다.

이제 돈이 우리가 부모를 돌보는 이유가 아니고 부모의 돌봄 문제에 대처하는 방식을 결정하지도 않는다고 가정해보자. 그러나 그런 경우에도 돌봄 비용을 고려하지 않거나 돌봄 비용이 상속 재산에 미치는 영향을 고려하지 않는다는 것은 말이 되지 않는다. 현재 영국 정부가 직면한 '공적 자금을 청년층과 노년층 중 어느

쪽에 투입해야 하는가'라는 쟁점은 곧 많은 가족이 직면하게 될 문제이기도 하다. 가족의 부를 돌봄 비용에 쓸 것인가 아니면 다음 세대에게 물려줄 것인가.

이런 논쟁의 맥락을 제대로 이해하려면 현재 영국에서 약 40만 명이 양로원이나 요양원에 살고 있다는 점을 고려해야 한다. 아직은 영국의 상황이 노인용 기저귀가 아기용 기저귀보다 많이 잘 팔리는 일본에는 못 미친다고 해도 고령화가 진행되면서 장기요양시설과 완화치료 서비스에 대한 수요가 증가할 수밖에 없다. 오늘날 돌봄 시설에 거주하는 40만 명의 돌봄 비용은 개인이 약 절반을 부담하고 나머지 절반은 국가가 지원한다. 현재 양로원은 주당 약 800파운드를 받고, 요양원은 주당 1078파운드를 받는다. 1년이면 약 5만 6000파운드가 필요한데, 이튼 사립학교 학비보다 더 비싸다. 요양원 평균 거주 기간은 2.2년이므로 평균적으로 총 12만 5000파운드를 쓰게 되는 것이다. 대다수 가족은 예금이나 자산을 허물지 않고는 감당할 수 없는 금액이다. 그러나 **이조차도** 이런 비용을 확정적으로 계산하는 것이 직업인 사람들은 과소평가된 금액이라고 말한다. 한 자산관리사는 부유한 고객이 받는 최고의 돌봄 서비스 비용은 평균적으로 1년에 7만 파운드에 가깝다고 말했다(그리고 그 비용은 일반적인 주택 가격보다 더 빠르게 상승하고 있다). 또한 그는 비용을 과대평가하는 쪽이 낫다고 조언한다. 즉 이런 돌봄이 5년간 필요할 것이라고 생각하고 계산해야 하는데, 그런 경우에는 돌봄에 들어가는 총 비용이 35만 파운드가 된다. 부부에게 들어가는 비용으로 계산하면 70만 파운드다. 결론적으로 그 자산관리사는 민간 의료서비스 비용을 포함해 돌봄 비용으로 수백만 파운드를 준비해야 하는 것으로 생각하라고 고객에게 권한다. 수백만 파운드라는 금액이 극단적으로 들릴 수 있지만, 왜 자산관리업계에서 부동산에 묶인 베이비부머의 돈이 미래의 돌봄 비용을 확보할 수 있는 유일한 방법이라고 말하는지 이해할 수 있을 것이다. 한 자산관리사는 이렇게 말했다. "우리 업계에서 많이 이야기되는 주제예요. 사람들이 생각하듯이 부의 이동이 그렇게 큰 규모로 이루어지는 일은 없을 거라고 생각해요. 돌봄 비용이 계속 급격하게 상승할 것이고 정부는 그 문제를 해결할 의지가 없으니까요. 앞으로 10년 내에는 우리가 지난 10년간 목격한 주식과 부동산 투자에 대한 실질 수익률이 되풀이되지는 않을 거예요. 그래서 수조 파운드의 상속이 일어날 거라는 주장에 동의할 수 없어요."

재산이 2만 3250파운드인 사람은 사회 돌봄 비용을 자비 부담해야 한다. 이 기준선은 2010년 이래 바뀌지 않았다. 이것은 더 많은 가난한 가족들이 자비 부담 구간으로 포섭되었다는 것을 의미한다. 지방 의회의 보조금 수급 자격은 신청자의 경제적 여건에 의해 결정되며, 신청자의 모든 자본(예금과 자산)과 소득이 심사 대상이다. 일반적으로 사람들은 처음에는 예금으로 돌봄 비용을 충당하고 그다음에는 자가소유 주택을 팔아서 비용을 마련한다.

영국에서 사회 돌봄 서비스 책정 비용은 위임을 받은 지역마다 천차만별이다. 이것은 현장에서는 우편번호 로또처럼 운용된다는 것을 의미한다. 그러나 질병 또한 로또이다. 내 아버지가 말기 암 진단을 단 한 번도 행운으로 여기지는 않았겠지만, 사회 돌봄 비용이라는 맥락에서는 아버지는 행운아였다. 어떤 질병이든 치료 기간이 아무리 길어도 무료로 치료해주는 국민보건서비스와 달리 장기 돌봄과 같은 복잡한 서비스를 제공하는 사회 돌봄에서는 신청자가 불리한 입장에 놓일 수밖에 없다. 요양원에서조차도 치매가 있는 사람은 추가 비용을 부담한다. 직설적으로 말하자면 상속주의 사회에서 죽음이라는 로또는 출생이라는 로또만큼이나 큰 역할을 한다.

사회 돌봄 비용을 대려면 가족의 집을 파는 것 외에는 다른 방법이 없는 경우가 많다. 이것은 정치적으로 뜨겁고 감정을 자극하는 쟁점이다. 이번 세기에 있었던 두 차례의 선거의 향방을 결정한 실수들이 가족의 집에 닥칠 수 있는 위험과 관련되어 있었다는 사실을 떠올려보라. 7장에서 봤듯이 2009년에 토리당의 조지 오즈번이 상속세 구간을 두고 더 영리한 정책을 제안하는 바람에 당시 집권당이었던 노동당의 고든 브라운 총리는 조기 선거를 치르지 못했다. 그다음에는 2017년에 총리였던 토리당의 테레사 메이가 이른바 치매세를 제안하는 큰 실수를 저질렀다. 토리당은 치매세를 사회 돌봄 재원 부족을 해결할 정책으로 홍보했고 상속이 아닌 돌봄에 초점을 맞췄으나 상속에 영향을 받는 자가소유자들이 대상자가 되었으므로 상속세와 마찬가지로 가족의 집을 잃을 수도 있다는 위기감을 불러일으켰다.

치매세 정책 제안에 맹비난이 쏟아지자 이에 대처하기 위해 사람들이 '치매세'를 검색하면 구글 광고가 최상단에 뜨도록 토리당이 구글에 비용을 지불한 사건은 이 주제가 정치적으로 얼마나 뜨거운 쟁점이 되었는지를 보여준다. 토리당은 그 정책 제안을 완전히 포기하고 백지화하는 수치스러운 결단을 할 수밖에 없었다. 메이의 후계자 보리스 존슨은 2년 뒤 총리 관저로 들어가면서 사회 돌봄 문제를 해결할 "오븐에 넣기만 하면 되는" 계획이 있다고 확언했다. 그러나 치매세 대실패 이후 선출직 공무원들은 사회 돌봄 재원 마련과 관련된 정책은 확실하게 유보시켰다. 영국의 정계가 직면한 정치적 선택은 "부유한 노인이 개인 소유의 부동산을 팔고 사적 자금을 헐어서 자신의 돌봄 비용을 충당해야 하는가" 하는 것이다. 만약 그렇게 할 수 있다면 잠재적으로는 자녀들의 상속 재산이 줄어든다는 것을 의미하고 그 결과 재정연구소 소장 폴 존슨이 말한 핵심 난제, "상속이 덜 중요한" 사회 만들기를 해결할 수도 있을 것이다. 중요한 것은 그렇게 하면 젊은 납세자들이 노인 돌봄이라는 엄청난 짐을 지지 않아도 된다는 것이다.

그러나 놀랍게도 이런 딜레마는 거의 논의되지 않고 있다. 정치인들뿐 아니라 노인들 사이에서도 좀처럼 언급되지 않는다. 몇 년 전 나는 한 무리의 부유한 베이비부머 여성과 인터뷰를 하면서 그들의 돈을 대하는 태도와 돈과 관련된 포부에 대해 이야기했다. 특히 눈에 띄는 것이 한 가지 있었다. 그들은 사회 돌봄을 완전히 부정했고, 사회 돌봄에 대비해서 돈을 모아야 한다거나 자신의 돈을 써야 한다고 생각하지 않았다. 그들은 젊은 여성이 아니라 육십대 여성이었고 혼자된 경우가 많았다. 한 여성은 은퇴를 앞두고 있었는데, 모순적이고 혼란스러운 관점을 제시했다. "제 엄마는 오십대에 돌아가셨어요. 그래서 노인 돌봄이 제 문제가 될 거라고는 생각하지 않아요. 무모하다는 거 알아요. 하지만 저는 그런 걸 생각하기에는 아직 너무 젊은걸요." 그 여성은 육십대였다. 나와 이야기를 나눈 여성들은 모두 부유했고 장기적인 재정 계획을 세울 여건이 되었다. 경제적으로 여유가 없는 여성들은 그들보다도 사회 돌봄에 대해 덜 생각했는데, 충분히 이해는 가지만 경제적으로 여유가 없다고 해서 그 여성들이 사회 돌봄을 국가에 전적으로 의존할 수 있다는 보장은 없다.

자주 얘기되듯이 우리는 마치 몽유병 환자처럼 돌봄 위기로 걸어 들어가고 있고, 그 위기는 상속주의 문화에 의해 더 악화되고 있다. 아직도 자신의 장기적인 필요보다 자녀를 더 우선순위에 두고 있는 부모가 있을까? 입증된 것은 아니지만 자산관리사들은 개인적 경험에 비추어 사람들이 75세 즈음이 되어서야 자신이 죽을 수밖에 없다는 사실을 깨닫는다고 내게 말한다. 그제야 자신의 '제4생애주기'에 필요한 재원 마련에 대해 진지하게 고민하기 시작한다는 것이다.

나와 인터뷰하면서 자녀에게 짐이 되고 싶지 않다고 말한 여성이 너무나 많았다는 것이 내게는 가장 큰 충격으로 다가왔다. 많은 여성이 요양원에 들어가느니 안락사가 더 낫다고 주장했다. 또한 내 친구 중 적어도 다섯 명은 자신의 어머니가 조용히, 아주 진지하게 몇 년이나 돌봄을 받느니 안락사를 택하겠다고 말했다고 했다. 이것은 충동적으로 하는 말이라고 생각할 수 있겠지만, 그렇지 않다. 그렇게 말하는 사람들은 대개 친척이나 부모가 돌봄 시스템에서 어떻게 지냈는지를 봤고, 그런 삶은 엄청난 비용이 드는 반면 반쯤 죽은 삶이라고 인식하고 있다. 무엇보다 그들은 짐이 되는 것을 두려워한다. 안락사를 대하는 대중의 태도 또한 변하고 있다. 영국인의 3분의 2가 안락사법 제정을 지지하고 있으며, 현재 의회에서 관련 법안을 논의 중이다.[30] 미리 계획된 죽음에서는 유언 및 상속이 매우 다른 양상으로 전개될 것이고, 특히 젊은 가족구성원에게는 그 과정을 겪어내는 것이 쉽지 않을 수 있다.

나는 딘과 이야기를 나누고 싶었지만, 연락이 닿기까지 몇 주가 걸렸다. 인터뷰 시간을 확보하기까지 그렇게 오래 기다려야 했다는 것만으로도 현재 딘의 삶이 얼마나 정신없이 바쁜지를 알 수 있었다. 서른아홉 살인 딘은 전일제로 일하면서 중증 자폐 아들을 키우고 있으며 말기 환자인 부모 두 분을 돌보고 있다.

딘의 아버지는 한때 영국 육군 공병이었다가 전역한 뒤 트럭 기사로 일했다. 딘의 어머니는 지역 중소기업들의 회계 장부를 관리했다. 딘의 부모는 딘이 두 살 때 이혼했지만 런던에서 벗어나 같은 지역, 클랙튼온시로 이사했다. 딘의 어머니는 대출 없이 살 집을 장만했고, 딘의 아버지도 마찬가지였다. "부모님 두 분의 주택 시세는 각각 약 28만 파운드 정도예요." 딘이 설명했다.

딘이 세 살 때 어머니가 심각한 교통사고를 당했다. 부상에서 회복했지만, 지팡이를 짚어야 했고 이후 여생의 대부분을 보행 보조기에 의지해 걷고 있다. "어머니는 이혼한 장애인이었는데, 어머니의 진짜 문제는 평생 남에게 도움을 받으려 하지 않았다는 거예요." 딘은 돌봄을 받고 싶어 하지 않는 사람을 돌볼 때 어떤 갈등이 발생하는지를 설명했다. 최근 몇 년간 딘의 어머니는 건강이 악화되어 병원을 자주 들락거리고 있다. "지난 18개월 동안 골반뼈에 3번이나 금이 갔어요." 딘은 국민보건서비스를 이용할 때의 어려움에 더해 어머니의 왜곡된 자립 욕구를 달래느라 겪는 어려움도 전했다. "어머니는 심지어 재가 돌봄제공자들도 쫓아냈어요. 엄마를 인물에 비유하자면 대처와 히틀러를 섞어놓은 것 같아요. 아주 독립심이 강한 여성이죠!"

그 와중에 딘은 건강이 악화되는 아버지도 돌봐야 했다. 살날이 6개월밖에 남지 않았다는 말기 선고를 받은 딘의 아버지는 3년이 지난 지금도 투병 중이어서 의료 전문가들을 당혹스럽게 했다. "아버지는 죽고 싶어 해요." 딘이 고백했다. 현재 딘의 아버지는 24시간 돌봄 서비스를 제공하는 요양시설에서 지내면서 1년에 7

만 200파운드를 낸다. 딘은 그 시설이 비싼 편에 속한다고 말했다. 그러나 아버지의 의료적 필요가 워낙 커서 그런 시설에 머물 수밖에 없다. 현재 딘이 맞닥뜨린 중대 과제는 비용 청구서를 제때 지불하는 것이다. "아버지의 시설비를 내지 않으면 아버지의 집에 그 비용을 부과할 거라서요."

"그래서 그 돈은 어떻게 마련하고 있어요? 아버지의 부동산에는 손을 대고 있지 않다면서요?" 나는 당황하며 물었다.

딘은 가족이 사회 돌봄 비용을 지불하는 과정을 내게 들려줬다. 그는 아버지의 예금 전액인 7만 파운드가 돌봄 비용으로 사라지는 것을 지켜봤다. 아버지의 연금과 지방 의회의 보조금을 합쳐도 매달 3000파운드가 부족하다.

"그 돈은 누가 내요?" 나는 궁금했다.

"제가요." 딘이 답했다. 딘은 자신의 아파트를 팔고 아버지의 집으로 들어갔으며, 연봉 협상을 통해 자신의 언봉도 올렸다. 다소 무리하고는 있지만, 딘이 그럭저럭 아버지의 돌봄 비용에서 부족한 금액을 메울 수 있다는 의미다.

"정말 대단해요. 하지만 왜 그냥 아버지 집을 팔지 않는 거죠?" 나는 진심으로 궁금했다.

"아들에게 뭔가를 남기고 싶다는 게 아버지의 마지막 소원이거든요. 아버지는 늘 그 집 얘기를 하고 자신의 돌봄 비용 때문에 그 집을 파는 건 안 된다고 하세요." 딘의 아버지는 자신의 집을 아들에게 물려주고 싶어 했다. 어떤 대가를 치르더라도.

딘은 영국의 돌봄 시스템에 크게 실망했고 돌봄 경제에 너무나 큰 혼란을 느껴서 아버지가 있는 요양시설을 운영하는 회사에 대해 조사를 시작하기 시작했다. "클랙튼 같이 부동산이 싼 곳에서 돌봄 비용을 왜 그렇게 많이 청구하는지 이해할 수가 없었어요. 그래서 아버지 요양시설을 운영하는 회사를 좀 파헤쳐봤어요. 알고 보니 시설 이용률이 50~60퍼센트에 불과하고 시설 이용자 대부분이 정부 보조를 받고 있었어요. 그러니 요양시설도 **손해를 보고 있는 거죠.**" 딘은 돌봄서비스 산업에 이중 관리 시스템이 존재한다는 사실을 지적했다. "자산이 있으면 요양시설에서 벗겨 먹으려고 달려들고요."

"당신 어머니도 같은 어려움에 직면할 거라고 생각해요?" 나는 궁금했다.

"어머니는 절대로 요양시설에 들어가지 않겠다고 하세요. 디그니타스Dignitas 안락사를 신청해서 스위스로 가는 것에 대해서도 이야기했어요. 당신의 장례식도 이미 다 계획해두었고, 제게 계좌번호와 비밀번호도 다 알려줬어요. 어머니는 자신이 세상을 떠나면 내게 해야 할 일들을 지시해두었어요." 딘은 다소 체념한 듯 말했다.

"그런 대화를 하면 어떤 기분이 들어요?" 나는 그런 과정을 통해 평안을 구하는 사람보다 남겨진 사람에게 더 복잡하고 어려운 과정일 거라는 느낌이 들어서 물었다. 딘의 답은 합리적이었다. "어머니는 그 얘기를 늘 해요. 그래서 어느 정도 무뎌졌어요. 어머니에게는 자신의 독립성이 그 무엇보다도 중요해서 자신의 방식으로 죽고 싶어 해요. 평생 그 누구에게도 기대지 않은 분이에요."

딘은 인터뷰를 끝내기 전에 주어진 일을 하면서 열심히 산 사람들에게 불리하게 작용하는 듯 보이는 현재의 사회 돌봄 시스템에 대해 느끼는 분노와 좌절을 표출했다. "이 나라에는 정부의 보조를 받을 자격 요건은 안 되는데, 그렇다고 자신의 돌봄 비용을 감당할 수 있는 재원은 또 부족한 이른바 중간에 낀 집단이 있어요. 그런 사람들이 뒤통수를 맞는 거예요."

딘의 말에 동의하지 않을 수 없었다.

딘 가족의 딜레마에서 부동산 자산이 있으면 현금화해서 돌봄 비용을 감당할 수 있다고 상정하는 것이 왜 문제가 되는지가 드러난다. 현재 영국에서는 65세 이상 인구집단의 수조 파운드에 달하는 부가 부동산에 묶여 있다고 알려져 있고, 또한 사회 돌봄 재원에 곧 블랙홀이 열릴 것으로 예상되지만, 전자가 후자를 해결할 것이라고 쉽사리 단정할 수 없다.

베이비부머의 수조 파운드에 달하는 부동산 자산을 가리켜 흔히들 '묶여 있는 부'라고 말한다. 돌봄 비용을 마련하기 위해서든, 집을 줄여서든, 증여 또는 상속을 통해서든 마치 풀어주기만 하면 된다는 듯한 뉘앙스를 풍긴다. 그러나 부동산 소유 민주주의라는 관념을 주입받으며 자랐고 자신의 부동산 가치가 기하급수적으로 오르는 것을 목격한 베이비부머 세대에게 내 집은 묶여 있는 부가 아니다. 친밀의 밑씀이다. 내 집은 나의 시위이자 자유이고, 근면성실한 노동에 대한 보상이다. 베이비붐 세대에게는 실현된 꿈이다. 한 인터뷰이가 한 말이 떠오른다. 런던 시민인 알렉스 스미스는 자신의 아버지가 런던 북부의 타운하우스를 싼 가격에 샀고 서류상 그 가치가 10만 파운드 단위로 올라가는 것을 흡족하게 지켜봤다고 말했다. "아버지에게는 그게 의미가 있는 거예요." 많은 은퇴자가 대출 없이 내 집 마련을 한 것에 안도하고 기뻐한다. 그러니 사회 돌봄 비용을 대거나 하다못해 자녀가 주거 사다리를 올라갈 수 있도록 돕겠다고 기꺼이 자신의 집을 담보로 대출을 받거나 집의 규모를 줄이는 은퇴자가 과연 몇 명이나 되겠는가? 평생에 걸쳐 주택담보 대출금을 상환했는데, 이제 와서 그들이 믿은 모든 것에 반하는 선택을 하라는 것이나 마찬가지다. 그러나 그렇다고 해서 45세 미만 청년과 중년이 공적 연금과 국민보건서비스에 돈을 넣는 것 외에 추가로 사회 돌봄 비용을 부담하게 할 수 있을까? 세대 간 불공정성이라는 이야기는 앞으로 최소 20년간 이런 식으로 펼쳐질 것이다.

물론 돌봄이라는 난제를 해결하고 가족 부와 돌봄의 관계를 규정해주는 간단한 답은 없다. 특히 밀레니얼 다수가 상속을 가족 구성원으로서의 권리라고 생각한다면 더더욱 답을 찾기가 어려워진다. 상속을 둘러싼 대화 자체를 재구성하는 것부터 시작해볼 수는 있을 것이다. 우리는 상속을 예상되는 것이 아니라 그보다는 훨씬 더 불확실한 것으로 전제하고 이 문제에 접근해야 한다. 대다수 밀레니얼은 자신이 수급자가 되기 전에 국민연금이 고갈될 것이라고 생각한다. 상속도 없는 것으로 생각하고 관심을 꺼야 하는지도 모른다. 서맨사 세콤은 이렇게 말했다. "너무나 많은 고객이 제게 불평해요. '제 상속분은요?' 그러면 저는 늘 이렇게 답해요. **그건 단 한 번도 당신의 상속 재산인 적이 없었어요.**"

우리가 앞서 일곱 장에 걸쳐 해부한 상속주의로 인해 발생하는 모든 불평등, 불화, 혜택에도 불구하고 최종적으로 상속주의 사회가 위기에 빠지는 것은 고등교육 비용이 급상승해서도 아니고, 청년들의 주거 사다리가 끊겨서도 아닐 것이다. 나는 상속주의 사회가 노인의 사회 돌봄 비용을 어떻게, 누가 감당할 것인가라는 문제로 인해 위기의 순간을 맞이하게 될 것이라고 생각한다.

에필로그

나는 지금까지 살면서 내가 대체로 성실한 노력파였다고 생각했다. 시시때때로 내게 오히려 해가 될 정도로 성취에 목말라서 열심히 노력했다고 말이다. 밤새 잠도 자지 않고 글을 쓰게 만들고, 주말에도 노트북을 닫지 못하고 늘 뭔가를 하게 만드는 성취욕이 나를 채찍질했다고 믿었다. 나는 시험, 학위, 커리어 할 것 없이 모든 과정에서 성심성의껏 매진했다는 사실에 자부심을 느꼈다. 나는 우리 가족 중에서 최초로 대학을 졸업했다. 오로지 나의 부단한 노력으로 전문직 계층 사다리를 올라갔다. 나는 내가 늘 옳다고 믿은 방식인 성실성, 학문적 성과, 학위 및 자격증으로 나를 성장시키고 내 지위를 높였다. 이것이 내가 스스로에게 주입한 내러티브다. 나를 비롯해 많은 사람이 우리가 능력주의 사회에서 살고 있다고 생각하면서 자랐기 때문이다.

그러나 나는 이 내러티브가 나 자신의 과거만이 아니라 21세기 성인기의 변화를 의식적으로 오독해서 만들어진 것임을 깨닫게 되었다. 내가 열심히 노력하지 않았다는 얘기가 아니다. 디지털 시대를 살아가는 우리 모두가 열심히 노력했다는 부분은 사실이다. 교육이 필요하다는 것과 학위를 딸 만한 가치가 있다는 것 또한 사실이고, 나는 여전히 그런 것들이 중요하다고 생각한다. 그러나 이 내러티브는 중요한 사실, 내 삶의 원대한 서사와 성취들이 모두 내가 부모님에게 경제적으로 기댈 수 있었기 때문에, 특히 가장이었던 어머니가 계셨기 때문에 가능했다는 사실을 가려버린다. 부모님의 지원이 없었다면 나는 여성으로서 그토록 자유롭게 재밌는 삶을 살 수 없었을 것이고, 오랜 기간에 걸쳐 좋은 교육을 받을 수 없었을 것이고, 키덜트기를 그렇게 오래 끌 수 없었을 것이고, 임대료 낼 걱정 없이 런던에서 사는 사치를 누리지 못했을 것이고, 성인기로 빠르게 진입해 내 집 마련에 꼭 필요한 도움을 받을 수 없었을 것이다. 내 정체성을 돌아보면 내가 전면에 내세우거나 핵심으로 삼은 것은 언제나 내 능력 기반 성취나 부모의 노동자계급 출신 배경이었지 부모의 자산에 기대어 내가 입은 혜택이나 내 상속 자산은 아니었다.

이 글을 쓰면서도 이 모든 것이 굉장히 순진하게 들린다는 걸 나도 안다. 그러나 내가 가장 이해되지 않는 것은 왜 내가 이 사실을 더 일찍 솔직하게 인정하지 못했는가 하는 것이다. 내가 내 삶을 내 중산층 친구들의 삶과 비교했기 때문일 수 있다. 나는 늘 경제적으로 어려웠고, 어릴 때부터 일했고, 학자금 대출을 받았고, 빚이 쌓였고, 이십대 내내 파산 상태였다. 그러나 솔직히 말하면 내 뒤에는 돌아갈 부모 집이라는 안전망과 엄빠 은행이라는 발사대가 늘 든든하게 자리 잡고 있었다.

부는 언제나 상대적인 것이다. 나는 늘 스스로를 사회계층이 확정되지 않은 사람으로 규정했다. 내 커리어가 점점 더 전문성을 확보할수록 더 많이 만나게 되는 전통적인 부유층 출신들, 이를테면 명문 사립학교를 나와 나보다 더 순탄한 길을 걸었고 증여를 여러 번 받고 가족 부에서 매달 생활비를 받는 그런 사람들과는 속한 세상이 다르다고 생각했다.

내 상속은 아버지가 죽은 뒤에야 실현되었다.

이 책의 영어 원서 부제가 '이제 엄빠 은행에 대해 이야기할 때가 왔다'인 이유는 우리가 그에 대해 제대로 이야기하지 못했다는 데 있다.* 예의를 차리느라 그런 것이든, 죄책감이나 창피함을 느껴서 그런 것이든 부모에게 지원을 받은 우리 밀레니얼은 그에 대해 침묵하곤 한다. 이 책은 엄빠 은행을 이해하기 위해서 쓰기도 했지만, 우리가 엄빠 은행에 대해 이야기해야만 한다고 호소하기 위해 쓰기도 했다. 우리 밀레니얼이 태어난 뒤로 지금까지 정치 내러티브는 대부분 정부의 지원에 의존하는 사람들을 비방하고 폄하하는 것에 집중했다. 더 널리 퍼지는 현상, 부모의 지원에 의존하는 사람들이 증가하고 있는 현상은 거의 주목받지 못했다. 우리는 엄빠 은행에 대해 친구와 이야기하거나, 사회적으로 논의하거나, 무엇보다 부모와 이야기하는 것을 피한다. 부모 앞에서 이 주제를 당당하게 꺼내는 밀레니얼 자녀가 거의 없다는 사실이 나는 놀랍다. 물론 왜 그런지 이유를 짐작해볼 수는 있다. 부모의 지원으로 유아화되었다고 느끼기 때문일 수도 있고, 학교에서 기본적인 재정 문해력을 배우지 않았기 때문일 수 있고, 우리가 그런 대화를 시작하면 부모의 심기를 건드릴까 봐 걱정이 되기 때문일 수도 있다. 그러나 우리가 음소거 버튼을 누른 탓에 부모가 건강이 악화되거나 세상을 떠나면 온갖 문제가 발생한다. 친구들 사이에서도 엄빠 은행은 불편한 감정이나 갈등을 야기하는 금기 주제다. 이 책을 쓰기 위해 실시한 유거브 설문조사에 따르면 45세 미만인 응답자의 38퍼센트는 자신이 부모로부터 얼마나 지원을

* 원서 부제 'It's Time to Talk About the Bank of Mum and Dad'를 두고 하는 말이다.

받았는지 이야기하기가 꺼려진다고 답했다. 고소득 구간에 있는 응답자가 그에 대해 이야기하기를 더 꺼려했다. 지금과 같은 비교 문화의 시대에는 누구나 스스로에게 만족하지 못한다. 그래서 나는, 특히 아이가 있는 엄마들이 자신이 얼마나 많은 지원과 도움을 받았는지를 이야기하는 것이 정말로 우리 사회에 도움이 된다고 생각한다. 엄빠 은행은 정치권에서도 금기 주제이다 보니 영국에서는 상속세, 교육, 돌봄 재원, 그리고 주택 건설과 관련해서도 근시안적인 정책들이 나왔다. 엄빠 은행 문제에 침묵한다는 것은 우리 경제가 아주 오래전부터 임금보다는 부, 청년보다는 노인을 더 우선순위에 두었다는 사실을 직시하고 이를 바로잡을 기회를 놓치고 있다는 것을 의미한다. 여건이 되는 가족이 사랑하는 사람들을 지원하는 것이 당연하지만, 그 과정에서 지극히 불공정하고 왜곡된 시스템이 만들어지고 있다. 또한 엄빠 은행을 이용할 수 없는 사람들에게는 엄청나게 불리한 역학관계도 만들어지고 있다.

그럴 수도 있겠다는 생각은 들지만, 여성보다는 남성이 특히 더 침묵하는 경향이 있다. 실제로 상속주의가 남성에게 더 유리하다고 볼 수도 있다. 엄빠 은행의 등장은 남성성 위기의 주요 요인이기도 하지만, 한편으로는 진보적인 밀레니얼 아빠들의 증가라는 긍정적인 효과도 있었다.

엄빠 은행에 대해 이야기하지 않는 이유는 단순히 영국인이 돈에 대해 이야기하는 것이 천박하다고 생각해서만은 아니다. 실상은 우리가 상속주의 사회가 아니라 능력주의 사회에 살고 있다는 잘못된 이야기에 길들여졌기 때문이다. 정치인, 부모, 교사는 우리에게 교육과정을 잘 따라가면 보상을 받을 것이라고 약속했다. 우리 중에는 자기 정체성의 중심에 자신의 직업과 직업관을 두는 사람이 많다. 그런데 그런 사람의 노력은 무시한 채 부모의 지원만을 부각시켜 정실인사 아이라고 부르면 단순히 그 사람에게 깊은 수치심을 안기는 것이 될 뿐 아니라, 그 사람은 그 말이 기본적으로 거짓이라고 생각할 것이다. 그런데 정말로 거짓일까? 우리는 브루클린 베컴이 부모의 후광에 힘입어 사진집을 내고 TV 요리 쇼에 출연했다면서 조롱한다. 그러나 우리 자신의 이력서 또한 비슷한 방식으로 채워졌다는 사실은 감히 인정하지 못한다.

그 어느 때보다도 학력이 중요한 시대이지만, 부모가 경제적으로 뒷받침해줄 수 있다면 학력을 쌓기가 훨씬 더 쉬울 것이다. 중산층 밀레니얼은 자신들이 열심히 노력했다는 믿음을 좀처럼 버릴 수 없겠지만, 그들에게는 자기보존, 즉 어떻게든 우리 부모가 살았던 삶의 수준을 계속 **유지**하는 것이 중요했다. 내가 바로 그 증거다. 내가 학계에서 버티고 내가 자란 동네에서 **머물** 수 있었던 이유는 오로지 어머니의 지원이 있었기 때문이다.

교육 능력주의에서 가장 큰 혜택을 입은 것은 개인 과외교사, 방과후 활동, 대학등록금, 기숙사비, 석사 과정 학비 등 어떤 형태로든 가족 재산이 그 길을 반질반질하게 닦아준 이들이다. 연령대가 높은 밀레니얼은 교육이 어느 정도 평평한 운동장으로 기능했다. 그러나 학군이 엄격하게 관리되고 고등교육비가 급상승하면서 교육 경험과 성공이 점점 더 부모의 부에 의해 결정되기 시작했다. 그것이 그토록 많은 중산층 부모가 어떻게든 자녀를 인턴십 학위 프로그램에 집어넣으려고 애쓰는 이유이며, 다른 한편으로는 그토록 많은 불우한 가정 출신 학생들이 대학교와 대학원 교육에 많은 시간과 노력을 들이다가 큰 빚을 지고 교육에 환멸을 느끼게 되는 이유이기도 하다.

2020년대의 진정한 수혜자는 세 가지 특권을 지닌 이들이었다. 첫째, 적정 임금을 받을 수 있는 교육을 받았다. 둘째, 엄빠 은행을 적시에 이용할 수 있었다. 특히 내 집 마련을 할 때 도움을 받을 수 있었다. 셋째, 결혼을 통해 부부 각자의 재산을 통합해 자산을 늘렸다. 결혼 이후에는 때가 되었을 때 이중 상속을 받을 수 있다는 기대가 남아 있다. 앞서 봤듯이 중산층의 경우 상속 경제에서는 결혼(과 이혼)이 새로운 효용성을 지니게 되었다.

상속주의 사회에서는 부모의 부에 기댈 수 없는 고학력 고소득자가 자신의 학력과 소득으로 추정되는 수준으로 잘살지 못하고 있다는 데서 당혹감을 느낀다. 그런데 상속주의는 거기서 멈추지 않고 우리가 그동안 별 생각없이 받아들인 영국 사회에 여전히 남아 있는 전제들을 재고하고 재조정하게 만든다. 상속주의 사회에서는 '잘산다'는 것에 대한 전제들이 통하지 않는다. 특정 직업을 가지는 것, 명문 사립학교나 옥스브리지를 나온 것, 부모가 대학을 나왔다거나 자가소유자라는 것으로 '잘산다'고 말할 수 없다. 그러나 내가 소개한 밀레니얼들의 이력에서 볼 수 있듯이 영국이 능력주의 사회가 아니며 사회 이동이 영영 불가능해졌다고 전제할 수도 없다. 손이나 콜의 사례를 보면 좋은 교육을 받고 재정적으로 영리한 선택을 하고 좋은 고용주를 만나는 것이 어려운 상황을 극복하는 데 결정적인 역할을 할 수 있다. 그러나 콜과 손 두 사람 다 스스로를 지독한 행운아로 여겼고 자신들의 이야기가 얼마나 특별한지를 알았다는 점도 시사하는 바가 크다. 이 책에 등장한 1세대 또는 2세대 이민자 가정 출신 인터뷰이들도 근본적인 경제적 장벽이라는 맥락에서 교육을 통해 계층 상향 이동에 성공한 이야기를 들려준다. 나는 밀레니얼의 인생 이야기를 전달하면서 부모로부터 받는 지원에 대해 이야기하는 것이 중요한 이유뿐 아니라 영국 안에서도 수없이 다양한 이야기, 경험, 차이가 존재한다는 사실을 보여주고 싶었다. 부모의 부에 대한 대화는 주택 가격, 학벌, 심지어 휴가 여행지와 연결되는 중산층끼리의 지위 전쟁에서 벗어나지 못할 때가 너무나 많다. 그러나 이 책에 나오는 내러티브들이 보여주듯이 모든 가족은 21세기 영국의 상속주의의 수혜자이든 아니든 상속주의와 긴밀하게 연결된 이야기를 지니고 있다.

상속이 금기 주제이긴 해도 차가운 경제적 불공정성보다는 대개 사랑과 돕고자 하는 애타는 마음에서 비롯된 것이기도 하다. 영국 국민 대다수는 후손에게 부를 물려줄 수 있는 권리를 지지한다. 일부 정치인은 인정하지 않더라도 상속주의가 좋다거나 나쁘다는 식으로 이분법을 적용하는 것은 이 문제를 지나치게 단순화한다. 디테일을 살릴 필요가 있다. 가족은 복잡하다. 엄빠 은행 이용권의 유무, 부모의 지원 규모와 타이밍뿐 아니라 재정 문해력, 투자 기회와 조언에서도 격차가 있다는 사실을 인정해야 한다. 엄빠 은행에서 언제든 현금을 인출할 수 있는 사람과 그렇지 않은 사람으로 나뉘는 2계층 시스템이 아니다. 돈 외에도 시간을 확보해준다든가, 주거 공간을 내주는 등 가족 재정 특권에도 여러 층이 존재한다. 그리고 그런 특권의 형태는 당신이 태어나는 순간부터 속하게 된 가족의 사정만이 아니라 당신이 태어난 지역에 의해서도 달라진다. 한 부모 가정이든 두 부모 가정이든, 부모가 일찍 세상을 떠났든 재혼을 했든, 그런 것들이 전부 당신의 재정 운명에 지대한 영향을 미친다. 당신 부모가 자신의 노년기를 어떻게 보내고 싶어 하는지, 얼마나 많은 돈을 돌봄 비용에 쓰게 될 것인지 또한 당신의 재정 운명을 결정할 수 있는 중요한 요인이다.

그러니 우리의 부모 세대가 세상을 떠나기 시작했고 그 부가 대물림되고 있는 지금 우리는 엄빠 은행에 대해 이야기해야만 한다. 우리는 지난 15년간 베이비부머와 밀레니얼이라는 두 세대 간 불공정성, 밀레니얼 세대의 피해자성에 대해서만 이야기했다. 그러나 그런 이분법적인 접근법에는 틈이 있다는 것이 돈이 가계도를 따라 아래로 흘러내려가기 시작하면서 점차 명백하게 드러나고 있다. 인구 구성에서 큰 부분을 차지하는 베이비붐 세대, 20세기에 가장 큰 혜택을 입은 그 세대가 최소한 21세기 중반까지는 연금과 국민보건서비스를 통해 공적 자금을 계속해서 갉아먹을 것이다.

밀레니얼들은 아직 영유아였던 (또는 잉태되기도 전이었던) 대처 정권의 전성기에 재무장관이었던 나이젤 로슨Nigel Lawson은 영국이 곧 '상속자들의 나라'가 될 것이라고 예견했다.[1] 그로부터 36년이 지난 지금 영국인들도 그 말에 동의한다. 이 책을 쓰면서 실시한 유거브 설문조사에서 응답자의 63퍼센트가 영국은 부모에 의해 자녀가 어떤 기회를 가지게 되는지가 결정되는 곳이라고 답했다. 특히 45세 미만 응답자는 75퍼센트가 그렇게 생각하고 있었다는 점에 주목해야 한다. 프랑스의 경제학자 토마 피케티가 지적한 대로 21세기에는 부를 상속한 집단이 부를 창출하는 집단보다 더 잘살 것이다. 가장 최근 데이터도 이를 뒷받침한다. 두 집단 간 격차는 시간이 지날수록 커져만 갈 것으로 예상된다. 그러나 이 책에서는 상위 1퍼센트만이 아닌 더 넓은 인구집단에서 관찰되는 상속 문화를 살펴보고 싶었다. 그래서 시장과 정부 둘 다 축소되거나 제 기능을 하지 못하게 되면서 모든 가족이 경제적으로 더 긴밀하게 의존해야만 하는 현실과 그 과정을 더 자세히 들여다보려고 노력했다. 그런 현실을 보면서 상속주의가 19세기로의 회귀를 의미한다고 말하기 쉽다. 디킨스, 엘리엇, 오스틴의 소설에 나오는 가족의 모습이 현재 가족들의 모습을 그대로 보여주고 있는 것처럼 보이기 때문이다. 우리는 유언, 사망, 결혼, 상속이 위대한 드라마의 플롯에 중심에 있었던 세계로 다시 돌아왔다. 많은 가족이 그런 플롯의 변형된 형태를 경험하겠지만, 오늘날 중요한 차이점이 한 가지 존재하는데, 그것은 바로 여성의 지위다. 우리는 가족의 재정, 돌봄, 책임이라는 측면에서 우리 밀레니얼 세대의 젠더 규정집이 완전히 새로 쓰이고 있는 것을 목격하고 있다. 우리는 우리의 어머니들이 시작한 것을 끝내야 한다.

진실은 상속이 모든 사람에게 영향을 미치는 매우 중요한 사회 문제라는 것이다. 따라서 상속세 구간의 조정을 훨씬 더 넘어서는 더 거시적인 논의가 필요하다. 데이비드 윌레츠는 그 점에 대해 유용한 조언을 나눴다.

이런 것들을 바로잡을 권리가 있는지 확신을 갖지 못하고 망설이고 있는 동안 좌파들은 곧장 세금 문제를 전면에 내세웠어요. "소득과 자본에 어떻게 세금을 매겨야 공정할까?"라고 묻고 있죠. 그러나 "당신의 자녀가 멋진 세상에서 살기를 원하는가?"에 앞서 이런 질문들을 해야 해요. "당신의 자녀가 어떤 세상에서 살기를 원하는가? 사회 이동성이 보장된 사회인가 아니면 상속주의 사회인가? 활성화된 경제를 갖춘 제대로 기능하는 사회인가 아니면 그런 기능 부전으로부터 통제된 폐쇄형 공동체인가?" 왜냐하면 솔직히 말해 이 정도로 부의 격차가 큰 사회에서는 그런 선택지밖에 없으니까요.

앞서 봤듯이, 21세기의 상속주의 사회는 20세기의 능력주의 사회에서 생성된 기회들을 토대로 구축되었다. 특히 교육과 주택이 그런 기회들의 창구였다. 그러나 우리는 기성세대의 약속이 실현되지 않은 새로운 세기를 살아가고 있다. 21세기가 도래한 지 20년이 지난 지금 완전히 다른 연대기가 형성되어 확정되고 있다. 기술 히스테리와 저출생률. 정치적 혼란과 인구 고령화. 기후위기와 글로벌 권력 갈등. 베이비부머가 특혜를 받은 세대였다면 밀레니얼은 한 발은 20세기, 다른 한 발은 21세기에 걸쳐진 이도저도 아닌 낀 세대다. 과거에 에드워드 시대 사람들이 그랬듯이 밀레니얼은 앞 시대의 관례에 의해 꼼짝없이 구속당하고 있었다. 다만 (고등교육, 주택담보 대출, 커리어, 심지어 은퇴에 이르기까지) 중산층이 갖춰야 했던 요소들이 이제 점점 그 중요성을 잃어가기 시작했고, 그 가치를 의심받기 시작했다. 우리 밀레니얼은 지난 세기의 약속만 믿은 채 그 약속이 우리를 규정하도록 내버려두었다. 미래 세대는 다를 것이다.

아버지가 나고 자란 집 거실에서 우리 가족의 역사를 기록하려고 아버지와 함께 앉아 있으면서 나는 자신의 삶이 끝나고 있다는 것을 아는 아버지가 그 연대기에 자신의 삶을 집어넣으려고 애쓰는 모습을 지켜봤다. 이 책에서는 나도 아버지와 마찬가지로 그 연대기에 내 삶을 집어넣으려고 애썼다.

미주

1장 상속주의 사회
: 가계도

1 'Living longer: changes in housing tenure over time', Office for National Statistics, February 2020.

2 'Housing wealth held by over 65s hits record high', Savills, https://www.savills.co.uk/insightand-opinion/savills-news/346692-0/housing-wealth-held-by-over-65s-hits-record-high-ofover-%C2%A32.6-trillion--according-to-research-by-savills

3 Pascale Bourquin, Robert Joyce and David Sturrock, 'Inheritances and inequality over the life cycle: what will they mean for younger generations?', Institute for Fiscal Studies, 26 April 2021.

4 'Employee earnings in the UK: 2023', Office for National Statistics, November 2023; UK House Price Index, HM Land Registry, December 2023.

5 Liz Moor and Sam Friedman, 'Justifying inherited wealth: Between "the bank of mum and dad" and the meritocratic ideal', *Economy and Society*, 2021, vol. 50, p.620.

6 'Passing on the Pounds: the rise of the UK's inheritance economy', Kings Court Trust, February 2017.

7 'Cerulli Anticipates $84 Trillion in Wealth Transfers Through 2045', Cerulli Associates, January 2022, https://www.cerulli.com/press-releases/cerulli-anticipates-84-trillion-in-wealth-transfersthrough-2045

8 Thomas Piketty, *Capital in the Twenty-First Century*, Harvard University Press, 2017, p.29.

2장 배경 이야기
: 베이비붐 세대의 등장과 상속주의의 기원

1 'Boom and bust? The last baby boomers and their prospects for later life',

Centre for Ageing Better, November 2021.

2   'Older people in the private rented sector', National Housing Federation, 29 November 2023, https://www.housing.org.uk/resources/older-people-in-the-private-rented-sector

3   Tom Wolfe, 'The "Me" Decade and the Third Great Awakening', *New York Magazine*, 23 August 1976, pp.26~40.

4   *People*, 9 June 1975.

5   Carl J. Ohman and David Watson, 'Are the dead taking over Facebook? A Big Data approach to the future of death online', *Big Data & Society*, 2019, pp.1~13.

6   'Smartphone Screen Time: Baby Boomers and Millennials', Provision Living, 1 March 2019, www.provisionliving.com/blog/smartphone-screen-time-baby-boomers-and-millennials/

7   US Centers for Disease Control and Prevention data presented at the European Congress of Clinical Microbiology and Infectious Diseases, April 2024, https://gis.cdc.gov/grasp/nchhstpatlas/charts.html

8   John Curtice, Elizabeth Clery, Jane Perry, Miranda Phillips and Nilufer Rahim, 'British Social Attitudes: The 36th Report', National Centre for Social Research, 2019.

9   Chris Horrie, 'Grammar schools: back to the bad old days of inequality', *The Guardian*, May 2017.

10 Richard Hoggart, 'IQ plus effort=merit', *The Observer*, 2 November 1958, p.21.

11 Peter Mandler, *The Crisis of Meritocracy*, Oxford University Press, 2020, p.2.

12 'Inherited wealth is making a comeback. What does it mean for Britain?', *The Economist*, 27 April 2019.

13 M. Bond and J. Morton, 'Trajectories of Aristocratic Wealth, 1858-2018: Evidence from Probate', *Journal of British Studies*, 2022, vol. 61, issue 3, July 2022, pp.644~675.

14 Carl Emmerson, 'Would you rather? Further increases in the state pension age v abandoning the triple lock', Institute for Fiscal Studies, 27 February 2017.

15 David Willetts, *The Pinch: How the Baby Boomers Took Their Children's Future —And Why They Should Give It Back*, Atlantic Books, 2011, p.108.

16 Andrew Grice, 'Labour and Tories Target the "baby boomers"', *The*

Independent, 20 October 2006.

17 Gemma Francis, 'First time buyers average age has risen by seven years since the 1960s, survey finds', *The Independent*, 7 March 2018.

18 'Defined benefit pension schemes', UK Parliament Work and Pensions Committee, 26 April 2023, https://committees.parliament.uk/work/7369/defined-benefit-pension-schemes

19 Amy Edwards, *Are We Rich Yet? The Rise of Mass Investment Culture in Contemporary Britain*, University of California Press, June 2022.

20 Ibid., p.44.

21 Will Dunn, 'The end of the housing delusion', *New Statesman*, 1 February 2023.

22 'Millions of middle-class families fall into inheritance tax trap', *Daily Mail*, 22 September 2006.

23 'Brown's inheritance tax grab', *This Is Money*, 17 August 2004, https://www.thisismoney.co.uk/money/news/article-1507604/Browns-inheritance-tax-grab.html

24 'English Housing Survey Headline Report, 2022-23', Department for Levelling Up, Housing and Communities, https://assets.publishing.service.gov.uk/media/657c3ff691864e001308bdba/2022-23_EHS_Headline_Report.pdf

3장 교육, 교육, 교육
  : 능력주의라는 환상

1 Paul Bolton, 'Oxbridge "elitism"', House of Commons Library, 25 May 2021.

2 Tony Blair, Labour conference speech, 1999.

3 Paul Bolton, 'Education: Historical Statistics', House of Commons Library, 28 November 2012.

4 'Participation Rates in Higher Education: Academic Years 2006/2007–017/2018', Department for Education, 26 September 2019.

5 Malcolm Harris, *Kids These Days: Human Capital and the Making of Millennials*, Little, Brown & Company, 2018, p.7.

6 Gordon Brown, Trades Union Congress speech, May 2000.

7 Killian Mullan, 'A child's day: trends in time use in the UK from 1975

to 2015', *British Journal of Sociology*, April 2018, vol. 70, issue 3, pp.997~1,024.

8   Sandra L. Hofferth, 'Changes in American children's time-1997 to 2003', *Electronic International Journal of Time Use Research*, January 2009, vol. 6, issue 1, pp.26~47.

9   Harris, *Kids These Days*, p.6.

10 Tom Fryer and Steven Jones, 'How do Admissions Professionals use the UCAS personal statement?', Higher Education Policy Institute, June 2023.

11 Richard V. Reeves, *Dream Hoarders: How the American Upper Middle Class is Leaving Everyone Else in the Dust, Why That is a Problem, and What to Do About It*, Brookings Institution, 2017, p.44.

12 Gavan Conlon, Pietro Patrignani and Iris Mantovani, 'The death of the Saturday job: the decline in earning and learning amongst young people in the UK', UK Commission for Employment and Skills, 16 June 2015.

13 Santander Mortgages research, August 2017, https://www.santander. co.uk/about-santander/media-centre/press-releases/one-in-four-parents-have-had-to-move-house-to-be-within

14 Carl Cullinane and Rebecca Montacute, 'Tutoring: The New Landscape', Sutton Trust, March 2023, https://www.suttontrust.com/our-research/tutoring-2023-the-new-landscape/

15 Reeves, *Dream Hoarders*, Chapter 1.

16 'Widening Participation in Higher Education', Department for Education, 13 July 2023, https://explore-education-statistics. service.gov.uk/find-statistics/widening-participation-in-highereducation#releaseHeadlines-tables

17 'Education at a Glance 2022', OECD, 3 October 2022, https://www. oecd.org/en/publications/education-at-a-glance-2022_3197152b-en. html

18 Jon Marcus, 'How Britain Is Encouraging More Men to Go to College', *The Atlantic*, 2 May 2016, https://www.theatlantic.com/education/archive/2016/05/british-universities-reach-outto-the-new-minority-poor-white-males/480642/; HESA data, 2021–22, https://www.hesa.ac.uk/news/19-01-2023/sb265-higher-education-student-statistics

19 'School league tables: Boys behind girls for three decades', BBC News, 6 February 2020.

20 Nazia Parveen, 'Students from northern England facing "toxic attitude" at Durham University', *The Guardian*, 19 October 2020; Lauren White, 'A Report on Northern Student Experience at Durham University', 30 September 2020.

21 Anne Helen Petersen, *Can't Even: How Millennials Became the Burnout Generation*, Chatto & Windus, January 2021, p.12.

22 'One in 10 students in England "rich enough to avoid big debts"', *The Guardian*, 15 January 2019.

23 Emma Yeomans, 'Parents protest as lecturer strikes deny children their degrees', *The Times*, 17 August 2023.

24 'English Studies Provision in UK Higher Education', British Academy, June 2023.

25 Eliza Filby, 'As the middle classes rush to degree apprenticeships, poorer British kids miss out', *City AM*, 9 May 2023.

26 Jon Ungoed-Thomas, 'Martin Lewis: "We must stop calling it a student loan"', *The Observer*, 13 May 2023.

27 Tom Richmond and Eleanor Regan, 'No train, no gain: An investigation into the quality of apprenticeships in England', EDSK, November 2022, https://www.edsk.org/wp-content/uploads/2022/11/EDSK-No-Train-No-Gain.pdf

28 'One in eight young people without degrees work in graduate jobs', Office for National Statistics, 18 September 2018.

29 'ISE Recruitment Survey 2023', Institute of Student Employers, October 2023, https://ise.org.uk/page/ISE_Recruitment_Survey_2023

4장 키덜트의 등장
     : 상속주의는 성인기를 어떻게 변질시켰는가

1 *Jonn Elledge, 'Boomers' generosity to their kids is warping British society', New Statesman*, 4 February 2023.

2 BuzzFeed and Publicis research, September 2018, https://www.thedrum.com/opinion/2018/09/27/buzzfeed-bets-its-future-being-the-home-adulting-advice

3 'Rapporto annuale 2024: La situazione del Paese', Istituto Nazionale di Statistica, 15 May 2024.

4 'More adults living with their parents', Office for National Statistics, 10 May 2023.

5 Julie Lythcott-Haims, *How to Raise an Adult: Break Free of the Overparenting Trap and Prepare Your Kid for Success*, Pan Macmillan, 2015.

6 Piers Morgan's Royal Television Society Cambridge Convention Q&A, 26 September 2019, https://rts.org.uk/article/watch-full-sessions-rts-cambridge-convention-2019

7 Petersen, *Can't Even: How Millennials Became the Burnout Generation*.

8 Anne Helen Petersen, 'How Millennials Became the Burnout Generation', BuzzFeed, 5 January 2019.

9 '2013 Intergenerational Fairness Index: Young People's Prospects Worsened in Past Year', Intergenerational Foundation, 18 June 2013.

10 Rachel Connolly, 'How did rich millennials become the voice of generation rent?', *The Guardian*, 13 August 2020.

11 'Pilot', *Girls*, HBO, 15 April 2012.

12 Joe Hickman, 'How are parents planning on saving for their children?', Wealthify, 3 March 2022, using data from December 2021, https://www.wealthify.com/blog/saving-for-children

13 'Parents Expect their Children to Become Financial Grown-Ups at the age of 29', Sainsbury's, https://www.about.sainsburys.co.uk/news/latest-news/2016/19-09-2016a

14 'Fewer than one-in-three people expect to benefit from Britain's big inheritance windfall', Resolution Foundation, 3 February 2022.

15 Alice Kantor, 'Why I refused to lend money to my parents', *Financial Times*, 6 September 2019.

16 '£8.2 billion borrowed from Bank of Mum and Dad during pandemic', OneFamily, 24 May 2021.

17 Bee Boileau and David Sturrock, 'Bank of mum and dad drives increasing economic inequalities in early adulthood', Institute for Fiscal Studies, 13 February 2023.

18 Kate Hughes, 'Bank of mum and dad fuels financial inequality—with more than property', *The Independent*, 12 January 2022.

19 Bee Boileau and David Sturrock, 'Who gives wealth transfers to whom and when? Patterns in the giving and receiving of lifetime gifts and loans', Institute for Fiscal Studies, 13 February 2023.

20   'Families and Households in the UK: 2020', Office for National Statistics, March 2021; 'Profile of the older population living in England and Wales in 2021 and changes since 2011', Office for National Statistics, 3 April 2023.

21   David Harrison, 'It's the modern girls' night out –mums go too', *The Times*, 15 March 2015.

22   First Choice survey, April 2019, https://swnsdigital.com/uk/2019/04/multi-generational-holidaysare-now-popular-amongst-brits/

23   'Company recruiters see a rising level of parental involvement in collegiate job searches', MSUToday, 24 April 2007, https://msutoday.msu.edu/news/2007/company-recruiters-see-arising-level-of-parental-involvement-in-collegiate-job-searches

24   '(Say wha???) The CEO who writes her employees' parents', *Fortune*, 28 January 2014.

25   Amanda Barroso, Kim Parker and Richard Fry, 'Majority of Americans Say Parents Are Doing Too Much for Their Young Adult Children', Pew Research Center, 23 October 2019, https://www.pewresearch.org/social-trends/2019/10/23/majority-of-americans-say-parents-are-doing-too-much-for-their-young-adult-children/

26   Rob Carrick, 'Parents financially supporting thirtysomething kids? It's happening', *Globe and Mail*, 28 February 2019.

27   'Early Adulthood: The Pursuit of Financial Independence', Merrill Lynch and Age Wave, April 2019, https://globalcoalitiononaging.com/wp-content/uploads/2019/04/merr9555_EarlyAdulthoodStudy_v05a_pages.pdf

28   Barroso, Parker and Fry, 'Majority of Americans Say Parents Are Doing Too Much for Their Young Adult Children'

29   John Burn-Murdoch, 'Home ownership in Britain has become a hereditary privilege', *Financial Times*, 14 July 2023.

30   'Millennials have paid £44,000 more rent than the baby boomers by the time they hit 30', Resolution Foundation, 16 July 2016.

31   'Bank of Mum and Dad: Key to driving Britain's housing market recovery?', Legal & General, August 2020.

32   Lisa Adkins, Melinda Cooper and Martijn Konings, *The Asset Economy: Property Ownership and the New Logic of Inequality*, Polity, 2020, p.14.

33   'The Bank of Mum and Dad', Legal & General, August 2017.

34　Sarah O'Grady, '"Parent landlords" set to double to 1.4 million in the UK', *Daily Express*, 6 October 2016.

35　'The Bank of Mum and Dad', Legal & General, 2016.

36　'The Bank of Mum and Dad', Legal & General, 2017.

37　Ibid.

38　'The Bank of Mum and Dad', Legal & General, February 2019.

39　Laurence Troy, Peta Wolifson, Amma Buckley, Caitlin Buckle, Lisa Adkins, Gareth Bryant and Martijn Konings, 'Pathways to home ownership in an age of uncertainty', Australian Housing and Urban Research Institute, March 2023.

40　'Generation Buy', HSBC, 2017, https://www.hsbc.com/-/files/hsbc/media/media-release/2017/170227-hsbc-beyond-the-bricks-press-release-generation-buy.pdf

41　'Early Adulthood', Merrill Lynch and Age Wave.

5장　소프트보이, 헨리들과 디노들
: 밀레니얼 남성에게 계급은 왜 다른 식으로 작동하는가

1　Instagram account: *beam_me_up_softboi*

2　Peter Turchin, *End Times: Elites, Counter-Elites and the Path of Political Disintegration*, Allen Lane, 2023, p.7.

3　Noah Smith, 'The Elite Overproduction Hypothesis', Noahpinion, 26 August 2022, https://www.noahpinion.blog/p/the-elite-overproduction-hypothesis

4　노동인구 전체를 통틀어 STEM 전공 대졸자는 법학, 경제학, 경영학 전공 대졸자보다 평균적으로 3000파운드를 더 벌었고, 기타 사회과학, 예술, 인문학 전공 대졸자보다는 7000파운드를 더 벌었다. 'Graduate Labour Market Statistics: 2015', Department for Business, Innovation and Skills, April 2016.

5　Smith, 'The Elite Overproduction Hypothesis'.

6　'Investing in Our Talent's Future', Advertising Association, January 2023; Niamh Carroll, 'Employment in marketing and advertising has fallen 14% in three years', *Marketing Week*, https://www.marketingweek.com/employment-marketing-advertising-down-14-three-years/

7　Alexandra Turner, 'UK local newspaper closures: Launches in digital and print balance out decline', *Press Gazette*, 7 October 2022.

8   Mark Spilsbury, 'Diversity in Journalism', National Council for the Training of Journalists, May 2022.

9   Peter Turchin, 'Political instability may be a contributor in the coming decade', *Nature*, February 2010.

10   Keir Milburn, *Generation Left*, Polity, 29 March 2019.

11   Smith, 'The Elite Overproduction Hypothesis'.

12   John Burn-Murdoch, 'Millennials are shattering the oldest rule in politics', *Financial Times*, 29 December 2022.

13   Laura van der Erve, Sonya Krutikova, Lindsey Macmillan and David Sturrock, 'Intergenerational mobility in the UK', Institute for Fiscal Studies, September 2023.

14   Ben Ansell, 'Generation Games', Political Calculus, 2 January 2023, https://benansell.substack.com/p/generation-games

15   Sebastian Payne, *Broken Heartlands: A Journey Through Labour's Lost England*, Macmillan, 2021.

16   Owen Jones, *Chavs: The Demonization of the Working Class*, Verso Books, 2012.

17   BBC 홈페이지에 접속하는 응답자 샘플 집단이 편중되었을 가능성이 있다는 것을 잘 알고 있었기 때문에 두 연구자는 사회적 다양성을 확보하고자 추가로 현장 조사를 진행해 데이터를 보완했다.

18   'The Great British class calculator', BBC News, https://www.bbc.co.uk/news/special/2013/newsspec_5093/index.stm

19   Mike Savage, *Social Class in the 21st Century*, Pelican Books, 2015.

20   'Billionaire Ambitions Report 2023', UBS, November 2023, https://www.ubs.com/global/en/family-office-uhnw/reports/billionaire-ambitions-report-2023/download.html

21   *Fortune*, 25 June 2006.

22   Guy Standing, *The Precariat: The New Dangerous Class*, Bloomsbury, 2014.

23   'Schools, pupils and their characteristics: Academic Year 2023/2024', School Census Statistics, 6 June 2024, https://explore-education-statistics.service.gov.uk/find-statistics/school-pupils-and-their-characteristics

6장 인생의 이정표, 결혼, 그리고 짝 선택
: 왜 상속주의는 페미니즘의 논점인가

1 'The One Where They All Turn Thirty', *Friends*, air date 8 February 2001.

2 Sylvia Ann Hewlett, *Baby Hunger: The New Battle for Motherhood*, Atlantic Books, 2002.

3 Amy Beecham, '"I'm terrified of wasting my life": why women in 2023 are experiencing so much time pressure', *Stylist*, October 2023, https://www.stylist.co.uk/life/women-timepressure-wasting/834142

4 Nell Frizzell, *The Panic Years*, Bantam Press, 2021.

5 Megan Agnew, 'Meet the queen of the "trad wives" (and her eight children)', *Sunday Times*, 20 July 2024.

6 Petersen, *Can't Even*.

7 'Marriage and civil partnership status in England and Wales: Census 2021', Office for National Statistics, 22 February 2023.

8 Kim Bansi, '"I'm more in touch with my femininity": the South Asian women defying cultural expectations and moving out of the family home', *Stylist*, 2021, https://www.stylist.co.uk/life/south-asian-women-family-home-moving-out/628523

9 Rebecca Liu, 'The Making of a Millennial Woman', *Another Gaze*, 12 June 2019, https://www.anothergaze.com/making-millennial-woman-feminist-capitalist-fleabag-girls-sally-rooneylena-dunham-unlikeable-female-character-relatable/

10 Ibid.

11 John Carvel, 'Women "will own 60% of UK's wealth within two decades"', *The Guardian*, 22 April 2005.

12 'Women and the UK economy', House of Commons Library, 4 March 2023.

13 'Higher education student numbers', House of Commons Library, 2 January 2024.

14 'The Gender Pay Gap', House of Commons Library, 10 November 2023.

15 'More adults living with their parents', Office for National Statistics, 10 May 2023.

16 'Women lead mortgage revolution', *This Is Money*, 3 November 2004.

17 Savills data for FT Adviser In Focus, 8 September 2021.

18   US Census Bureau data analysed by lending marketplace LendingTree, 2023.

19   Olivia Petter, *Millennial Love*, Fourth Estate, 2021.

20   Robert Trivers, 'Parental investment and sexual selection', *Sexual Selection and the Descent of Man*, 1972.

21   American Medical Association data as cited by Peter Coy, 'Studies Show How Cupid Isn't Fair', *New York Times*, 13 February 2023.

22   Tanya B. Horwitz, Jared V. Balbona, Katie N. Paulich and Matthew C. Keller, 'Evidence of correlations between human partners based on systematic reviews and meta-analyses of 22 traits and UK Biobank analysis of 133 traits', *Nature Human Behaviour*, 31 August 2023.

23   Coy, 'Studies Show How Cupid Isn't Fair'.

24   'Ethnic group, England and Wales: Census 2021', Office for National Statistics, 29 November 2022.

25   'Opinion on relationships/marriages to different social classes in Great Britain 2017', Statista, https://www.statista.com/statistics/778782/opinion-on-different-social-class-relationshipsgreat-britain

26   Louis Theroux interviews Germaine Greer, S2 E7, *Louis Theroux Podcast*, 5 March 2024.

27   Laura Gardiner, 'The Million Dollar Be-Question', Resolution Foundation, December 2017.

28   'Families and households in the UK: 2021', Office for National Statistics, 9 March 2022.

29   Melissa S. Kearney, *The Two-Parent Privilege: How the decline in marriage has increased inequality and lowered social mobility, and what we can do about it*, Swift Press, 2023.

30   Richard V. Reeves, *Of Boys and Men: Why the modern male is struggling, why it matters, and what to do about it*, Swift Press, 2022.

31   Richard Fry and D'Vera Cohn, 'Women, Men and the New Economics of Marriage', Pew Research Center, 19 January 2010.

32   'Childcare and early years survey of parents', Official Statistics, 27 July 2023, https://exploreeducation-statistics.service.gov.uk/find-statistics/childcare-and-early-years-survey-of-parents/2022

33   Harriet Walker, 'The partner every woman should have: a doesband', *The Times*, 11 May 2023.

34   Consumer Intelligence survey, November 2019, cited in Amelia Murray,

'Joint bank accounts are becoming "obsolete" as younger couples marry later in life and turn to online services to split shared finances, survey finds', *Daily Mail*, 2 November 2019.

35   Ibid.

36   Victoria Waldersee, 'Four in ten men in heterosexual relationships feel a responsibility to be the "main breadwinner"', YouGov, 1 November 2018, https://yougov.co.uk/society/articles/21513-four-ten-men-heterosexual-relationships-feel-respo

37   Katie Bishop, 'Women breadwinners: Why high-earners compensate at home', BBC Worklife, 7 April 2022; Rosemary L. Hopcroft, 'Husbands with Much Higher Incomes Than Their Wives Have a Lower Chance of Divorce', Institute for Family Studies, 1 June 2023; American Sociological Association, 'Men more likely to cheat if they are economically dependent on their female partners, study finds', *Science Daily*, 18 August 2010.

38   'Women still doing most of the housework despite earning more', UCL, 21 November 2019.

39   Bishop, 'Women breadwinners'.

40   Marriage Foundation, August 2021, https://marriagefoundation.org.uk/wp-content/uploads/2021/08/MF-briefing-note-on-prenups-FINAL.pdf

41   Gwyneth Rees, '"They're becoming an integral part of getting married": Why prenups are no longer just for celebrities', *iNews*, 13 January 2023.

42   Matt Rudd, 'Will you marry me darling? (If so, please sign this contract)', *The Times*, 24 October 2010.

7장   밀레니얼 세대는 정말로 역사상 가장 부유한 세대가 될까?

1   'Burying Traditions: The Changing Face of UK Funerals', Co-op, August 2019, https://assets.ctfassets.net/iqbixcpmwym2/5v6n2gA1yGR5BCD RJ4kNKu/93696c8e8e2f9e260795c941fa96c6c9/3876_1_Funeralcare_ Media_pack_artwork_SML_v4.pdf

2   Cassandra Rutledge Newsom, Robert P. Archer, Susan Trumbetta and Irving I. Gottesman, 'Changes in Adolescent Response Patterns on the MMPI/MMPI-A Across Four Decades', *Journal of Personality Assessment*, 2003, vol. 81, issue 1, pp.74~84.

3   'Burying Traditions', Co-op.

4   'The Wealth Report 2024', Knight Frank, https://www.knightfrank.com/wealthreport

5   Harriet Walker, Isolde Walters, Chris Stokel-Walker and Charlie Gowans-Eglinton, 'I'm part of what will be the richest generation ever? You must be joking', *The Times*, 29 February 2024.

6   Ibid.

7   Arun Advani and David Sturrock, 'Reforming inheritance tax', Institute for Fiscal Studies, 27 September 2023.

8   Bourquin, Joyce and Sturrock, 'Inheritances and inequality over the life cycle'.

9   Ibid.

10   'National life tables: UK', Office for National Statistics, 11 January 2024.

11   Ludlow Thompson report, July 2021.

12   'Women Hosts made over £6k a year to help offset rising cost of living', Airbnb, 8 March 2023.

13   Barclays Bank survey, 2017, cited in Moya Sarner, 'Meet the women launching startups in their 50s: "I took a deep breath and jumped"', *The Guardian*, 28 August 2017.

14   'Rabbi I Have a Problem: Should I split my estate equally between my children?', *Jewish Chronicle*, 1 December 2013.

15   Matthew Evans, 'Sharia law compliant wills and inheritance tax', Hugh James, 13 November 2018, https://www.hughjames.com/blog/sharia-law-compliant-wills-and-inheritance-tax/

16   'Lawyer calls for change to female inheritance traditions', BBC News, 24 February 2023.

17   'As Younger People Struggle to Get on the Housing Ladder, the Majority of Homeowners Aged 65+ Have TWO or More Spare Bedrooms', Zoopla, 1 December 2023, https://www.zoopla.co.uk/press/releases/as-younger-people-struggle-to-get-on-the-housing-ladder-themajority-of-homeowners-aged-65-have-two-or-more-spare-bedrooms/

18   'Billionaire Ambitions Report 2023', UBS, December 2023.

19   'World Ultra Wealth Report 2022', Altrata, November 2022.

20   'Great British Retirement Survey 2023', Interactive Investor, October 2023.

21   ONS statistics showed women petitioned for 62 percent of divorces

in England and Wales in 2019. Maya Oppenheim, 'Divorce enquiries to legal firms soar by 95% in pandemic with women driving surge in interest', *The Independent*, 8 May 2021.

22   'Saltus Wealth Index Report', June 2023; quoted in Ed Pyke, operations director at tour operator Simpson Travel in Amanda Hyde, 'Do wealthy parents owe their grown-up children a free annual holiday?', *The Telegraph*, 27 July 2023.

23   'My inheritance is being drunk through a straw in a coconut in the Caribbean! Am I selfish for resenting my boomer parents for burning through money that should be mine?', *Daily Mail*, 19 March 2024.

24   Carmen Reichman, 'Most babyboomers willing to spend kids' inheritance', *FT Adviser*, 12 January 2018.

25   Robert Lea, 'Inheritance tax brings in record £7.5 billion', *The Times*, 23 April 2024.

26   Charlotte Gifford, 'More families feud over wills as millionaire inheritances rise', *The Telegraph*, 14 July 2022.

27   Arun Advani and David Sturrock, 'Reforming inheritance tax: Green Budget 2023 – Chapter 7', Institute for Fiscal Studies, 27 September 2023, https://ifs.org.uk/publications/reforminginheritance-tax

28   'Changing Family Structures: The will writing industry in 2018', Kings Court Trust, 2018.

29   'The National Wills Report: The Culture of Will Writing in the UK 2023', National Will Register, April 2023.

30   'Attempts to block probate rise 37 percent in two years', *Financial Times*, 11 August 2022.

31   Leo Benedictus, 'Disinheritance and the law: why you can't leave your money to whoever you please', *The Guardian*, 31 July 2015.

32   Censuswide, May 2023, https://censuswide.com/news-consumption-habits/

33   'Another record-breaking year for legacy income, but short-term challenges ahead', Legacy Futures, 20 November 2023, https://dashboard.legacyfutures.com/another-record-breakingyear-for-legacy-income-but-short-term-challenges-ahead/

34   Helen Weathers, 'The dirty tricks used to stop a daughter overturning her estranged mother's will', *Daily Mail*, 24 March 2017.

1 Michael Schulman, 'Convincing Boomer Parents to Take the Coronavirus Seriously', *New Yorker*, 16 March 2020.

2 'Unpaid care in England and Wales valued at £445 million per day', Carers UK, 3 May 2023.

3 Age UK, June 2023, https://www.ageuk.org.uk/globalassets/age-uk/documents/reports-and-publications/reports-and-briefings/health--wellbeing/age-uk-briefing-state-of-health-andcare-july-2023-abridged-version.pdf

4 Jaeah Lee, 'The Agony of Putting Your Life on Hold to Care for Your Parents', *New York Times*, 28 March 2023.

5 Ella Hunt, 'Germaine Greer says feminism is ageist and the aged care sector is under attack', *The Guardian*, 8 March 2015.

6 Just Group, 20 February 2024, https://www.justgroupplc.co.uk/~/media/Files/J/Just-Retirement-Corp/news-doc/2024/four-times-as-many-widows-as-widowers-aged-80-plus.pdf

7 Nidhi Sharma, Subho Chakrabarti and Sandeep Grover, 'Gender differences in caregiving among family – caregivers of people with mental illnesses', *World Journal of Psychiatry*, 2016

8 Jan Michael Bauer and Alfonso Sousa-Poza, 'Impacts of Informal Caregiving on Caregiver Employment, Health, and Family', *Journal of Population Ageing*, 2015, vol. 8, pp.113~145.

9 'Jobs and recovery monitor: Issue #15: gender and pay', Trades Union Congress, March 2023, https://www.tuc.org.uk/sites/default/files/JobsandRecoveryMonitor_GenderandPay23.pdf

10 Home Instead survey, February 2024, https://www.homecareassociation.org.uk/resource/home-instead-survey-uncovers-family-carer-crisis.html

11 David Goodhart, 'The duty of care', *The Critic*, July 2023.

12 Natalie Morris, '"I feel guilty for not doing better in life to support them": Will you move your elderly parents in with you?', *Metro UK*, 19 October 2021.

13 Emily Kenway, *Who Cares: The Hidden Crisis of Caregiving, and How We Solve It*, Wildfire, 2023.

14 'Families in England and Wales: Census 2021', Office for National Statistics, 10 May 2023.

15 Gemma Francis, 'Brits will live in 11 different homes in their lives –but settle near where they grew up', *Mirror*, 26 October 2020.

16 Gemma Burgess and Kathryn Muir, 'The Increase in Multigenerational Households in the UK: The Motivations for and Experiences of Multigenerational Living', *Housing Theory and Society*, August 2019, vol. 37, issue 3, pp.322~338.

17 'One in Four Seniors Move Closer to Family to Help Out', McCarthy Stone, 13 July 2023, https://www.mccarthyandstone.co.uk/articles-and-news/friends-and-family/one-in-four-seniorsmove-closer-to-family-to-help-out

18 Emma Jacobs, 'Grandparents left holding the baby', *Financial Times*, 20 April 2016.

19 'One in Four Seniors Move Closer to Family to Help Out', McCarthy Stone.

20 Julie Hicks Patrick, Laura E. Bernstein, Arianna Spaulding, Bianca E. Dominguez and Carly E. Pullen, 'Grandchildren as Caregivers: Adding a New Layer to the Sandwich Generation', *International Journal of Aging and Human Development*, June 2022.

21 'Under One Roof', Legal & General, https://www.legalandgeneral.com/insurance/over-50-lifeinsurance/under-one-roof/

22 Morbidity and Mortality Weekly Report, 18 June 2021, https://www.cdc.gov/mmwr/volumes/70/wr/mm7024a3.htm

23 Richard Schulz and Paula R. Sherwood, 'Physical and Mental Health Effects of Family Caregiving', *American Journal of Nursing*, September 2008, pp.23~27.

24 Home Instead survey, October 2019, cited in Morris, '"I feel guilty for not doing better in life to support them"'.

25 Elaine M. Brody and Geraldine M. Spark, 'Institutionalization of the Aged: A Family Crisis', *Family Process*, March 1966, vol. 5,

26 Morris, '"I feel guilty for not doing better in life to support them"'.

27 Home Instead survey, February 2024.

28 Home Instead survey, October 2021.

29 Richard Davies, 'How to make inheritance an incentive', *The Economist*, 13 October 2016.

30 Ipsos Assisted Dying polling, July 2023, https://www.ipsos.com/en-uk/2-3-britons-think-itshould-be-legal-doctor-assist-patient-aged-18-or-older-

ending-their-life

에필로그

1 *The Times*, 1 July 1988.

추천의 말

수저계급론은 한국 사회에 낯설지 않다. '엄빠 찬스'라는 말도 익숙하다. 대학에서 같은 강의실에 앉아 시시덕거리던 친구 중 엄빠 찬스를 쓸 수 있었던 이들은 서울에 아파트를 마련하고 남는 돈으로 주식을 한다. 그렇지 못한 친구는 오르는 월세를 피해 경기도로 이사를 간다. 빚 있는 부모, 아픈 부모, 사라진 부모 밑에서 태어난 친구들이 사는 세계에는 바닥 밑에 지하가 있다. 우리는 이 차이를 느낀다. 가끔 비슷한 처지의 친구들에게 차오르는 박탈감과 괴리감을 조심스레 털어놓기도 한다. 누군가는 익명의 인터넷 댓글로 그렇게 한다. 그러나 딱 거기까지다.

이 책을 읽으며 분명해진 것은 우리가 부모 찬스와 가족 특권, 그리고 상속 경제의 시대를 살아가고 있다는 것을 알면서도, 그것을 진지한 정치적 의제로 다루는 데 계속 실패해왔다는 사실이다. 우리에게는 분명히 그 계기가 될 수 있는 정치적·사회적 순간들이 있었다. "운도 실력"이라고 당당히 진실(?)을 선언하던 최순실의 딸 정유라의 등장. 문재인 정부 당시, 자녀의 입시 비리 의혹이 일자 "제 가족이 받을 수 있는 정당한 것이라고 생각했던 것들"이라고 말한 조국 법무부장관 후보자. 촛불을 들고 서초동에 모여 "우리가 조국이다"를 외치던 중장년의 부모들. 이른바 '대장동 게이트' 회사인 화천대유에서 퇴직금으로 60억 원을 받고 정당한 대가였다고 주장한 곽상도 전 국회의원의 삼십대 아들 곽병채까지…. 각각의 사건들은 국민적 공분을 일으켰지만, 분노의 에너지는 능력주의의 탈을 쓴 상속주의 사회를 돌아보는 진지한 개인적·사회적 성찰로 이어지지 않았다.

"가족의 부야말로 21세기 경제의 진짜 이야기"라고 말하는 영국의 밀레니얼 세대 백인 여성 역사학자 필비는 자기성찰의 계기를 마련하기 위해 이 책을 썼다고 밝힌다. 어떤 세대를 악마화하기 위해서가 아니라, 지금 우리가 살아가는 이 상속주의 사회를 있는 그대로 바라보고, 우리가 어떻게 여기에 이르게 되었으며, 지극히 개인적인 사건처럼 보이는 상속이 우리 모두의 삶과 소중한 관계들에 어떤 영향을 미치는지 더 늦기 전에 함께 성찰하고 대화해보자는 것이다. 저자는 상속주의 사회의 상속자들이 본인의 성취가 능력이 아닌 상속에 의해 결정적으로 이루어진 것임을 인정하길 얼마나 힘들어하는지 다른 누구도 아닌 자신의 이야기를 통해 고백한다. 상속주의 사회를 유지하는 가장 큰 동력은 부모 찬스를 말하기 불편해하는 이들의 침묵 그 자체이기 때문이다. '엄빠 은행' 이야기를 우리가 어떻게 시작해야 하는지 이제 조금 알겠다. 이것은 정의에 관한 이야기임과 동시에 우리의 인생과 감정에 관한 이야기다. 필비는 이제 막 자신의 이야기를 멋지게 마쳤다. 이제 우리도 진짜 이야기를 시작해보자.

— 장혜영(전 국회의원, 한국여성의정 이사, 망원정x 대표)

흥미롭고 논쟁적인 책이다. 밀레니얼 세대인 저자는 일종의 자문화기술지를 통해, 즉 개인 경험을 사회 분석에 활용하여 영국에서 세대 간·세대 내 불평등이 확대된 과정을 '상속주의'라는 말로 요약한다. 책의 키워드인 '엄빠 은행'은 '엄빠 찬스'라는 말에 익숙한 한국 독자에게 직관적으로 와닿을 수밖에 없다. 특히 부동산을 통한 부의 이전이 상속 격차를 심화시키는 데 결정적이라는 게 저자의 핵심 주장이다. 또한 저자는 지난 40여 년 사이 영국에서 대처와 블레어 총리가 모두 능력주의 사회를 역설했지만, 실제로는 청년 세대의 불평등이 크게 악화됐다고 비판한다. 나는 이를 '공정성-불평등 역설'이라 부르고 싶다. 공정성, 즉 능력주의를 강조할수록 더 불평등한 사회가 된다는 것이다. 그 역설이 한국만이 아니라 영국에서도 일어났음을 이 책은 생생히 보여준다. 영국과 한국의 유사점과 차이점을 두루 살핀다면, 이 책은 오늘날 사회를 이해하는 좋은 길잡이가 될 것이다.

— 박권일(미디어사회학자, 『한국의 능력주의』 저자)

재치와 온기, 강한 매력이 있을 뿐만 아니라 탄탄한 근거를 갖춘 책이다. 필비 자신의 여정에서 나온 따뜻하고 사려 깊은 일화들이 곳곳에 녹아 있는 『상속계급사회』는 가족의 경제적 지원에 기댈 수 있는 사람들이 누리는 내재적 이점과 그렇지 못한 사람들이 겪는 현실적 결과에 대해 혁신적인 통찰을 제공한다. 경제학자부터 작가, 정치인에 이르기까지 다양한 분야의 기여를 한데 모은 이 책은 시종일관 설득력 있는 분석을 제시한다.

— 사디크 칸(런던 시장)

재미와 의미를 모두 잡은 책. 필비는 21세기에 성장하며 마주치는 주요 장애물들을 유려하게 파헤친다. 우리 시대의 청년들과 부모가 읽어야 한다.

— 로원 펠링(『퍼스펙티브』 공동 편집인)

오늘날 사회의 가장 거대한 변화 가운데 하나를 다룬 반가운 책. 필비는 생생한 개인적 사례를 통해 세대 간 관계가 어떻게 달라지고 있는지 선명하게 보여준다.

— 데이비드 윌레츠(레솔루션 재단 싱크탱크 소장)

우리가 외면해온 주제를 섬세하고 치밀하게, 그리고 통찰력 있게 탐사하는 소중한 책. 필비는 유쾌하고, 유익하며, 친근하다.

— 넬 프리젤(작가·칼럼니스트, 『발작기』 저자)

상속 경제에 대한 우리의 시각을 바꾸고 있는 역사학자이자 작가.

— 『뉴 스테이츠먼』

금기시된 주제를 인상적일 만큼 꾸밈없이 다룬다. 풍부한 인터뷰가 돋보인다.

— 『타임스』